FUNCTIONAL SAFETY
OF SOFTWARE IN INTELLIGENT VEHICLE

智能汽车
软件功能安全

吴丹丹 著

机械工业出版社
CHINA MACHINE PRESS

图书在版编目（CIP）数据

智能汽车软件功能安全 / 吴丹丹著 . -- 北京 : 机
械工业出版社 , 2025. 1. --（智能汽车丛书）. -- ISBN
978-7-111-76964-4

Ⅰ. U463.6

中国国家版本馆 CIP 数据核字第 2024LA4377 号

机械工业出版社（北京市百万庄大街 22 号　邮政编码 100037）
策划编辑：杨福川　　　　　　　　　　责任编辑：杨福川　董惠芝
责任校对：李可意　甘慧彤　景　飞　　责任印制：常天培
北京铭成印刷有限公司印刷
2025 年 1 月第 1 版第 1 次印刷
186mm×240mm · 22.25 印张 · 439 千字
标准书号：ISBN 978-7-111-76964-4
定价：129.00 元

电话服务　　　　　　　　　　　网络服务

客服电话：010-88361066　　　机　工　官　网：www.cmpbook.com
　　　　　010-88379833　　　机　工　官　博：weibo.com/cmp1952
　　　　　010-68326294　　　金　书　网：www.golden-book.com
封底无防伪标均为盗版　　　机工教育服务网：www.cmpedu.com

智能汽车是 ICT、AI 等多领域技术与汽车行业融合的产物，其中，功能安全，特别是软件定义汽车下的软件功能安全，成为当前讨论和争议的焦点。本书基于软件正向开发研究和产业实践，系统阐述了该领域的背景与意义、开发体系与技术，以及通用流程与方法。书中还对智能汽车软件架构的全栈功能安全进行了分析与探讨。这本书是少有的智能汽车技术和产品落地实践方面的优秀指导书。

尚进　国家智能网联汽车创新中心首席技术专家、
中国智能网联汽车产业创新联盟基础软件工作组组长

功能安全概念以及标准在传统汽车领域已经有了比较好的实践。但是，随着人工智能的迅速发展以及智能驾驶技术的应用落地，很多传统汽车的开发准则和概念在新的智能驾驶开发环境下，又引起了广泛讨论。本书很好地结合了传统与新兴的安全标准，并结合战略概览与战术解决方案，提供了实用的见解和创新方法，使复杂的安全概念变得易懂且具有可操作性，是智能汽车领域相关从业者不可多得的参考书。

汪堃　轻舟智航联合创始人

汽车产品智能化的核心是软件，由软件实现功能并保障安全，但智能汽车软件的复杂特性也给功能安全带来了挑战。在这种困局下，本书提供了标准遵循与应变之策，给出了适用于智能汽车软件的功能安全流程体系、方法及技术措施，并通过示例生动地展示了应用与实践过程。因此，本书极具实践指导意义。

胡大林　北京赛目科技股份有限公司董事长

我与丹丹认识多年，也有幸共事过一段时间。我和丹丹对于智能汽车一定要安全地交付到客户手中、安全地提供服务这一目标的执着度是高度一致的。丹丹这几年一直在智能汽车系统的功能安全领域深耕，也在很多重要的场合发表了自己的见解。我一直在做产品的研发与交付，经常能从丹丹的分享中汲取一些思路和营养。丹丹的专业性和持续的付出让我们敬佩，她在繁忙的工作之余整理出对这个领域的系统性思考，为行业的进步贡献着自己的力量。

韦峻青　安波福前无人驾驶全球工程副总裁、卡尔动力 CEO

软件定义汽车已经从幻想走进了现实，汽车 90% 以上的功能都已经通过软件定义来实现。然而，创新技术的交叉融合给传统主机厂、整车开发及安全设计工程师带来了极大的挑战，欧洲车企倡导的 AUTOSAR 体系在中国汽车工业的土壤中存在水土不服的情况，在安全和可用之间寻找一个最佳的平衡点是整个行业追逐的目标。本书作者具有 10 余年功能安全从业经验，她在书中从智能网联汽车的战略、战术、ASPICE 软件架构和开发闭环、类 AUTOSAR 应用层面阐述了自己独到的见解。本书具有较强的理论指导性、实践引导性、工程落地性，是行业内鲜有的与时俱进的著作。

王发平　三一集团副总裁、智能驾驶研究院院长

市面上关于汽车功能安全的书籍大多是对 ISO 26262《道路车辆功能安全》标准体系的解读，简述功能安全体系、要素、流程等内容。本书则总结了智能驾驶系统开发工作中软件功能安全的开发经验，直面复杂的驾驶场景导致系统功能的不确定性、人工智能算法的不可解释性等难题，探索智能汽车软件开发中如何贯彻功能安全，以确保智能汽车软件的安全性，值得阅读。

朱西产　同济大学汽车学院教授

本书不仅系统地阐述了智能汽车安全的核心技术脉络，还通过生动的案例与详细的分析，帮助读者全面理解功能安全和预期功能安全，了解自动驾驶安全相关的核心标准。在当前智能网联技术高速发展的背景下，汽车安全愈加重要。本书直击行业痛点，对于从事汽车研发、安全管理工作的人员，以及相关技术的学习者来说，是一本极具指导意义的参考书。

李波　中国汽车技术研究中心中国汽车标准化研究标准化工程师

丹丹作为在功能安全领域耕耘多年的专家，除了具有丰富的一线功能安全产品的研发经历之外，还对功能安全标准和理论有非常深刻的见解。本书全面阐述了她对智能汽车软

件功能安全的过去、现状和未来的认知，指出了当下的痛点，也给出了解决方案和最佳实践。"安全的本质就是在追求确定性"，这句话让我备受启发，相信读者通过阅读本书，能为智能汽车的安全增加更多的确定性。

方云根　CNAS功能安全认可评审技术专家、

证源技术服务（上海）有限公司技术总监

推荐序 *Foreword*

"对于智能汽车，无论中等配置还是高级配置，安全都应该是顶配"——安全是智能汽车的红线。在智能汽车行业迅速发展的今天，软件功能安全的重要性日益凸显。本书由资深功能安全专家撰写，结合了作者10多年的实践经验，深入浅出地探讨了智能汽车软件功能安全的理论与实践，为行业从业者提供了宝贵的指导和参考。

本书从战略层面分析了汽车行业的变革和智能汽车的发展趋势，明确了功能安全在智能汽车发展中的核心地位。作者通过自己的亲身经历，分享了对功能安全的认知的转变过程，这种真实案例的引入使得书籍内容更加生动和有说服力。

在技术与流程体系的讲解上，本书不仅覆盖了传统的功能安全知识，还扩展到了预期功能安全、ASPICE、敏捷开发等现代软件开发体系，体现了作者对智能汽车软件功能安全领域的深刻理解和前瞻性思考。特别是对于智能汽车软件架构的创新设计，书中提供了详尽的分析和实践，这对于软件工程师和功能安全工程师来说是极具价值的。

本书详细介绍了智能汽车软件架构的创新设计，从软件安全需求的来源到软件安全测试与验证，每一章都提供了详细的解析和实用建议。

实用性和系统性是本书最大的特色。作者不仅提供了智能汽车软件功能安全的宏观指导，还给出了详细的示例和安全机制说明，使得本书既适合作为专业人士的参考手册，也适合作为新手的学习教材。

总体来说，本书是一本全面、深入且实用的专业书籍，不仅能帮助读者理解智能汽车软件功能安全的重要性，还能指导读者的实际工作应用，以确保智能汽车的安全性和可靠性。它为智能汽车行业的工程师和研究人员提供了宝贵的知识资源和实践指导，对于推动智能汽车软件功能安全的发展具有重要意义。

于骞

轻舟智航联合创始人兼 CEO

为何写作本书

在我的职业生涯中，经历了两次重大的认知转变。刚毕业进入职场时，我对技术研发抱有极大的热情，无论是系统、硬件，还是软件的开发和测试，我都表现出近乎狂热的投入，希望能将所有的时间都投入到技术的思考和执行中。而对于功能安全和质量流程工作，我内心其实是不屑一顾的，因为这些工作往往伴随着烦琐的要求，这不仅减缓了我们的研发和测试进度，而且在我看来，这些要求似乎对产品并无实质性的助益。尤其是当引入功能安全需求后，产品的可用性似乎变得更差，某些失效可能会导致系统直接停止运行，进入安全状态，因此我对功能安全颇为抵触。直到有一次，国外专家团队来我们公司进行技术考察，虽然我们的产品在实验室和实际场景中的测试都表现良好，但当专家们模拟一些特殊的故障和异常场景时，发现我们产品的鲁棒性和安全性表现并不理想，甚至存在碰撞风险。这次经历让我对功能安全有了新的认识，意识到仅凭热情进行技术研发可能会埋下隐患。

随着时间的推移，在公司组织架构和职责调整后，我所在的部门开始承担功能安全分析的任务。这使我开始系统地学习和深入理解功能安全，这是我职业生涯中的第一次重大认知转变。我逐渐认识到，在产品开发过程中，功能安全的重要性不容忽视。我开始反思自己在研发和测试过程中的不足，并认识到只有严格遵循标准的流程，进行充分的安全分析，全面实施安全机制和措施，才有可能确保产品安全、可靠。

后来，我进入智能汽车领域。随着互联网、信息与通信、人工智能、大数据等高科技领域的人才涌入汽车行业，我发现对他们而言功能安全是一个未知领域。按照传统的功能安全方法去执行几乎无法实现安全目标，且传统功能安全标准的局限性开始显现，即便完全遵循这些标准开发，也不能全面保障智能汽车的安全。在反复的实践探索中，我的认知第二次发生重大改变——认识到智能汽车的功能安全需要打破常规，进行适当的创新。实践中，我也逐渐积累了一些融合创新的经验。

当前，智能汽车领域的功能安全文化尚显薄弱。智能汽车的发展趋势和高级自动驾驶的安全性一直存在争议，许多人对功能安全缺乏深入了解。从法律法规和标准的角度看，目前尚无强制性要求；从车企和供应商的角度看，它们还未完全理解在产品研发过程中全面实施功能安全的重要性。软件是智能汽车的核心，其功能安全是确保智能汽车安全的关键，同时也是行业关注的焦点。智能汽车的硬件开发流程与传统汽车相比没有根本性差异，遵循功能安全标准即可，但在软件方面，智能汽车与传统汽车相比有了根本变化。在智能汽车中，软件的功能和性能与多变的场景紧密相关，代码量大幅增加，人工智能技术被广泛应用……这些变化带来的功能安全问题已经超出了传统功能安全标准的范围，在功能安全领域急需解决智能汽车软件的不确定性。

我较早从事功能安全开发工作，十余年来，亲自负责实施和落地了多个功能安全产品开发项目。针对行业内多数人在智能汽车软件功能安全方面感到迷茫的现状，我一直希望能分享我的知识和经验，让更多人关注和重视智能汽车软件功能安全，对安全怀有敬畏之心。2019年，我创建了个人微信公众号"功能安全专家"，并在知乎上开通了"吴丹丹 Dandi"的个人空间，利用业余时间分享关于功能安全和研发质量的想法与经验，也因此积累了一批忠实读者。我经常收到读者的私信和反馈，从这些反馈中可以总结出一个观点：多数研发人员缺乏系统化的功能安全知识，而公众号和知乎上的碎片化知识无法帮助他们构建全面的功能安全认知，只适用于有一定基础的读者。这让我认识到，除了进行专项的碎片化知识分享外，还需要建立一个结构化、系统化的知识体系，全面分享我在智能汽车软件功能安全领域的实践经验和认知，与更多的从业者一起提高认识水平，共同推动智能汽车软件功能安全的发展。这就是我写本书的初衷。

我希望通过本书搭建一座桥梁，不仅传递我的经验和思考，而且将智能汽车软件开发与功能安全实践连接起来。我期望智能汽车领域的从业者能通过本书获得必要的功能安全知识，在继承传统功能安全理念的基础上，摆脱思维定式，找到智能汽车软件功能安全的正确实践方向，并落地实现。

如何阅读本书

本书共 11 章，分为三部分，各部分内容简介如下。

第一部分（第 1~3 章）聚焦于战略层面，通过分析汽车行业的演变，确定智能汽车的发展趋势和技术发展路线。在此趋势下，识别由于"不适用"和"不确定性"带来的功能安全问题，强调软件功能安全的重要性，并从战略角度规划和布局智能汽车软件功能安全。

第二部分（第 4 ～ 7 章）从战术层面详细讲解智能汽车软件功能安全开发体系与技术，涵盖传统功能安全、预期功能安全、ASPICE 标准、敏捷开发等多种软件开发体系，并提出融合构建智能汽车软件功能安全开发体系的思路。此外，本部分从智能汽车系统的安全设计入手，介绍了多域融合的软件架构设计，特别是智驾域软件架构和安全设计，并基于智能汽车软件架构的分层设计，详细阐述每一层常用的软件功能安全机制和安全措施，从技术层面指导软件功能安全开发，助力其落地实践。此外，本部分针对第一部分提出的安全痛点探索解决方案，并提出智能汽车软件功能安全开发的"继承与创新"理念。

第三部分（第 8 ～ 11 章）从战术层面探讨智能汽车软件功能安全开发通用流程与方法，详细解析软件开发各环节的具体功能安全要求以及相应的支持过程，探讨人工智能的安全性，对未来智能汽车的安全发展进行预测和展望。这部分内容旨在帮助读者夯实基础，有效规范智能汽车软件功能安全开发的流程方法。

如果读者希望全面理解背景及原理，对智能汽车软件功能安全有一个全面的认识，建议从第一部分开始按顺序阅读；如果想快速掌握功能安全技术和方法以在工作中应用，建议优先阅读第二部分和第三部分。

本书读者对象

- 智能汽车软件工程师：主要从战术层面获益，能全面理解智能汽车软件功能安全开发的要求和必要的安全机制。
- 功能安全工程师：主要从战术层面获益，能深入了解智能汽车软件功能安全工作中所需的技术、"继承与创新"的思维方式。
- 其他非软件技术相关的汽车从业者、管理者：主要从战略层面获益，了解智能汽车软件的发展趋势和功能安全的意义。
- 想转行到智能汽车领域的其他行业人员：了解智能汽车行业的特征和技术特性、智能汽车软件功能安全的相关要求和发展趋势。

资源和勘误

由于作者水平有限，书中难免存在不妥之处。而且，智能汽车技术正处于多元化发展的阶段，不同的人可能会有不同的见解，书中的理念和认知也可能与业内同人存在差异。

因此，欢迎并期待大家提出宝贵意见，联系方式是：关注微信公众号"功能安全专家"并发送私信，在知乎上搜索"吴丹丹 Dandi"。另外，本书参考学习资料详见微信公众号"功能安全专家"和知乎账号"吴丹丹 Dandi"。

致谢

特别感谢我的母亲，她在本书创作期间给予我无微不至的照顾和最大的支持，使我能够全身心地投入到创作中。

感谢一路上给予我帮助和支持的所有领导、同事、行业伙伴和朋友。

吴丹丹

Contents 目 录

第一部分 *Part 1*

智能汽车发展趋势
与安全性

- 第1章 智能汽车发展趋势
- 第2章 智能汽车安全痛点
- 第3章 智能汽车软件功能安全的意义与布局

在科技革命的推动下，汽车产业正经历一场空前的深刻变革，智能汽车已经成为全球科技发展的核心。传统汽车行业正向智能网联汽车方向转型，原有的线性产业链逐渐演化为跨领域协同的多元生态系统。这一转变不仅标志着产业革命的突破，也代表着技术创新。随着智能驾驶等级的提升，驾驶责任从人类驾驶员承担逐渐转向由智能驾驶系统部分或全部承担。智能化技术的引入在替代驾驶员操作的同时，也带来了结果的不确定性，因此智能汽车的安全性问题受到广泛关注。

本部分将从战略层面分析智能汽车的发展趋势和安全性问题。我们将探索汽车行业变革中的发展趋势，深入理解其本质，并明确智能汽车时代软件的核心地位；通过分析行业现状，识别智能汽车面临的安全痛点；基于对发展趋势和安全痛点的理解，阐述智能汽车软件功能安全的重要性及规划。通过本部分的学习，读者能够更深入地理解智能汽车技术发展的战略方向，准确把握发展趋势和安全痛点，为从战术层面规划和实施智能汽车软件功能安全奠定基础。

第 1 章　*Chapter 1*

智能汽车发展趋势

在数字化转型浪潮的推动下，汽车产业链和技术层面正在经历全面的重构。传统的整车制造商、零部件供应商、信息与通信技术（ICT）公司、互联网公司等多元化的参与者纷纷涌入智能汽车市场，共同推动着行业的变革，塑造了汽车产业的新竞争格局。在这一过程中，智能汽车是未来的发展方向逐渐成为行业的共识。

产业价值的重构和技术趋势的颠覆性变化标志着汽车产业正处于一个关键的转折点。在这个转折点上，能够提前洞察并把握趋势的企业和个人，将能更准确地捕捉机遇，引领行业的发展。然而，趋势的演进并不是一帆风顺的，它充满了挑战和不确定性。尽管如此，事物发展的趋势总有其客观规律，这种规律是时代背景、环境因素、技术力量和生产力要素共同作用的结果。

本章将围绕两个核心方向探讨智能汽车发展的趋势：行业趋势和技术趋势。技术的进步促进了行业的革新，行业的发展又推动了智能化的转型。智能汽车的兴起带来了新的生态圈和价值构架，这不仅改变了汽车行业的竞争格局，还影响了技术发展的整体方向。在这一变革过程中，智能汽车软件的重要性日益显著，逐渐成为决定行业竞争成败的关键。

1.1　汽车行业变革

从产业变革角度纵观汽车行业发展史，我们可以将其概括为三个主要阶段。

1. 第一阶段：单一产业链模式

这一阶段始于 1886 年，诞生了世界上第一辆汽车。这辆汽车采用内燃机作为动力来源，代替了传统马车，开启了汽车行业的新纪元。在这个阶段，汽车产业的创新往往是由个人、团队或单个公司独立完成的。

2. 第二阶段：健全产业链模式

随着技术的发展和产业分工的细化，汽车行业逐步形成了一个线性产业链，包括元器件供应商、零部件供应商、整车制造厂和经销商等环节。在这个阶段，汽车产业链日趋成熟和体系化，形成了一种固定的格局：零部件供应商负责提供零件，整车厂负责将零件集成起来制造成完整的汽车，经销商则负责将汽车销售给消费者。

3. 第三阶段：多元产业生态圈模式

新技术的应用促进了汽车行业的变革，电子化、信息化、智能化的发展使得 ICT、互联网技术、大数据技术等高科技与汽车行业融合。这些数字化技术不仅满足了用户的个性化需求，还促成了一个跨界融合的立体生态圈。在这个生态圈中，职责分工和合作模式变得更加动态和多元化。整车制造商对于技术的自主性和可控性的需求愈发强烈，这种需求进一步推动了行业的变革和技术的创新。

1.1.1 汽车行业发展趋势

"新四化"（包括电动化、智能化、网联化和共享化）是汽车行业发展的新趋势，这四个趋势相互关联、相互促进，共同推动着汽车行业的进步。

1. 电动化

这是汽车行业的基本趋势，主要体现在新能源动力系统的发展上。电动化的核心是电池、电机、电控"三电"技术，以电池作为驱动能源，用电机取代传统内燃机，同时克服电控技术的限制。

2. 智能化

智能化主要体现在自动驾驶技术的发展上，通过在汽车上安装各种传感器（如摄像头、毫米波雷达、超声波雷达、激光雷达等），结合复杂的算法进行感知、预测、规划和控制，以实现高级自动驾驶辅助功能和自动驾驶功能。

3. 网联化

网联化主要体现在车联网的发展上，实现汽车与外部世界（包括其他汽车、人、道路、交通设施和云平台）的信息互联。网联化与智能化结合，推动了智能网联汽车的诞生，使汽车能够全方位地与外界环境连接和交互，实现不同等级的自动驾驶和智能人机交互。

4. 共享化

共享化主要体现在汽车共享和移动出行服务的发展上，实现了新型出行方式。这不仅为智能驾驶提供了实践场景，也反映了人们对出行方式的新需求和期望。

这四个趋势并行、融合、同步发展，它们之间既有关联和依赖，也可以相互推动和制约。汽车"新四化"交互模式如图 1-1 所示。电动化是基础，为智能化和网联化提供了条件；智能化和网联化是核心，它们结合了人工智能、大数据、信息通信和云计算等多个领域的高新技术，使辅助驾驶、高级别辅助自动驾驶和自动驾驶从概念变为现实；共享化则是这些技术发展的结果和体现方式之一。在"新四化"发展趋势下，智能网联汽车正在进入快速发展的赛道，成为行业发展的主要趋势。

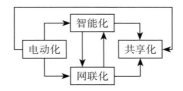

图 1-1　汽车"新四化"交互模式

智能网联汽车（以下简称"智能汽车"）通过集成先进的车载传感器、控制器、执行器等装置，并融合现代通信与网络技术，实现车与车、人、路、云之间的智能信息交换和共享。这些汽车具备复杂环境感知、智能决策和协同控制功能，旨在提供安全、舒适的行驶体验，最终目标是完全取代人类驾驶员。

为了达到这一目标，智能汽车的智能驾驶系统需具备与经验丰富的老司机相当的驾驶能力，这包括清晰的感知与认知能力、强大的处理与判断能力以及快速果断的执行与反馈能力，并确保行车安全。智能化和网联化是支撑这些能力的关键。

在智能化方面，我们通常参考不同的分级标准来衡量智能汽车的发展水平。目前，智能化分级主要有两种方式：美国汽车工程师学会（SAE）的自动驾驶分级和美国国家公路交通安全管理局（NHTSA）的自动驾驶分级。这两种分级体系大体相似，但在细节描述上存在差异。2016 年，美国交通部决定采用 SAE J3016 标准作为自动驾驶的分级依据。当前，大多数政府和企业采用 SAE 标准进行分级。我国在 SAE J3016 分级的基础上，结合国内交通的特点和复杂性，制定了相应的中国智能网联汽车自动化分级方案，分为 0 级到 5 级共 6 个等级。

美国汽车工程师学会（SAE）、美国国家公路交通安全管理局（NHTSA）和中国智能网联汽车自动化分级方案的对应关系如表 1-1 所示。

表 1-1　不同自动驾驶分级方案的对应关系

美国 SAE 自动驾驶分级	L0 无驾驶自动化	L1 驾驶辅助	L2 部分自动驾驶	L3 有条件自动驾驶	L4 高度自动驾驶	L5 完全自动驾驶
美国 NHTSA 自动驾驶分级	L0 无驾驶自动化	L1 特定功能自动驾驶	L2 组合功能自动驾驶	L3 有条件自动驾驶	L4 全自动驾驶	
中国智能网联汽车自动化分级	L0 应急辅助	L1 部分驾驶辅助	L2 组合驾驶辅助	L3 有条件自动驾驶	L4 高度自动驾驶	L5 完全自动驾驶

从表 1-1 可以看出，尽管不同机构发布的智能化分级方案在细节上可能存在差异，但在自动驾驶等级划分上已基本达成共识。各个级别针对自动驾驶功能的定义和要求大致相同，具体如下。

❑ L0 级别：这是最基本的级别，驾驶员全权负责驾驶操作。车辆可能配备一些警告或保护系统来辅助驾驶，但不会干预控制。

❑ L1 级别：在此级别，车辆能够在驾驶环境中对横向控制（例如：方向盘操作）或纵向控制（例如：加减速）中的一项提供辅助。这意味着其余的驾驶操作仍需由驾驶员来完成。

❑ L2 级别：在此级别，车辆能同时对横向和纵向控制提供多项驾驶辅助，但驾驶员仍需负责其他驾驶操作。

❑ L3 级别：在此级别，车辆能够完成所有驾驶操作。当系统发出请求时，驾驶员或接管用户必须能够进行相应的应答、处理和接管。

❑ L4 级别：在此级别，车辆能够完成所有驾驶操作。当系统发出请求时，驾驶员或接管用户不用必须进行应答。这种级别的车辆通常只能在特定的运行环境和条件下完成操作。

❑ L5 级别：这是最高级别的自动驾驶，车辆能在所有道路环境和条件下完成所有驾驶操作，无须人类干预。

随着自动驾驶技术的发展，每个级别的车辆在驾驶特征、感知探测目标与响应、横纵向持续控制、失效情况下的应对接管策略以及运行条件限制等方面的责任主体都有明显区别，如表 1-2 所示。

表 1-2　L0 ～ L5 自动驾驶等级对比

级别	驾驶特征	感知	控制	接管	运行条件
L0	驾驶员全程处于驾驶状态，时刻观察各种情况，执行驾驶操作	驾驶员和系统	驾驶员	驾驶员	限制
L1	驾驶员全程处于驾驶状态，时刻观察各种情况，执行驾驶操作 系统执行辅助功能时，驾驶员可短暂停止脚踏板或方向盘的操作	驾驶员和系统	驾驶员和系统	驾驶员	限制

（续）

级别	驾驶特征	感知	控制	接管	运行条件
L2	驾驶员全程处于驾驶状态，时刻观察各种情况，执行驾驶操作 系统执行辅助功能时，驾驶员可短暂停止脚踏板和方向盘的操作	驾驶员和系统	系统	驾驶员	限制
L3	驾驶员不需要处于驾驶状态，仅需坐在驾驶座位上 系统发出接管请求时，接管用户升级为驾驶员，执行驾驶操作 系统执行自动驾驶功能时，驾驶员可持续解放身体，不执行驾驶操作	系统	系统	驾驶员①	限制
L4	驾驶员不需要处于驾驶状态，也不需要坐在驾驶座位上，可以是远程驾驶 驾驶员可持续解放身体和头脑，甚至可通过设置调度员角色，激活自动驾驶系统 不需要进行人工接管	系统	系统	系统	限制
L5	驾驶员不需要处于驾驶状态，也不需要坐在驾驶座位上，可以是远程驾驶 驾驶员可持续解放身体和头脑，甚至可通过设置调度员角色，激活自动驾驶系统 不需要进行人工接管	系统	系统	系统	无限制

① 在L3级别下，接管用户在接管任务后成为驾驶员，这与传统的驾驶员角色有所不同。因为在L3级别，驾驶员不必在车辆运行时始终处于驾驶状态。

从L0到L5的自动驾驶等级划分，分工边界如下。

- L0是无自动驾驶与有自动驾驶的分界点。L0无驾驶自动化，并不等同于完全无自动化的人工驾驶，而是具备自动感知报警的安全辅助驾驶功能，只是不具备持续控制功能。
- L1是系统执行持续驾驶控制操作的分水岭，也就是从L1级别开始，系统能够执行持续的横向控制或纵向控制操作。
- L2与L1很相似，差别在于能同时持续进行横向控制和纵向控制。L1在同一时间只能控制其中一个方向，而L2可以同时控制两个方向上的运动。
- L3是辅助自动驾驶与真正自动驾驶的分水岭，也就是从L3级别开始，驾驶员得以解放，标志着真正自动驾驶的开端。
- L4是动态驾驶任务由人接管与由系统接管的分水岭，也就是从L4级别开始，动态驾驶任务由系统接管。
- L5是运行条件是否限制的分水岭，也就是从L5级别开始，自动驾驶达到巅峰，系统能在任何条件下进行完全自动驾驶。

基于技术发展和市场需求，汽车行业的智能化业务主要围绕L2级别的智能驾驶进行布局，逐步推进行泊一体化方案和自动辅助导航驾驶（NOA）功能的应用。未来，随着技术升级和战略发展，L3级及以上的自动驾驶将会逐步得到推进。

除了智能化要求外，有的智能汽车还需满足网联化要求。我国根据车联网通信内容和参与协同控制的程度，将网联化分为3个等级：网联辅助信息交互、网联协同感知以及网联协同决策与控制。

❑ 网联辅助信息交互指的是车辆通过车路、车云通信获取辅助信息，例如导航地图、道路状态、交通流量和交通标志，并上传车辆行驶数据及驾驶员操作数据等。这个等级对信息传输的实时性和可靠性的要求相对较低，车辆控制主要依赖人。

❑ 网联协同感知指的是车辆通过车车、车路、车人、车云通信，实时获取周围交通环境的信息，如机动车辆、非机动车辆、行人等交通参与者的位置，信号灯相位，道路相关预警等。这些信息与车载传感器的感知信息融合后，作为自车决策和控制系统的输入。这个等级对信息传输的实时性和可靠性要求较高，车辆控制依赖人和自车的共同作用。

❑ 网联协同决策与控制涉及通过车车、车路、车人、车云通信实时获取周围的各种交通环境信息和车辆的决策信息。这些信息与车车、车路等交通参与者之间的信息进行融合，形成各交通参与者之间的协同决策与控制依据。这个等级对信息传输的实时性和可靠性的要求最高，车辆控制依赖人、自车、他车和云端的协同。

随着汽车行业智能化和网联化的发展，智能汽车被广泛应用。对周围环境目标和事件的探测与响应、驾驶方案的决策规划、持续的横纵向控制，乃至动态驾驶任务的接管，责任主体都逐步从驾驶员转变为车辆系统。因此，智能汽车的安全性极为重要。一旦行驶中出现事故，对所有交通参与者的生命和财产安全都可能造成严重影响。智能汽车的行驶安全是首要任务，功能安全是其重要基础和技术载体，成为汽车行业发展的核心竞争力。此外，软件作为汽车"新四化"的核心推动因素，是智能汽车的灵魂。明确安全目标，重视软件功能安全，并尽早进行规划与布局，是汽车行业乃至智能汽车生态圈各行业的首要任务。

1.1.2　智能汽车总体发展趋势

认识智能汽车的总体发展趋势，首先要深刻理解它与传统汽车的区别。智能汽车与传统汽车在产品层面上有着本质的差异，如表1-3所示。

智能汽车打破了传统汽车依赖机械、电子部件堆叠来实现产品差异化的静态特性，通过软件灵活定义产品的差异化，实现了多样化、个性化的动态特性。得益于人工智能和车联网技术的支持，数据作为信息的载体变得至关重要。智能汽车因此具备了与万物互联的能力。智能汽车的总体发展趋势可以概括为"硬件趋同、软件定义、数据驱动、车路云协同"。

表 1-3　智能汽车与传统汽车对比分析

对比项	传统汽车	智能汽车
产品特点	产品功能主要靠硬件堆叠或软硬一体化实现，硬件占主导地位	产品功能主要靠软件差异化实现，软件占主导地位
产品更新	更换硬件设备或软硬一体化设备	硬件可以不变，软件个性化升级
更新成本	成本高	成本低
产品竞争力要素	外观、动力、节能	安全、智能、驾乘体验
供应链体系模式	整车制造商－一级零部件供应商－二级零部件供应商的线性集成模式	整车制造商、一级供应商、二级供应商、ICT企业、互联网企业、人工智能企业等紧密协作模式

1. 硬件趋同

硬件趋同体现了技术发展的一个特征，指的是硬件的选型和设计逐渐趋于标准化，而非硬件设计完全一致。这种趋势意味着硬件发展方向相同，也反映了产业集中化的特征。从芯片选型、硬件架构到商业模式和产业发展，都表现出趋同的趋势。例如，硬件发展呈现出集中域控的趋势，多个小型处理器集成为集中域控制器；域控硬件平台的设计和芯片种类趋向标准化，片上系统（SoC）芯片得到广泛应用。SoC 芯片集成了图形处理器（GPU）、中央处理器（CPU）和微控制器（MCU），不仅满足人工智能的高算力需求，也兼顾了通用计算和安全处理需求；在硬件平台架构上，呈现异构分布式，形成了多芯片、多板卡的布局。从商业模式和产业发展的角度看，随着硬件头部企业增加投资，市场占有率优势明显，它们在硬件标准化方面占有主导地位，这将推动硬件趋同的发展态势。

对于智能汽车来说，硬件与软件犹如人的肉体与思想。硬件作为软件的载体，展现了标准化的框架和特征，是所有功能活动的基础。硬件具有实体化的特征，可见可触，会逐渐发展出类似人体的标准化组织结构，并具有一定的界限性。软件则像思想，是无形的产品，具有内在性和超越性，没有界限，能创造无限的多样性。正如不同人的感知、认知和经验会孕育不同的思想，影响一个人的精神高度一样，软件作为智能汽车的灵魂，定义并推动着智能汽车的发展程度。

2. 软件定义

软件定义汽车已经成为智能汽车发展的共识，这表明软件在智能汽车的产品功能和特性实现中起到了越来越重要的作用。根据中国汽车工业协会软件分会发布的《软件定义汽车产业生态创新白皮书》V1.0，软件定义汽车是指软件深入参与汽车的定义、架构、开发、验证、销售、服务等全生命周期过程，并不断改变和优化这些环节，以实现驾乘体验的持续优化和汽车价值的持续增长。

实质上，"软件定义"是智能汽车功能设计和实现方法论的一种变化趋势，表明智能汽车的复杂系统主要通过大规模复杂的软件来实现。这种方法强调了软件在智能汽车产品中的价值和优势。通过软件，开发人员可以根据智能汽车服务和场景需求进行快速的功能开发。强大的软件架构能够在不同应用场景下进行灵活的扩展和移植。此外，通过 OTA（Over-The-Air）软件升级方式，可以实现功能的快速迭代更新。软件的灵活性使其能够满足多样化的市场需求，为用户提供丰富的体验。

在智能汽车开发中，软件所占的比重大幅增加，并承担了大部分的安全责任，这就要求软件必须具备高安全性和高可靠性。面对日益增长的大规模复杂软件，我们必须依靠强大的架构和规范化的开发流程，这是实现软件定义的基础。在智能汽车的全生命周期内，软件迭代可以持续进行，使智能汽车具有持续开发和更新的活力，直到最终报废停止使用。

3. 数据驱动

数据驱动在智能汽车领域具有双重含义。首先，智能汽车的运作涉及海量数据的采集、大规模数据的计算与处理、高带宽数据的传输与应用，数据驱动了智能汽车的输入、处理、输出整个链条。数据的流动是驱动智能汽车所有活动的核心动力。其次，智能汽车利用海量数据驱动产品设计的不断完善，利用数据来验证功能定义的完整性和性能的完备性，提高人工智能的准确性，使得测试更加全面，从而有效提升智能汽车产品的质量。

4. 车路云协同

由于不同档次的车型在硬件标准化配置上存在差异，以及传感器等智能设备的局限性，智能汽车中的单车智能可能会有智能边界和限制。因此，网联化会成为一种趋势，从单车智能发展到车路、车云、车路云的协同，旨在突破单车计算的物理边界。这一过程中利用边缘计算、云计算与车端共享计算资源和结果，推动智能汽车的发展。智能汽车不再局限于车端的单独开发，而是向车路云协同的感知、决策和控制转变。这种车路云协同的趋势进一步强调了软件在智能汽车领域的重要性，要求软件具有高度的复用性、可扩展性和适配性，能够适应 X86 环境以及不同的芯片内核环境。同时，部署在车端、路侧和云端的软件应能基于一套基础软件架构进行灵活的改造和升级。

1.2　智能汽车技术发展路线

智能汽车的发展趋势需要明确地体现在技术发展路线上，以将所有不确定性转化为可落地实施的确定性。新技术的应用可能会带来较大的系统性和架构性变革，同时可能引入新的波动和风险。然而，如果过分依赖旧有技术路径而不进行变革与创新，就会失去技术演进的动力。依据技术成熟度曲线的客观规律，每项新技术从诞生到成熟都必须经历从高峰到低谷再到崛起的过程，才能最终到达预期的成熟高峰。深刻理解这一客观规律，有助于更加准确地把握智能汽车技术发展的路线。这条路线本身是清晰的，虽然过程可能曲折，但最终目标是明确的。

技术的核心在于架构，架构不仅决定了技术的方向，而且作为技术的载体，提供了技术实现的基础框架支撑。整车的电子电气架构负责各项功能的运算处理和动力分配，通过整合各类软硬件单元、线束拓扑和电子电气分配系统，成为实现信息交互和复杂运算的中枢。在智能汽车中，功能的多样化主要通过软件来动态实现，因此软件在技术中占据了重要的位置。本节将从智能汽车的电子电气架构和软件两个方面进行介绍。只有清晰地认识技术发展路线，顺应技术趋势，并进行提前的规划布局，才能在智能汽车领域把握住机遇。

1.2.1 智能汽车电子电气架构发展路线

智能汽车的电子电气架构发展路线可以划分为4个阶段：从传统的整车分布式电子电气架构开始，逐渐转变为基于域控制器的集中式电子电气架构，接着发展为跨域集中式电子电气架构，最终演变为中央集中式电子电气架构。这一发展过程体现了智能汽车电子电气架构从分散管理向集中管理演变的趋势。

1. 传统的整车分布式电子电气架构

在传统的整车分布式电子电气架构中，整车的功能被细分为多个子系统，如动力系统、底盘系统、车身系统、娱乐信息系统等。每个子系统进一步划分为不同的功能模块，每个功能模块都由一个独立的电子控制单元（ECU）实现。这些不同的 ECU 主要通过 CAN、CANFD、LIN 等传统车载网络进行连接和通信。不同功能的子系统之间通过中央网关进行通信。图 1-2 为传统的整车分布式电子电气架构示意图。

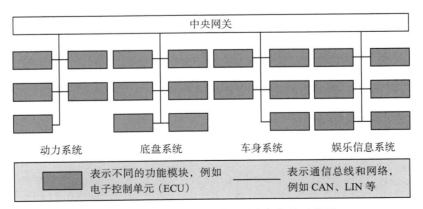

图 1-2 传统的整车分布式电子电气架构示意图

在这种分布式电子电气架构模式下，每个ECU由不同的供应商提供，并进行软硬一体化设计以实现所需功能。因此，整车制造商高度依赖这些供应商。从整车的角度来看，通信主要依赖低速总线网络，这限制了高带宽信息的传输，导致通信带宽存在瓶颈。同时，软硬件之间深度耦合，不同的硬件与特定的软件绑定，各个硬件相互独立，导致软件不具备通用性，整个系统的兼容性和扩展性较差。此外，多个硬件的共同作用可能会导致功能上的冗余和重叠，从而造成算力和成本的浪费。

2. 基于域控制器的集中式电子电气架构

随着智能汽车的硬件趋于同质化，软件定义、数据驱动和车路云协同成为主流趋势，传统的整车分布式电子电气架构已不足以灵活应对这些新需求。为适应智能汽车时代，电子电气架构需不断创新，其核心在于实现高度集中化、硬件标准化及软硬件解耦。

首先，传统的分布式电子电气架构正逐渐向基于域控制器的集中式电子电气架构演变。集中式电子电气架构按照整车功能将系统分为不同的域，如动力域、底盘域、车身域、座舱域、智能驾驶域等。每个域配备一个计算能力强大的域控制器，集成并整合了多个传统ECU的功能，负责数据的集中处理和运算。为提高通信效率，这些域控制器以太网作为主干网络进行连接。同时，该架构还考虑了与传统分布式电子电气架构中各种车载网络的兼容性。

如图1-3所示，基于域控制器的集中式电子电气架构展现了不同功能域及其关联的域控制器。在这种架构中，各个功能特性不再与ECU一一对应，而是通过减少ECU的数量来实现功能的集中化管理。软件逐渐从与硬件一体化的黑盒中分离出来，其作用和价值变得更加明显。具有更强大计算能力的域控制器开始处理更复杂的功能，为智能汽车技术的实现奠定了坚实的基础。

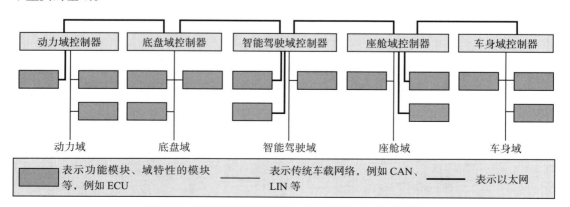

图1-3 基于域控制器的集中式电子电气架构示意图

3. 跨域集中式电子电气架构

在基于域控制器的集中式电子电气架构中，每个域控制器只负责一个功能域的控制。随着域控制器的计算能力和性能显著增强，不同功能域开始进一步融合。一些域控制器现在可以对两个或更多功能域进行集中控制，形成跨域集中式电子电气架构，进而提高了功能集中化的程度。目前，一种主流的跨域融合方式是将动力域、底盘域和车身域合并成一个综合的车辆控制域（简称车辆域）。该控制域与智能驾驶域、座舱域共同构成 3 个主要的控制系统。图 1-4 展示了跨域集中式电子电气架构示意图。

在这个架构中，功能域的深度融合使得车辆域承担整车的综合控制任务，智能驾驶域专注于自动驾驶功能的控制与实现，座舱域则专注于座舱环境和人机交互功能的控制与实现。随着功能集成和复杂性的增加，软件角色得到进一步增强。因此，整车制造商与供应商之间的合作策略变得更加多样化。一些制造商可能继续采用传统的供应链合作模式，尤其是当它们的软件能力有限时；一些制造商可能寻求与供应商建立软件合作开发的关系，共同推动技术进步；还有一些制造商开始自主研发软件，以掌握更多核心技术和获得竞争优势。

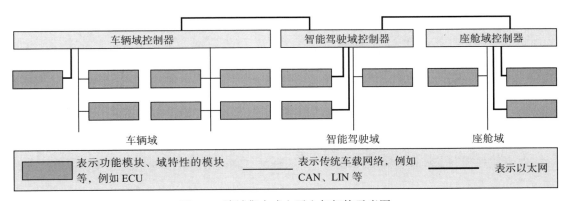

图 1-4　跨域集中式电子电气架构示意图

4. 中央集中式电子电气架构

随着智能汽车技术需求的持续提升，电子电气架构正步入一个新阶段。功能域将逐渐被通用的中央计算平台取代，形成中央集中式电子电气架构。在这种新兴架构中，一个通用计算平台将承担车辆所有功能的控制逻辑，这意味着电子电气系统不再按功能域分布，而是所有计算处理、通信和存储功能都集中于一个强大的中央计算平台。这个中央计算平台可视为一个异构的数据中心服务器集群，将系统功能集成度提升至全新水平。此外，为了遵循资源就近原则，简化通信和连接，中央集中式电子电气架构还考虑根据物理位置来划分区域，并在每个区域设立通用的区域计算平台，负责局部的计算和处理任务。图 1-5 展示了中央集中式电子电气架构示意图。

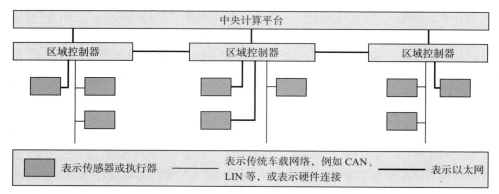

图 1-5 中央集中式电子电气架构示意图

在中央集中式电子电气架构中，以太网作为整车通信的主干网络，但各个区域内仍可使用其他传统车载网络。这一阶段的架构明确强调了软件在汽车系统中的核心地位。整个行业开始认识到软件的重要性，并且整车制造商试图主导原本由供应商提供的应用策略层软件，同时逐步建立专业的软件团队。随着软硬件架构的分层，智能汽车电子产业链的分工也在进一步重塑。整车制造商不再仅是硬件的集成者，而是开始在软件和服务领域扩展，以获得更多的核心技术和更强的市场竞争力。这种转变预示着智能汽车的发展将更加依赖软件的创新和整合能力。

随着智能汽车技术，尤其是车路云协同方面的不断进步，未来的车辆将不再仅仅依赖车载的通用计算平台。相反，中央通用计算平台将向路侧设施和云端资源扩展，与车载计算平台一起完成处理和运算任务，从而形成一个综合的车路云协同计算架构。这种架构模式提出了更高的要求，包括软硬件的解耦、硬件及接口的标准化、强大的软件功能，以及高效的数据传输和处理能力。

通用计算平台的核心特点在于其通用性，主要负责集中式的计算、处理、通信和调度任务，而不限定于任何特定的车辆功能域。这种平台并不依赖特定的应用功能，而是基于基础硬件平台和基础软件。通过标准化的设计，通用计算平台支持多种标准接口类型，能够适应不同的应用环境，实现快速适配。软硬件解耦使得该平台可以灵活部署在车载系统的中央、区域甚至路侧和云端。通过高层的软件设计，通用计算平台能够满足智能汽车多样化的应用需求。

从整车电子电气架构的不断演进中我们可以看出，技术发展路线在持续地突破和进化，呈现出计算集中化、平台标准化和软硬件解耦化的趋势。电子电气架构正从以功能信号为核心的导向模式转变为以服务为核心的导向模式，实现了功能的定制化。这种变革使得软件的价值成为智能汽车未来竞争的关键点。

整车制造商开始追求全栈技术布局和核心软件技术的突破，智能汽车生态圈的合作伙伴也逐渐热衷于构建通用计算平台。随着高性能智能计算基础平台的逐步发展和推广，软件创新的发展轨迹也得到了进一步推动，为智能汽车的发展铺平了道路。

1.2.2 智能汽车软件发展路线

随着汽车电子电气架构的持续演进，智能汽车技术正努力打破软件与硬件之间的紧密耦合。引入通用计算平台是这一变革的关键，它促使硬件平台标准化、基础软件平台化及应用功能生态化成为可能。这意味着在不同硬件平台上，可以根据不同客户的需求移植和使用相同的基础软件平台，并在此基础上灵活定制和开发不同的应用功能。为此，各种硬件基础平台需提供统一的标准化接口，以便不同的软件能够适配，实现一定意义的软硬件解耦。然而，软硬件解耦并不意味着软硬件适配工作能够一劳永逸，它只是相对减少了耦合工作量。同时，智能汽车软件还需要建立合理的软件分层架构模式，以实现软件各层之间的软软解耦。基于软件分层的功能开发可以促进生态分工模式的形成，支持定制化应用功能的开发。

智能汽车软件架构主要分为 3 个层次：底层系统软件、中间层软件和上层应用软件。底层系统软件主要包括操作系统及其内核、其他相关软件，为整个系统提供基础的运行环境和服务。中间层软件是一个广义的概念，指的是从底层系统软件到上层应用软件之间的所有层级的软件，起到连接上下层的桥梁作用。上层应用软件则与车辆的具体功能密切相关，包括状态机和应用逻辑软件，直接面向最终用户提供各种智能汽车功能。图 1-6 展示了智能汽车典型软件架构示意图。

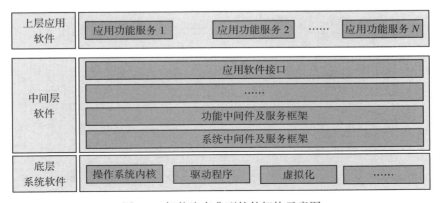

图 1-6 智能汽车典型软件架构示意图

智能汽车软件的发展将推动整个生态链的重构。在这一过程中，底层系统软件，特别是操作系统及其内核，重点在于构建生态圈。中间层软件将成为智能汽车软件领域的竞争蓝海，未来可能孕育出行业巨头。而上层应用软件将成为整车制造商深度介入软件领域的关键战场。这种分层的软件架构不仅有助于实现软硬件解耦，还为智能汽车的个性化和定制化提供了有力支持。

软件架构为软件模块提供了必要的框架，它承载了软件工程中所有模块及模块间的信息交互，对整体系统性能至关重要。像一座大楼的地基和承重墙一样，软件架构为控制流和数据流提供了通道，决定了软件"加盖"的高度和质量。因此，软件架构直接影响软件的性能。智能汽车软件的发展路线，必然围绕软件架构的优化和创新展开。

软件分层架构模式是智能汽车软件架构的基础。然而，并非所有分层软件架构都适用于智能汽车领域。每种架构需要根据智能汽车的具体需求和特性进行调整和优化，以确保其适应性和效能。

在汽车行业中，较早应用的软件分层架构是 AUTOSAR 经典平台（Classic Platform，CP）标准软件架构。这种架构由 3 个主要层次组成，即基础软件层（BSW）、运行时环境（RTE）和应用软件层。基础软件层进一步细分为服务层、ECU 抽象层、微控制器抽象层和复杂驱动，每一部分又可以细分为多个小模块。图 1-7 所示为 AUTOSAR 经典平台（CP）标准软件架构示意图。

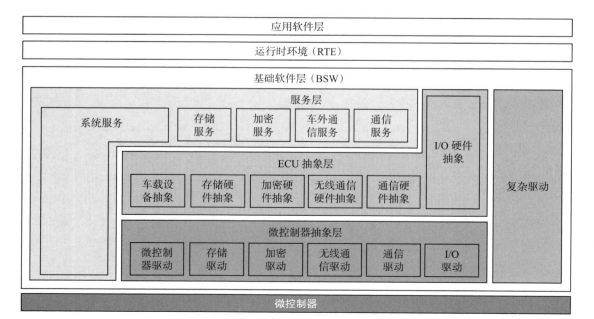

图 1-7　AUTOSAR 经典平台（CP）标准软件架构示意图

（1）应用软件层

应用软件层主要负责实现 ECU 功能的逻辑算法，其内部包含多个软件模块。每个软件模块又包含一个或多个运行实体，这些运行实体中封装了相应的算法。整车制造商或供应商可以在应用软件层进行定制化开发，以满足特定的应用逻辑需求。

（2）运行时环境

运行时环境（RTE）主要负责基础通信服务，实现应用软件模块与基础软件层之间以及软件模块间的通信，提供了架构分层间的有效隔离。作为应用软件层与基础软件层之间的中间交互层，RTE 对基础软件层的服务进行封装，并对外提供标准化接口。应用软件层可以通过RTE 接口调用基础软件层的相关功能。同时，RTE 还负责实现对应用层的软件函数的调度。

（3）服务层

服务层将基础软件功能以服务的形式封装，供应用软件层调度。它主要提供系统服务、存储服务和通信服务三大部分，具体包括车辆网络通信管理、内存管理、诊断管理、ECU 状态管理、模式管理、逻辑监控和程序流监控等服务。这样的设计允许应用软件层通过服务层调用所需的基础功能，实现高效的资源管理和流程控制。

（4）ECU 抽象层

ECU 抽象层负责封装微控制器抽象层及外围设备驱动，提供内外设备的统一访问接口，实现对通信、存储器和 I/O 硬件的访问。微控制器抽象层仅封装芯片上的功能，ECU 抽象层则负责对芯片及外围电路等所有硬件进行统一封装，从而实现上层软件应用与 ECU 硬件的分离。ECU 抽象包括车载设备抽象、通信硬件抽象、存储硬件抽象和 I/O 硬件抽象等。ECU 抽象层专注于所有硬件层面的统一封装，无需开发人员关注微控制器内部的细节。

（5）微控制器抽象层

微控制器抽象层负责封装访问微控制器的各种驱动，实现不同硬件接口的统一化。这些驱动包括微控制器驱动、通信驱动、存储驱动以及 I/O 驱动等。微控制器抽象层将芯片的寄存器操作统一封装成标准的库，并对外提供标准化接口。通过这一层，软件与微控制器得以隔离，从而封装微控制器硬件，避免上层软件直接操作硬件。这种做法确保了只有该层与硬件直接交互。因此，当更换微控制器芯片时，只需修改这一层的适配内容，便可实现软件的便捷移植。

（6）复杂驱动

复杂驱动主要针对那些因特殊性难以进行标准化抽象的内容而设计，如一些复杂的传感器抽象。复杂驱动能够封装未定义的功能，并提供接口供应用层调用，从而逐步向AUTOSAR 经典平台（CP）规范架构转化。它还允许应用软件层通过 RTE 直接访问硬件。

AUTOSAR 经典平台（CP）的标准软件架构是一种面向功能的架构，使用基于信号的通信方式，在传统汽车 ECU 领域得到广泛应用。然而，智能汽车集中式电子电气架构对系统通信速率和计算能力有高要求，需要支持多核异构设计部署、高性能并行计算和基于以太网的高带宽传输通信的软件。AUTOSAR 经典平台（CP）单独使用不足以满足这些需求。为了更好地满足智能汽车集中式电子电气架构的软件要求，AUTOSAR 组织推出了 AUTOSAR 自适应平台（Adaptive Platform，AP）标准软件架构。这一架构能够实现灵活的软件配置，提供高性能计算和高带宽通信机制，总体分为自适应应用（AA）和自适应应用的 AUTOSAR 运行时（ARA）两部分，如图 1-8 所示。

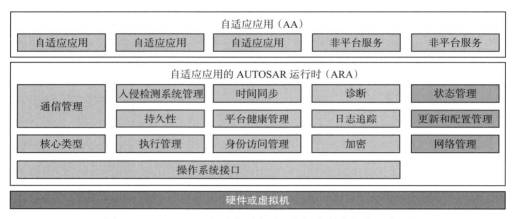

图 1-8　AUTOSAR 自适应平台（AP）标准软件架构示意图

从图 1-8 中可以看出，AA 部分包括自适应应用和非平台服务两种类型的应用服务，它们之间可以相互提供服务。ARA 部分主要由功能集群提供的各种应用接口构成。这些接口分为两大类：一类是自适应平台基础，主要负责提供基础功能，如通信管理集群、持久性集群、诊断集群、时间同步集群和平台健康管理集群等；另一类是自适应平台服务，主要提供标准服务，如状态管理集群、网络管理集群、更新和配置管理集群等。

AUTOSAR 自适应平台（AP）是一种面向服务的架构（SOA），具备数据并行处理能力，能实现高性能计算处理。它不仅能满足系统的实时性要求，也能满足非实时性应用的软件架构需求。除了架构分层的定义差异外，AUTOSAR 自适应平台（AP）与 AUTOSAR 经典平台（CP）的对比分析见表 1-4。

从 AUTOSAR 自适应平台（AP）与 AUTOSAR 经典平台（CP）的对比来看，两者各有优势：AP 在动态灵活性方面表现更佳，而 CP 在实时安全性方面表现更为突出。在智能汽车的不同应用场景下，我们可以利用这两种平台，构建一个既灵活又安全的异构软件架构，实现它们之间的互补和协作。智能汽车的软件架构正在向融合型的发展路线转变，主要以 SOA 为核心。对于那些对实时性和安全性要求很高的应用，则采用异构软件架构设计，或者针对实时性和安全性进行设计改造。

表 1-4　AUTOSAR 自适应平台（AP）和 AUTOSAR 经典平台（CP）的对比分析

对比项	AUTOSAR 自适应平台（AP）	AUTOSAR 经典平台（CP）
开发语言	主要采用 C++ 语言	主要采用 C 语言
硬件支持	64 位的高性能处理器	8 位、16 位、32 位的微控制器
操作系统	基于 POSIX 标准操作系统	基于 OSEK 标准操作系统
地址空间	每个应用程序具有单独的虚拟地址空间	所有应用程序使用相同的地址空间
通信方式	基于服务的动态通信	基于信号的静态通信
调度方式	支持多种动态调度策略	采用固定的任务静态配置
调度周期	毫秒级	微秒级
实时性	软实时性	硬实时性
适用情况	适用于算力要求高、安全性和实时性要求相对低的场景，例如辅助驾驶系统	适用于算力要求低、安全性和实时性要求高的场景，例如三电控制系统或发动机控制系统

那么，到底什么是 SOA？SOA 是一种设计思想，强调高内聚和低耦合。在智能汽车应用中，SOA 能将车辆的所有功能划分成不同的服务，这些服务拆分为颗粒度适中的服务组件。这些组件遵循统一的接口设计标准，并通过统一的协议标准进行相互通信和访问。这种架构允许服务组件相互组合，提供更多服务，从而具有强大的可扩展性，并支持车辆在出厂后软件的持续升级和维护。

为了更生动形象地阐述 SOA 机制，我们不妨以餐厅经营做类比。设想一家餐厅提供 N 种菜品，如果采用非面向服务的模式经营，则每种或每个组合菜品都需要配备专门的团队、工具和设备资源。这个团队负责从采购食材原料到烹饪完成，直至将菜品端上餐桌呈现给顾客的整个过程。若该餐厅销售的菜品种类众多，则必须配备大量的专门团队，这样的做法常导致团队间在采购、清洗食材乃至烹饪环节出现重复劳动，从而造成资源的浪费，显然不经济。

在这样的背景下，SOA 机制显得尤为重要。若餐厅采用此机制来经营，就不会根据所售菜品来划分团队，而是将内部组织分成采购组、洗菜组、烹饪组等专业小组。这些小组不必关心顾客具体选择了哪道菜品，专注于完成自己的基本任务即可。服务员根据不同客人的点菜情况进行下单，后厨各组人员只需按照标准化流程履行各自的职责，不同菜品由不同小组协作完成。通过这种方式，餐厅实现了 SOA 机制，优化了资源配置，提高了经营效率。

智能汽车的软件架构也是如此，采用 SOA 可以提升效率。在这种模式下，软件采取分层设计，每个软件层级由多个细分的软件模块组成。各软件模块专注于执行自己的基础任务，无须关心具体的应用功能，从而实现了软件层级间和模块间的解耦。同时，通过采用标准化接口，不同软件模块相互配合能够支持多样的服务目标实现，从而为智能汽车的功能更新与扩展奠定了良好的架构基础。

除了软件架构的发展变革外，智能汽车软件的本质属性也在发生变化。随着人工智能的发展，软件正从人类明确编写代码实现程序逻辑的传统软件时代，过渡到通过神经网络训练达成预期目标的智能软件时代。在智能汽车的软件开发演进中，智能软件将占据一定的比重，因此，在分析智能汽车软件发展路线时，我们必须考虑这部分的影响。与传统软件相比，智能软件在本质上具有一些独特属性，如表 1-5 所示。

表 1-5　传统软件与智能软件的对比分析

对比项	传统软件	智能软件
开发语言	计算机语言，例如 C、C++	抽象语言，例如神经网络权重
开发过程	● 定义软件需求 ● 软件架构设计 ● 软件单元设计 ● 逐层测试验证	● 定义预期目标 ● 定义目标行为的数据集 ● 搭建神经网络架构 ● 训练数据集，调整神经网络参数权重，优化模型，输出结果
可追溯性	需求 – 设计 – 测试可双向追溯	预期目标 – 数据集 – 神经网络 – 权重，各要素无明确追溯性
编程过程	人工编写代码	基于评估准则优化得出
最终成果	编译后的二进制文件	最终的神经网络
失效原因	系统性失效	数据偏差、模型精度不足、不可解释性
软件迭代	人工修改代码	调整数据集分布、更换模型、更新参数权重、增加训练数据

智能软件颠覆了传统软件的开发流程，开启了一个前所未有的新时代。在语音、图像、视频识别领域，智能软件展现出了比传统软件更强大的优势，能够解决传统软件难以解决的问题。

举个例子，在通过软件开发方法实现对小狗图像的识别时，若采用传统软件开发流程，首先要进行需求描述，明确小狗的外观特征，包括头部、身体、四肢、尾巴、颜色及行为动作等。接着，对需求进行细化并进行设计、编码和实施。在使用这套软件进行小狗识别时，需要将待识别内容与代码中定义的小狗特征进行匹配判断，匹配成功则输出确认结果。这种方法能够识别一种或几种特定类型的小狗。然而，面对不同颜色和品种的小狗时，其识别能力就显得不够灵活、智能。相比之下，智能软件通过机器学习的方式，借助训练数据集调整参数权重，逐步优化性能，实现持续学习和提升，从而通过特征识别技术达到泛化的效果，能准确给出目标结果。

智能软件提高了智能化水平，但也为智能汽车引入了较大的不确定性。随着集中式电子电气架构和面向服务的融合型软件架构的发展，智能汽车中的传统软件代码量大幅增加，进一步增加了不确定性。这种不确定性使得智能汽车的安全性成为一个广泛争论的话题。然而，安全始终是智能汽车发展的起点和重心。作为智能汽车核心竞争力的重要组成部分，软件的安全性将成为未来的关键竞争力。

第 2 章 *Chapter 2*

智能汽车安全痛点

安全是智能汽车发展的初衷和核心宗旨。智能汽车的最终目标是通过提升自动驾驶技术，逐步实现对人类驾驶责任的完全替代，以此避免驾驶员因素导致的交通事故，确保行车安全，最终达到零事故的目标。因此，智能汽车系统在运行过程中必须能够提供强有力的安全保障能力，实现真正的功能安全。

在此，需特别指出，本书中所指的"功能安全"是一个广义概念，不仅包括传统的功能安全，也涵盖预期功能安全。

智能汽车行业如同一个充满活力的少年，不断向前奔跑。与此相对，传统功能安全则如同一位经验丰富的长者，拥有丰富的经验和成熟的思维模式，但也有一些墨守陈规的思想。传统功能安全的方法论基于经验总结，遵循一系列既定的规则和标准。尽管这种保守的安全观念为新兴技术提供了宝贵指导，但其某些守旧的思维模式已不完全适应新事物的特性，难以与新兴需求完美对接。

虽然从传统功能安全衍生出了预期功能安全的概念，但是它的发展速度远落后于智能汽车技术的创新。这种情况如同步履蹒跚的老人追不上大步奔跑的少年，导致在智能汽车功能安全方面存在盲区，给从业人员带来迷茫和困惑。这些问题构成了智能汽车安全的主要痛点，而行业对这些痛点的解决策略还处于混沌状态。实际上，许多从业者未能深刻理解这些痛点的本质，因而在制定解决方案时效果不佳。在实际工作中，一些人只处理了功能安全的部分明确问题，忽略了盲区；另一些人则完全忽视了功能安全的重要性，不知道这些被忽略的安全问题可能会成为智能汽车发展的障碍。因此，本章将从智能汽车的安全痛点入手，深入分析其根本原因，并从"不适用"和"不确定"两方面进行阐述。只有深入理解这些痛点，我们才能找到有效的对策，突破现有局限，解决这些问题。在后续的第 7 章，我们将针对这些痛点探讨智能汽车功能安全的解决方案。

2.1　不适用带来的安全痛点

在智能汽车功能安全领域，工程师面临着众多挑战和困惑。他们经常发现，面对实际工作中的功能安全问题，现有的标准规范和资料往往无法提供直接的解答。即便尝试用现有的知识解决这些问题，也常常感觉力不从心，难以确保实现真正的功能安全。

在设计开发过程中，常见的误区是将可靠性设计与安全性设计混淆。虽然可靠性和安全性之间存在一定的关联，但它们本质上是完全不同的概念。混淆两者可能会导致忽视那些真正影响安全的关键要素，从而在设计中留下潜在的隐患。另外一些常见现象是以偏概全，即仅因产品中的一些部件实现了功能安全，就错误地认为整个系统达到了安全标准。从系统工程的角度看，这种做法忽略了系统中可能存在的其他风险和危害，未能实现全面的安全保障，因而谈不上真正的安全。

这些问题的根源在于采用了不适用的标准、概念或方法来完成智能汽车领域的功能安全工作，进而埋下了安全隐患。本节将详细分析由这种不适用带来的安全痛点，以便为后续采用更合适的功能安全方法奠定基础。

2.1.1　功能安全标准的局限性

功能安全概念源于 20 世纪的航空工业领域，当时通过安全事故分析，发现许多事故是由控制系统的安全相关功能失效引起的。这种失效通常由电子电气设备的故障引发。在 20 世纪 70 至 80 年代，石油化工行业发生的多起爆炸和污染泄漏事故造成了严重的人身伤亡，并在全球范围内产生了深远影响，这推动了功能安全标准的形成。为了提升电子电气设备的安全性，国际电工委员会（IEC）组织专家进行了失效数据的统计分析，并总结了过往经验，形成了涵盖电子电气产品全生命周期的技术和管理方法论，指导安全相关产品的全生命周期管理。这套方法论逐渐演变为第一套正式的功能安全国际标准 IEC61508。作为通用标准，IEC61508 适用于多个行业，各行业根据自身特点派生出特定的功能安全标准。汽车行业的道路车辆功能安全标准 ISO26262 是基于 IEC61508 标准，并针对汽车行业电子电气系统的特定需求制定的国际标准。

在 ISO26262 标准中，功能安全的定义为"不存在由电气／电子系统的功能异常表现引起的危害而导致的不合理的风险"。随着智能汽车的发展，大量复杂软件和算法的应用，让模块、系统、功能、性能呈现出复杂的交互关系，不合理的风险不单纯是功能异常表现引起的危害所导致的，也有可能是功能定义不完善、性能表现不足或人机交互的不安全操作导致的。ISO26262 中传统功能安全的定义已经不能完全覆盖智能汽车功能安全问题，因此衍生出道路车辆预期功能安全标准 ISO21448。该标准对传统功能安全定义的不全面进行了补充。无论传统功能安全还是预期功能安全，本质上都是功能安全的内容，只是在功能安全标准起源时没有预想到未来的产品有这么多复杂的交互，危害的产生原因更加多样化，所以传统功能安全标准中对功能安全的定义过于局限了。从广义层面来看，传统功能安全与预期功能安全都是功能安全整体的一部分，二者之间有着共性的内容也有着特异性差别，如表 2-1 所示。

表 2-1 传统功能安全与预期功能安全对比表

对比项	传统功能安全	预期功能安全
定义	不存在由电子电气系统功能异常表现引起的危害而导致的不合理的风险	不存在由预期功能的不足或其实现的不足引起的危害而导致的不合理的风险
基础输入	系统的范围边界 功能的定义说明 应用场景的假设或定义	系统的范围边界 功能的定义说明 应用场景的假设或定义
安全分析方法	主要两种方式：针对各种失效模式进行自底向上的分析或以危害为顶事件自顶向下分析	主要采用事故致因模型分析，重点确定行为的安全约束，其他安全分析方法也可按需采用
危害原因	系统自身故障 环境条件影响 错误操作	功能、性能不足、系统交互问题 环境条件影响 错误操作
防护措施	针对性的技术措施 流程措施（侧重全生命周期的流程方法）	针对性的技术措施 流程措施（侧重验证与确认）

在智能汽车领域，传统功能安全与预期功能安全并行推进。虽然这种做法补充完整了功能安全的定义，但标准内容仍难以全面应对实际应用中的复杂问题，存在许多局限性，主要表现在以下几个方面。

1. 功能安全缺乏整体化的规范要求

传统功能安全标准 ISO26262 与预期功能安全标准 ISO21448 作为两个独立的标准，分别对应一套独立的体系和要求，但两者都是基于 V 模型的产品生命周期进行的，活动内容也有一定的重叠。只是在同一活动中，它们对应不同的方向和侧重点。因此，对于功能安全整体而言，这种分割显得不太合理。在智能汽车领域的实际应用过程中，许多企业分别建立传统功能安全体系和预期功能安全体系，然后在后续发展中适当进行融合，或者一直保持两套独立的体系运行。针对同一安全相关产品的开发，所有人员可能需要参考两套体系的流程来完成各自的工作，这无疑会带来一些传统功能安全和预期功能安全都涉及的共同内容的边界问题，可能会导致边界上的重复工作，也可能导致边界内容的忽略。图2-1所示为功能安全范围示意图。从图2-1中，我们可以看见传统功能安全与预期功能安全共同涉及的部分，在缺乏功能安全一体化规范的支撑下，易于忽略一些内容。例如，在分别进行传统功能安全分析与预期功能安全分析时，传统功能安全分析可能涉及预期功能安全问题，而预期功能安全分析也可能涉及传统功能安全对应的失效问题。如果传统功能安全和预期功能安全不是作为一个整体来看待，只是各自关注标准定义范围内的内容，那么最终整体上必然会有被忽略而未识别的风险。如果传统功能安全分析和预期功能安全分析识别的风险信息能够相互传递，就能解决这个问题。因此，我们还需要构建一套传统功能安全与预期功能安全之间连接的具体流程机制，确保两者之间的关联与依赖内容得到完全的拉通和落实，这样才能确保智能汽车产品功能安全的全面性。但目前，关于传统功能安全标准ISO26262与预期功能安全标准ISO21448中各项活动的信息传递，并没有明确的标准来指导。

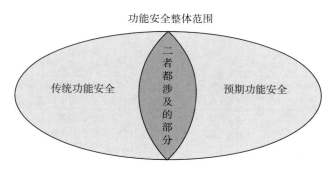

图 2-1　功能安全范围示意图

2. 功能安全标准针对智能汽车方面积累经验不足

从功能安全的起源来看，传统功能安全标准的形成是基于对历史经验的积累和总结。专家通过分析大量事故中获取的失效数据，制定应对策略，总结出有针对性的有效经验。这些经验被贯穿形成一套方法论，构成了传统的功能安全标准，旨在指导系统的全生命周期活动，从而有效减少事故的发生。图2-2所示是传统功能安全标准形成过程示意图。

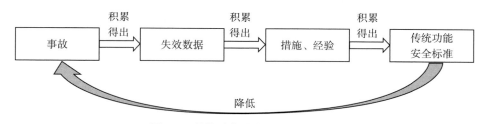

图 2-2　传统功能安全标准形成过程

传统功能安全的经验主要来源于航空、化工、核技术等领域的控制系统相关事故。每个领域的产品设计和安全防护措施都具有独特的行业特点。例如，在航空领域，当设备失效产生危害时，由于运行场景的复杂性，很难确保转移到一个安全状态，因此安全防护的重点在于防止危害发生，而非处理危害的异常。航空领域常采用冗余设计方法。在成本严格控制的汽车行业，车辆的运行场景下可以确定相应的安全状态，这使得航空领域的经验在汽车行业中的应用效果有限。虽然 ISO26262 标准根据汽车行业的特点进行了改进和优化，但它主要适用于传统汽车，并没有特别考虑智能化、网联化汽车的功能安全需求。由于智能汽车仍处于快速发展期，缺乏充足的案例和数据作为参考，因此传统功能安全标准与智能汽车功能安全的需求之间可能在如下方面存在偏差。

（1）内容覆盖的全面性

智能汽车的电子电气设备包括传感器、控制器和执行器，涉及智能化和网联化新技术。对于这些新技术，它们的失效情况是否完全能够被归类为随机失效和系统性失效，目前还没有充分的数据支持，因此暂时无法得出明确的结论。传统功能安全标准 ISO26262 并未包含针对智能化技术功能安全防护的具体内容，导致现有的标准内容无法全面覆盖智能汽车领域可能遇到的实际功能安全问题。

（2）方法的适用性

传统功能安全标准 ISO26262 在解决传统汽车功能安全问题上是一个有效的方法论。但当应用于智能汽车时，某些方法可能显得过于教条，没有充分考虑智能汽车的实际应用场景，这可能导致某些问题无法解答。智能汽车功能安全实践中急需结合实际情况，寻找既安全又可行的方法，并且这种方法需要有历史数据和实际事实的支撑。然而，这方面的内容是目前标准中所缺乏的。

预期功能安全标准 ISO21448 对传统安全标准 ISO26262 进行了补充，针对预期功能不足或实现不足的相关风险，采用验证和确认的策略作为降低风险的主要措施，并提供了流程和方法的参考。然而，由于基于智能汽车领域的经验总结和数据积累仍然不足，ISO21448 标准在方向和流程框架上虽能为智能汽车领域的安全风险防护提供一定指导，但对于智能汽车的全面功能安全性而言，仍然面临巨大挑战。实现智能汽车功能安全性需要更深入的研究探索、更广泛的数据分析、更丰富的经验总结以及更细致的标准指导。

3. 缺乏人工智能相关的内容

在智能驾驶应用中，感知、决策规划和控制部分均涉及算法。人工智能技术在感知模块的应用尤为广泛，并且在决策规划模块也有所尝试和应用。例如，在各个感知任务环节，广泛涉及人工智能相关技术；在决策规划环节，某些行为决策采用了基于深度学习的人工智能算法。人工智能已经成为智能汽车领域不可或缺的一部分，对感知、决策结果及性能产生重大影响。一旦出现问题，基于错误的感知数据或决策，可能会导致车辆产生错误的控制动作，进而影响行车安全。因此，智能汽车中人工智能技术的安全性不容忽视。然而，现有的功能安全标准 ISO26262 和 ISO21448 并未针对人工智能技术提供相关的方法论。人工智能技术已经超越了传统软件的范畴，导致现有的软件功能安全标准在指导人工智能方面的作用有限。在智能驾驶领域人工智能技术的应用分布举例如图 2-3 所示。

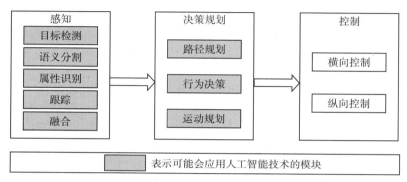

图 2-3　在智能驾驶领域人工智能技术的应用分布举例

为弥补 ISO26262 和 ISO21448 在智能化、网联化方面的不足，国际上陆续推出其他安全标准，如针对自动化产品的安全评估标准 UL4600、针对自动驾驶系统安全和网络安全的标准 ISO4804、针对自动驾驶测试场景安全评估的标准 ISO34502，以及针对道路车辆人工智能安全的 ISO/PAS 8800 等。这些标准从不同维度为智能汽车功能安全提供指导，但其在智能汽车领域的广泛应用仍需政策推动。真正的适用性和匹配性还需在实践中磨合和改进。此外，这些标准是否能构成智能汽车安全性的完整闭环指导体系仍存在不确定性，需要在未来的实践中进行评估和考验。图 2-4 所示为智能汽车可参考的安全标准划分示意图。

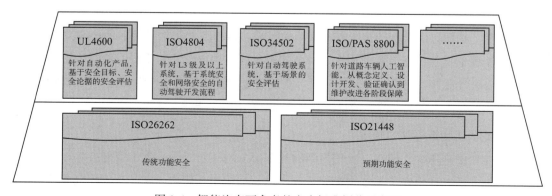

图 2-4　智能汽车可参考的安全标准划分示意图

2.1.2　安全性与可靠性的理解误区

在智能汽车领域以及其他领域的研发设计与工程实践中，对安全性和可靠性的理解常存在误区，尤其在智能汽车领域这一现象更为明显。许多人错误地认为高可靠性等同于高安全性，或认为实施了功能安全设计就意味着实现了高可靠性。然而，安全性和可靠性是两个完全独立的概念，绝不能混为一谈。混淆这两个概念会导致设计实践陷入思维误区，可能使得功能安全设计和可靠性设计都处于一种似是而非的状态，既不真正安全也不真正可靠。因此，在智能汽车开发过程中，必须从本质上深刻区分安全性和可靠性，这样才能有效运用相关技术，达成既定的安全性目标和可靠性目标。

从概念定义上看，安全性指的是不存在不合理的风险；可靠性定义为在"规定的时间"、"规定的条件"下执行"规定行为"的能力。因此，安全性关注的是风险的管理和控制，可靠性侧重于在"三个规定"下的性能保证。结合智能汽车的应用，下面澄清两个结论。

1）高可靠性的系统，虽然故障和失效情况少，对传统功能安全的提升有一定帮助，但在智能汽车领域，这样的系统仍可能发生安全事故，因此不能完全保证系统的安全性。

2）在某些场景下，安全性和可靠性可能存在矛盾，即系统虽然具有高可靠性，却可能不安全；相反，具有高安全性的系统也可能不那么可靠。

为了理解这两个结论，举一个智能汽车 ADAS 软件开发的相关示例，假设有一个需求是关于本车跟随前车进行巡航的场景，需求描述为"当本车车速 30km/h < v < 60km/h 时，跟随前车的时距调整为安全时距的 80%"，按照此需求进行软件设计开发，那么该软件实际应用时的可靠性与安全性分析见表 2-2。

表 2-2　示例软件的可靠性与安全性分析

假设情况	需求	软件	后果	对于软件的结论
情况 1	正确合理	软件正确设计实现，本车车速 30km/h < v < 60km/h 时，跟车时距为安全时距的 80%	正常跟车行驶	可靠且安全
情况 2	正确合理	软件设计实现出现错误，本车车速 30km/h < v < 60km/h 时，跟车时距变小，变为安全时距的 50%	紧急情况下与前车发生碰撞	不可靠且不安全
情况 3	正确合理	软件设计实现出现错误，本车车速 30km/h < v < 60km/h 时，跟车时距变大，变为安全时距的 90%	跟车时距增大，无碰撞风险	安全但不可靠
情况 4	需求本身不合理	软件正确设计实现，本车车速 30km/h < v < 60km/h 时，跟车时距为安全时距的 80%	紧急情况下与前车发生碰撞	可靠但不安全

从表 2-2 的"情况 4"可以看出，系统实现了规定的功能，是可靠的，但是由于这个需

求本身不合理，仍然会产生不安全问题。因此可以看出，除了失效外，系统还可能存在其他情况而导致安全风险，如需求不合理、功能不全、性能不足以及系统交互问题等预期功能安全因素。对于功能丰富、性能要求高、信息交互量大的智能汽车系统而言，随着系统复杂性的增加，功能、性能和系统交互问题引起的安全事故所占的比例会增大。可能出现的情况是，即使所有系统和模块都可靠且未发生失效，车辆仍可能发生安全事故。在这种情况下，仅提高系统或模块的可靠性并不能解决问题，因为即使预防了各种失效情况，也无法阻止安全事故的发生。因此，高可靠性并不能等同于高安全性，尤其在智能汽车领域，可靠但不安全的情况极为常见。然而，从"情况1"来看，如果没有其他因素影响，提高可靠性、降低失效率能够减少失效带来的安全问题，对传统功能安全有一定的辅助作用。通过"情况2"和"情况3"的比较分析，系统失效，没有实现规定的功能，可靠性低，但并不一定意味着不安全，安全性取决于产生的后果是否影响安全。

在智能汽车的自动驾驶应用中，故障接管的情形时有发生。举例来说，智能驾驶系统检测到异常时，切换到安全状态。该状态可能涉及关闭智能驾驶系统并提示驾驶员接管控制权。采取这种处理措施虽然增强了系统的安全性，但同时也降低了系统的可靠性和可用性。关闭智能驾驶系统意味着车辆不会再做出可能引发错误的操作，驾驶员接管车辆后，可根据实际情况采取降级运行措施或停车。按照可靠性的定义，智能驾驶系统需在"三个规定下"保持其功能运行，一旦关闭，就失去了自动驾驶的能力，所以这种策略说明提高安全性可能会降低可靠性。

安全性与可靠性是两种不同的属性，它们之间既有联系也有区别。在某些情况下，这两者之间存在关联；而在其他情况下，它们可能会表现出矛盾。要理解它们之间的关系，关键在于根据具体的应用场景，判断二者的目标是否一致。图2-5所示为可靠性与安全性关系示意图。

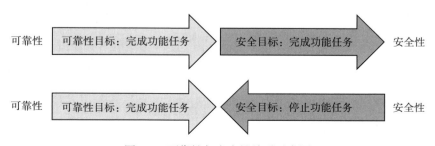

图 2-5　可靠性与安全性关系示意图

可靠性与安全性之间的关系大致可分为两种情形。首先，可靠性的目标是明确的，即保持完成特定功能或任务的能力。安全性的目标则有两种可能：一种是通过完成特定功能或任务来实现安全目标；另一种是通过限制或停止特定功能或任务来达到安全目标。在智能汽车领域，根据具体场景确定所涉及的安全性属于哪一种情况至关重要。若属于第一种情况，安全性和可靠性在一定程度上互为补充，在某些方面可能会相互促进；若属于第二种情况，安全性和可靠性可能会出现矛盾。因此，我们需要在设计时平衡二者的关系，既要确保安全性，也要力求不降低系统的可靠性。

从本质特性上区分，可靠性是指零部件本身的一种独立属性，整个系统的可靠性基于各个子系统和零部件的可靠性计算得到，可能会呈现出叠加增强或降低的趋势。相对而言，安全性是一种更为复杂的综合属性，它不仅与零部件自身的安全设计有关，还紧密关联于系统内部各零部件之间的互动、外部应用环境等多种因素。系统的安全性并非简单地基于零部件的安全性进行计算得到，而是多种因素综合作用的结果。因此，在智能汽车领域，我们必须清楚地区分可靠性与安全性，不能仅从零部件的设计角度考虑安全问题，还需结合系统间的交互以及实际应用场景进行综合性的安全设计，这样才能有效解决智能汽车的安全问题。

2.1.3　局部安全与系统安全的混淆

在智能汽车安全问题讨论中，局部安全与系统安全的概念经常混淆。比如，在介绍智能汽车时，提到"智能驾驶域控制器的功能安全最高可支持 ASIL D 的安全目标"，很多人可能会错误地推断整个智能驾驶系统是安全的。再比如，在产品安全设计过程中，出于时间、成本和技术难度的考虑，常常会牺牲某些部分的安全考量，只集中保障关键部分的安全设计。这些被忽略的部分往往成为潜在的安全风险，在特定条件下可能导致事故。这两个例子反映了现实中常见的问题，无疑会在智能汽车领域引起一些安全隐患。这些问题根本上是因为缺乏对局部安全和系统安全关系的正确理解，导致两者概念上的混淆，成为智能汽车安全领域的一个主要难点。只有准确把握智能汽车中局部安全与系统安全的关系，才能有效完成功能安全工作，确保智能汽车驾驶安全。

1）局部安全是系统安全的必要条件，但不是充分条件。也就是说，即便局部安全，系统整体不一定安全；但如果系统整体安全，局部一定是安全的。

要理解安全具有系统属性这一观点，首先需认识到安全性问题需要采用系统思维来考虑和解决。安全性是一种系统的综合属性，涉及从输入源头到控制处理，再到最终输出的整个链条上的每一个环节及其相互作用。这些环节间的交互可能非常复杂，不仅仅是简单的线性关系。因此，如果只有单个环节是安全的，最终的系统安全性并不能得到保证。如图 2-6 所示，通过一个系统安全链路示意图可以看到，安全相关的各个环节和它们之间的交互过程都是系统安全不可或缺的组成部分。任何一个环节或交互过程的失误都可能导致最终结果的不安全。这也说明了仅从"智能驾驶域控制器的功能安全最高可支持 ASIL D 的安全目标"推断"整个智能驾驶系统是安全的"这一想法是不合理的,因为除了处理控制环节外,还包括感知输入、执行输出、结果反馈环节,如果这些环节存在安全问题,仅靠控制器是无法实现全面监控和防护的。要确保系统的安全性,每个安全相关的环节和交互过程都必须是安全的。

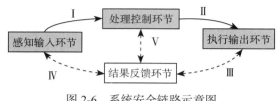

图 2-6　系统安全链路示意图

智能汽车是一个结构复杂、层次分明的系统工程,包括众多系统、子系统及零部件。每个零部件又分为不同层级的模块和相应的软硬件。各项复杂功能会根据智能汽车结构层次,逐层细化至最小单元。每个层级都是系统不可缺少的组成部分。然而,系统的整体并不是各部分简单叠加。对于系统而言,除了包括各部分实体外,更重要的是各部分实体之间的相互作用。这些系统、子系统、零部件、模块、软件单元和硬件单元相互联系、互动,共同实现智能汽车的功能和性能目标。因此,智能汽车的安全性不仅与每个细分单元的安全性有关,还与单元之间的相互作用息息相关。实现智能汽车系统的安全,需要确保每个层级的单元都安全。但是,即便每个层级的单元都实现了安全设计,也不能保证整车系统的安全,因为单元之间的交互可能存在问题和偏差,导致最终出现风险。因此,在考虑智能汽车安全问题时,我们需要采用系统工程的思维,全面考虑,不能简单地用"局部安全"替代"系统安全",以免产生以偏概全的误解。

2)系统的安全性受到"木桶理论"的影响,即一个系统的整体安全性取决于控制链上最薄弱环节的安全水平,而非安全措施做得最好的局部。

众所周知,根据木桶理论,木桶能够盛放多少水,并不是由木桶中最长的木板决定的,而是取决于最短的那块木板。然而,在智能汽车系统安全的设计与应用中,人们往往错误地认为"最长的木板"决定了系统的安全性,这实际上是一种将局部安全误认为系统整体安全的典型错误。要真正理解这一误区,关键在于识别系统中的各个局部安全是呈串联关系还是并联关系,从而判断系统的安全性是依据"最短板"还是"最长板"。如果每个局部环节以串联的方式相连,系统的安全性将由最薄弱环节所能达到的最高安全性决定。例如,在智能汽车领域,如果传感器的安全设计仅能满足 ASIL B 级的安全要求,即使控制器的设计能够达到 ASIL D 级的安全要求,那么在设计不变的情况下,整个系统能够实现的最高安全目标也仅能是 ASIL B 级。相反,如果每个局部环节是并联的,那么系统的安全性将由其中安全能力最高的局部环节决定。比如,在智能汽车领域,如果域控制器的一项功能满足 ASIL B 级的安全要求,而另一项功能满足 ASIL D 级的安全要求,那么这个域控制器的最高安全支持等级就是 ASIL D 级,这就成了"取长板"。因此,系统安全的木桶效应适用的前提是,各个局部环节必须是串联在同一控制链中。

2.2 不确定带来的安全痛点

确定性与不确定性实际上是一种与风险相关的博弈。事物具有确定性时,可以依据规律来衡量,相应结果将按一定规律分布。若预期内容满足要求,则风险已降至可接受程度。若事物具有不确定性,我们就无法依据规律预测结果走向。这种不确定性可能挑战过往经验、习惯和认知,使得结果充满风险。

安全的本质实际上是追求确定性,通过技术方法和流程规范来消除产品中的不确定性,降低风险,确保最终结果符合预期规律,满足目标要求。在智能汽车领域,随着智能化水平的提高和高新技术的应用,许多创新内容颠覆了传统认知,给智能汽车安全带来巨大的不确定性。本节将从应用场景、人工智能算法、大规模软件等几个典型方面介绍这些不确定性对智能汽车安全的影响。

2.2.1 智能汽车应用场景的不确定性

道路交通环境不仅包含众多静态交通元素,还涉及复杂多变的动态交互。智能汽车在运行过程中,可能会遇到多种不可预测的情况。它们需要依靠有限的设计和机器学习能力,应对千变万化的应用场景,因此面临巨大的不确定性挑战。这主要体现在 3 个方面。

1)智能汽车应用场景中的元素呈现不确定的状态。

首先,智能汽车应用场景是一个包含静态物体、信息和动态交互过程的复杂结构体,涵盖了道路及交通设施情况、环境及信息、交通参与者等多方面因素。如表 2-3 所示,每一种场景元素都会包含许多细小的子分类,而每个子分类又包含不同的元素,每个元素还可以进一步细分为更具体的内容。在车辆运行过程中,静态元素会经历动态地变换和更新,动态元素的位置、动作、轨迹也会实时发生变化。

世界上不存在两个区域拥有完全相同的道路、设施和环境,也不存在两个时刻拥有完全相同的动态场景,更不会有两次完全相同的驾驶行为。因此,各个元素时刻为智能汽车构建独一无二的应用场景。环境、交通参与者和交互信息的不确定性,使得智能汽车在感知、预测、决策和控制方面产生不确定性,从而对车辆行驶构成一定的风险。

表 2-3 智能汽车应用场景元素示例

元素分类	元素描述及示例	动态情况
道路及交通设施情况	• 道路结构类型、表面材质及相关特性，包括城市道路、高速公路、乡村道路等区域类型；直行路、转弯路、十字路口等道路类型；坡度、弯曲度、宽窄等道路信息；水泥路面、柏油路面、砂石路面等路面情况；单向车道、双向车道等车道信息 • 交通设施和智慧道路相关的设施，包括信号灯、交通标志牌、交通标线、路侧设备等设施 • 道路交通中发生的事件，包括道路施工、车道占据、环境变化、路面积雪、道路积水、路面堆积落叶等临时情况	随着车辆行进，道路、交通设施和所遇事件都会不断变化
环境及信息	• 天气及环境相关信息，包括白天、黑夜、光照、雨、雪、雾、温度、湿度、风速、能见度、电磁波、特殊建筑物等 • 周围智能车辆、智能路侧设备、智能云平台发送的信息、道路交通状态信息，包括 V2X 通信信息、基础设施通信信息、周围车辆自动驾驶类型信息、交通灯状态信息、交通控制信息、交通引导信息、交通提示信息等	气候环境、周围信息动态变化
交通参与者	• 所有交通参与者和交通参与物，包括汽车、摩托车、自行车、行人、动物等。其中，汽车信息包括自车相关信息，例如车辆设备状态及参数信息、车身动态信息、驾驶员状态信息、感知信息、定位信息、决策规划信息、控制信息、通信信息等	位置、动作、行动轨迹动态变化

在传统汽车的人工驾驶中，不同驾驶员因不同的驾驶习惯可能采取不同的操作。例如，在高速公路上，当前方车辆减速时，人工驾驶员可能选择跟车减速或在满足条件时换道超车，这种选择带来了不确定的驾驶行为。在智能驾驶中，这种选择交由系统来判断和决策，使得结果具有一定的不确定性。同时，在这个场景中，车辆还可能遇到其他不确定因素，如前方物体突发强光反射或周围环境突变，如浓雾出现，这些因素都可能干扰感知结果，增加决策的不确定性风险。

2）有限的场景元素组合可能会衍生出无穷的未知新场景，充满不确定性。

应用场景不仅包括多样的元素，还具备动态和时间属性，是跨越一段时间内多个情景的集合。在场景中，每个元素的变化和组合都会产生不同的情景，而不同时间点的情景组合，加上各种动作和事件，将形成新的场景。图 2-7 所示为元素、情景和场景关系示意图。我们可以将各种元素视为无数个点，这些点组成了情景的画面，而多个情景画面加上时间维度则构成了立体的场景。在实际应用中，这些基本元素、情景、动作和事件变化及随机组合，能够衍生出无限多的新场景。

3）新场景可能带来不可预知的安全问题，存在不确定的风险。

在传统的人工驾驶中，面对新场景，驾驶员可以基于人类的智慧和经验综合做出判断和处理。然而，在智能驾驶中，智能化程度需要随人工智能技术的发展而逐步提高。应用场景会因场景参与者的动态变化而变得不可预测，无法穷尽。人工智能算法本质上是统计概率应用，模型训练过程中选用的算法及样本无法完全覆盖智能汽车的所有运行场景，因此无法保证智能驾驶针对各种场景的操作处理都能经过充分验证。面对某些特殊的场景，当前智能化程度是否能够正确应对存在不确定性，有些情况可能超出了当前智能驾驶的功能范畴和性能极限，从而可能引发风险，危及行车安全。因此，场景的不确定性给智能汽车安全带来了巨大挑战。

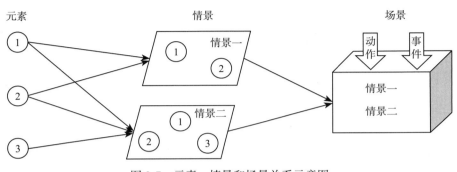

图 2-7　元素、情景和场景关系示意图

2.2.2　人工智能算法的不确定性

　　人工智能技术旨在赋予软件类似于人类的思维能力，通过机器学习等核心技术和神经网络等高级算法实现智能化。人类思维本身具有不确定性，因为每个人对事物的认知都是基于个人经验和阅历形成的，带有主观意识。这种主观意识与客观事实之间可能存在认知偏差，导致思维结果的不确定性。人工智能技术也存在类似的不确定性，导致最终结果可能有不同程度的偏差。人工智能算法的不确定性是智能汽车领域公认的痛点。要使人工智能技术真正进化，必须在不确定性中寻找确定性，这需要深入探究不确定性的根源。

　　1）感知输入信息的不确定性。

　　智能汽车通过多种传感器来获取输入信息并感知周围环境。常用的传感器包括摄像头、毫米波雷达、超声波雷达和激光雷达等。这些传感器设计上的局限性可能导致在感知信息过程中出现漏检和误检，或者在信息筛选时带来不确定性。因此，基于这些感知输入信息的系统运算结果也会具有一定的不确定性。

　　2）信息特征提取和加工的不确定性。

　　受限于硬件算力和数据存储能力，智能汽车传感器输入的原始数据通常不会直接用于存储和计算，而是需要通过算法进行加工处理，提取最具代表性的原始信息特征，以便后续的处理和运算。例如，在目标检测中，常用卷积神经网络（Convolutional Neural Network，CNN）来提取特征。神经网络的不可解释性必然会引入一定的不确定性，经过神经网络处理后可能产生不确定的结果。

3）处理决策的不确定性。

人工智能在处理和决策过程中，类似于人类的分析和判断。这个过程涵盖获取输入信息、特征提取、信息理解加工、处理决策。整个过程中存在多种可能的解决方案，算法需要从中选择最优解。不同的训练数据和环境条件可能会影响算法最终的决策结果。对于相同的输入信息，输出结果可能完全不同，这给人工智能的处理决策带来了不确定性。

以上3方面仅从过程角度识别了人工智能算法从信息输入到处理决策环节引入的不确定性，这些因素共同导致最终结果的不确定。

如果从人工智能算法本身的角度来看，不确定性的根本原因可以分为两个方面：算法模型的不确定性和训练数据的不确定性。

（1）算法模型的不确定性

人工智能算法模型具有不可解释性，这意味着人类无法理解算法模型在决策过程中所做出的选择和结果。对于深度学习算法，人们只能看到其从一种结果或状态整体转变到另一种结果或状态，这便是所谓的"端到端特性"。对于这样的人工智能算法，它就像一个黑盒子。调整模型中的任意权重、节点或层数参数，对最终的输出结果和整个模型的表现产生的影响是无法准确预测、分析和识别的，也不能用传统的逻辑或因果关系来解释算法原理。对于深度学习算法，通过调整参数来获得正确的结果往往依赖于偶然，即使算法开发者也无法预知每次改变会产生何种影响。他们只能通过持续的数据训练和参数调整，尝试与最优解不期而遇，同时模型的错误率是不可能完全消除的。首先，基于经验的目标学习训练集在预测目标分布时会有一定的偏差；其次，模型在训练集和测试集上的表现也会有差异；最后，模型在实际运行环境与测试环境之间的部署也会有偏差。由于算法模型的不可解释性，即便经过精心训练和调整的人工智能算法，在实际运行时也可能因环境中的微小变化而产生无法预测的输出，因此训练环境和实际运行环境的差异进一步增加了算法模型结果的不确定性。

（2）训练数据的不确定性

人工智能算法是由庞大的数据量和参数量决定的复杂网络，其中训练数据集的数量和质量对算法结果有重大影响。由于算法模型的不可解释性，我们无法根据逻辑结构的设计规范对其进行详细且规范的设计和描述。相反，它是通过训练数据来学习目标的，这可能导致算法学到的目标与开发者预期目标之间存在偏差和不确定性。一方面，算法的训练集不可能完全覆盖系统实际运行环境中的所有可能数据，它只是所有潜在输入的一个子集。这就意味着在实际运行中，当遇到未曾训练过的新场景时，算法的输出结果可能是不确定的。例如，在智能汽车自动驾驶过程中，如果遇到未曾训练的罕见场景，智能驾驶系统缺乏相关的学习经验，人工智能算法就可能进入一种模糊状态，输出不可预测的结果，进而可能导致安全问题。另一方面，训练数据与实际环境中的数据也存在差异，这种差异会给算法结果带来不确定性。例如，在智能汽车应用中，环境中各参与者的动态行为不断变化，实际运行场景中的数据分布可能与训练时使用的原始数据集存在偏差，而这种偏差通常是不可避免的，即使是最完美的训练数据也无法确保与实际运行数据的分布完全一致。

2.2.3 大规模软件的不确定性

随着汽车行业的"新四化"发展，以及智能汽车以"硬件趋同、软件定义、数据驱动、车路云协同"的趋势演进，软件在智能汽车领域的重要性日益凸显。这些规模庞大的软件不仅为智能汽车提供了多样化的功能和服务，同时也引入了巨大的不确定性。

1. 庞大的代码量

庞大的代码量给软件的安全性和可靠性带来挑战。根据熵增定律，一个孤立系统会自然从有序状态向无序状态转变。虽然软件是无形的产品，但随着功能不断增加、需求日益旺盛和逻辑愈发复杂，代码量的持续增长使得软件也可能从简单有序逐步走向复杂无序，最终可能达到不可维护的状态。

（1）从软件流程执行角度来看

大规模软件的庞大代码量导致流程与效率之间存在冲突。软件的特性通过流程保障来消除系统性失效和不确定性问题，但随着代码量的增加，如果开发过程中严格遵循每一个流程步骤进行细致的验证和确认，效率会受到影响；为了提高效率，如果放松软件开发的流程和要求，开发过程中会引入更多的不确定性，具体如下。

1）由于人员能力不一和工作态度的差异，如果缺少有效的流程检查和评审机制，不同水平的人员编写的代码质量会有所不同，最终输出效果存在差异。

2）大规模软件的需求管理是一项庞大的任务，且需求不会固定不变。对于智能汽车软件来说，开发过程中需求的变更非常常见。面对众多的需求输入，若不遵循完善的流程进行监督和保障，难以确保大规模软件需求的落地实现，最终实现结果可能会出现不可预期的偏差。此外，软件需求并非都采用形式化语言描述，用半形式化或非形式化语言描述的需求可能与实际需求存在偏差。如果缺乏流程文档化、检查、评审等机制的约束和保障，就无法确保将这些偏差降至可接受的水平，也无法保证需求的完整性、正确性和可验证性，更不能保障设计人员对需求的正确理解。

3）在大规模软件开发过程中，多个软件开发团队需协同合作，设计内容之间存在交互和依赖。若无有效流程来指导协作，可能导致信息不对等或设计内容缺失，增加软件开发的不确定性。同时，在设计和测试过程中，工程师可能会有认知偏差、经验偏差和能力偏差，每个环节的偏差都可能使最终软件设计结果偏离预期。缺乏流程制约各种过程偏差，将在开发中引入较大的不确定性。

4）如果软件工具未经过严格流程全面验证，使用这些工具进行软件开发时，工具本身的错误可能会导致代码中出现问题隐患。同样，如果软件测试工具存在错误，可能无法正确发现被测试软件中的问题，这些因素都会给软件的最终结果带来不确定的影响。

在智能汽车软件开发过程中，追求效率是当前的主旋律，但如何平衡流程和效率是一个较大的挑战。智能汽车软件开发需要在流程上既保证合规性，又要满足高效性要求，这是一个必须深思的问题。

（2）从软件内部属性角度来看

大规模软件的逻辑复杂度升高，广泛应用并发进程，容易产生不确定的并发缺陷。软件内部多个并发进程同时运行，其中多线程复杂协作，无数函数相互调用和执行，任何一个参数、调用关系或交互错误，都可能触发一连串连锁反应，造成不确定的影响。针对大规模软件的并发缺陷，排查问题根源极其复杂，任何一个环境变量的变动都可能影响缺陷复现。在修复缺陷时，如何平衡相关程序的运行效率和质量也是一个未知因素。因为在复杂的逻辑交互中，任何一处改动都可能引发不可预测的事件。

2. 开源代码的使用

开源对于推动软件创新与发展具有重要作用。目前，在智能汽车软件中，开源代码占有一定的比例。智能驾驶领域常用的开源技术覆盖了从底层操作系统到中间件，再到算法各个方面。此外，开源的编程语言的标准库及对应的编译器等也被广泛应用，如表 2-4 所示。

表 2-4 智能驾驶领域常用的开源软件示例

开源软件分类	开源软件示例
编程语言	Rust、Python、C、C++
编译器	GCC
AI 解决方案	OpenCV、TensorFlow、PyTorch、YOLOv7、Keras、Caffe、Google Colab
中间件	DDS、ROS、ROS2、冰羚 Iceoryx、DORA、Zenoh
操作系统	Linux

3. 非实时操作系统 Linux 的广泛应用

传统功能安全追求确定性和实时性，要求安全相关软件的生命周期活动遵循一定的流程，以满足确定性和实时性的要求，确保所有必要的状态都能被掌控。虽然 Linux 作为一款开源的非实时操作系统，本身无法满足传统功能安全的要求，但它具有许多实时操作系统无法比拟的优点，例如其开放透明的架构允许开发者自由开发和灵活配置；它运行效率高，资源消耗少；对硬件的要求低，可以在不同平台上复用代码，实现快速迭代；支持多任务、多服务、多用户模式，这与智能汽车领域面向服务的软件架构趋势高度契合。此外，作为开源操作系统，Linux 占了服务器应用市场的大部分，在经历多年迭代更新后，已经展现出服务软件的强大稳定性。在智能汽车领域，对于对时间性和安全性要求不那么高的应用，使用 Linux 是可接受的。然而，当应用于智能驾驶系统时，Linux 的非实时性和不确定性便成了安全的一大挑战。实时性意味着在事件发生时，系统能够及时接收信息并迅速以满足要求的速度进行处理，最终在规定的时间内输出预期的控制响应结果。由于 Linux 是非实时操作系统，它对事件触发后的处理响应时间存在不确定性，给软件的处理结果带来了不确定因素。同时，作为开源软件，Linux 并未遵循安全标准规定的开发流程。将 Linux 完全改造为一个实时且符合传统功能安全标准要求的操作系统，是一个代价巨大的任务。考虑到 Linux 内核包含千万行代码，将改造所需的人力和时间转化为成本，据估计每行代码的成本可能达到数百元，总体可能需要数十亿元的资金支持。Linux 基金会在 2019 年 2 月 21 日发布的开源项目 ELISA（Enabling Linux in Safety Applications）旨在通过创建共享工具和流程，提高 Linux 操作系统的实时性和安全性，以帮助各领域利用 Linux 构建安全关键系统。然而，是否能够真正消除这些不确定因素并为 Linux 提供坚实的安全保障，仍需时间来验证。目前，智能驾驶领域广泛使用 Linux 操作系统，存在的不确定性是一个实际问题，需要通过不断探索和创新来解决。

总体来说，智能驾驶领域存在许多迫切需要解决的安全问题。这些问题的根本原因在于，智能汽车的创新速度已经超越了传统安全方法论的范畴，传统方法已经无法完全适应当前智能汽车的发展。传统的功能安全方法论和思维模式仿佛一个小盘子，智能汽车技术则像一个大蛋糕，当前面临的难题是小盘子无法容纳大蛋糕。这个比喻表明，未来的改变不应该是将蛋糕缩小以适应小盘子，而应该是更换一个更大的盘子。因此，对于智能汽车安全，我们不能仅限于传统方法论，而应采取一种融合继承与创新的思路进行探索，既要继承传统方法论中的优秀经验、方法、流程和技术，并将其应用到实践中，又要从问题的本质出发，寻找真正的解决方案。

智能汽车软件功能安全的意义与布局

　　根据智能汽车的总体发展趋势和技术发展路线，软件定义汽车已成为行业的基本共识。软件能够灵活实现智能汽车的复杂功能，并支持持续的迭代升级。虽然智能汽车的主体框架结构依赖硬件支撑，软件仅是其中一部分，但软件水平是决定智能汽车价值的关键。作为信息与系统深度融合的智能化产物，智能汽车依靠软件实现了这种融合。鉴于行车安全是智能汽车的首要关注点，且功能安全是行车安全的核心，软件又是智能汽车的核心所在，因此，智能汽车软件功能安全尤为重要。

　　本章将循序渐进地介绍智能汽车软件功能安全的基础知识和重要性。首先，从智能汽车功能安全的重要性入手，让读者认识到功能安全对智能汽车的贡献；接着，通过强调智能汽车软件功能安全的意义，让读者意识到本书的价值所在；随后，通过介绍软件功能安全的相关定义和基本保障方法，使读者对软件功能安全有一个系统的认识；最终，提出智能汽车软件功能安全布局的方案建议。

3.1　智能汽车功能安全的重要性

　　据统计，全球每年有超过 100 万人死于交通事故，数千万人在交通事故中遭受不同程度的伤害。这些事故往往由驾驶员引起，如疲劳驾驶、技术不足导致的错误判断和操作、未能及时注意和处理其他交通参与者的突发行为，以及环境影响或盲区导致的信息获取不足等。为降低交通事故发生率并保障人们生命财产安全，实现"零事故"的安全驾驶愿景，以技术变革为驱动的智能汽车应运而生。安全是智能汽车发展的原动力。智能汽车的目标在于通过自动驾驶系统取代人类驾驶员，利用多种传感器实现感知融合，依靠智能化决策和规划，精确控制车辆的横纵向运动，以实现安全驾驶。随着自动驾驶等级的提升，事故责任主体将逐渐从人类驾驶员转变为自动驾驶系统，这使得智能汽车功能安全尤为重要。功能安全不仅涉及电子电气设备失效相关的传统安全问题，也包括功能不全、性能不足和误操作等预期功能安全问题。

　　本节从智能汽车功能安全总体目标、功能安全的必要性以及软件功能安全的意义 3 方面进行介绍，从多角度阐述功能安全的重要性，强调重视功能安全是对生命的基本尊重。

3.1.1　智能汽车功能安全的总体目标

　　目前在智能汽车领域，人们对功能安全的认识参差不齐。有的人对功能安全相对陌生，没有相关的接触和学习经历；有的人可能只是听过这个概念，参加过标准培训，对此有一些基础的了解；有的人虽然对功能安全有基本认识，但对具体的解决方案不甚了解；有的人可能有过实际的功能安全实践经验，对此有较深入的理解。因此，在共同完成项目时，不同认知层次的人可能会产生认知偏差，导致观点分歧，特别是在功能安全方面。相较于不考虑功能安全的场景，智能汽车功能安全开发项目投入的人员、时间、成本都会大幅增加，甚至可能使总成本成倍增加。因此，现实中经常会出现分歧和质疑。若对功能安全缺乏足够的了解，我们就难以理解研究功能安全的必要性。因此，对于智能汽车功能安全，我们需要统一认知，明确总体目标。

　　众所周知，"黑天鹅事件"源于 17 世纪澳大利亚发现黑天鹅之前，欧洲人普遍认为所有天鹅都是白色的。这一观念在第一只黑天鹅被发现后彻底颠覆，从而使"黑天鹅"成为预示重大且极罕见意外事件的象征。这类事件的出现能够彻底改变现状。这一典故提醒人们不应过度依赖经验，因为一只"黑天鹅"的出现就有可能颠覆一切。而且，不应忽视那些未知的小概率事件，因为它们可能带来严重的后果。在功能安全领域，一个事故通常由多个小概率事件叠加触发，而这些小概率事件在特定环境下是可能发生的，因此不能掉以轻心。图 3-1 所示为事故发生原因示意图，如果缺乏功能安全意识，在产品生命周期中的各

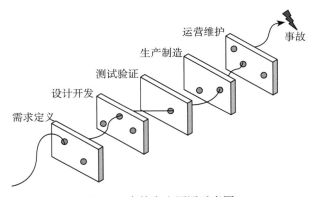

图 3-1　事故发生原因示意图

个阶段不进行全面的功能安全开发和管理，仅仅依靠经验进行管控，那么每个环节都可能出现超出经验预期的安全风险。这些风险像众多小漏洞，在特定场景下可能被触发，而作为小概率的未知事件，这些漏洞往往容易被忽略。然而，事故的每一次发生都是众多巧合的客观叠加，通过这些叠加在一起的层层漏洞，最终可能导致严重的后果。

智能汽车正处于技术快速变革期，传统汽车的技术经验已无法完全适应智能汽车领域。新技术的应用超出了过往经验的覆盖范围，安全责任也从驾驶员转移到了车辆系统本身。智能汽车软件的规模与复杂性、人工智能的应用等因素引起的技术变革已经颠覆了传统认知，因此不能仅依赖经验主义来判断智能汽车的安全性。没有发生事故并不意味着安全，可能只是因为问题暂未显现，而非真的不存在问题。在实际应用中，我们可能会遇到许多超出以往经验的"黑天鹅事件"，导致出乎意料的后果。因此，对智能汽车功能安全必须持有敬畏之心。我们应深入探究事物的本质，遵循功能安全的客观规律，仔细分析流程和技术的每个环节，逐层排查和落实，从而逐步消除或降低风险。

与"黑天鹅事件"相对应的是"灰犀牛事件"，这在安全问题上同样值得重视。对于灰犀牛，人们通常认为它体型庞大、动作缓慢。当灰犀牛远处静立时，人们往往会因忽视其潜在危险而未能意识到风险，即便明知远处有灰犀牛，也常常不以为意。然而，一旦灰犀牛冲向自己，突然爆发的危险性便会令人措手不及。"灰犀牛事件"象征着那些常被忽视却又普遍存在的风险，背后可能潜藏着随时爆发的巨大危机。在智能汽车功能安全领域，"灰犀牛事件"无所不在，如描述模糊的需求、逻辑不清的设计、不规范的软件编码习惯、验证不充分的功能、未彻底解决的技术问题等，在实际项目开发中这些都是常见现象，而且常常不被额外关注。这些问题或疏漏往往不会与事故直接联系起来，因为在传统汽车领域，事故通常被归咎于驾驶员的操作错误。然而，在智能汽车领域，随着自动驾驶技术等级的提升，驾驶员的人工干预作用减弱，系统需要真正承担起功能安全的责任，对所有异常进行全面检测和正确处理。因此，在智能汽车领域，对"灰犀牛事件"的关注变得至关重要，必须重新审视过去那些被视为常态的错误做法对安全性的影响。

对于智能汽车功能安全来说，我们既需要防范"黑天鹅事件"，不能过度信赖经验，应对未知事物持敬畏心态，对潜在风险要做到未雨绸缪，又需要防范"灰犀牛事件"，对常态化的错误做法进行改正和防护，不可对任何风险视而不见，不应低估任何潜在的风险。图 3-2 所示为智能汽车功能安全防护目标。"黑

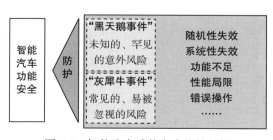

图 3-2　智能汽车功能安全防护目标

天鹅事件"和"灰犀牛事件"是风险管理的两个互补维度,任何风险都可能源于随机性失效、系统性失效、功能不足、性能局限、操作错误等一个或多个因素。智能汽车功能安全的总目标是将所有潜在风险降至可接受水平。

3.1.2　智能汽车功能安全的必要性

智能汽车为什么一定要做到功能安全?我们可以从 5 个方面来认识其必要性,如图 3-3 所示。

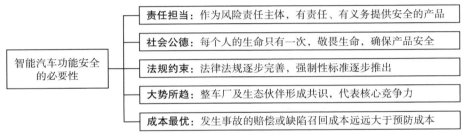

图 3-3　智能汽车功能安全必要性分析

1. 责任担当

随着自动驾驶系统逐步取代人类驾驶员承担驾驶任务,智能汽车也相应地承担了安全驾驶责任。作为安全产品,智能汽车的异常可能会对人们的生命财产安全构成威胁和损失。因此,责任感是所有安全产品制造者的首要素质。智能汽车从业者有责任和义务确保其产品的安全性,否则产品的安全无从保障。与传统汽车不同,智能汽车在发生事故时,责任主体转移到了车辆本身,与车辆开发设计相关的各方需要承担相应的责任。在车辆的全生命周期中,任何环节引入的风险都可能导致最终的安全事故,相关责任人若因疏忽或蓄意引发事故,还需承担法律责任。因此,智能汽车行业的从业者有责任、有义务、有必要开展功能安全保障活动,确保安全相关部件在整个生命周期中的功能安全得到实际落实。

2. 社会公德

确保智能汽车功能安全不仅是技术要求,更体现了一种社会公德。智能汽车不仅仅是集成了尖端科技、能够提供全新体验的交通工具,还是涉及人们生命安全、具有社会属性的产品。智能汽车已经成为人们生活的一部分,无论作为乘客还是作为交通参与者,每个人都或多或少与之关联。功能安全的重要性不言而喻,因为代码中的一个错误或设计上的一处疏忽都可能导致严重的后果,甚至夺走无辜生命,摧毁一个家庭。面对生命安全和成本的权衡,应当毫不犹豫地将生命安全置于首位。每个人的生命只有一次,任何人都不应由于自己的错误或疏漏而在产品中埋下安全隐患,进而危害无辜生命。这种对生命的尊重和对功能安全的敬畏，应成为智能汽车领域从业人员的基本职业素养。

3. 法规约束

智能汽车正处于快速发展期，相关的法律法规和标准规范正在逐步制定和发布中。智能汽车相关的国家标准和团体标准也在紧张的编制和讨论中。从传统汽车发展的历史经验来看，汽车行业必须有各种法律法规和强制性标准的约束和推行。对于与安全高度相关的智能汽车而言，相关的政策、法律法规和强制性标准势必会陆续出台，这是保障人们安全出行的基本要求。机会总是留给有准备的人。在功能安全方面，智能汽车行业需要提前进行布局、规划和投入。功能安全的实现需要组织的积累、技术的沉淀和经验的总结，不能一蹴而就。因此，一旦相关法律法规和强制性标准实施，智能汽车功能安全水平就会成为一个重要竞争门槛。缺乏相应能力积累的企业和产品将无法跨越这一门槛，被拒之门外。因此，智能汽车各个环节的功能安全应与设计和开发同步进行，这是一个明智且必要的选择。

4. 大势所趋

智能汽车功能安全的发展是符合时代和行业发展趋势的。自从传统汽车的 ECU 转变到电动汽车的电控系统以来，行业内就已经逐步认识到功能安全的重要性。2011 年，随着道路车辆功能安全标准 ISO26262 的正式发布，全球范围内的各大整车制造商开始逐步提出功能安全要求，并要求电子电气设备满足这些安全标准要求。全球汽车零部件供应商也开始逐渐引入功能安全理念，零部件功能安全与整车功能安全目标及整体功能链紧密相关。功能链上任何一个零部件功能安全不达标，都将影响最终的整车安全性。一旦发生事故，就涉及责任划分，因此零部件供应商也会对其接口设备提出明确的功能安全要求，进一步促进了汽车行业对功能安全达成共识。随着智能汽车安全责任从驾驶员转移到车辆本身，以及随着传统功能安全标准 ISO26262 的更新和预期功能安全标准 ISO21448 的发布，整车制造商及其生态伙伴对功能安全的认知不断提高，在不断探索中对具体的功能安全技术要求和方法逐步形成共识。随着对更高自动驾驶级别智能汽车的追求，功能安全将成为核心竞争力，带有安全功能却不满足功能安全要求的智能汽车产品将失去竞争力。因此，智能汽车功能安全是势在必行的。

5. 成本最优

从产品生命周期中成本角度考虑，智能汽车的质量成本由预防成本、检测成本和失败成本 3 部分构成。失败成本是指产品未满足客户需求而导致无法销售、事故赔偿或缺陷召回等产生的成本。失败成本不是必然发生的，它与预防成本和检测成本存在一定的相关性，增加预防和检测的投入可以降低失败的可能性。然而，一旦失败，失败成本就会大大超过预防成本和检测成本。此外，根据问题的解决时间和成本的关系，普遍认同的观点是，问题解决得越晚，即越接近产品生命周期的后期，解决问题所需的时间越多，成本越高。表 3-1 所示为产品生命周期中各阶段与解决问题花费成本对应关系。假设在需求阶段解决问题的成本为 X，在后续阶段解决问题的成本会呈 X 的倍数增加。

表 3-1　产品生命周期阶段与解决问题花费成本对应关系

产品生命周期阶段	解决问题花费成本 / 元
需求阶段	$1X$
设计阶段	$3X$
实现阶段	$10X$
测试阶段	$15X$
运营阶段	$30X$

由于不同产品具体情况会有所差异，因此倍数并没有严格的统计学意义，仅作为示例说明。这种成本模式强调了在产品开发的早期阶段投入资源以预防和检测问题的重要性，可避免后期解决问题时成本的剧增。

为了实现生命周期质量成本的最优化，我们需要在产品开发的每个阶段尽早解决和规避可能出现的问题，这意味着在预防和检测方面需要加大投入，以免后期可能产生的高额失败成本。从这个角度看，虽然智能汽车功能安全的投入可能会在短期内增加项目的人力、时间和成本，但通过在前期全面识别并防护安全风险，可以降低车辆在实际应用中发生安全事故的概率，从而减少或消除失败成本。从产品的整个生命周期总成本来衡量，这是一种最优解。因此，从长远角度来看，全面而充分地开展智能汽车功能安全工作，不应被视为负担，而是必要的成本优化策略，能够为智能汽车带来长期的利益。

3.1.3　智能汽车软件功能安全的探索意义

随着高级自动驾驶功能的智能汽车逐步实现，功能安全的重要性愈发明显。软件作为智能汽车的核心，将在功能安全上承担关键角色。智能汽车的安全问题往往集中在软件层面，因此，研究智能汽车软件的功能安全具有重大意义。

1. 解决安全痛点

智能汽车软件功能安全的目标是在不确定性中寻找确定性，以解决智能汽车的安全难题。每个具有不确定性的痛点背后，都存在内在逻辑和发展趋势。寻找确定性的关键是以长期发展视角去洞察趋势，并从根本逻辑出发去发现。对于智能汽车功能安全问题，我们应以发展的视角看待变化，首先不能用传统的功能安全思维来否定或拒绝新技术的变化。思维不应受限，否则会陷入守旧的困境，新技术也会被限制在狭隘的认知范围内。面对新技术的不确定性，我们应持开放态度接受变化。其次，通过分析事物的周期性发展规律，锁定不确定变化的趋势，在不确定中寻找确定性规律。通过深刻理解不确定性问题的本质，找到突破口逐一解决。智能汽车安全的核心挑战在于新技术颠覆了传统功能安全对确定性的理解，因缺乏过往经验，需要一定时间来穿越周期，从而探索出确定性。在智能汽车软件功能安全开发中，为了缩短探索周期，我们可以通过大量仿真试验来模拟真实场景数据，针对各种不确定性进行分析和探索，识别最危险的情况，并制定相应的防护措施。既要保证安全性，也要兼顾可靠性和可用性，这是智能汽车软件功能安全研究的重要意义之一。

2. 突破安全困局

智能汽车软件功能安全需要突破与创新，以应对当前困境，而挑战主要集中于软件技术变革所带来的风险。针对"不适用"和"不确定"带来的问题，智能汽车软件功能安全既需要寻求确定性，也急需创新。创新意味着在继承已有的智能汽车软件功能安全知识体系的基础上，突破常规做法，创造新的方法或思路来解决传统功能安全标准无法应对的问题。创新的核心是突破常规，避免照搬不适用的标准做法，打破思维定势。创新可能带来新的问题，但风险与机会共存，这是创新的最大价值。创新应有理有据，特别是在功能安全方面。在智能汽车软件功能安全研究中，我们应深入理解新技术，在充分认知和积累经验后进行创新性探索。软件功能安全的创新应是微创新，基于传统功能安全和预期功能安全，旨在突破认知局限，找到解决当前智能汽车功能安全难题的新方案。

3. 安全高效

智能汽车软件功能安全的关键在于融合，旨在使智能汽车软件既安全又高效。随着智能汽车生态圈的扩大，许多高科技公司纷纷进入智能汽车软件领域。这些公司虽然在功能安全方面缺乏经验，但在软件性能、质量和效率等方面却拥有传统汽车供应商难以比拟的优势。智能汽车软件功能安全开发供应商不能孤立发展，应该吸纳各方面的优秀经验，将智能汽车软件功能安全体系与其他领域的先进软件质量体系有效整合。这要求从业者保持开放和包容的心态，倾听并接纳不同的声音，打破自我认知局限。在智能汽车软件功能安全实际开发中，我们应坚持安全优先的原则，同时借鉴其他行业高效的开发、集成和测试方法，并将这些方法融入功能安全开发细节。智能汽车软件功能安全开发供应商当下缺乏经验，需要时间来实践、试错和探索，而高效的开发方法可以缩短这个过程，更快地在不确定中找到确定性。

3.2 智能汽车软件功能安全的定义及布局

功能安全对智能汽车的重要性不言而喻，智能汽车多样化、智能化、网联化的功能都会通过软件实现，因此软件功能安全至关重要。同时，软件是技术变革中所有创新和突破的核心，这些创新技术对功能安全构成挑战，因此迫切需要寻找能确保智能汽车软件功能安全的解决方案。这就要求我们基于传统功能安全和预期功能安全的标准方法论，勇于融合与创新，而这一切的基础是深刻理解软件功能安全的本质特征。本节将重点介绍智能汽车软件功能安全的本质，先定义软件功能安全，再从本质出发来介绍软件功能安全保障，接着从团队组建、体系流程构建和技术储备等方面，提出智能汽车软件功能安全的筹划和布局建议。

3.2.1　认识软件功能安全

在探讨软件功能安全之前，首先需要明确哪些软件需要考虑功能安全。这个问题对于一些刚入行的工程师来说可能有些困惑。在汽车行业中，无论传统功能安全标准还是预期功能安全标准，都没有专门针对软件功能安全的明确定义。有两种方法可以用来识别需要考虑功能安全的软件。第一种方法是查看整车层面的功能安全目标和需求是否已分配到具体的软件上，承担这些安全目标和需求的软件便需实现相应的功能安全。对于那些没有自上而下正向开发流程的软件，如果暂时无法获知整车层面的具体功能安全目标和需求，该如何评估是否需要实施功能安全？这时可以采用第二种方法，即参考传统功能安全标准中提到的脱离上下文的安全要素（Safety Element out of Context，SEooC）的假设分析方法。通过这种假设分析方法，我们可以为所开发的软件设定更高层次的功能安全需求，并据此分解得到具体的软件功能安全需求。如果软件承担了这些安全需求，则后续开发应遵循功能安全的要求。尽管这两种方法都能正确识别与功能安全相关的软件，但它们不够直观，需通过一系列分析与分解才能得出结论。汽车行业还可以借鉴航空领域的"安全关键软件"概念来识别功能安全相关的软件。虽然每个行业的特点不同，但是一些软件功能安全的思想和方法却是可以相互借鉴的。在航空领域，安全关键软件被定义为在系统中可能导致不可接受风险的软件，包括那些运行失败导致风险发生的软件，以及用于缓解事故严重性的软件。汽车行业可以结合这种定义，根据汽车功能安全的特点，总结出识别功能安全相关软件的依据，主要评估以下两个方面。

1）该软件出现问题是否会影响行车安全，是否会对人们的生命安全产生危害。

2）该软件是否能够对影响行车安全的异常问题起到监测、处理、缓解的作用。

这种识别过程相对简单快捷。然而，对于一些复杂软件，功能相互交互，当无法明确其具体的功能边界及影响时，我们应采取"宁可信其有，不可信其无"的保守态度。在功能安全方面，我们应始终持最保守的立场，暂定按功能安全的要求进行开发，并在后续开发过程中进行更详细的分析和判断。

正确认识软件功能安全，首先需理解由于软件本身的复杂性，不存在绝对安全。软件作为一个无形产品，其特性在于，在生命周期中任何不规范行为都可能引发系统性失效风险。这种失效无规律、不可量化且难以预测。系统性失效是指，在生命周期中，人员能力、需求理解、设计、测试、维护及工具等方面的缺陷引入的不可量化风险导致的失效。例如，经验丰富的开发人员与初学者编写的代码在实现相同功能时，可能质量和性能上存在差异。经验不足的人员可能会在某些方面考虑不足，导致软件中潜藏逻辑漏洞和风险，这些问题在直观上难以察觉和量化，从而可能埋下系统性失效的"种子"。同样，在软件开发过程中的疏忽，如需求理解偏差、设计误差、测试不全面、维护方式不当、工具使用错误等，都可能引入不可量化的隐蔽问题，成为软件系统性失效的潜在因素。与硬件的随机性失效不同，系统性失效的特点在于它不是随机产生的。只要达到失效的触发条件，系统性失效就必然发生。因此，在软件开发过程中引入的所有系统性失效隐患，在实际应用中一旦运行环境和场景元素满足了系统性失效条件，就会百分之百转化为真正的危害和事故。软件功能安全的目的在于消除或降低软件的系统性失效风险。系统性失效防护的"三剑客"包括规范的流程、明确的文档和有效的防护技术。规范的流程体系有助于从根本上避免或减少软件的系统性失效；明确的文档能确保信息有效传递，减少因信息传递或理解差异造成的系统性失效；有效的防护技术则是通过技术监测、预防，或在失效后减少影响。

对于智能汽车软件功能安全，除系统性失效影响外，还有其他影响因素，其中最主要的是认知能力的限制。智能汽车软件虽然可能正确实现了既定的需求，但从系统角度看，在某些特定场景下，可能会超出先前的认知范围，导致软件运行处于不确定状态。这种不确定性可能源于对软件功能需求认知的不完整，或在特定场景下，既定的软件运行本身不安全；或者在软件间交互中，认知偏差引发接口协议信息不一致，进而产生安全问题。这些问题也可能影响智能汽车的行驶安全，虽然超出了传统功能安全中软件系统性失效的考虑范畴，却是智能汽车软件功能安全考量中不可忽视的因素。为了应对认知能力限制带来的软件功能安全影响，我们需要从系统工程的视角，进行全面、充分的分析、测试、验证和确认，这是解决上述问题的有效手段。

综上所述，智能汽车软件功能安全风险主要源自软件的系统性失效和认知局限两大因素。针对这些原因，我们可以采取相应的防护措施来有效降低风险，具体如图 3-4 所示。

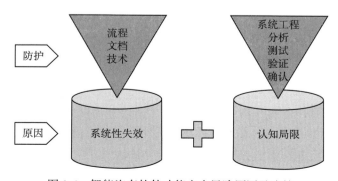

图 3-4　智能汽车软件功能安全风险原因及防护

3.2.2 软件功能安全保障

软件功能安全保障是通过系统化的方法对相关风险进行防护。在前文，我们已经针对智能汽车软件功能安全的各种风险原因提出了相应的防护措施。如果将其归纳总结，则可以概括为3个方面：流程（Process）保障、方法（Method）保障和工具（Tool）保障。这三者构成了软件功能安全保障的基础，被称为PMT组合，也被称为软件功能安全保障"铁三角"，如图3-5所示。这三个方面在软件功能安全保障中相辅相成，既各有独立特性，又相互关联。流程保障着重于阐述"做什么"，方法保障则强调"怎么做"工具保障则在于说明"用什么做"。流程保障和方法保障有共通点也有差异，例如过程要求一般属于流程保障，也涉及方法保障，而技术防护要求只属于方法保障，却不能归于流程保障。但无论是流程保障还是方法保障，都离不开工具的支持。工具为完成任务提供了必要的辅助，适当的工具能大大提高软件开发活动的效率。然而，工具的安全也需要通过流程和方法来保障。

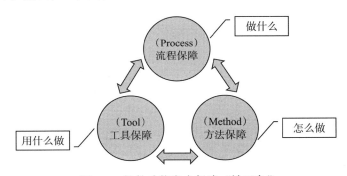

图 3-5 软件功能安全保障"铁三角"

总而言之，在软件功能安全保障活动中，流程保障、方法保障和工具保障均不可或缺。三者相互配合，互为支撑，缺一不可，共同构成了软件功能安全保障的"铁三角"。

1. 流程保障

流程保障是通过建立规范的流程体系来约束活动，将完成特定功能安全目标的软件开发活动所涉及的多个环节和步骤串联起来。它定义了每个环节的上下游关系，并明确了每个环节中人员的职责、所需能力、必要的输入信息、需完成的任务与要求，以及该环节应产出的交付物。这样的流程旨在规范软件功能安全开发过程中各参与者的行为，确保软件开发活动能按照既定的顺序和预期效果进行，从而高效且准确地完成复杂软件的功能安全开发。

在智能汽车软件功能安全的流程保障工作中，建立完善的软件质量管理体系至关重要。该体系应包括软件开发、质量管理、配置管理、变更管理等环节，这些环节直接关系到软件质量，而软件质量是实现软件功能安全的基础。功能安全流程体系应建立在质量流程体系之上。随着智能汽车领域跨界融合生态圈的发展，ICT 公司、大数据公司和互联网公司等在智能汽车软件方面发挥着重要作用。这些高科技企业常常重视技术而忽视流程，错误地认为软件质量和功能安全可以完全依靠技术来保障，从而忽略了软件系统性失效的风险，而实际上，只有通过规范的流程才能确保风险最低。在实际工作中，小规模团队可能不需依赖特别规范的流程，也能开发出高质量、功能安全的小规模软件产品。在这种情况下，我们可能会产生一个认知误区，即认为软件质量和功能安全可以仅凭个人能力和技术本身来保障，而不需重视流程。这种认知误区的形成，是因为小规模软件产品功能逻辑简单，团队规模较小，信息传递充分，系统性失效的引入环节较少，而非完全依赖人的能力和技术来保障软件的质量和安全。然而，当这种小规模软件开发经验应用于智能汽车这类大规模软件开发项目时，若缺乏流程强化的意识，开发过程将变得混乱无序。智能汽车软件开发通常涉及复杂的功能业务线、不同项目的交叉、并行工程的实施、交织的产品需求、庞大的研发团队和跨部门跨团队的协作，软件规模和代码量巨大，容易在不经意间引入不可量化的系统性失效风险。因此，只有通过高效、细致和严密的流程管控，才能确保智能汽车软件功能安全。

2. 方法保障

方法保障为软件开发的各个环节提供具体的执行指导，主要涉及技术方法和过程方法两个方面。技术方法关注技术、设计相关的执行方式，过程方法则聚焦于过程和规范相关的方法。在方法保障中，技术方法和过程方法经常深度融合，共同确保软件功能安全。在软件生命周期中，方法保障贯穿始终。例如，在制定需求阶段，我们可以采用危害分析和风险评估方法来输出功能安全需求，使软件需求更加完整，这不仅有助于降低软件的系统性失效风险，还能缓解因认知局限带来的问题，并通过分析方法提高认知水平。为了确保软件需求的正确设计和实现，我们可以采用双向追溯方法确保软件测试、开发与需求之间的一致性，降低系统性失效风险。在软件架构设计阶段，我们可以通过层次化、模块化设计以及高内聚、低耦合的方法来降低系统性失效风险，并通过数据流和控制流分析方法来验证架构的完整性，进一步减少系统性失效和认知局限造成的设计缺陷。在软件编码阶段，遵守编码规范可以降低编码过程中的系统性失效风险。在测试阶段，通过性能测试、雪崩测试、故障插入测试等方法，可以充分验证软件的功能与性能，确保将系统性失效风险降至可接受的水平。此外，通过模拟或创建各种场景进行仿真测试和实车测试的方法，可以不断突破认知局限，从而提升软件系统的安全性。

智能汽车软件功能安全的方法保障是一件具有挑战性的任务，新技术的应用需要伴随有合适的方法保障实施，这就需要不断突破与创新。

3. 工具保障

完善的工具链对于提升软件开发的效率至关重要，并且能有效降低软件的系统性失效风险。例如，软件需求管理工具能够高效地进行需求追溯和管理，保证需求的完整性；软件静态分析工具有助于快速识别编码规范问题，提升代码质量，降低功能安全风险；自动化测试工具能提高工作效率，快速适应需求变化。工具为软件开发提供了实现目标的手段，使许多任务更容易完成。尽管工具作为支持要素，并非软件开发的主角，但在软件功能安全保障过程中是不可或缺的角色，对软件功能安全有直接影响。工具本身可能成为引入系统性失效风险的源头，如测试工具的错误可能导致软件缺陷未被发现，进而埋下安全隐患。因此，工具保障的意义不仅在于搭建完善且适用的工具链，确保各阶段的软件活动都能高效、正确地完成，还需要确保不会引入功能安全风险。

智能汽车软件功能安全开发需要众多工具链，包括需求管理工具、软件架构设计工具、软件开发工具、代码及文档配置管理工具、编译工具、软件静态分析工具、单元测试工具、仿真测试工具、问题管理工具、数据采集、处理和标注工具等。每个工具类别下又可以细分为多种具体工具链，如仿真测试工具可进一步分为模型在环仿真测试、软件在环仿真测试、硬件在环仿真测试、车辆在环仿真测试等子工具链。这些工具通常由不同的公司或品牌商提供，没有能够提供全面部署的供应商。尤其是针对数据驱动等新技术，某些工具链可能需要定制化开发，例如自主研发的数据采集、处理和标注平台，数据中心和云平台等。工具保障是智能汽车软件功能安全保障的重要组成部分，需在软件功能安全开发前预先进行工具链规划与布局。图3-6所示为智能汽车软件相关工具链规划与布局过程示意图。工具链的部署应依据软件生命周期的各个阶段，根据每个阶段的任务需求来识别所需的软件工具及其覆盖范围。这样既保证了每项活动都有适当的工具支持，又避免了不同工具间功能重叠的资源浪费，从而实现工具链的有效整合和布局。

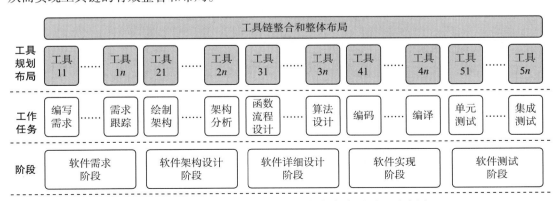

图3-6 智能汽车软件相关工具链规划与布局过程示意图

目前,智能汽车软件工具链正处于混乱的发展期。传统汽车行业的成熟工具链并不完全适用于智能汽车领域,同时,针对新技术的工具链还在探索和发展阶段。随着工具链生态的持续加强和构建,智能汽车软件工具链将逐步完善和成熟,并逐步实现标准化和规范化,从而进一步保障智能汽车软件开发的整体效率和功能安全。

3.2.3 智能汽车软件功能安全布局

功能安全能力的构建并非是一蹴而就的,需要组织通过长期的时间积累、技术储备和经验沉淀。对于从事智能汽车功能安全相关产品开发和制造的整车厂、供应商以及其他生态伙伴来说,尽早启动智能汽车软件功能安全的规划与布局是必要的。谁能够尽早构建并拥有功能安全能力,谁家产品的安全性就越高,未来在产品市场竞争中也就越具备核心竞争力。

智能汽车软件功能安全布局主要分为 4 个方面:功能安全文化、功能安全团队、功能安全流程体系和功能安全技术。如图 3-7 所示的智能汽车软件功能安全布局,逐步在公司组织内建立功能安全文化并组建能力胜任的功能安全团队是基础;根据公司产品的具体情况搭建适用的功能安全流程体系是框架支柱;不断积累、沉淀、夯实并提升功能安全技术是核心任务;最终目标是在智能汽车领域具备软件功能安全构建实力,确保产品安全可靠,并在市场竞争中占据绝对优势。

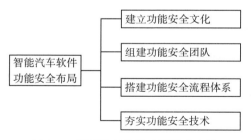

图 3-7 智能汽车软件功能安全布局

1. 建立功能安全文化

建立功能安全文化看似简单,实则极具挑战。良好的文化能深植人心,实现知行合一;不良的文化则往往只停留在表面,心口不一。在智能汽车领域,每个人都深知功能安全的重要性,认识到它关系到人们的生命安全,并且从客观立场上真心认同功能安全理念。然而,当功能安全与成本、进度发生冲突时,公司或组织内就可能出现"伪安全文化",将功能安全当作一种表面言辞,虽然口头上表示支持和认同,但实际行动上不愿投入和付出。功能安全文化的树立必须基于对生命的深深敬畏,只有这样,才能避免在前进过程中迷失方向。

公司或组织的功能安全文化建立和推动应该自上而下展开。在智能汽车领域，高层领导必须首先对功能安全持有敬畏之心，然后逐层向下推广功能安全理念。如果组织中的基层员工在努力向高层推广功能安全理念，这种本末倒置的情况会导致效率低下，最终使得该组织的功能安全文化难以建立。

所谓"功能安全文化"，是指在组织内部建立起一种坚不可摧的安全意识，确保每个人都把安全置于首位。这种文化体现在功能安全相关的活动开展都能够"有制度、有流程、有资源、有支持"，即所谓的"四有"状态。

- ❑ "有制度"指的是将奖惩制度与功能安全的实现效果相关联，对于功能安全的优秀成果给予奖励，而对损害功能安全的投机取巧行为实施惩罚。

- ❑ "有流程"意味着建立并持续改进一套全面的功能安全流程体系，确保所有活动开展都有明确的依据。这套流程体系还应包括异常问题管理流程、功能安全责任追溯流程等，同时在功能安全方面倡导积极的态度、开放的心态，并鼓励勇于批评与自我批评。

- ❑ "有资源"意味着公司或组织为功能安全团队及其活动及时提供所需资源，在时间、成本等方面发生冲突时，依然坚持功能安全的初衷。

- ❑ "有支持"指的是公司或组织支持功能安全相关人员具有一定的独立性和话语权，使他们在功能安全问题决策中能够保持专业独立的判断；同时，支持在项目中投入功能安全资源，以便尽早发现并解决开发周期中的功能安全问题。

由于认知提升是一个过程，功能安全文化的建立和推广不可能瞬间完成，而是需要逐渐在公司或组织内部营造出这种氛围，让每个成员逐步认同并将这种理念融入产品开发设计的实际工作。只有这样，功能安全文化才能真正建立并发挥作用。

2. 组建功能安全团队

组建功能安全团队的总体原则是：专业的工作由专业的人员来完成。在智能汽车领域，由于整车厂和不同层级的供应商承担的功能安全职责各不相同，因此它们的功能安全团队的组织架构也会有所区别。

（1）融合型软件功能安全团队

智能汽车软件功能安全团队的职责至少应包括4个方面：功能安全管理、功能安全分析、功能安全开发、功能安全测试验证。组织架构应根据公司的具体情况灵活设定。一般而言，功能安全开发和测试团队无须重新组建，可以通过对原有的软件开发团队和测试团队进行培训提升，将功能安全理念融入现有团队。而功能安全管理和功能安全分析通常需要专业人才，需规划组建独立的团队，以起到对软件功能安全的总体引领、监督和保障作用。图3-8所示为融合型软件功能安全团队组织架构示例。公司级功能安全委员会可以作为公司层面的功能安全决策监督机构，既可以是实体组织，也可以是由相关专家组成的虚拟组织。在这种架构下，功能安全文化能够全面渗透到功能安全开发和测试团队中。功能安全专业部门作为牵头部门，负责组织和推进功能安全相关活动，与软件开发部门和软件测试部门紧密协作，指导和审核输出的功能安全成果的有效性。有些组织可能会将功能安全分析职责划归到软件开发部门，这主要取决于人员能力和人力资源状况。

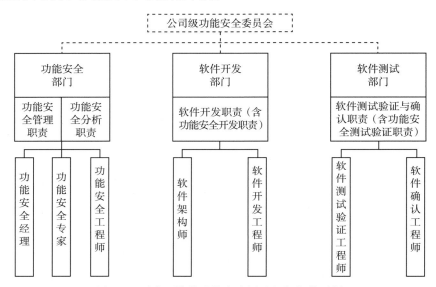

图 3-8　融合型软件功能安全团队组织架构示例

（2）非融合型软件功能安全团队

软件功能安全团队的组织架构形式可以根据公司的实际情况而定，不存在唯一的答案。一些公司可能会成立一个独立的大型功能安全部门，负责功能安全分析、管理、开发、测试工作，而不改变原有的软件开发和测试团队。图 3-9 所示为非融合型软件功能安全团队组织架构示例。这种组织架构的优点是对现有组织结构的冲击较小，缺点是可能会形成功能安全开发与非功能安全开发之间的技术壁垒，这不利于在公司范围内实施和落实功能安全文化。

功能安全团队的组织架构形式各有优缺点，符合公司当前的业务发展、组织架构和人才结构才是最适合的。在功能安全团队构建过程中，招募和培养人才是最关键的。对于智能汽车领域而言，目前市场上功能安全人才的供需关系非常紧张，需求远大于供给。人才的价值最终将转化为产品价值和公司价值，因此功能安全人才储备是智能汽车软件功能安全布局的重要部分。图 3-10 所示为功能安全能力与技术能力的对应关系。在实际的智能汽车软件功能安全项目中，既熟悉软件技术又精通功能安全专业知识的顶级人才非常稀缺，一般的项目通常需要精通功能安全的专家与精通软件技术的专家共同合作完成。功能安全专家负责进行软件设计和开发内容的功能安全分析，提出软件安全需求供软件开发团队实现，并对实现过程进行功能安全管理；技术专家则负责具体的设计和开发工作，实现软件功能安全需求，确保安全防护措施得到正确实施。

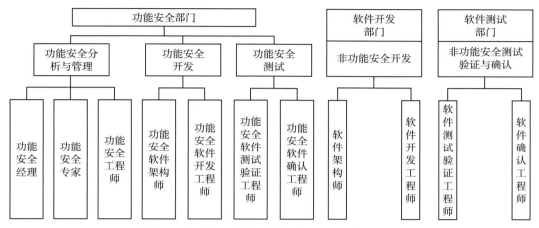

图 3-9 非融合型软件功能安全团队组织架构示例

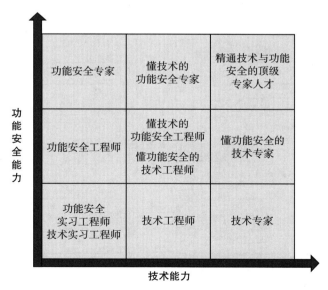

图 3-10 功能安全能力与技术能力的对应关系

3. 搭建功能安全流程体系

在建立了功能安全文化和团队的基础上，下一步是进行功能安全流程体系的搭建。功能安全流程体系的建设旨在将确保产品功能安全目标的活动流程化，形成结构化的指导文件，以引领和指导功能安全活动的实施。图 3-11 所示为功能安全流程体系建设过程及要求。

1）确定活动裁剪范围。在功能安全流程体系建设启动后，首先应确定产品功能安全生命周期范围，根据产品内容对不适用的阶段活动进行裁剪，并提出合理的裁剪理由，以免错误裁剪。

2）制定流程。在裁剪后的活动基础上，针对每个阶段的活动，划分过程边界并制定相应的活动流程文件。每个流程文件需明确所需的输入信息、活动过程、责任人、输出内容及交付物，并列出流程中的特别事项要求。流程文件通常采用流程图和文字描述的形式进行表达。如果公司组织已建立了完善的研发流程体系，最好将功能安全流程整合到现有流程中，以便流程的融合实施，避免单独建立流程文件。

3）制定文档模板。根据流程内容，为所有相关文档分别制定规范且实用的文档模板，并提供模板说明及示例，以便明确指导模板的使用。

4）制定检查单。对于所有相关的检查活动，制定相应的检查单，包括检查项和评判标准，确保所有检查活动的标准化和规范化。

5）制定指导文件。针对流程中所有关键的功能安全活动，制定相应的指导文件，说明具体实施方法，确保所有功能安全活动开展都有明确的依据。

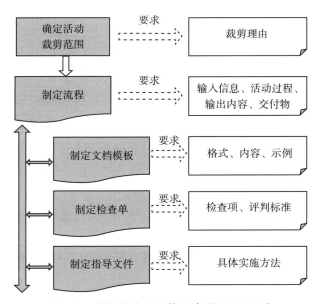

图 3-11　功能安全流程体系建设过程及要求

功能安全流程体系建设是一项需要提前规划并持续改进的活动。世界上不存在完美的流程。在公司或组织发展过程中，随着公司规模、组织架构、人员职责、产品范围、战略方向和技术能力等方面的变化，功能安全流程体系也需不断更新和改进，以确保与组织情况高度匹配，从而保障流程的有效性。

4. 夯实功能安全技术

如果将智能汽车软件功能安全布局比作建房子的工程，功能安全文化和团队构成地基；那么功能安全流程体系就是房子的顶梁柱，提供框架支撑；功能安全技术相当于房子的一砖一瓦，构成房子的主体。功能安全技术的夯实不仅是理论上的讨论，还需要基于产品开发实践中的探索、试错和总结。智能汽车软件功能安全技术夯实主要分为 3 个方面：软件功能安全的专业技术夯实、软件功能安全的开发技术夯实以及软件功能安全的测试技术夯实。

（1）软件功能安全的专业技术夯实

软件功能安全的专业技术指软件功能安全分析技术。智能汽车软件功能安全分析技术不应仅限于传统的演绎法（如故障树分析法）和归纳法（如失效模式及影响分析法），还包括新的系统安全技术，如系统理论过程分析（STPA）。软件功能安全分析应深入技术和设计层面，与设计开发相辅相成，并不断迭代。随着软件设计的深入，功能安全分析也应逐步深化。同时，软件功能安全分析的成果应指导设计的改进，以实现软件全面的功能安全防护。

（2）软件功能安全的开发技术夯实

软件功能安全的开发技术是指在软件开发过程中充分融入功能安全技术要求，确保在软件设计和实现阶段进行功能安全防护。例如，在编写软件代码时，采用防御性编程技术，对输入参数的类型和边界值进行检查；在出现故障时，应用安全恢复技术；在软件层面对安全关键功能的相关内容进行内存保护；对软件任务实施时间保护和顺序监测；对软件算法进行对抗性训练，以增强其安全性。

软件功能安全的开发技术需结合软件产品的实际功能特性和软件功能安全分析输出的安全需求进行针对性设计与防护，避免一刀切。以往的软件功能安全设计经验对提升软件功能安全的开发技术具有重要价值。因此，智能汽车软件相关企业应尽早进行功能安全布局，积累更多的技术经验，从而在产品功能安全技术领域占据主导地位。

（3）软件功能安全的测试技术夯实

软件功能安全的测试技术是指在软件逐层测试过程中专注于软件功能安全需求和设计内容，确保对软件功能安全技术内容进行全面彻底的测试验证。这主要体现在故障插入测试和场景仿真测试。

对于复杂的智能汽车软件，单纯依赖传统的人海战术并不高效。软件功能安全测试应实现融合，即将人工测试与自动化测试结合起来，通过自动化测试实现各种用例的全面覆盖，并支持持续集成与交付。自动化测试虽然可以大幅度提高测试效率，但仍需测试人员编写脚本和进行人工验证，不能完全替代人工测试。因此，以自动化测试为主、人工测试为辅的融合化测试模式是软件功能安全测试发展的一个重要方向。

　　智能汽车软件功能安全的测试技术非常关键，它是降低功能安全风险的最后一道防线。构建自动化测试能力、搭建测试场景、采集测试数据、进行性能调优、充分验证功能安全，都需要时间积累和经验沉淀。如果前期在这些方面没有足够的投入，企业可能在起步阶段就会落后。因此，对于智能汽车软件相关企业来说，尽早进行功能安全的布局和规划是非常必要的。

第二部分 *Part 2*

智能汽车软件功能
安全开发体系与技术

未来的智能汽车产业将不再是传统单一的汽车行业，而是以汽车为中心的新兴战略产业集群。众多产业打破原有的业务壁垒，参与到这一领域中，各行业将在流程和技术上展现独特的优势，同时也面临各自的局限和不足。产业间的能力互补是智能汽车成熟与完善所必需的助力。智能汽车软件作为多产业融合的核心载体，随着新技术的融入，特性发生本质的变化。大数据、人工智能等技术的广泛应用使得原有的传统汽车行业软件经验已不足以支撑智能汽车产业的创新和迭代发展。因此，智能汽车软件开发需借鉴高科技企业软件开发的优秀经验，在流程体系和技术开发方面进行有效的融合与创新。功能安全的创新决不能盲目冒进，应该带着敬畏之心进行探索。在继承现有标准规范和知识经验的基础上，融合生态圈中不同行业的体系和技术优势，打破思维认知的局限，对当前难以解决的功能安全问题进行突破性的创新尝试，寻求具有智能汽车特色的软件功能安全技术的融合与创新发展之道。

　　本部分首先从体系融合和技术融合两个方面介绍智能汽车软件目前的融合发展趋势与内容；接着从技术层面详细总结了智能汽车软件目前现有的常用安全机制；最后针对现有的功能安全技术和方法无法完全覆盖的问题，提出了创新性的建议、思路和方法指导。

第 4 章 *Chapter 4*

智能汽车软件开发体系融合

　　传统汽车行业拥有规范的车规级体系保障，并在软件方面采用了以量产为目标的规范化、标准化质量体系流程。多年实践经验验证了 V 模型开发流程的规范性。然而，这种按阶段、瀑布式的传统流程显然已不符合软件快速开发迭代的需求。因此，智能汽车软件开发体系急需在继承传统汽车行业规范化开发体系的基础上，进行适当的融合与创新。众多高科技软件企业加入智能汽车软件生态圈，引入了一些先进的软件开发流程思想，这使得智能汽车软件开发体系在传统规范体系与创新理念的碰撞中摸索前行。对于复杂庞大的智能汽车软件系统，我们需要保证开发流程的规范性，同时流程体系必须具备先进性，以支持软件的高效迭代升级。因此，智能汽车软件开发体系必须融合并借鉴高科技软件的开发优势，以适应未来的发展需求。

　　本章将详细介绍当前主流的几种软件开发体系；首先介绍在汽车行业广泛应用的功能安全软件开发体系和 ASPICE 软件开发体系；随后探讨近年来在互联网行业流行、在汽车行业迅速兴起的敏捷开发概念；接着介绍高科技行业软件的一般开发体系流程；最后基于这些流程进行有效融合，形成了一种可借鉴和参考的融合型智能汽车软件开发体系。流程体系的价值在于提供统一规范的标准流程，确保所有活动执行有依据，使所有参与者目标一致并在行为上有所约束，最终保证产品满足目标要求。

4.1　基于功能安全标准的软件开发体系

　　ISO26262 和 ISO21448 是道路车辆安全的基本标准，分别涉及传统功能安全和预期功能安全。这两个标准为智能汽车的功能安全提供了具有指导意义的方法论，为汽车功能安全研

究奠定了基础。目前，汽车领域功能安全相关软件的开发体系主要是基于传统功能安全标准
ISO26262 建立的，并在此基础上不断完善，以符合预期功能安全标准 ISO21448 的体系要求。
本节将详细介绍基于这两个标准的功能安全软件开发流程、方法与要求。

4.1.1 软件开发流程模型简介

软件开发流程模型类似于房子的框架，为软件开发流程制定奠定了基础。

基于传统功能安全标准 ISO26262 的软件开发流程采用典型的 V 模型，其中左侧代表需
求与设计，右侧代表验证。左右两侧的阶段是一一对应的，实现了左侧需求、设计与右侧测
试之间的追溯。在 V 模型的左侧，需求与设计的前后阶段也需要实现双向追溯。

预期功能安全标准 ISO21448 的软件开发流程并没有给出明确的软件开发阶段和具体测试
阶段的对应关系，而是采用了一个大 V 模型的概念。在这个模型中，预期功能安全活动贯穿
于基于 ISO26262 标准的软件开发过程。在需求和设计阶段，随着功能规范的定义和设计，我
们需要识别和评估相应的预期功能安全危害、潜在的功能不足及其触发条件。在测试和验证
阶段，根据 ISO21448 标准的要求，增加对已知和未知区域的测试、验证和评估。

基于 ISO26262 和 ISO21448 标准的融合型智能汽车软件开发流程模型如图 4-1 所示。
图 4-1 中虚框内容代表整车层面概念阶段和系统开发阶段的活动，这些不属于软件开发过程。
首先，基于整车层面的相关项定义进行危害分析和风险评估，识别危害，确定安全目标，从
而得出功能安全概念。接着，基于系统架构设计分解以获得技术安全概念，然后进一步分解
到软件层面，形成软件安全需求。虽然这个过程不属于软件开发模型，但在图中展示有助于
理解从整车层面到零部件软件层面的正向开发模式中软件安全需求的来源。此外，软件安全
需求也可以通过采用脱离上下文的安全要素 SEooC 的假设分析方式获得。

1. 基于 ISO26262 标准的软件传统功能安全开发流程

基于 ISO26262 标准的软件传统功能安全开发流程采用典型的 V 模型，主要包括以下阶
段：软件安全需求阶段、软件架构设计阶段、软件单元设计与实现阶段、软件单元测试阶段、
软件集成和测试阶段、软件嵌入式测试阶段。

❑ 软件安全需求来源于技术安全概念或 SEooC 假设分析。

❑ 软件架构设计承载所有软件安全需求落实到设计里。

❑ 软件单元设计与实现确保对软件架构分解到单元的内容准确无误地设计并编码实现。

这些阶段之间活动的继承与追溯可以通过验证手段来保障，其中验证的方法包括评审、
分析和追溯矩阵等。

❑ 软件单元测试主要是基于单元设计内容对模块内部的函数级功能进行测试，以及结构
　覆盖率测试。

❑ 软件集成和测试是针对软件架构设计进行测试，包括软件集成和软件集成测试验证。
这不仅涉及对软件功能和性能的测试验证，还涉及对软件架构设计中各模块的接口进行充分验证。

❑ 软件嵌入式测试是针对软件安全需求的测试验证与确认，证明软件安全需求的正确实现。

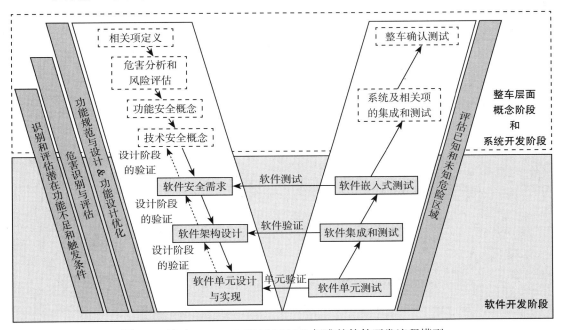

图 4-1　基于 ISO26262 和 ISO21448 标准的软件开发流程模型

基于 ISO26262 标准的软件传统功能安全开发流程中每个阶段的输入、活动及输出交付物参考表 4-1。

表 4-1　基于 ISO26262 标准的软件传统功能安全开发流程中的阶段的输入、活动及输出交付物

阶段	输入	活动	输出交付物
软件安全需求阶段	• 技术安全概念或SEooC假设分析	• 分析并构建软件开发环境，包括开发语言、软件工具、所有软件开发活动支撑内容等 • 识别、分析、编制软件需求，含软件安全需求 • 软件需求评审	• 软件开发环境 • 软件需求规范 • 软件需求评审记录
软件架构设计阶段	• 软件开发环境 • 软件需求规范	• 分配软件需求，设计软件架构，包含静态设计、动态设计、性能方面的资源消耗设计 • 进行软件安全分析和相关失效分析，根据分析结果优化软件需求和设计 • 软件架构评审 • 软件安全分析评审	• 软件架构设计规范 • 软件安全分析报告 • 相关失效分析报告 • 软件架构设计规范评审记录 • 软件安全分析评审记录 • 相关失效分析评审记录

(续)

阶段	输入	活动	输出交付物
软件单元设计与实现阶段	● 软件开发环境 ● 软件安全需求规范 ● 软件架构设计规范 ● 软件安全分析报告 ● 相关失效分析报告 ● 软件编码规范	● 进行软件单元的详细设计 ● 编写软件代码 ● 软件单元设计评审	● 软件单元设计规范 ● 软件源代码 ● 软件单元设计规范评审记录
软件单元测试阶段	● 软件开发环境 ● 软件单元设计规范 ● 软件源代码	● 编写软件单元测试用例 ● 进行代码人工检查 ● 进行软件静态分析 ● 进行软件单元测试，输出测试报告 ● 软件单元测试用例和测试报告评审	● 代码检查记录 ● 软件静态分析报告 ● 软件单元测试用例 ● 软件单元测试验证报告 ● 软件单元测试用例评审记录 ● 软件单元测试验证报告评审记录
软件集成和测试阶段	● 软件开发环境 ● 软件架构设计规范	● 进行软件集成 ● 进行软件静态分析 ● 编写软件集成测试用例 ● 进行软件集成测试，输出测试报告 ● 软件集成测试用例和测试报告评审	● 集成后的软件 ● 软件静态分析报告 ● 软件集成测试用例 ● 软件集成测试验证报告 ● 软件集成测试用例评审记录 ● 软件集成测试验证报告评审记录
软件嵌入式测试阶段	● 软件开发环境 ● 软件需求规范 ● 集成后的嵌入式软件	● 编写软件嵌入式测试用例 ● 进行嵌入式软件测试，包括硬件在环、ECU环境下的测试和整车环境下的测试，输出测试报告 ● 软件嵌入式测试用例和测试报告评审	● 软件嵌入式测试用例 ● 软件嵌入式测试验证报告 ● 软件嵌入式测试用例评审记录 ● 软件嵌入测试验证报告评审记录

在ISO26262标准中，软件单元测试阶段、软件集成测试阶段和软件嵌入式测试阶段的输出交付物都是软件验证规范和软件验证报告，它们会在这三个阶段中不断更新。在实际工作中，这些阶段的测试用例和测试验证报告往往会被拆分出来。表4-1的内容可作为参考。通常，我们在项目启动时会制定相应的验证策略，规划各阶段的验证活动及相关输出交付物，只要测试验证内容覆盖全面，文档可灵活规划，实际的工作产物满足验证策略即可。

基于ISO26262标准的软件传统功能安全开发流程不仅包括软件开发流程模型规定的生命周期阶段定义和活动，还需要有全面的安全管理与支持性活动贯穿其中。图4-2所示为基于ISO26262标准的软件传统功能安全管理及支持活动，可总结归纳为3部分：整体安全管理、通用安全管理与支持活动、特定项目的安全管理与支持活动。

❑ 整体安全管理是公司级别需要建立的功能安全管理基础能力。

❑ 通用安全管理与支持活动和软件开发项目密切相关，涵盖了软件开发过程中的功能安全管理活动。其中，生产、运行、服务和报废的安全管理不一定会涉及，具体涉及情况需要根据各软件开发项目的情况来确定。

❑ 特定项目的安全管理与支持活动针对的是特定类型项目所涉及的功能安全管理活

动。例如，在软件开发项目中，如果存在供应商参与，则会涉及分布式开发的管理；如果项目中存在软件复用，则会涉及软件组件鉴定和软件在用证明活动。

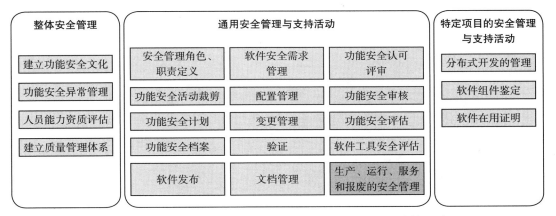

图 4-2 基于 ISO26262 标准的软件传统功能安全管理及支持活动

2. 基于 ISO21448 标准的软件预期功能安全开发流程

在基于 ISO21448 标准的软件预期功能安全开发过程中，预期功能安全活动可以融合到软件生命周期的每个阶段，这主要体现在以下几方面。

❑ 软件安全需求和软件架构设计阶段包含了分解的预期功能安全相关功能设计任务。在软件架构阶段，随着软件安全分析的开展，我们不仅可以识别和评估传统功能安全相关的危害，还可以细化识别和评估预期功能安全相关的危害及风险触发条件。

❑ 在软件单元设计与实现阶段，我们可以根据需要进一步加强分析与迭代。在识别与评估过程中，对于触发条件下风险不可接受情况，我们需要进行相应的设计改进与优化。这样的过程又会推动软件需求和软件设计的迭代更新。

❑ 对于触发条件下系统响应可接受的情况，我们需要制定验证与确认策略，并在软件测试过程中进行验证和确认。预期功能安全相关的验证与确认通常需要在基于场景的环境下进行。具体的验证活动可以选择在软件集成和测试阶段或软件嵌入式测试阶段进行，也可以在后续的系统级测试和整车层面的确认测试中进一步进行。预期功能安全的一个特殊活动是对未知场景的验证，这通常通过在软件层面和实车层面的大量测试验证活动中实施。

❑ 在验证和确认后，我们需要评估风险是否降低到了足够小且可接受的程度。如果风险水平仍然不可接受，我们需继续对功能设计进行修改和优化，并进一步进行软件阶段的需求与设计迭代。

基于 ISO21448 标准的软件预期功能安全开发流程可参考图 4-3。

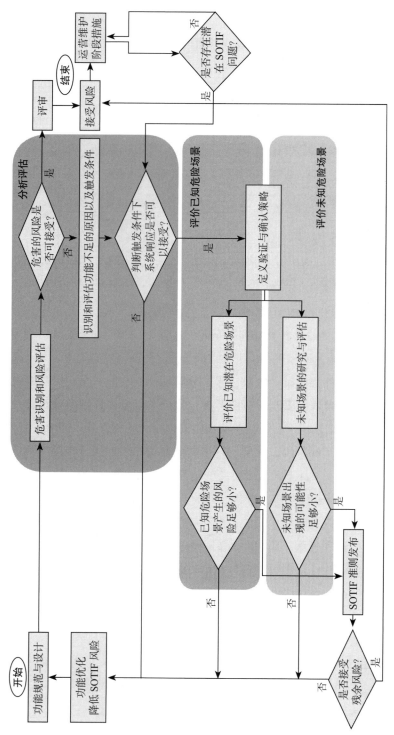

图 4-3 基于 ISO21448 标准的软件预期功能安全开发流程

　　各阶段条目对应的主要预期功能安全活动定义可以参考表4-2。其中，每个阶段条目对应的输出交付物名称可以灵活调整。因为预期功能安全活动是贯穿产品全生命周期的，覆盖从整车层面、系统层面到软件层面，并且侧重于整车层面的功能表现和效果验证，所以软件阶段的预期功能安全活动仅是整体活动的一部分。

表 4-2　基于 ISO21448 标准的软件预期功能安全活动定义

阶段	条目	主要内容	输出交付物	可能涉及的软件开发与测试阶段
功能分析阶段	功能规范与设计	定义整车和系统层面的预期功能、相应的性能目标、接口及交互信息、对应的架构、可预见的误用、报警和降级策略、数据信息及预期功能相关假设条件	● 功能需求规范 ● 架构设计规范	● 软件需求阶段 ● 软件架构设计阶段
	危害识别与风险评估	识别和分析预期功能可能出现的整车层面的危害行为、危害事件的严重度、可控度，确定风险可接受准则	● 危害分析及风险评估报告 ● 风险可接受准则	● 软件架构设计阶段（软件安全分析）
	识别和评估潜在功能不足和触发条件	对危害行为对应的功能不足、性能局限、触发条件、可预见的误用情况进行识别，并评估系统响应是否可接受	● 功能不足、性能局限及触发条件分析报告 ● 触发条件的系统响应评估报告	● 软件架构设计阶段（软件安全分析） ● 软件嵌入式测试阶段
	功能优化降低 SOTIF 风险	针对风险不可接受的危害行为，进行功能和设计的优化或制定相应的防护措施，包括功能和性能的设计优化、定义限制条件、接管权限移交驾驶员、防止可预见误用的措施等	● 预期功能安全优化措施	● 软件需求阶段 ● 软件架构设计阶段 ● 软件单元设计与实现阶段
验证确认阶段	定义验证与确认策略	制定确认目标，选择合理且适当的验证和确认方法，规划整车、系统、软件层面验证与确认的具体活动内容	● 预期功能安全验证与确认策略 ● 确认目标	● 软件嵌入式测试阶段
	评价已知潜在危险场景	根据验证与确认策略，针对已知场景全面覆盖，制定具体的测试用例进行测试或分析，包括感知、规划、控制执行及集成系统等内容的验证，使已知危害场景的残余风险降低到可接受程度	● 预期功能安全已知场景的测试用例 ● 预期功能安全已知场景的测试验证报告	● 软件嵌入式测试阶段
	未知场景的研究与评估	评价未知场景的残余风险，通过各种测试验证方法将未知场景的残余风险降低到可接受程度	● 未知场景的确认报告 ● 残余风险评价报告	● 软件嵌入式测试阶段
发布阶段	SOTIF 发布准则	综合评审各阶段的活动及工作产物，判断是否符合 SOTIF 的标准要求，并给出审核结果（可分为接受、有条件接受和拒绝）	● 预期功能安全发布审核结果	● 软件发布阶段

（续）

阶段	条目	主要内容	输出交付物	可能涉及的软件开发与测试阶段
运行阶段	运营维护措施	在软件运行阶段对预期功能安全进行现场监控，评价和解决预期功能安全问题	● 预期功能安全运行监测流程 ● 预期功能安全运行监测报告	● 软件运营维护阶段

4.1.2 要求与方法总结

在流程上，我们遵循基于 ISO26262 标准的软件传统功能安全开发流程进行规范化开发，可以有效降低系统性失效。规范的流程是软件功能安全的根本保障。在技术上，智能汽车功能安全相关的软件不仅需要根据 ISO26262 标准要求进行故障监测和故障处理，还应基于 ISO21448 标准进行预期功能安全的分析和测试验证。针对软件开发，传统功能安全标准 ISO26262 主要从流程和技术两个维度对软件生命周期中的活动提出要求和保障。

1. 软件安全需求

软件安全需求是对软件安全相关功能和性能的具体要求。如果这些要求失效，将违背分配给软件的技术安全要求，最终影响整体安全目标。表 4-3 根据功能安全标准，列出了可能包含的功能和性能相关内容，以及在制定软件安全需求时应考虑的其他因素。

表 4-3 软件安全需求相关内容示例

功能相关内容	性能相关内容	其他考虑方面
● 保障预期系统能够安全执行的软件功能 ● 使系统达到或维持安全状态的软件功能 ● 系统安全降级相关的软件功能 ● 故障监测及故障防护处理相关的软件功能	● 软件的鲁棒性 ● 软件的容错能力 ● 不同功能之间的独立性或免于干扰	● 软件安全需求的追溯关系 ● 系统、软硬件接口、硬件的配置情况、软件对资源的占用情况 ● 响应时间等约束条件及实时性要求 ● 与软件相关的运行模式及模式切换情况 ● 安全相关功能、性能的全面性 ● 对于可预见的错误操作的防护

软件安全需求制定完成后，我们应通过评审等方法验证其正确性、适用性、与上层功能安全需求及设计的符合性和一致性。在软件架构阶段，软件安全分析活动可能会识别出新的软件安全需求。对于经过迭代的软件安全需求，我们应验证其与软件安全分析的输出内容是否一致。

2. 软件架构设计

软件架构设计是针对软件需求（包括安全需求和非安全需求）的设计和实现，涉及将软件安全需求逐层分配到软件组件乃至软件单元。每个软件组件都应依据分配到的最高 ASIL 等级进行开发。软件架构设计采用层次化结构来描述软件的分层和组件间的相互作用，应该简洁易懂，与软件需求保持一致，采用模块化设计，并适当进行抽象和封装，同时需具备可维护性和可验证性。

软件架构设计应遵循高内聚、低耦合的原则，合理规划软件的分层结构、组件规模、复杂程度、调度关系、中断处理和共享资源管理，并适当实现软件组件的空间隔离。

软件架构设计内容不仅涵盖软件的分层结构、组件、接口、数据类型、参数等静态方面，还应包括数据流、控制流、任务的逻辑顺序等动态方面。此外，我们还需要对软件所需的执行时间、存储空间和通信资源的上限进行预估设计，以确保能满足各项需求。

在软件架构设计阶段，我们需要对软件需求和设计内容进行软件安全分析、相关失效分析及预期功能安全分析，以识别软件层面的潜在危害，并完善错误探测与处理机制。对于与预期功能安全相关的危害，我们应进一步分析其触发条件和系统响应。面对不可接受的风险，我们应在软件需求和架构设计层面进行优化，这包括功能和性能设计的优化、定义限制条件、转移控制权限给驾驶员以及采取防止可预见误用的措施等。

软件架构设计完成后，我们应通过设计检查评审、设计仿真、生成原型、数据流分析、控制流分析和调度分析等方法进行验证，以确保采用了正确且合理的设计方法，满足软件需求，并适应软件应用的目标环境。

3. 软件单元设计与实现

每个软件单元的详细设计应确保与对应的软件需求和软件架构设计保持一致，并且应易于理解，具有可验证性和可维护性。在软件单元设计与实现过程中，我们应遵循成熟的代码设计规范，例如由汽车工业软件可靠性联会（MISRA）提出的 C 语言开发标准（MISRA C）。传统功能安全标准 ISO26262 也推荐了一些设计原则，如函数应有单一入口和出口、限制动态对象和变量的使用、变量需初始化、避免重复使用变量名称、避免使用全局变量、限制指针使用、禁止无条件跳转和递归设计等。这些原则确保软件单元的设计与实现能够按正确顺序执行，接口一致，内部及单元间的数据流和控制流正确。此外，统一的规则有助于使软件设计和修改内容易于理解和维护，具有可验证性和鲁棒性。

4. 软件单元测试

软件单元测试是通过评审、分析来验证与功能安全相关的软件单元设计与实现，以证明所有相关的安全措施已经被落实到设计和实现中。这一过程确保了软件单元设计符合相应的 ASIL 等级要求，满足软件安全需求，并且确保了软件源代码的实现与单元设计保持一致。软件中不包含任何非预期功能和特性。

传统功能安全标准 ISO26262 针对不同的 ASIL 等级，推荐了一系列具体的软件单元验证方法，包括代码走查、代码检查、半形式化验证、静态代码分析、控制流分析、数据流分析、基于需求的测试、接口测试、故障插入测试以及资源使用评估等。

软件单元测试应结合需求分析、等价类生成与分析、边界值分析和错误推测方法来设计测试用例，确保对需求的覆盖率和结构的覆盖率进行充分验证。结构覆盖率包括语句覆盖率、分支覆盖率和修改条件/判定覆盖率（MC/DC）。在进行结构覆盖率测试时，我们应使用满足功能安全置信度要求的测试工具，以确保测试工具和代码检测不会影响测试结果。如果软件单元测试不在目标环境下执行，我们应对源代码与目标代码、测试环境与目标环境之间的差异进行分析，并制定相应的保障措施，可能还需在后续阶段基于目标环境进行附加测试。

5. 软件集成和测试

软件集成是按照软件架构中定义的分层层次和相关验证目标逐步进行的。这个过程首先涉及将各个软件单元集成到软件组件中，随后将不同的软件组件进行相互集成，最终实现整个嵌入式软件的完整集成。软件集成验证是对软件架构中描述的集成层次、接口和功能等进行测试验证，旨在确认这些元素与设计的一致性，确保功能安全措施得到实施。集成的软件中不包含与功能安全相关的非预期功能和特性。

传统功能安全标准 ISO26262 根据不同的 ASIL 等级，推荐了一系列具体的软件集成和验证方法，包括基于需求的测试、接口测试、故障插入测试、资源使用评估、控制流和数据流验证以及静态代码分析等。

软件集成和测试同样应通过需求分析、等价类生成与分析、边界值分析和错误推测方法来合理设计测试用例，以确保对软件架构层级的需求覆盖率和结构覆盖率进行充分验证。结构覆盖率包括函数覆盖率和调用覆盖率。与软件单元测试类似，如果软件集成和测试不在目标环境下进行，我们应分析测试环境与目标环境之间的差异，并针对这些偏差制定相应的保障措施，必要时在后续测试阶段基于目标环境进行附加测试。

6. 软件嵌入式测试

软件嵌入式测试的目的是验证集成后的嵌入式软件在目标环境中运行时能够满足软件安全需求，并确保不含有非预期功能和特性。这种测试环境主要包括硬件环境、ECU 网络环境以及整车环境 3 种类型。针对不同的 ASIL 等级，我们需要选择相应的测试环境。

软件嵌入式测试同样应通过需求分析、等价类生成与分析、边界值分析、错误推测、功能相关性分析以及操作用例分析等方法，合理设计测试用例。这些方法旨在对软件进行基于需求的测试和故障插入测试。

7. 预期功能安全相关的验证与确认

基于ISO21448标准，软件嵌入式测试阶段也可能会涉及预期功能安全的验证与确认活动。预期功能安全将场景作为验证和确认活动的核心，并从安全性和已知性角度出发，将车辆运行场景划分为4类：已知安全场景（区域1）、已知危险场景（区域2）、未知危险场景（区域3）和未知安全场景（区域4），这种划分反映在基于ISO21448标准的场景类别演变中（见图4-4）。

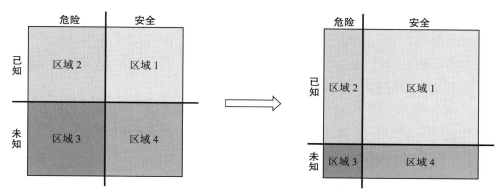

图 4-4 基于 ISO21448 标准的场景类别演变

预期功能安全验证与确认的目标在于评估区域2（已知危险场景）和区域3（未知危险场景）中的潜在危险行为，并证明相应的残余风险足够低，以满足可接受的风险要求。预期功能安全的验证与确认主要包括以下3个方面内容。

（1）制定预期功能安全验证与确认策略

为了评估智能汽车相关预期功能在已知和未知危险场景下的风险水平，确认这些场景中的风险是否满足接受要求，我们需要制定一套验证和确认策略。

在预期功能安全验证与确认策略中，我们需明确以下几点。首先，确认目标并设定置信度水平，以便在测试中通过实际数据来证明假设的未知触发条件不会引发不合理风险。其次，规划所需的验证与确认方法、流程，并针对方法的合理性进行说明，以便对已知和未知危险场景进行评估，并对相关场景的覆盖率进行证明。再次，对于涉及设计迭代过程中的功能修改，对现有功能可能产生的影响，在策略中应规定影响分析要求，并制定相应的回归测试策略。最后，对于分析结果、测试报告、调查报告等记录进行输出要求，以便提供必要证据，确保每个迭代版本的测试记录和其他相关文档完整且齐全。

预期功能安全标准提供了一系列可供选择的验证与确认活动方法。除了需求分析、等价类生成与分析、边界值分析、错误推测、功能相关性分析等传统功能安全验证方法外，还提供了与预期功能安全相关的多种方法。我们可以根据实际情况灵活组合使用这些方法，这些方法包括但不限于以下内容。

- 传感器设计及感知能力潜在局限性分析；
- 规划决策算法相关已知局限性分析；
- 执行器相关已知局限性分析；
- 触发条件分析；
- 性能目标分析；
- 通过收集测试用例和场景积累形成数据库；
- 接受准则分析；
- 事故场景数据分析。

（2）已知危险场景的验证与确认

根据预期功能安全验证与确认策略，我们需确保预期功能在危险场景及合理可预见的误用条件下的表现符合预期，并保证已知危险场景的残余风险处于可接受范围内。为此，对已知危险场景的验证与确认应通过测试或分析手段，以实现对各种已知场景的全面覆盖。最终，测试结果应达到预设的确认目标。

1）感知验证。感知验证涉及对感知功能和性能的全面评估，包括评估正确性、及时性、准确性和鲁棒性。这不仅要求进行基于需求的常规测试，还需在运行设计域（ODD）范围内，对不同环境条件和组合下的感知能力进行充分测试。除了验证单个传感器的特性外，我们还必须评估安装在车载系统感知功能整体特性，包括评估感知范围、精确度、分辨率、带宽和抗干扰能力。在软件在环测试、模型在环测试、硬件在环测试以及实车测试中，我们需要选择相关的测试用例和场景进行触发条件的识别，并在输入信号中注入触发危险行为的测试以进行验证。此外，我们还需验证传感器老化的影响，并监测和评估现场使用的同类型传感器状况。

2）规划决策算法验证。对规划决策算法进行验证，我们需要检测其反应能力和避免非预期问题的规划决策能力。除了基于需求的常规测试，我们还应确保算法符合驾驶规则、政策，验证输入数据在干扰情况下的鲁棒性，如通过噪声注入测试来验证信噪比退化、白噪声等影响；在软件在环测试、模型在环测试、硬件在环测试及实车测试中，选择相关测试用例和场景以识别触发条件，并在输入信号中注入触发危险行为的测试以进行验证。

3）控制执行功能验证。对控制执行功能及潜在的误用情况进行验证时，我们不仅需要进行基于需求的常规测试，还应验证集成于车辆环境中的执行器特性（如精度和延时），在不同环境条件和负载变化下测试执行器的性能，在软件在环测试、模型在环测试、硬件在环测试及实车测试中，选择相关测试用例和场景以识别触发条件。我们可通过加速寿命试验来验证执行器老化的影响。

按照 ISO21448 标准，若能证明执行系统不存在预期功能不足或危险触发条件，则基于 ISO26262 标准的测试验证可确保安全性，无须额外进行预期功能安全相关的验证和确认。

4）集成验证。集成验证关注软件和系统各组件间的交互正确性、集成到车辆后的鲁棒性和可控性。这不仅包括基于需求的常规测试和内外部接口测试，还包括通过噪声注入测试来检验系统的鲁棒性。我们应在不同环境条件下进行全面的集成测试，挑选相关的测试用例和场景以识别触发条件。另外，集成验证还应包括定向随机输入测试和可控性测试，后者可用于验证合理可预见的误用情况。

针对不确定性内容的已知危险场景的验证，我们可以采用统计学方法或风险管理技术来评估其发生概率。这是因为某些在测试环境下表现为安全的不确定性内容，并不能完全代表其在真实运行环境中安全。例如，对依赖交通参与者行为的验证可能在封闭路段测试中证明是安全的，但在实际开放道路环境中，仍有可能发生事故。

5）已知危险场景的残余风险评估。如果已知场景的危险行为评估结果达到了预定目标，并且造成损害的风险评估符合既定的接受标准，同时不存在对任何发生概率很低的特定交通参与者造成不合理风险，那么这样的残余风险被认为是可接受的。

（3）未知危险场景的研究与评价

现实生活中可能存在很多未知场景会触发危险行为，未知危险场景的研究与评估旨在通过验证和确认活动挖掘更多场景，确保对系统可能的运行状态有充分的覆盖。然后利用测试验证结果及置信度来证明未知场景下的残余风险符合接受准则，即风险已降至可接受的水平。

未知场景的评估和确认方法如下。

❑ 信噪比退化的鲁棒性确认法；

❑ 合理可预见误用情况的测试法；

❑ 随机用例的在环测试法；

❑ 随机性输入测试法；

❑ 长期的车辆道路测试法；

❑ 通过分析和错误猜测法选定测试用例进行实车测试，以识别触发条件；

❑ 针对极端情况、临界情况和边缘情况测试法；

❑ 根据实地现场经验测试法；

❑ 选择场景和场景序列模拟仿真法；

❑ 通过系统化或随机化变换场景参数生成不同场景来探索未知场景法。

除此之外，还有一些方法可用于分析验证，例如与现有的已知系统进行对比分析、针对特定场景条件下的功能灵敏度进行分析、对相关参数进行分析与仿真、进行功能分解和概率建模等。

为了证明选定方法集的合理性，我们需要提供证据来证明这些方法足以识别未知区域的潜在危险场景。因此，在选择验证和确认方法、测试用例时，我们应确保场景覆盖率，同时关注那些具有挑战性或出现概率较低的驾驶场景，以保证测试方法的全面性和充分性。在选择仿真测试、封闭场地测试、开放路测试时，我们需要合理规划测试时间和里程碑节点，并提供测试分配计划的合理性说明。

基于功能安全标准的软件开发体系不仅规范、合规，还聚焦于功能安全相关内容，确保产品符合传统功能安全标准 ISO26262 和预期功能安全标准 ISO21448 的要求。然而，针对智能汽车软件开发体系，除规范和合规外，我们还需追求高效与灵活性。因此，基于功能安全标准的软件开发体系需通过创新改进，以适应智能汽车软件不断发展的趋势。

4.2 基于 ASPICE 标准的软件开发体系

汽车软件过程改进及能力评定（Automotive Software Process Improvement and Capacity Determination，ASPICE）最初是由欧洲多家整车厂认识到软件质量的重要性之后，制定的一个软件开发过程标准，目的是指导供应商软件开发，改善车载软件的质量。ASPICE 是为车载嵌入式软件量身定制的软件开发过程的标准。如今随着智能汽车的发展和软件定义汽车的时代要求，软件在汽车研发中的占比激增，软件质量管理的需求日益增强，所以 ASPICE 的重要性日益凸显。目前，国内外众多整车厂通过 ASPICE 评估软件供应商的过程能力。软件供应商通过 ASPICE 软件开发体系进行过程改进，以便改善软件产品质量。与功能安全标准有所不同，ASPICE 只是对过程的要求，功能安全标准不光有过程要求，还有对产品设计开发的技术要求和具体技术细则。并且，功能安全标准集中关注安全相关内容。ASPICE 标准与功能安全标准在系统过程域、软件过程域、支持生命周期过程域规定的大部分流程要求相似，但也有所差别，不能完全等同。本节将从软件开发模型、要求与方法等方面对基于 ASPICE 标准的软件开发体系进行介绍与总结。

4.2.1 软件开发流程模型简介

ASPICE 标准从诞生以来，经历了多轮版本迭代，目前已经升级到 4.0 版本。但是由于之前 3.1 版本的影响力及应用比较广，因此，本节内容还是以 3.1 版本为基准，然后对比说明 4.0 版本的变化，以便大家理解智能汽车时代，软件开发流程模型的迭代趋势。

ASPICE 3.1 版本标准将软件项目过程分为主要生命周期过程、组织生命周期过程和支持生命周期过程，这三个分类共涵盖 32 个过程域，如图 4-5 所示。在性价比和项目范围的考量下，通常 ASPICE 体系评估不会覆盖所有过程域，而是根据项目的具体需求来选择评估的过程域。目前，国内外整车厂在审核软件供应商时，常侧重于德国汽车工业联合会（VDA）推荐的 16 个关键过程域。这些过程域在图 4-5 中以黑色圆点标注。在这些过程域中，纯粹的软件开发过程包括 SWE.1 软件需求分析、SWE.2 软件架构设计、SWE.3 软件详细设计和单元构建、SWE.4 软件单元验证、SWE.5 软件集成和集成测试、SWE.6 软件合格性测试 6 个过程域，与基于功能安全标准的软件开发流程中的各软件生命周期阶段相似。

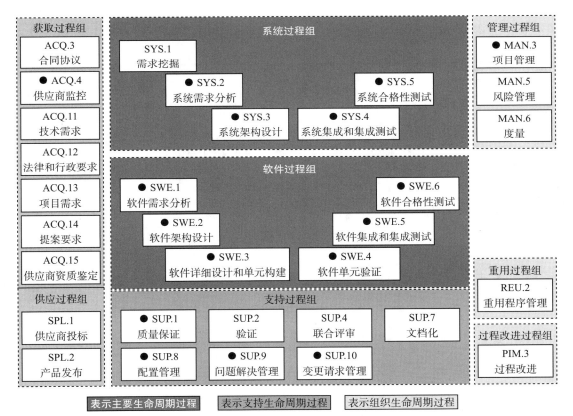

图 4-5　基于 ASPICE 3.1 版本标准的软件项目过程模型

ASPICE 评估关注的是过程，它通过过程模型和过程能力等级两个维度来评定每个过程的能力水平。过程模型定义了具体包含的过程域，过程能力等级则用于评估这些过程域所能达到的具体要求水平。过程能力等级通过衡量过程属性来确定，如表 4-4 所示。在 ASPICE 评估过程中，我们可根据评定尺度的定义，对被评估过程的过程属性进行量化，从而得出相应的评估结论。

表 4-4 过程属性评定尺度

符号	定义	含义	对应的百分比
N	没有达成	在被评估过程中，没有证据或很少的证据表明定义的过程属性得到了达成，最终结果一定是没有达成	0 至 ≤ 15% 达成
P	部分达成	在被评估过程中，有一些证据表明对定义的过程属性进行了执行，并得到一些达成，最终整体结果可能是无法达成	> 15% 至 ≤ 50% 达成
L	主要达成	在被评估过程中，有证据表明对定义的过程属性有系统地执行，并得到显著的达成，最终结果可能是会达成，但存在一些弱项	> 50% 至 ≤ 85% 达成
F	全部达成	在被评估过程中，有证据表明对定义的过程属性有完整、系统地执行，并得到充分的达成，最终结果一定是可以达成，且没有显著的弱项	> 85% 至 ≤ 100% 达成

在过程模型中，每一个过程域的过程能力从 0 级到 5 级共分为 6 个等级，这些等级及过程属性的详细划分如表 4-5 所示。

表 4-5 ASPICE 过程能力等级及过程属性划分

等级	含义	描述	过程属性
0 级	不完整的过程	代表一种不完整且混乱的状态，未能执行相应的过程和管理，缺乏明确的流程，工作产出不稳定，无法实现预期的过程成果	无
1 级	已执行的过程	代表项目管理不善，仅仅实施了部分流程。虽然能完成产品研发任务，达到了过程目标，但这主要依赖于个人的工作成果，对项目的整体质量缺乏有效控制，无法保证按时交付高质量的产品	PA1.1 过程实施
2 级	已管理的过程	代表在项目中不仅能够完成产品研发相关工作，还进行了全面的项目过程管理，对所有活动进行提前规划和持续监控，有效控制了产品质量和变更，确保项目能够有序进行	PA2.1 实施管理 PA2.2 工作产品管理
3 级	已建立的过程	代表不仅能够管理好每个项目，而且能够建立公司级标准工作流程，并形成组织的过程知识资产。这些已定义的流程能够保证过程结果，实现项目目标，并指导后续项目的开展。每个项目的过程都可以通过对这些标准流程的剪裁来获得，并且这些过程还能持续改进	PA3.1 过程定义 PA3.2 过程部署
4 级	可预测的过程	代表不仅能建立公司级标准工作流程，还能深入理解过程测量和过程之间的相互关系，并利用统计学技术来控制和管理未来项目，对现有项目的各项数据进行统计分析，预测结果，以及根据这些预测结果对项目进行实时调整，以确保高质量地实现项目目标	PA4.1 定量分析 PA4.2 定量控制
5 级	最佳化创新的过程	代表不仅能对项目过程进行统计分析和预测调整，而且能基于过程定量数据进行根因量化分析，并据此进行技术优化创新。它们设定了明确的过程改进目标，并能对过程改进结果进行有效的监控和量化分析。这体现了它们整体上具有强大的管理能力，足以实现当前及未来可预见的商业目标	PA5.1 过程创新 PA5.2 过程创新实施

目前，汽车行业通常要求软件供应商的软件过程能力至少达到 ASPICE 2 级。有些整车厂对软件供应商的软件过程能力提出了 ASPICE 3 级的要求。此外，也有一些软件供应商在达到 ASPICE 2 级后，出于自我驱动，主动提升软件过程能力到 ASPICE 3 级。

ASPICE 过程能力评估主要是针对供应商产品项目的相关过程域进行过程能力等级的评估。这一评估主要是度量过程能力等级（1 级到 5 级）所要求的过程属性的达成情况，具体如下。

❑ 针对 ASPICE 过程能力要达到 2 级的过程域，保证 1 级对应的过程属性（PA1.1 过程实施）全部达成。同时，2 级对应的过程属性（PA2.1 实施管理和 PA2.2 工作产品管理）需为主要达成或全部达成，这样最终结果才能满足 2 级的要求。

❑ 针对 ASPICE 过程能力要达到 3 级的过程域，确保 1 级对应的过程属性（PA1.1 过程实施）、2 级对应的过程属性（PA2.1 实施管理和 PA2.2 工作产品管理）均全部达成。此外，3 级对应的过程属性（PA3.1 过程定义和 PA3.2 过程部署）需主要达成或全部达成，这样最终结果才能满足 3 级的要求。

❑ 依此类推，每个过程域要达到某一能力级别，意味着对应的过程属性至少要主要达成，而该能力级别以下的低级过程属性需要全部达成。因此，软件项目的 ASPICE 能力等级需逐级累加以达成，而不能跳跃式实现。

过程能力等级评分模型如表 4-6 所示。

表 4-6 过程能力等级评分模型

过程能力等级	过程属性								
	PA1.1	PA2.1	PA2.2	PA3.1	PA3.2	PA4.1	PA4.2	PA5.1	PA5.2
1 级	L 或 F								
2 级	F	L 或 F	L 或 F						
3 级	F	F	F	L 或 F	L 或 F				
4 级	F	F	F	F	F	L 或 F	L 或 F		
5 级	F	F	F	F	F	F	F	L 或 F	L 或 F

ASPICE 标准是针对软件开发项目的过程能力评估标准，旨在通过对软件开发过程的约束来提高软件质量。规范化的流程能有效降低软件系统性失效风险。因此，ASPICE 标准不仅能提升软件质量，还能间接促进软件功能安全能力提升。

4.2.2 要求与方法总结

本节主要介绍目前汽车行业 ASPICE 评估的主流要求，以 2 级能力等级为例，总结 ASPICE 评估要求与方法，并对 3 级能力等级评估进行简单介绍。ASPICE 2 级评估重点在于项目过程中的管理能力，评估对象与 1 级相同，仍以项目中的工作产品为评估内容。不过，达到 2 级要求除了工作产品需满足需求外，还必须在项目过程中实施规划、监控和管理调整。这包括过程前的规划、过程中的监控，以及在发现异常时及时进行调整，确保项目过程受控且有序。图 4-6 所示为 ASPICE 2 级评估要求与 1 级、3 级要求的对比，2 级评估在包含 1 级所有评估内容的基础上，增加了项目规划与监控规划要求，而 3 级评估在 2 级基础上进一步增加了标准流程体系、裁剪指南等组织级过程资产形成要求。

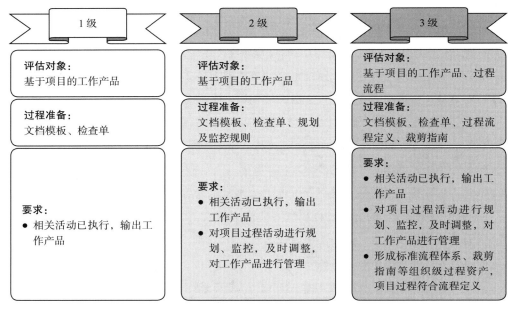

图 4-6 ASPICE 2 级评估要求与 1 级、3 级要求对比

针对 ASPICE 评估要求，首先需要确定参考过程模型中相关的过程域，随后对每个过程域的过程实施指标进行评估。这包括所需的活动任务定义及输出的工作产品交付物评估、针对智能汽车相关产品开发项目，我们可以选择 16 个常用过程域以及 SYS.1 需求挖掘过程域作为评估目标。接着梳理这些过程域的活动要求及工作产品，分别总结出常用过程域的过程实施指标相关要求。

SYS.1 需求挖掘过程域的目标是在产品生命周期内挖掘、收集和管理不断变化的相关方需求，并建立需求基线，作为定义所需工作产品的基础。SYS.1 需求挖掘过程域的过程活动要求及输出工作产品详细列在表 4-7。

表 4-7　SYS.1 需求挖掘过程域的过程实施指标参考

序号	对过程活动要求	输出工作产品
1	挖掘并获取客户等相关方需求，需求应基于可行性分析	相关方需求（例如客户需求） 可行性分析报告（可进一步转化为产品需求规范）
2	对每条需求来源进行追溯	追溯矩阵
3	充分理解相关方的期望，达成共识	评审记录
4	建立需求基线 需求变更需要经过相关方充分评估影响及风险	基线和基线通知 变更控制记录 风险管理计划 风险缓解计划
5	建立客户 – 供应商查询沟通机制	沟通记录

4个系统过程域（SYS.2 系统需求分析、SYS.3 系统架构设计、SYS.4 系统集成和集成测试、SYS.5 系统合格性测试）与软件过程域（SWE.1 软件需求分析、SWE.2 软件架构设计、SWE.5 软件集成和集成测试、SWE.6 软件合格性测试）在过程活动要求和输出工作产品的内容上有相似之处。前者聚焦于系统内容，后者则关注软件内容，因此，将系统过程域和软件过程域的要求合并阐述。表 4-8 所示为系统过程域与软件过程域的过程实施指标参考。ASPICE 标准对各个过程域设定了严格的实施指标要求。然而，在满足这些要求的前提下，输出工作产品的形式可以灵活调整。

表 4-8 系统过程域和软件过程域的过程实施指标参考

过程域	过程活动要求	输出工作产品
SWE.1 软件需求分析 / SYS.2 系统需求分析）	• 需求应包含功能需求和非功能需求（例如精度、参数、性能、资源消耗按最极端场景下要求）	软件需求规范 / 系统需求规范
	• 需求应结构化描述，即进行分组分类，根据逻辑进行排序，并区分优先级	软件需求规范 / 系统需求规范
	• 需求应进行正确性、可验证性、可行性分析 • 对运行环境、接口的影响进行分析 • 每条需求应有相应的验证准则	软件需求规范 / 系统需求规范，其中包含需求分析与验证准则
	需求应受控，需求变更应进行变更管理	变更控制记录
	双向追溯性、内容一致性应充分评审	• 追溯矩阵 • 评审记录
	所有相关方充分沟通，约定需求内容及需求更新	沟通记录，例如需求受控通知或变更通知
SWE.2 软件架构设计 / SYS.3 系统架构设计）	• 把需求分配到架构设计要素中 • 定义静态架构，识别定义接口。软件接口定义包括接口类型、入参、返回值等 • 定义动态架构，描述动态行为，包括系统动态行为（如运行模式切换等），软件动态行为（如状态机、数据流、控制流等） • 软件架构设计应定义资源消耗目标，包括定义 CPU、内存消耗、总线占用率等	软件架构设计规范（系统架构设计规范）
	备选方案评估	软件架构设计规范 / 系统架构设计规范
	双向追溯性、内容一致性应充分评审	• 追溯矩阵 • 评审记录
	所有相关方充分沟通，约定架构设计内容及更新	沟通记录，例如架构受控通知或变更通知
SWE.3 软件详细设计和单元构建	• 针对每个单元组件进行详细设计，例如详细函数流程图、变量定义 • 定义软件单元接口 • 单元和单元之间的动态交互（如有） • 评估软件详细设计	软件详细设计规范
	双向追溯性、内容一致性应充分评审	• 追溯矩阵 • 评审记录

（续）

过程域	过程活动要求	输出工作产品
SWE.3 软件详细设计和单元构建	所有相关方充分沟通，约定软件详细设计内容及更新	沟通记录，例如软件详细设计受控通知或变更通知
	根据软件详细设计开发软件单元	软件单元，例如代码或模型
SWE.4 软件单元验证	制定软件单元验证策略，包含代码评审、静态分析和单元测试的策略，具体包括验证准则目标、启动准则、结束准则、回归策略、输出交付物、执行人员、时间等	单元验证策略
	根据软件单元验证策略，执行软件单元静态验证	● 软件单元静态验证准则 ● 软件单元静态验证报告，包括代码评审记录、静态分析报告等
	根据软件单元验证策略，执行软件单元测试	● 软件单元测试规范，含验证准则 ● 软件单元测试记录及报告
	双向追溯性、内容一致性应充分评审	● 追溯矩阵 ● 评审记录
	总结验证结果，与受影响方进行沟通	● 验证总结报告 ● 沟通记录
SWE.5 软件集成和集成测试 / SYS.4 系统集成和集成测试)	基于架构设计规范制定集成策略，并定义集成顺序	软件集成策略 / 系统集成策略
	制定集成测试策略，含回归测试策略	软件集成测试策略 / 系统集成测试策略
	按照集成策略，集成相关内容	● 集成后的软件 / 集成后的系统 ● 集成编译清单
	根据集成测试策略和架构设计规范，开发集成测试规范，根据测试策略和发布计划从集成测试规范中选择相应测试用例进行测试	软件集成测试规范 / 系统集成测试规范
	执行集成测试	软件集成测试记录 / 系统集成测试记录
	双向追溯性、内容一致性应充分评审	● 追溯矩阵 ● 评审记录
	总结集成测试结果，并与所有受影响方沟通	软件集成测试报告 / 系统集成测试报告 沟通记录
SWE.6 软件合格性测试 / SYS.5 系统合格性测试)	制定合格性测试策略，含回归测试策略	软件合格性测试策略 / 系统合格性测试策略
	根据需求规范，开发合格性测试规范，根据测试策略和发布计划，从合格性测试规范中选择相应的测试用例进行合格性测试	软件合格性测试规范 / 系统合格性测试规范
	针对已集成后的软件 / 系统，执行合格性测试	软件合格性测试记录 / 系统合格性测试记录
	双向追溯性、内容一致性应充分评审	● 追溯矩阵 ● 评审记录
	总结合格性测试结果，并与所有受影响方沟通	● 软件合格性测试报告 / 系统合格性测试报告 ● 沟通记录

除了系统过程域和软件过程域，16个常用的重点过程域还包括MAN.3项目管理过程域、ACQ.4供应商管理过程域以及4个支持过程域。这些过程域与管理密切相关，因此将它们放在一起归纳总结，以便明确相关的要求和方法。通过对软件开发过程的管控，这些过程域对软件质量提供了保障。

1. MAN.3 项目管理过程域

针对MAN.3项目管理过程域，在项目启动后，首先应当制订项目计划。项目计划的具体内容应包括项目范围、项目目标、项目生命周期的定义、项目可行性分析、工作分解结构（WBS）、工作量估计、工时投入计划、工具和资源计划、人员职责定义、人员能力评估、汇报机制以及监控频率等。这些内容既可以作为项目计划的一部分，也可以根据需要单独输出为工作产品。在制订项目计划时，我们需识别本项目与其他项目或相关方的接口关系，并对接口内容进行适当的沟通和约定。

在项目过程中，我们应根据定义的监控频率，及时监控和调整项目进度，识别项目中的偏差，并对这些偏差进行调整。同时，对项目中的问题进行统一管理，并根据需要及时更新工作分解结构表或项目进度表。对于项目情况，我们应根据项目计划，通过会议纪要、周报等形式进行定期汇报。此外，我们还应根据项目规划的里程碑节点对项目进行定期评审和进展报告，其输出交付物形式可以包括项目状态报告、里程碑报告、项目结项报告等。

2. ACQ.4 供应商管理过程域

ACQ.4供应商管理过程域主要涉及约定双方的职责和活动，定期进行信息沟通，并对供应商的实施情况进行监控。若出现变更情况，双方需要协商一致并做好相应记录。

ACQ.4供应商管理过程域的核心在于联合过程和联合活动。联合过程是指明确项目管理、需求管理、变更管理、配置管理、问题解决、质量管理和客户验收等方面的过程，定义好双方的职责和流程。联合活动则涉及项目过程中双方相关的各项活动，包括输入信息、活动内容和输出交付物等。联合过程和联合活动需要双方通过协商达成一致，并以记录的形式固定下来。例如，项目启动时，项目管理团队可以制订供应商管理计划。该计划应详细定义联合过程、联合活动的规划、具体的交付物、接口、信息交换、各自的职责、沟通机制和会议频次等内容。在项目过程中，项目管理团队应按照约定的频率与供应商共同完成技术评审、进展评审等活动。一旦发现问题，项目管理团队应进行问题管理，及时纠正偏差并制定措施以防问题再次发生。涉及协议变更的内容应及时更新协议。

3. SUP.1 质量管理过程域

SUP.1质量管理过程域的目的是通过对工作产品和过程进行独立、客观的管理与保障，确保它们符合预先定义的目标。它的核心在于解决发现的不符合项问题,并制定相应的措施,以预防问题再次发生。

在项目启动时,我们应制定质量保证策略。策略内容包括质量目标、质量管理范围、质量准则、质量保证流程及输出工作产品、不符合项管理、问题升级机制和质量汇报机制等。为了保持独立性并确保质量问题得到客观解决,质量团队应与研发团队、项目管理团队和财务团队分属不同的组织。

在项目过程中,质量团队应根据质量保证策略对产品质量和过程质量进行检查,并输出相应的记录。例如,通过采用检查表的方式执行质量审计。针对在质量保证活动中发现的偏差或不符合项,质量团队应进行分析、跟踪、纠正和预防,并建立问题升级机制,将问题上报给利益相关方和管理层,以确保问题得到解决。根据质量保证策略的规划,质量团队应定期总结并汇报质量保障活动和结果。质量管理过程域的具体输出工作产品可以在满足上述要求的前提下,在质量保证策略中灵活规划。

4. SUP.8 配置管理过程域

SUP.8 配置管理过程域的目的是建立并维护所有工作产品的完整性,并确保这些信息能够提供给所有受影响方。

在项目启动时,配置管理团队应制定配置管理策略。该策略需包含以下内容:文档命名规则、编号规则、代码命名规则、分支命名规则、分支和合并的策略流程、职责分配、工具和配置库的设置、访问权限管理、配置项的识别方法、配置项的版本规则、配置项的修订历史记录方式、基线准则、受控准则、发布准则以及存储备份方式等。

在项目过程中,配置管理团队应遵循配置管理策略,执行相关活动,建立配置管理系统。首先识别各个配置项,然后控制配置项的修改和发布,建立基线。通过进行物理审计、功能审计和配置库审计,验证配置项信息与配置库内容的准确性,并定期生成配置状态报告。最后利用配置管理系统对所有配置项进行存储、归档以及定期备份,以确保所有工作产品的完整性与可用性。

5. SUP.9 问题解决管理过程域

SUP.9 问题解决管理过程域的目的是确保问题的识别、分析、管理、控制和解决。

首先制定问题解决管理策略,对问题的分类、责任人、严重度定义、状态和管理流程进行规划,同时对紧急问题的定义及处理流程进行明确。

然后,在项目过程中,问题管理团队应依据问题解决管理策略对问题进行识别、记录、分析、管理和解决。每个问题需有唯一的标识,并能追溯至问题来源,如指明哪个测试用例发现了该 Bug。问题管理团队应详细记录问题的状态信息、追踪原因和解决措施,直到问题关闭，并且必须得到问题提出人的确认后才能关闭。直至项目结束，问题管理团队都应按照问题解决管理策略的规划，定期进行问题的趋势分析和汇报。

6. SUP.10 变更请求管理过程域

SUP.10 变更请求管理过程域旨在确保变更受控，保证变更请求得到管理、跟踪和执行。

首先制定变更管理策略，其中包括变更请求的分类、处理流程、状态分类、分析标准，以及变更流程中各项活动的规划和相应的责任人等内容。

然后，在项目过程中，要识别和记录变更请求，并依照变更流程对变更进行分析、评估、批准、实施及评审验证，同时跟踪变更请求的全过程，直至其关闭。每个变更请求都应有唯一标识，并与受变更影响的工作产品建立双向追溯关系。变更的整个过程需进行详尽记录，以确保其可查询和追溯。

在基于 ASPICE 标准评估过程能力等级时，不仅要根据各个过程域的基本实践要求执行并输出相应的工作产品，还需要评估能力等级的过程属性，以此从两个维度确定最终的能力等级。对于 ASPICE 2 级评估，项目需要满足过程属性 PA1.1 过程实施、PA2.1 实施管理和 PA2.2 工作产品管理的相关要求。

（1）PA1.1 过程实施

每个过程都应配备必要的资源，以实施各个过程域的基本实践内容，即满足前述每个过程域相关的基本活动要求，并输出相应的工作产品。

（2）PA2.1 实施管理

根据过程要求，首先识别目标，并对实现这些目标的过程进行策划。这包括定义执行过程中各参与方的接口、职责、权限和所需资源等内容。随后，按照计划监控每个过程的实施情况，及时发现并调整过程中的问题，如有必要，还需调整计划并进行重新安排。

（3）PA2.2 工作产品管理

对于每个过程域，定义工作产品的要求并确定质量标准，确保工作产品经过评审且评审中发现的问题得到解决。识别工作产品之间的依赖关系，并对工作产品进行文档化和控制管理，包括配置管理、修订变更管理和批准管理等。

针对 ASPICE 2 级评估，我们主要关注项目过程中的管理与监控以及工作产品，以确保最终交付产品的时间、质量和成本符合目标要求。图 4-7 所示为 ASPICE 2 级过程要求示意图。

ASPICE 3 级评估在 2 级基础上增加了过程定义和过程部署要求，旨在建立组织级流程体系并予以部署实施。如图 4-8 所示，ASPICE 3 级过程要求示意图分为组织级和项目级两部分，通过建立流程体系形成组织过程资产，并利用裁剪指南在各个项目中进行适用性裁剪和实施。项目中积累的数据和经验有助于推动流程体系的进一步优化和改进。

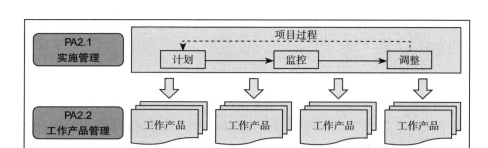

图 4-7 ASPICE 2 级过程要求示意图

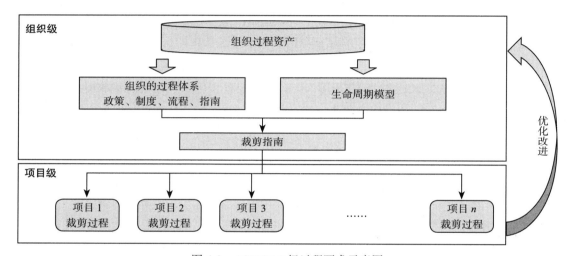

图 4-8 ASPICE 3 级过程要求示意图

根据智能汽车产业的发展和实践经验积累，ASPICE 标准规范也在持续更新。目前，ASPICE 4.0 版本已经发布，其中增加了机器学习、硬件和确认相关的过程要求，并对 3.1 版本的内容进行了精简和优化，主要变化点如下。

❑ 取消了 16 个过程域的概念，将原来的 16 个过程域改为"基本范围"加上"所需工程域"的形式。基本范围涵盖了 MAN.3 项目管理、SUP.1 质量保障、SUP.8 配置管理、SUP.9 问题解决管理和 SUP.10 变更请求管理这 5 个过程域。

❑ 在编写需求规范时，不再需要逐条描述验证准则，而是通过需求的可验证性来代替每条需求都必须有"验证准则"的要求，因此，仅需对那些验证性不明确的需求进行验证准则说明。

❑ 在架构设计阶段，已删除对架构备选方案的要求，只需对架构方案进行分析评估。

❑ 将术语"测试"更改为"验证"，以进行更精准的描述。因为有些需求的实现无法通过传统的测试手段证明，可能需要评审、分析等其他验证手段。

  ❑ 软件集成测试的横向追溯关系不再仅追溯软件架构，而是扩展到追溯软件架构设计和软件详细设计。

  ❑ 针对每个工程域，追溯性和一致性两个基本实践（Base Practice，BP）的要求已经合并，由于这两个基本实践的实施和考察过程几乎相同，合并后可以避免重复，简化流程。

  ❑ 策略的制定不再局限于测试验证，而是扩展到2级对应的所有过程，都需要制定策略，且策略的形式可以更加多样化，如视频资料等，提高了策略的适用性和灵活性。

  从ASPICE标准的升级中可以看出，在技术迅速发展的时代，没有固定不变的标准与要求，适用的才是最佳的。

  在汽车行业，对ASPICE标准的态度分歧明显：一些人极为推崇ASPICE标准严谨的软件开发过程管理思想，另一些人则对ASPICE标准烦琐的流程要求感到抵触。实际上，任何流程体系都有其优点与缺点。在构建软件开发体系时，不应盲目地照搬标准，也不应盲目追求全面而庞大的范围要求，根据实际情况进行恰当的取舍，才是正确的方法。

4.3 敏捷开发框架

  在软件定义汽车的背景下，面对需求不断变化的复杂软件开发过程，传统的瀑布式开发模式显得有些力不从心。瀑布式开发模式的特点是将软件生命周期划分为若干阶段，各阶段依序执行，其中每个阶段的团队成员只关注自己的工作范围，导致对整体客户需求及产品功能特性的理解不够全面，易于偏离真正的需求特性。此外，各个阶段的工作依赖于前一阶段的成果，若前期某阶段存在未发现的偏差或问题，可能导致后续所有阶段受到影响。依照瀑布式开发模式，问题通常要到最后的验证阶段才能被发现，造成尴尬局面。若进行修正，所有相关阶段的工作需重新开始，可能导致项目延期和成本增加；若不修正，软件中可能遗留隐藏的质量问题。在瀑布式开发模式下，需求的变化可能导致每个阶段的工作都需颠覆性地重新开始，影响工作效率并增加成本。因此，整车厂和供应商开始寻求新的开发模式，推动了敏捷开发概念在汽车行业的兴起，许多公司开始尝试软件开发体系的敏捷转型。

  敏捷开发与功能安全标准、ASPICE标准不同，它不是一个标准规范，而是一种框架。敏捷开发以用户需求为核心，采用渐进式的迭代方法进行软件开发，目的在于快速适应变化并提高开发效率。

  本节系统性地介绍敏捷开发框架，包括敏捷开发的核心思想、基本概念、基本框架分类及内容；并针对适用于大规模软件的敏捷开发框架进行阐述。本节末尾将给出汽车行业的敏捷开发框架，总结敏捷开发的优缺点，指出敏捷开发虽有其优势可供借鉴，但也存在不足之处需加以规避，以便智能汽车软件开发体系能够取其精华去其糟粕。

4.3.1 敏捷开发框架基本内容

敏捷开发是一种框架，亦是一种思想，主张循序渐进地迭代开发。与瀑布式开发的完美主义追求形成对比，敏捷开发采取的是实用主义的方法。它以短期内快速交付、满足用户需求为目标，并不追求前期的完美设计，而是通过迭代持续打磨产品，以不断完善功能。要理解敏捷开发思想，首先需要了解敏捷宣言及其原则。敏捷宣言如图 4-9 所示，在敏捷开发的思想里，虽然它不否认右侧内容的价值，但左侧内容的价值被认为是更高的。在软件开发过程中，坚持以人为本的价值观，注重个体与团队之间的互动交流；采取目标导向的工作方式，关注最终交付的软件本身而非文档的详细程度；坚持客户至上的理念，注重与客户的沟通与协作，深入理解客户需求；并保持拥抱变化的态度，积极接受每次需求的迭代，不断完善产品。敏捷开发聚焦于沟通交流、软件本身、客户需求的理解与参与，以及对变化的快速响应，而将流程、工具、文档、合同和计划置于较次要的位置。

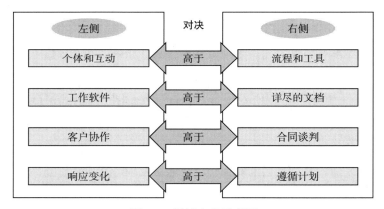

图 4-9　敏捷宣言示意图

敏捷开发的通用原则详见表 4-9，被称为"敏捷开发十二项原则"。在敏捷开发中，这些原则是基本理论指导，不仅指导敏捷开发的过程实践，而且在面对问题或冲突时，也可以帮助寻找解决方案。

表 4-9　敏捷开发十二项原则

序号	敏捷开发原则
1	我们最重要的目标是，通过持续不断地、尽早地交付有价值的软件使客户满意
2	欣然面对需求变化，即使在开发后期也一样，要善于利用变化为客户创造竞争优势
3	经常性地交付可工作的软件，交付间隔可以是几周或一两个月，倾向于采取较短的周期
4	在整个项目开发期间，业务人员和开发人员每天必须相互合作

（续）

序号	敏捷开发原则
5	激发个体的斗志，以被激励起来的个人为核心来构建项目，给他们提供所需的环境和支持，并信任他们能够达成目标
6	不论团队内外，传递信息效果最好、效率也最高的方式是面对面的交谈
7	可工作的软件是首要的进度度量标准
8	敏捷过程倡导可持续开发。责任人、开发人员和用户应该能够共同维持一个长期、恒定的开发速度
9	坚持不懈地追求技术卓越和良好设计，由此增强敏捷能力
10	以简洁为本，极力减少不必要的工作
11	最好的架构、需求和设计出自自组织的团队
12	团队定期地反思如何能提高成效，并依此调整自身的行为表现

敏捷开发框架有很多类型，比较常见的有 Scrum 开发框架、极限编程、看板、特性驱动开发（Feature Driver Development，FDD）。

1. Scrum 开发框架

Scrum 开发框架作为敏捷开发中最核心和常用的方法论之一，采用迭代式增量开发的流程管理框架。Scrum 开发框架的特点可以概括为 3 个角色、3 个工件、3 个常用术语和 4 个会议，具体可参见表 4-10。

表 4-10　Scrum 开发框架特点总结

分类	内容	定义描述
3 个角色	产品负责人	负责维护产品需求，确定每次软件迭代的交付内容和发布日期，代表相关方利益确定需求所需达到的标准，对开发团队的交付成果有权利接收或拒绝
	敏捷教练	作为过程负责人，确保 Scrum 流程在项目中的顺利实施和收益最大化，并负责解决项目进展问题和沟通障碍问题
	开发团队	一般由 5～9 名研发人员构成，负责软件产品开发工作，在每个迭代中创造可用增量
3 个工件	产品需求列表	按照优先级排序的总体产品需求列表
	迭代需求列表	在迭代中需要达成的需求列表
	冲刺燃尽图	在迭代周期长度上显示剩余工作量与剩余时间关系的图，可以看出当前周期的项目进度情况、需求完成情况和剩余任务情况
3 个常用术语	用户故事	通过用户、功能和价值来描述需求
	开发任务	将用户故事细化拆解后具体需要执行的任务
	冲刺周期	实现一个小迭代的周期，一般为 1～6 周，常见为 2～4 周
4 个会议	冲刺计划会	在每个冲刺周期启动时召开，全体人员参加，主要确定冲刺目标和本冲刺周期的需求列表，进一步确定每个用户故事的任务和工时
	每日站会	每天召开，团队成员参加，交流进展情况。敏捷教练主持，控制会议时间在 15min 以内，每个成员汇报昨天工作成果、今天的计划以及当前遇到的问题
	冲刺评审会	冲刺的最后一天召开，团队成员及客户等相关干系人参加，展示当前冲刺周期的成果
	回顾总结会	冲刺结束后召开，全体人员参加，总结反思冲刺周期内各方面的经验教训，并制定改进措施，以便不断提升、改进

在 Scrum 开发框架中，产品负责人首先根据客户需求确定产品需求列表，并设定各需求的优先级，接着召开冲刺计划会议，从产品需求列表中选取用户故事作为冲刺目标，形成迭代需求列表。开发团队成员根据迭代需求列表中的用户故事进行细化和分解，确定具体的开发任务，随后开始执行开发工作。敏捷教练每天组织站会。在会上，团队成员需报告自己的工作进度、计划和遇到的问题。项目进度通过冲刺燃尽图进行展示。当迭代需求列表中的任务完成后，组织相关干系人召开冲刺评审会；冲刺周期结束时，召开回顾总结会，每个团队成员都应总结经验并提出改进建议，以便在下一轮冲刺迭代中实施优化，详见图 4-10。

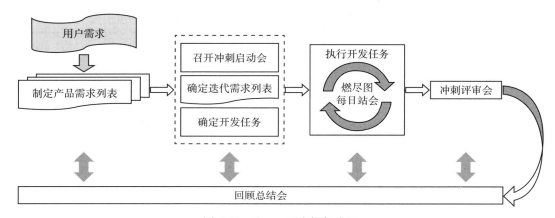

图 4-10　Scrum 开发框架流程

Scrum 开发框架秉持承诺、专注、开放、尊重和勇气五大价值观。这意味着每个成员需积极承诺并履行对目标的承诺，全身心投入到目标任务，营造团队内部开放的氛围。成员应相互尊重，勇于面对挑战、信任自己、达成目标，勇于表达个人想法。Scrum 开发框架适用于那些具有明确产品路线和需求优先级的项目。

作为一种灵活的敏捷开发框架，Scrum 团队成员通常限制在 5 到 9 人之间，这给软件项目的规模带来一定限制，因此它不适用于大规模软件开发。针对大规模软件开发需求，业内衍生出多种规模化的敏捷开发框架，如 Scrum@Scale、LeSS（Large Scale Scrum）和 SAFe（Scaled Agile Framework）。这些框架都是在 Scrum 开发框架基础上进行扩展的，但是三者又各自有所差别。

（1）Scrum@Scale

Scrum@Scale 通过敏捷教练循环和产品负责人循环两个循环圈，整合多个团队共同实现同一个目标。在每个循环圈中，层级和团队可以无限扩展。每个层级的各个团队都设有相应的敏捷教练和产品负责人。这些层级上分别有管理层的敏捷教练和产品负责人负责管理下一层级的敏捷教练和产品负责人。这样的结构可以层层递进，从而使整体团队的规模不受限制。

这两个循环通过团队流程和产品发布反馈这两个交点，建立连接和反馈机制，形成一种网状的无限扩展循环结构。

（2）LeSS

LeSS 以客户需求为中心，关注整体产品，开发过程中采用系统化思考方式。在规模扩展上，LeSS 采用仅扩展开发团队的模式，通常规模限制在 50 人以内，分为 2 至 8 个团队，以跨职能团队为基本单位构建组织架构。各团队实施自我管理，可分别组织每日站会。每个敏捷教练可指导 1 至 3 个团队，产品负责人则管理整体产品需求列表，并确保与所有团队成员的信息对齐。若总人数超过 50 人或团队数量超过 8 个，组织可采用 LeSS 巨型框架（LeSS Huge）。LeSS 巨型框架由多个基本 LeSS 框架构成，每个基本 LeSS 框架的区域产品负责人负责各自的产品需求列表，并设置首席产品负责人角色，以专注于整体产品，领导各区域产品负责人。

（3）SAFe

SAFe 综合了敏捷开发、精益产品开发和系统思维，采用了分层架构、水平扩展方式。完整的 SAFe 包含团队层、项目群层、价值流层、投资组合层和基础层 5 个层级。它将面向客户的史诗逐层细化为子史诗、产品特性和用户故事，进而转化为具体的开发任务，由各开发团队按 Scrum 开发框架的敏捷开发模式完成迭代。SAFe 引入了敏捷发布火车（ART）的概念，用于形象地表示通过迭代不断进行的增量交付状态。每个史诗对应一列或多列敏捷发布火车，每列敏捷发布火车增设一名发布火车工程师（RTE）。他负责管理该列火车的总体运行，主持必要的敏捷发布火车 Scrum 会议，并协调同列火车上的团队资源和问题解决。每列敏捷发布火车包含多个团队，每个团队由敏捷教练管理。此外，SAFe 还设有系统工程师、架构工程师、产品经理和精益敏捷领导者等角色，分布于不同层级中。SAFe 通过增量的迭代计划规划敏捷发布火车的发布时间，所有火车均遵循项目的最终发布计划，但可根据实际情况在最终发布时间前进行发布。每个迭代周期的产出必须为增量迭代计划增值，否则需及时进行调整和优化。SAFe 的层级结构使其适用于大规模软件项目的敏捷开发，但通常人数限制在 150 人以内。

2. 极限编程

极限编程是一种轻量级软件工程方法论，属于敏捷开发框架中一种有效且灵活的形式。它强调沟通、简单、反馈和勇气 4 个基本原则，鼓励积极接受软件需求的持续变化。极限编程主张从简明的需求出发，采用简单的解决方案，并在后续迭代中不断进行完善。通过充分沟通和反馈，开发团队和客户能够及时全面掌握需求变更、开发进展和遇到的问题，据此及时调整和改进，以减少需求变更的成本损失。在此过程中，开发人员需展现坚持极限编程理念的勇气，勇于面对变化及其结果，并解决问题、优化设计。

极限编程的一个迭代周期通常包含计划、设计、编码、测试 4 个阶段。

❑ 在计划阶段，确定用户故事的优先级，并制订迭代计划。这包括选取迭代周期内将要完成的用户故事，并制定相应的验收标准。

❑ 在设计阶段，主张摒弃复杂详尽的设计，采用简单设计和基于测试驱动开发的理念不断进行完善。同时，提倡通过代码审查和代码重构等方法进行优化设计。

❑ 在编码阶段，提倡使用结对编程方法。开发人员需严格遵守统一的编码规范，实现迭代周期内选定的用户故事。在编码过程中，应优先开发相应的单元测试代码或测试用例，以实现测试驱动开发，并持续同步测试代码。

❑ 在测试阶段，对每个迭代周期选定的用户故事进行全面的测试验证，包括单元测试、集成测试和需求测试等。发现的问题需及时反馈，并对相应的设计和编码内容进行修改和优化。设计、编码和测试环节形成一个小的过程迭代。测试通过后，快速进行发布。

如图 4-11 所示，极限编程流程在一个迭代周期内包括计划、设计、编码、测试这几个阶段，并在 2 到 3 周内快速发布软件增量。一个快速发布迭代周期结束后，进入下一个迭代周期，重新开始计划、设计、编码、测试流程。极限编程的过程强调在设计上采取简单性假设，只针对当前迭代的内容进行设计。它通过快速反馈及时获取信息，并通过增量式的改变不断优化开发流程，采用"小步快跑"的策略持续前进。这种方式体现了极限编程拥抱变化的特点，并追求高质量软件开发的目标。

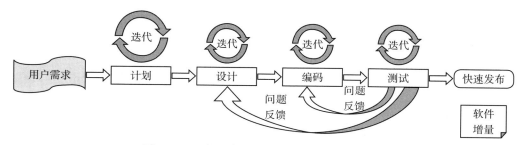

图 4-11　一个迭代周期内极限编程流程示意图

极限编程有 12 种优秀的通用实践可供参考，如表 4-11 所示。

表 4-11　极限编程优秀的通用实践清单

序号	分类	优秀实践	描述
1	技术实践	简单设计	用尽可能简单的设计、尽可能简洁的代码实现当前必需的功能即可
2		代码规范	建立统一的编码规范，团队形成统一标准，有助于相互协作
3		测试驱动开发	强调测试先行，即测试在前，开发在后。在编码之前先写测试用例或测试脚本，然后再编码，直到测试全部通过

（续）

序号	分类	优秀实践	描述
4	技术实践	代码重构	提倡不断调整、改进、重构和优化代码，是对简单设计的一种补充
5		结对编程	由两个开发人员在同一台计算机上共同编写针对同一个开发任务的代码，通常一个人负责编码，另一个人负责在旁边检查评审，保证代码的正确性与可读性。两个人每隔一段时间可以交换工作
6	组织实践	持续集成	按照一定的规则自动触发构建动作，每天进行多次集成，主要包括自动构建、自动部署和自动测试。通过持续集成尽早暴露问题，提高软件质量
7		系统隐喻	将整个系统各部分内容联系在一起的一种规则定义，例如开发中遵循的方法、名称和类的规则定义。若使用这种规则来阐述开发过程中晦涩难懂的内容和问题，开发人员能够快速理解，达成共识
8		可持续的节奏	提倡健康、高效、高质量的工作，不提倡加班，主张每周工作时间为40小时，拒绝频繁加班，用充沛的精力保障软件质量
9		代码集体所有	所有的代码归属于整个团队，每个成员拥有全部代码，都有权利对代码进行审查和修改，并且每个人都需要对全部代码负责
10	过程管理实践	现场客户	在整个软件开发过程中，客户能够一直在现场，与开发团队及时沟通，负责需求相关决策、回答开发人员问题并准备验收测试内容；开发团队能够及时获取反馈
11		小型发布	采用尽可能短的迭代周期、以尽可能少的特性增量频繁发布新版本，以便能够更容易评估进度、控制工作量、及时处理客户反馈
12		计划博弈	根据项目进展、成本、质量和技术情况，调整并优化计划，确定下一阶段的规划和开发范围

极限编程主要适用于小型软件开发团队，针对那些客户需求不明确且频繁变动，同时对进度和质量要求高的项目。

3. 看板

看板敏捷开发框架核心价值在于，专注于用户需求到用户体验的端到端价值流动，并使这一流动过程可视化，属于精益开发的实践方法。看板的概念源于丰田生产系统，本意为"信号卡"。在生产线上，下游工序需要上游工序的物件时，会通过信号卡传递所需的信息，如数量、类型等，从而实现物件的领取。这种方式促使上游按需向下游输送物件，创建了一种拉动式的生产系统。借鉴这一理念，在软件开发领域，看板演变为一种可视化的管理工具，它通过增量方式展示开发进度和流程，促进团队协作与改进。

看板是通过可视化工作流程、明确流转规则、限制进行中的工作数量，帮助团队统计度量和跟踪管理工作项的流动。通过每日站会、交付评审会、回顾总结会等活动，实现对工作的持续反馈和闭环管理，并基于反馈结果进行分析和改进，以实现持续的流程优化。图4-12所示为看板示意图。

看板通过可视化工作方式，能够让团队处于饱满的工作状态。它特别适用于开发周期中可能遇到许多突发或紧急情况的项目。看板可以使工作规划更加灵活，工作重点更加直观，确保以客户需求为核心的价值流程清晰明确。

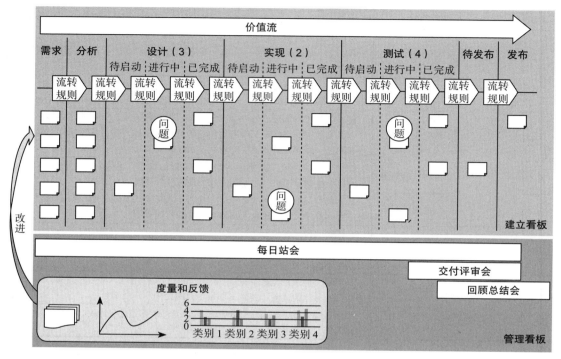

图 4-12 看板示意图

4. 特性驱动开发

特性驱动开发（FDD）是一个以架构为中心，基于特性列表驱动整个开发过程的敏捷开发框架。在这个框架中，特性指的是从客户角度划分的基本功能单元。系统将按照这些特性进行短期快速的增量迭代开发。特性驱动开发过程中，首先建立整个项目的全局模型，接着创建特性列表并制订迭代与开发计划。基于这些计划进行特性的开发和构建，并通过不断的迭代最终完成项目范围内所有特性的开发。图 4-13 所示为特性驱动开发流程示意图。每个迭代周期结束时，向客户发布完成的特性，从而获取客户反馈信息，以便全局模型及各环节内容的改进和优化。

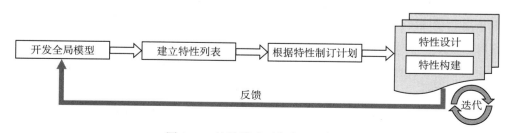

图 4-13 特性驱动开发流程示意图

在软件开发过程中，特性驱动开发有 8 种优秀实践可供参考。

1）在特性驱动开发中，将全局模型细化为多个功能特性，每次开发聚焦于单个功能特性，或由不同的团队负责开发不同的功能特性。

2）组建专门的功能特性团队，每个团队专注于擅长的功能特性开发。

3）通过结对编程、代码检查、评审等方式对工作成果进行复审，也可以通过演示让客户参与，了解功能特性的实现情况。

4）实施定期编译和构建，并将其作为持续集成的一部分，整合不同团队开发的功能特性，以便在早期发现问题并进行解决。

5）使用看板、冲刺燃尽图等工具对特性驱动开发过程进行可视化管理，使进度和结果更加明确。

6）对软件代码和文件进行存储、版本控制及权限设置等配置管理活动，这是软件开发项目中常见的管理方法。

7）将特定类的代码所有权分配给指定开发人员，由他们负责代码的正确性、一致性和完整性。

8）进行域对象建模，这是一种基于现实世界实体对象的系统模型构建方法。域对象模型定义了系统中重要对象及其他对象之间的静态和动态关系，为系统设计提供框架。

特性驱动开发框架特别适用于中小型团队开发复杂大型软件的项目，尤其适合于那些长期运行、需求特性频繁变化的项目。

4.3.2 汽车行业应用敏捷开发的优劣势

在汽车行业中，咨询公司埃森哲基于 Scrum 开发框架，推出了专为汽车电子系统定制的敏捷开发框架 AutoScrum，旨在促进汽车行业相关企业的敏捷转型。AutoScrum 采用五横三纵的设计方法构建了完整的敏捷开发框架。五横包括敏捷团队层、平台层、产品规划层、发布交付层和企业业务层，这五个层级的理念与 SAFe 相似。它基于增量计划进行迭代开发，并在每个层级设置了相应的度量活动，特别是在发布交付层，侧重于增量特性的迭代发布。三纵则由产品线、流程线和技术线 3 个维度组成，在每个维度上为各层级定义了相应的角色和人员。图 4-14 所示为 AutoScrum 框架简化示意图，通过横向五个层级的活动过程和纵向三个维度的人员职责定义，形成了一个交叉矩阵，明确了每个层级的活动与人员职责。AutoScrum 框架的核心理念仍然基于 Scrum 开发框架，在团队层通过 Scrum 冲刺与迭代进行开发，其逐层扩展的结构适用于汽车行业规模化的软件开发。

在软件开发领域，敏捷开发模式毋庸置疑有诸多优点，但相对也存在不足，如表 4-12 所示。

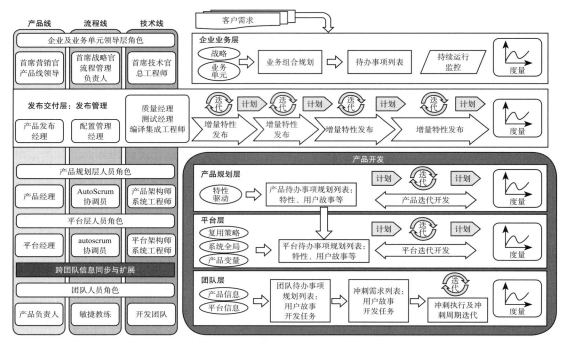

图 4-14 AutoScrum 框架简化示意图

表 4-12 敏捷开发优劣势分析

优点	缺点
• 有效应对需求变化 • 开发过程更加快速高效 • 尽早规避风险 • 内建开发质量 • 实现快速交付价值 • 客户参与度高，带来更高的满意度 • 持续反馈，持续改进	• 缺乏文档，缺少组织过程资产积累 • 不重视流程和工具，沟通成本高且可能存在认知和行为偏差 • 人员能力素质要求高 • 团队规模有所限制 • 前期需求不确定，所需资源难以估计 • 依赖客户参与

基于传统管理方法，汽车行业过去普遍采用瀑布式开发模式。然而，在智能汽车领域，瀑布式开发模式的局限性逐渐显现，特别是在智能汽车软件开发领域。随着互联网、大数据等众多生态伙伴的加入，敏捷开发思想被引入。汽车行业迫切需要达成一个共识，找到一种适用的开发模式，以确保开发交付的高安全性、高质量和高效率。但是，敏捷开发是否真正适用于汽车行业并且高效，还需要进行综合分析和考量。

（1）考虑行业历史经验

1）敏捷开发理念与汽车行业传统的瀑布式开发理念之间存在本质的冲突，这导致汽车行业内部企业的敏捷转型将是一项庞大而艰巨的工程。

2）汽车行业的整车厂和供应商普遍具有较庞大的组织架构，其组织过程资产与流程体系是多年积累下来的优秀成果，适用于汽车行业，不宜完全摒弃。

因此，汽车行业的敏捷转型应采用一种融合的微转型方式，借鉴敏捷开发思路，而不应进行颠覆性的彻底敏捷转型。

（2）考虑行业本质

汽车行业与互联网行业在需求方面存在本质的不同。

1）汽车行业的需求通常相对明确且稳定，尽管在智能汽车软件开发过程中可能遇到一定的不确定情况，但整体上客户需求还是较为清晰的。这些需求包括自动驾驶的等级要求及应用功能目标，并不是创造一个全新的产品。智能汽车软件开发过程类似于建房子的过程，房子的具体外观可能有待商榷，但建造能遮风挡雨的房子这一目标是明确的，而且关于地基、墙壁、房顶等基本构成也有共识。

2）互联网行业的产品开发特点则与汽车产品开发特点不同。在互联网行业，客户需求往往不那么明确，需要边开发边探索，通过不断反馈和补充来更新迭代。这种开发过程类似于滚雪球，开始时不确定最终大小和形状，而是通过不断滚动、执行和反馈来确定。因此，互联网行业与敏捷开发模式天生契合，通过迭代实现软件的增量交付，适应不断变化的需求。

对于传统及智能汽车行业，敏捷开发模式可以为不确定的需求提供缓冲，通过迭代周期优先开发确定的需求，避免不确定需求阻碍项目进展，并提高软件开发效率。然而，对于那些确定需求，敏捷开发并无显著优势。因此，汽车行业可以适度借鉴敏捷开发模式，但不应过度依赖。

（3）考虑安全性质

汽车行业关系到人们的生命财产安全，特别是在智能汽车行业，安全极为重要，因此，文档化是必不可少的。

❑ 一是文档能够帮助降低系统性失效的风险。

❑ 二是文档化记录能够追溯事故原因与责任。

汽车行业中通用的功能安全标准和ASPICE标准都明确了文档化的要求，这与敏捷宣言中"工作软件高于详尽文档"的理念存在冲突。从功能安全的角度看，敏捷开发虽然提高了开发效率，但过分依赖口头沟通，缺少文档化证据，可能因为人与人之间的认知偏差，以及沟通歧义，引入系统性失效风险。因此，汽车行业不能完全采用敏捷开发模式，而应借鉴和融合敏捷开发的元素。

综上所述，敏捷开发对汽车行业有价值，但也存在不适用之处。汽车行业的软件开发模式不宜完全进行敏捷转型，而应在保留现有开发模式的基础上，融合敏捷开发理念。

4.4 融合的智能汽车软件开发体系

本节首先分析传统汽车行业与高科技行业软件开发体系的特点，并总结各自的优劣势；接着根据智能汽车软件的特点，将传统汽车行业和高科技行业的软件开发优势进行融合，从而构建一个基于融合的智能汽车软件开发体系。本节旨在为智能汽车行业的软件开发体系创新转型提供参考。

4.4.1 传统汽车行业与高科技行业的软件开发体系的特点

1. 传统汽车行业软件开发体系特点总结

传统汽车行业软件开发通常采用 V 模型。该模型清晰地定义了需求、设计和测试的各个阶段。在 V 模型中，阶段划分直观明确，各层级之间的追溯关系可以直观展现。每个测试阶段对应相应的需求或设计阶段，这样做能清晰展示测试与开发之间的关系，并确保测试对开发内容的完整覆盖。图 4-15 所示为传统汽车行业软件开发 V 模型。其中，手写代码开发和基于模型开发的 V 模型存在一些差别。

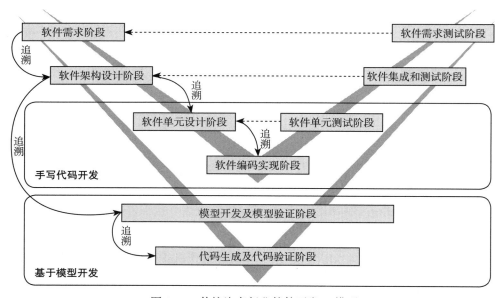

图 4-15　传统汽车行业软件开发 V 模型

在 V 模型的基础上，传统汽车行业通常采用瀑布式开发模式，无论整车开发还是系统、硬件或软件的开发。每个阶段都有明确的验收标准，只有满足这些标准才能进入下一阶段，形成环环相扣的流程。如果前一阶段的工作未达标，则会影响后续阶段的进展，从而降低整体工作效率。此外，由于测试开始较晚，测试中发现的问题可能引发需求或设计改变，这将需要重复多个阶段的工作流程，从而给项目时间和资源成本带来较大影响。从客户角度看，瀑布式开发的产品交付周期较长，效率低。但是，瀑布式开发与V模型生命周期阶段定义相契合，有一定优势，如各阶段任务相对独立，一旦上一个阶段的交付成果输入，阶段内部的工作过程不再依赖外部条件。瀑布式开发在整体项目规划方面具有全局性，便于预估资源需求、确定软件整体架构和进行项目统筹规划。

传统汽车行业的软件开发有规范的标准体系，例如功能安全标准和ASPICE标准，这些标准是行业多年的智慧结晶，为软件开发过程提供了宝贵的指导。遵循这些规范和严谨的流程有助于保障软件开发质量，降低系统性失效风险。然而，这些标准也有其局限性，它们虽然规范且严谨，但缺乏灵活性。随着技术的变革，对于不同的软件特性，统一的标准在某些细节上可能不完全适用。

总之，传统汽车行业软件开发体系虽然完善但并不完美，优势与劣势并存。表4-13所示为传统汽车行业软件开发体系优缺点总结。

表 4-13　传统汽车行业软件开发体系优缺点总结

优点	缺点
● 采用V模型，生命周期阶段及活动顺序定义明确 ● 瀑布式开发：契合V模型 ● 瀑布式开发：便于全局规划 ● 瀑布式开发：阶段内工作过程不依赖外部条件 ● 标准规范可供参考借鉴	● 瀑布式开发：上一个阶段工作未全部达标会阻塞下一个阶段工作的启动 ● 瀑布式开发：问题发现暴露较晚，变更影响损失大 ● 瀑布式开发：交付周期长，不够快速、高效 ● 标准规范不够灵活、要求烦琐

2. 高科技行业软件开发体系特点总结

与传统汽车行业相比，高科技行业软件开发体系具有互补的特点，即更加追求软件开发的快速高效，并且较多采用敏捷开发模式。以ICT行业为例，高科技行业软件开发在技术和流程上具有以下3个主要优势特征。

（1）软件架构承载能力强

软件代码量大且模块众多，要求较高的通信能力，加之需求不断增加和迭代，需要强大的架构以支持高效的控制流和数据流运转。软件架构应具备可扩展性，因此在ICT行业中，软件架构通常较为庞大且采用分层设计，旨在实现不同层级以及各层内软件模块之间的解耦。网络解决方案通常采用数据平面、控制平面和管理平面的三平面结构模型：数据平面负责数据处理和转发；控制平面负责协议运行的控制；管理平面负责配置和监控。三平面的分离确保了系统的安全稳定运行。

（2）自动化测试

通过建立自动化测试平台，构建自动化测试能力，积累自动化测试用例和脚本，可以实现单元测试、集成后的功能测试和性能测试的自动化,从而有效提升测试效率和覆盖率。这让测试相关的组织过程资产得到充分利用和高效复用,简化了回归测试流程,使测试更加迅速便捷。测试人员可以集中精力于新增内容的自动化测试构建和研究。利用丰富的测试脚本、测试用例库以及高效的自动化测试流程,测试人员可以实现更全面的测试覆盖,确保测试质量更加精细和精确。

(3)持续集成(Continuous Integration,CI)、持续交付(Continuous Delivery,CD)、持续部署(Continuous Deployment,CD)

在软件开发过程中,工程师会多次持续地将本地完成的代码在编译、扫描和自动化测试确认无误后,集成到受保护的软件主分支上,并持续频繁地进行测试或发布验收,最终自动化部署到目标生产环境。通过自动化提升软件集成、交付和部署的频率与效率,不仅提高了过程效率,也能尽早发现与集成相关的问题。

虽然这些特点在高科技行业可能是优良实践,但在安全相关行业的软件开发中可能是弱点,或者存在不完全适用的情况。因此,我们在构建安全软件开发体系时需要做出适当的权衡。

4.4.2 智能汽车软件开发体系简介

智能汽车软件开发体系的构建是一场关于突破与转型的变革。通过前文的介绍可知,现有的标准规范和行业经验不能直接完全用于智能汽车软件开发。智能汽车行业需要兼顾软件的安全性要求,本质上遵循功能安全标准的核心要求,并且重视软件过程改进,继承 ASPICE标准的精华理念,同时借鉴敏捷开发框架的快速高效特点,还需要结合汽车行业及高科技行业软件开发的优势,建立一个基于融合的智能汽车软件开发体系。

构建智能汽车软件开发体系是一项复杂的研发体系转型工程。它需要从战略层面进行流程体系规划、技术业务规划和对应的组织角色规划,明确体系的定位和愿景目标,并规划实现这些愿景目标所需的关键措施。图 4-16 所示为智能汽车软件开发体系战略规划。

在流程体系上,建立以 V 模型为核心的智能汽车软件开发体系。由于智能汽车软件系统一般比较复杂庞大,一个整体的软件系统可划分为多个子软件,并且目前软件可以作为独立产品,所以软件开发生命周期在基本的软件需求、软件架构设计、软件单元设计与实现、软件单元测试、软件集成和测试、软件需求测试 6 个阶段基础上左侧增加产品需求、软件整体需求和软件整体架构,右侧对应增加验收测试、软件整体需求测试、软件整体集成和测试。如果是基于模型开发的软件,将软件单元设计与实现、软件单元测试阶段替换为模型开发及模型验证、代码生成及代码验证阶段。

定位

基于多行业、多体系、多标准融合的智能汽车安全软件开发体系

愿景目标

构建一套规范化软件开发体系，满足适用、合规、高安全、高质量、高效率要求

抓手

• 基于 V 模型构建整体软件开发流程体系 • 融合功能安全标准对各阶段的要求 • 融合 ASPICE 标准的核心思想 • 融合瀑布式开发思想，需求阶段、架构阶段总体规划 • 融合敏捷开发思想，以产品需求驱动开发 • 融合敏捷开发思想，软件不断迭代完善 • 融合 CI/CD 流程 • 融合自动化测试流程	• 设计高安全、高可靠、高度可扩展的软件架构 • 软件加强内建质量和安全，预防为主、审查为辅 • 软件项目从启动开始，同步开展功能安全活动，安全技术与理念时刻融入软件 • 构建满足流程体系规划要求的工具链 • 建设 DevOps 平台、自动化测试平台 • 构建自动化测试库、场景库、数据库	• 组织内构建一个技术与管理相结合的部门，它既懂技术也懂流程，真正从软件本质出发去规划各项软件开发流程体系 • 软件开发人员、测试人员、功能安全人员、质量保障人员和运维人员保持深度协作，组织架构上可以有一定的关联性 • 产品经理充分衔接相关干系人，代替客户深入参与项目，负责需求确认，并代表开发团队对接客户沟通
流程体系规划	**技术业务规划**	**组织角色规划**

图 4-16　智能汽车软件开发体系战略规划

1. 融合功能安全标准的要求

在各阶段的具体活动中，融合功能安全标准的要求，确保安全技术和理念深入软件开发过程及设计实现的每个细节。

❑ 在 V 模型左侧，开展相应的安全分析活动，包括传统功能安全分析和预期功能安全分析，将分析结果反馈并落实到需求、设计与实现阶段。

❑ 在 V 模型右侧的测试验证环节，针对传统功能安全标准的要求进行故障插入测试，并针对预期功能安全标准的要求开展全面的基于场景的测试验证。

对于功能安全标准中不适用或无法满足智能汽车软件开发的要求，必须提出合理的替代解决方案。

2. 融合 ASPICE 标准

智能汽车软件开发体系的构建需借鉴 ASPICE 标准的先进经验，深刻理解软件质量的理念，具体实施时可以适当放宽形式约束，但必须在方法和思想上遵循相关的基本实践要求。当软件开发场景不适用或不满足 ASPICE 标准的要求时，开发人员和质量保障人员应深入理解其根本原因，并从软件的本质出发，判断这些不适用或不满足的要求是否真正影响了软件质量，如有影响，需提出有效的替代解决方案。在智能汽车软件开发中，ASPICE 标准不应被

视为刻板的约束，而应看作能够提升软件质量的灵活思想指导。

通过部署高效协作的工具链，可以让一些原本烦琐的流程变得简化便捷，例如通过工具可以在开发过程中同步实现上下层级内容的双向追溯，而不需要单独创建追溯矩阵；另外，通过一些协作开发工具可以支持文档、数据、信息共享，使不同软件模块开发人员相互之间可以更加高效配合。

3. 融合瀑布式开发和敏捷开发框架思想

在智能汽车软件开发体系构建中，有效融合瀑布式开发与敏捷开发两种看似矛盾的模式，有助于实现软件质量与效率的平衡。

在整体软件需求阶段和软件架构设计阶段，采用瀑布式开发模式进行统筹规划。在技术层面上，软件架构应具备强大的扩展性和兼容性，以支持不断增加的需求和满足性能要求，整体采用分层化设计，充分考虑功能安全标准的要求。

在模块级软件需求及后续设计和测试阶段，引入敏捷开发框架思想。产品经理作为关键角色，负责连接各方干系人，深入挖掘客户需求，并与客户及干系人进行充分沟通，确保在软件开发团队内部深度参与，同时在外部代表开发团队与客户进行需求和交付内容的沟通。

4. 融合 DevOps 高效方法

为了确保智能汽车软件的高效开发，并适应敏捷开发，我们需要突破传统的按部就班的软件集成和测试方式，借鉴高科技行业的经验，建立持续集成、持续交付的集成机制以及高效的自动化测试机制。这就要求在公司的业务技术层面上构建 DevOps 平台和自动化测试平台，以支持这些流程机制的运行。然而，由于智能汽车与高科技行业产品的特性不同，智能汽车的自动化测试依赖于数据和场景，所以在业务技术层面上还需要积累并建立数据库和场景库，以便支持自动化测试。

在这种模式下，开发人员、测试人员、功能安全人员、质量保障人员和运维人员不再是完全分离的角色，而是需要深度协作，形成开发、运维和保障一体化的工作模式。在组织架构上，这些角色也不必完全分离于不同的部门，而应根据公司的实际情况进行合理整合，消除各角色业务之间的鸿沟，增强协作的高效性。

鉴于智能汽车软件功能安全标准的要求与 ASPICE 标准的软件质量要求之间存在一定的相似性，一种有效的实践是将功能安全分析与管理团队、质量保障团队及运维配置团队合并为一个部门。这个部门融合了技术与管理，负责智能汽车软件开发体系的整体规划布局、组织建设、运行实施和维护。这样的团队结构有利于在流程与技术之间建立连接，优化软件开发过程，确保既能保障软件质量，又能提高效率；同时，也有利于运维技术支撑流程，使流程运行更加顺畅。然而，这种架构转变对人员的能力提出了更高的要求。

- □ 软件功能安全分析与管理人员应精通流程和技术。
- □ 质量保障人员不再仅是过程管控角色，而需深入软件开发，对软件有深刻理解，并能从根本原理出发构建优化的软件开发体系。
- □ 运维配置人员应不只专注于 IT 技术，而是要深入理解业务流程和软件开发体系，以构建最佳的平台，支持流程运行。

5. 折中的文档化要求

智能汽车软件开发虽然借鉴了敏捷开发理念，但文档化工作依然不可忽视。我们可以采取适当的折中方案，例如在小版本迭代开发时，基于第一性原理裁减非必要的文档。然而，在正式交付版本的开发中，我们需要有完善的文档输出，以确保每个生命周期阶段都有文档化的交付成果，作为组织过程资产的积累。对于那些有特定标准和规范要求的项目，我们必须按照相应的标准和规范来输出文档。特别是对于功能安全相关的产品，文档是重要的追责依据，因此在智能汽车软件开发体系建设中，不可忽视文档。

基于融合的智能汽车软件开发体系建设是一个庞大而复杂的工程，这个融合过程涉及思想理念的转变、组织转型、角色转型、产品生命周期及活动的变革、基础保障设施的搭建和能力建设储备等。图 4-17 所示为基于融合的智能汽车软件开发体系建设参考示意图。在图 4-17 中，我们定义了智能汽车软件开发生命周期模型及关键活动，设置了产品经理角色以贯穿其中，明确了开发、测试、保障三方协作聚合性组织架构划分与人员定位。此外，我们还需要建设完善的工具链和支持平台，包括管理工具、追溯工具、设计开发工具、单元测试工具、仿真测试工具、开发运维一体化平台、自动测试平台以及相应的数据库和场景库等，以支持全生命周期中的各项活动。同时，在整个生命周期过程中，我们还需同步开展功能安全管理和软件质量保障活动，以确保智能汽车软件功能安全。

由于不同企业的产品特点、组织形式存在差异，智能汽车软件开发体系建设的细节内容并没有统一的完美解决方案。因此，在建设完成后，我们需要根据体系实际运行情况不断进行调整，以实现持续优化和改进。然而，一个融合了功能安全标准、ASPICE 标准、敏捷开发框架以及高科技行业经验的软件开发体系，无疑是智能汽车软件开发的正确方向。

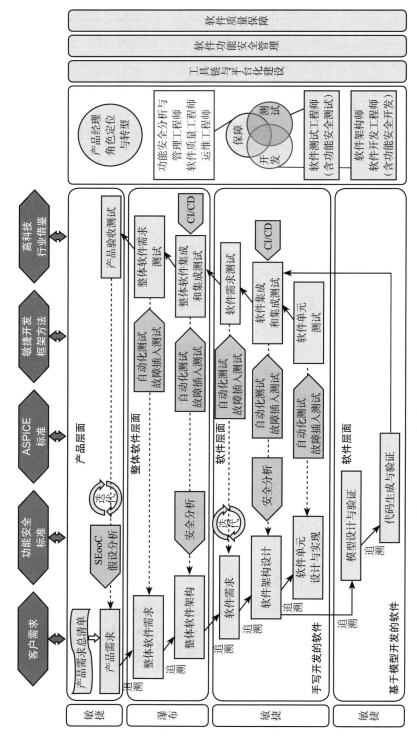

图4-17　基于融合的智能汽车软件开发体系建设参考示意图

第 5 章 *Chapter 5*

智能汽车软件架构技术创新

与传统汽车相比,智能汽车的软件代码量将实现数量级的飞跃,这就要求有一个强大的软件架构来有效支撑这些软件要素。此外,这个架构需要具备一定的可扩展性,以确保在智能汽车软件功能不断丰富的同时,软件性能保持稳定。软件架构决定技术方向和技术所能达到的高度,对于智能汽车的发展趋势而言,它是重要的实现载体和支撑。根据 1.2.2 节智能汽车软件发展路线的介绍,智能汽车软件架构正在经历面向服务的架构和分层化设计的转型。随着电子电气架构从分布式发展到集中式,以及软件平台化的趋势,智能汽车软件架构技术也在不断创新。软件架构的核心价值在于明确定义软件子系统或模块的静态结构及它们之间的相互关系,支持数据流、控制流等动态行为,以实现复杂的功能分配。一个优秀的软件架构应具备良好的复用性。由于智能汽车软件在不同域中的底层逻辑趋于一致,但应用功能特性存在差异,因此智能汽车不同域的软件架构格局将呈现统一化和创新的趋势。我们可以采用一种通用的软件架构来适应不同域的需求,使基础软件平台化,通过应用软件的特性来体现差异。

智能汽车软件开发是一项复杂的系统工程,它需要基于系统思维进行软件布局,充分考虑智能汽车的整体系统及其运行过程,确保软件功能、性能与系统的整体要求相匹配。因此,系统设计方案是智能汽车软件架构设计的前提,而系统安全设计策略对智能汽车软件功能安全至关重要,是制定智能汽车软件功能安全方案的基础。本章将介绍智能汽车常用的两种安全设计策略,然后详细阐述智能汽车软件整体架构设计、智驾域软件架构设计和智驾域软件安全设计。

5.1 智能汽车系统安全设计

目前，智能汽车系统安全设计策略主要分为两种：失效 – 安全（Fail-Safe）和失效 – 可运行（Fail-Operational）。失效 – 安全策略作为功能安全的基本原则，要求在系统或组件发生失效时，能够导向或维持在一个安全状态。从广义上讲，失效 – 可运行也可以看作失效 – 安全策略的一种具体实现形式。在智能汽车领域，失效 – 安全指的是当系统或组件发生失效后，关断相应的智能驾驶系统，停止系统运行，并由驾驶员进行接管处理。然而，对于 L3 级及以上的自动驾驶系统，驾驶员可能处于脱手、脱眼状态或根本没有驾驶员在场，驾驶权无法及时转移。在这种情况下，如果采用失效 – 安全策略关闭系统，且没有驾驶员及时接管，车辆将进行紧急停车。这在高速公路等运行场景中并不安全，可能会引发碰撞风险。因此，系统需要具备持续安全运行的能力，这就是失效 – 可运行策略的意义所在。失效 – 可运行指的是系统或组件在发生失效后，仍能继续安全运行，这可能包括降级运行和全面运行两种状态。

本节将基于失效 – 安全策略和失效 – 可运行策略分别介绍对应的系统安全设计及示例。两者的总体对比如表 5-1 所示。

表 5-1　失效 – 安全与失效 – 可运行策略对比分析

对比项	失效 – 安全	失效 – 可运行
安全状态	关闭系统，系统停止运行	系统降级运行或无扰切换全面运行
系统运行要求	● 系统正常时保持正确运行 ● 系统失效时停止运行	● 系统正常时保持正确运行 ● 系统失效时保持全功能正确运行或降级后正确运行
系统设计要求	● 故障检测机制 ● 故障处理机制 ● 故障报警提示机制	● 故障检测机制 ● 故障处理机制 ● 故障报警提示机制 ● 冗余设计
适用范围	● L3 级以下自动驾驶等级的智能汽车电子电气系统 ● 非智能汽车的电子电气系统	L3 级及以上自动驾驶等级的智能汽车电子电气系统

5.1.1 基于失效 – 安全的系统安全设计说明与示例

基于失效 – 安全策略的系统安全设计主要通过故障监测功能来监控关键的系统和组件，核心在于一旦发生失效，系统能够在规定的时间内及时关闭，防止产生错误输出并保持在安全状态。一个完整的系统通常由传感器、控制器和执行器三部分组成。在失效 – 安全策略的系统设计中，我们需要设置一个独立的故障监测诊断单元，以监测传感器、控制器和执行器的功能及数据信息。一旦发现故障，该单元将关闭系统，停止其运行。图 5-1 展示了基于失效 – 安全策略的系统设计方案示意图。在这个方案中，故障监测诊断单元以虚线框表示，意

味着它在逻辑上是独立的，但在物理上不必是独立的部件，也可能位于控制器内部。在智能
汽车领域，由于某些芯片本身就满足功能安全要求，因此可以在芯片内部设置独立的单元来
承担故障监测的功能。

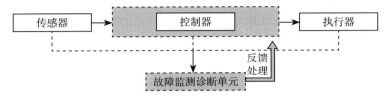

图 5-1　基于失效 – 安全策略的系统设计方案示意图

目前，智能汽车领域主流硬件 SoC 芯片的汽车安全完整性等级（Automotive Safety Integrity
Level，ASIL）一般可达到 ASIL B，MCU 芯片的汽车安全完整性等级可达到 ASIL D。如果系
统需要满足 ASIL D 的安全目标，基于 SoC 芯片的系统无法直接满足要求，需要在架构方案
上进行功能安全考虑和设计。基于功能安全母标准 IEC61508 的定义，功能安全领域常用的安
全架构有一取一（1 out of 1，1oo1）架构、二取一（1 out of 2，1oo2）架构、基于诊断的二取
一（1out of 2 with Diagnostic，1oo2D）架构、二取二（2 out of 2，2oo2）架构、三取二（2 out
of 3，2oo3）架构 5 种类型。

1. 一取一（1oo1）架构

系统若仅具有一个单通道，即只有一套设备或组件负责实现相应功能，那么当系统内的
任何组件发生危险性失效时，相关功能将会受到影响，此时系统需进入安全状态。图 5-1 就
可以看成是一种一取一架构示意图。

2. 二取一（1oo2）架构

系统由两个通道构成，形成并联结构，通过故障监测诊断单元来监测每个通道的故障状
态，监测结果仅针对被监测的通道，并不直接反馈给 1oo2 的决策单元。在 1oo2 架构的决策
逻辑中，只要一个通道正常，系统即能正常输出；只有当两个通道均发生危险性失效时，系
统才会进入安全状态。图 5-2 所示为二取一架构示意图。

3. 基于诊断的二取一（1oo2D）架构

系统由两个通道构成，并通过故障监测诊断单元监测每个通道的故障状况，监测结果会
直接影响 1oo2D 的决策。1oo2D 架构的决策逻辑是：在两个通道都未监测到故障时，需要两
个通道的运行结果一致，系统才能根据此结果执行相应动作；若监测到其中一个通道故障，
则根据另一个通道的运行结果执行动作；若两个通道都发生故障，或两个通道的运行结果不
一致而没有监测到故障，系统将进入安全状态。图 5-3 所示为基于诊断的二取一架构示意图。

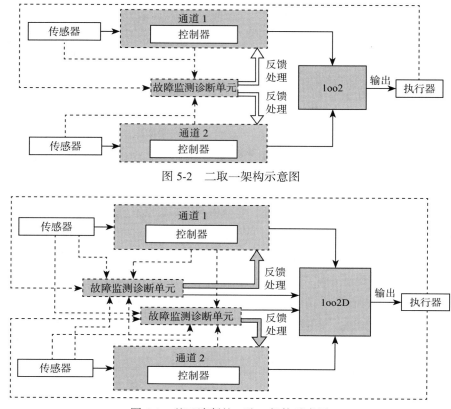

图 5-2　二取一架构示意图

图 5-3　基于诊断的二取一架构示意图

4. 二取二（2oo2）架构

系统由两个通道构成，在物理结构上是并联的，但在逻辑上呈现串联关系。故障监测诊断单元监测各通道的故障情况，监测结果仅针对被监测的通道，不直接影响 2oo2 的决策。2oo2 架构的决策逻辑是，只有两个通道的运行结果一致，系统才会根据这一结果执行相应动作。图 5-4 所示为二取二架构示意图。

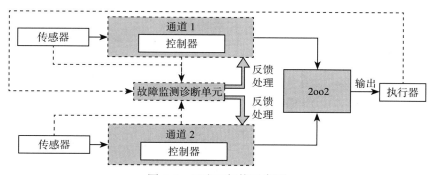

图 5-4　二取二架构示意图

5. 三取二（2oo3）架构

系统由 3 个通道构成，并通过故障监测诊断单元监测每个通道的故障情况，监测结果仅针对被监测的通道，不直接影响 2oo3 的决策。2oo3 架构的决策逻辑是，在系统的 3 个通道中，只要有两个通道的运行结果一致，系统就可以依据一致的结果执行相应动作。图 5-5 所示为三取二架构示意图。

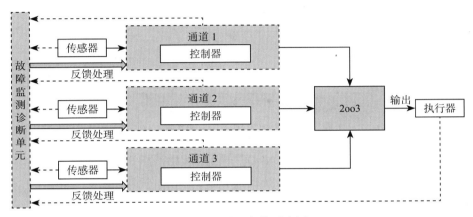

图 5-5　三取二架构示意图

以上 5 种常用的功能安全架构各有特色。在功能安全产品系统设计阶段，我们需要根据行业特点、产品特性选择适用的安全架构进行相应的系统设计。智能汽车领域应用较多的是 1oo1、1oo2、1oo2D 和 2oo2 这四种系统架构设计方案，其中 1oo1 和 2oo2 方案一般用于失效 – 安全策略，1oo2 和 1oo2D 方案一般用于失效 – 可运行策略。而 2oo3 方案一般在航空、轨道交通等对成本不敏感的领域应用较为广泛。

在智能汽车领域基于失效 – 安全策略的系统设计方案中，若系统最高需满足 ASIL B 的安全目标，则在确保系统功能及安全的同时，我们还需考虑成本因素，通常会采用一取一（1oo1）架构。图 5-6 所示为智能驾驶系统示意图。在这种架构中，SoC 和 MCU 芯片都可以配备独立的故障监测诊断单元。这些单元不仅监测自身的故障情况，还能对传感器输入信息、执行器及底盘执行系统的反馈信息等进行监测，并在监测到故障时进行相应处理。通常情况下，MCU 芯片可以作为总体的故障监测与处理决策中心，基于系统的各种状态和监测到的故障信息进行综合判断和处理。MCU 芯片的安全表决单元可充当 1oo1 架构的决策单元，根据系统的故障状况决定是否进入安全状态。

在图 5-6 所示的智能汽车系统中，SoC 芯片和 MCU 芯片既可以是单个芯片，也可以是多个芯片，这取决于系统所需的计算能力、各芯片承担的功能之间所需的独立性以及芯片内部的独立性等因素。在具体的工程实践中，我们应根据实际情况进行设计，同时从功能安全的角度出发，注意到级联失效和共因失效的问题。

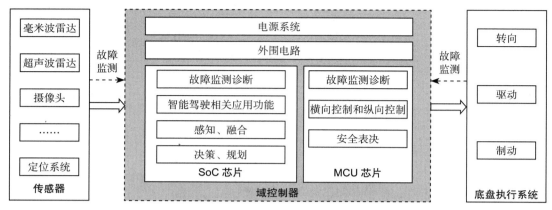

图 5-6　智能驾驶系统示意图

若系统需满足的最高安全目标为 ASIL D，而当前传感器和 SoC 芯片的 ASIL 无法直接满足这一要求，则不能采用直接串联的 1oo1 设计方案。相反，我们需要对 ASIL D 的安全目标进行分解，将其分配到两个通道中，每个通道实现 ASIL B 的安全目标。在架构设计上，我们可以借鉴 2oo2 方案。图 5-7 所示为基于 ASIL 分解的智能驾驶系统示意图。在这种设计中，MCU 芯片作为 2oo2 架构的决策单元，对两路 SoC 芯片输入的信息进行比较和仲裁。只有当两路信息一致时，系统才能正常运行；否则，系统会上报故障，提示驾驶员接管并关闭智能驾驶功能，从而导向安全状态。

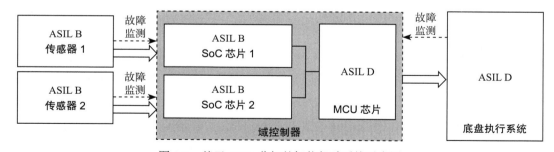

图 5-7　基于 ASIL 分解的智能驾驶系统示意图

在 2oo2 架构中，特别需要注意共因失效问题。如果两个通道的软硬件设计和配置完全相同，可能会因相同的问题导致两个通道同时失效，从而同时输出错误的结果。在这种情况下，2oo2 架构无法提供保护。因此，我们在设计时通常采用异构方案来避免此问题，例如使用不同类型的传感器进行数据融合，传感器 1 和传感器 2 选用不同型号的传感器，SoC 芯片 1 和 SoC 芯片 2 也选用不同型号的芯片。

失效 – 安全是 L2 级智能驾驶系统及其他车辆安全相关系统广泛采用的一种功能安全策略。它的核心思想是及时止损，通过独立的故障监测诊断单元实时监测系统的每个环节，一旦监测到危险性失效，就在规定时间内停止相关故障功能的运行，关闭相关的系统，确保整个系统进入安全状态。

5.1.2　基于失效 – 可运行的系统安全设计说明与示例

基于失效 – 可运行（Fail-Operational）的系统安全设计的核心思想是冗余设计，在发生故障时，后备系统或部件能在规定的安全时间内承担相应的功能，确保系统在一定性能水平下继续运行，直至进入可接受的最低风险状态后才允许退出。这种设计策略有两种应用情形：一种是故障后的降级运行，即从较高级别的自动驾驶模式降至较低级别；另一种是故障后仍进行全功能运行。还有一种应用情形处于失效 – 安全与失效 – 可运行策略之间，即系统在发生危险性失效后不会立即关闭，也不会长时间继续运行，而是根据路况进行安全停车。这种情形虽然是短暂的最小系统运行，但也可归为降级运行情况。

基于失效 – 可运行的系统安全设计适宜采用 1oo2 或 1oo2D 等逻辑上呈并联关系的架构来实现冗余。在具体的工程实践中，根据智能汽车领域的成本敏感性和安全要求，我们会对这些安全架构进行相应的优化和改良，以实现成本和安全性之间的最佳平衡。应综合考虑系统的自动驾驶等级和故障发生后的安全需求，采取性价比最优的设计方案。

1. 降级运行或安全停车

针对失效 – 可运行策略的降级运行或安全停车情况，系统并不需要完全冗余设计，而应基于降级运行或安全停车所需的最小系统要求进行设计。例如，参考图 5-7 中的智能驾驶系统，增加最小安全系统后，就能实现满足失效 – 可运行策略要求的冗余设计，如图 5-8 所示。在这种设计中，传感器集群 1、SoC 芯片 1、SoC 芯片 2、MCU 芯片和底盘执行系统 1 构成主系统链路，传感器集群 2、最小安全系统和底盘执行系统 2 则构成后备系统链路。主系统中的传感器集群 1 包括实现高级别自动驾驶所需的所有传感器，负责提供全面的感知信息，以确保系统安全运行。相比之下，后备系统则只需要完成行车安全任务，实现降级功能，因此传感器集群 2 仅需包含与行车安全任务直接相关的传感器。最小安全系统和传感器集群 2 的具体设计需根据失效后的降级运行或安全停车的需求来确定。例如，在一个自动驾驶等级为 L3 级或以上的智能驾驶系统中，若监测到危险性失效且需要降级运行，则无须在冗余的传感器集群 2 中包括如激光雷达这样仅 L3 级及以上系统需要的传感器，只需包括毫米波雷达、超声波雷达和摄像头等必要的传感器即可。根据降级运行或安全停车过程中的感知算力要求，进行最小安全系统的设计。MCU 芯片及其外围电路可构成最小安全系统，以实现失效 – 可运行策略。对于底盘执行系统的冗余设计，图 5-8 中虚线框表示至少需要确保其承担的纵向控制和横向控制功能与主系统链路中的底盘执行系统互为冗余。

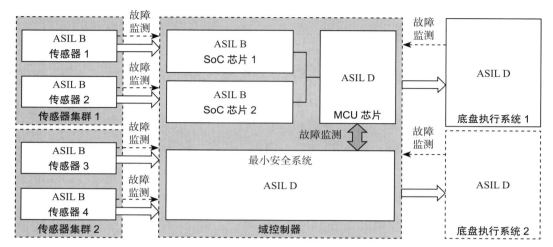

图 5-8 基于失效 – 可运行的最小安全系统冗余设计示意图

在图 5-8 的设计中，一般系统状态切换逻辑放在主系统 MCU 芯片部分，有些设计中最小安全系统也可以负责正常运行时的总体安全监测和状态模式管理，内部可以设置独立单元来执行类似 1oo2D 架构的决策逻辑。但当主系统和后备最小安全系统均处于正常状态时，并不要求两者的运行结果完全一致，因为后备最小安全系统一般在传感器和处理器性能上无法与主系统相匹配，难以确保运算结果的一致性。若要完全遵循 1oo2D 架构的决策逻辑，在主系统正常运行时，可以将全面的感知规划结果等信息同时输出给主系统的 MCU 芯片和最小安全系统。最小安全系统会进行初步判断，并将其处理结果与 MCU 芯片的处理结果对比，只有当两者结果一致时才执行输出。但是，一般最小安全系统和 MCU 芯片部分安全相关的软硬件本身单独都能够达到 ASIL D 的安全级别，这种利用二者一致性比较来进行故障监测的方式意义并不大。

在基于失效 – 可运行的最小安全系统冗余设计框架下，主系统与后备最小安全系统均应配备独立的故障监测诊断单元。这些单元负责监测所在系统的故障，并在监测到故障时将系统转入安全状态，中止功能的执行。此外，它们还需相互监控对方的故障状况与运行状态。失效 - 可运行策略一般用于 L3 级及以上的智能驾驶系统中。在主系统失效而最小安全系统正常运行的情况下，最小安全系统应负责执行降级操作或安全停车，以保障安全相关任务的连续进行，并在必要时提醒驾驶员接管。相反，若最小安全系统失效而主系统正常运行，则应确保主系统的当前操作不受影响，并针对最小安全系统的故障情况采取额外措施，如重启最小安全系统、通知驾驶员接管等。在这种情况下，为了避免主系统也失效而无法切换后备系统的情况发生，一般主系统也需要在一定时间内执行降级处理或安全停车。如果主系统和最小安全系统同时失效，应依据具体场景和预定策略实施安全处理措施，确保系统能够进入安全状态；若当前情况不适合直接进入安全状态，则应基于主系统与最小安全系统的故障严重性进行评估和仲裁，确定哪个系统应执行降级操作或安全停车。

2. 维持全功能运行

针对失效-可运行策略的第二种情况，如果系统在失效后需要保持全功能运行，则必须实施全面的冗余设计。然而，这种方案成本较高，通常随着自动驾驶等级的提高，所需的冗余程度也会相应增加。对于这种全功能运行的失效-可运行方案，以图5-7所示的智能驾驶系统为主系统，后备系统可以复制主系统架构，但尽量采用不同的配置（如不同的传感器类型、SoC芯片类型和MCU芯片类型等），确保一定程度的异构多样化设计，并需要保证做到无扰切换，如图5-9所示。

该设计方案基于1oo2D架构设计理念，新增了独立的安全切换单元，负责接收和监测主备系统的故障情况，并实现主备系统间的安全切换功能，执行1oo2D架构的决策逻辑。主系统和后备系统各设有独立的故障监测诊断单元，以监测各自系统的故障情况并将结果上报至安全切换单元。在设计中，安全切换单元以虚线框表示，意味着在某些特殊情况下，可以不单独设计，而是由主系统和后备系统的MCU芯片承担此职责。但这要求两者在执行相关功能时具备足够的独立性，并需要进行复杂的信息交换、逻辑判断和处理控制。如果处理逻辑不够严谨，可能带来功能安全风险。因此，从功能安全角度出发，推荐采用独立的安全切换单元设计。此外，主系统与后备系统间的故障监测采用虚线框中的双箭头表示，这意味着可以根据具体需求和设计情况灵活选择。

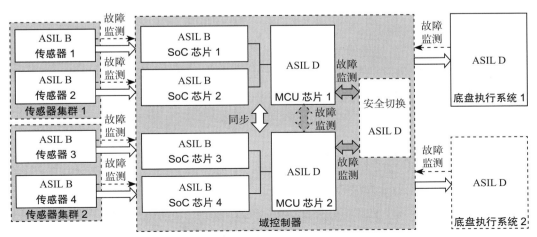

图 5-9　基于失效-可运行的全功能系统冗余设计示意图

为实现主备系统间的无扰切换，主系统和后备系统需定期进行时间同步和数据信息同步，以确保两个系统的数据信息一致。在监测到主系统失效而后备系统正常时，安全切换单元应在规定的安全时间内完成切换，使后备系统升级为主系统并执行控制操作，以确保此过程中不引入安全风险，并保持车辆的正常平稳运行。

总之，功能安全理念与安全架构设计是一种方法论，旨在满足安全目标的前提下，实现具有灵活性和多样性的设计。不存在一劳永逸的系统安全设计方案，我们只能依据功能安全的基本方法框架，针对不同应用需求进行适宜的功能安全设计与防护。这也是功能安全开发过程中需要进行详细安全分析的原因。我们必须根据具体设计细节和问题进行深入分析，并将分析结果不断迭代至设计之中。

5.2　智能汽车软件架构设计

传统汽车行业整车厂商在软件方面常面临供应商黑盒交付的困局，缺乏自主开发能力，难以实现定制化功能扩展。尽管整车厂商能够收集到大量用户需求，但由于软件的黑盒模式，这些需求无法转化为产品的差异化特色。供应商采用硬软件一体化的零部件供货模式，并按车型收费，这不仅成本高，且开发周期长。解决这一问题的关键在于采用平台化设计，将基础共性的内容制作成具有通用性的平台化产品，在此基础上针对特定车型进行定制化开发。这种方法既能丰富产品的差异化，又能降低开发难度、缩短开发周期和减少开发成本。作为智能汽车核心要素的软件，平台化基础软件与定制化应用软件的结合是主流的发展趋势。我们需要重构软件格局，在整车层面构建统一的软件架构，并与电子电气架构同步发展，推进车辆域、智能驾驶域（简称"智驾域"）、座舱域等多域集成，实现软件集成的规范化和统一。

本节将介绍智能汽车软件的整体架构，以跨域集中式电子电气架构为背景，涵盖车辆域、智驾域和座舱域等相关内容。接着针对智驾域的软件架构进行介绍，详细阐述其分层化设计与软件模块，最后结合功能安全的需求，说明智驾域在软件架构层面可采取的安全设计措施。

5.2.1　智能汽车软件整体架构设计

从第 1 章关于汽车行业发展趋势的分析中可以看出，汽车行业正朝着电动化、智能化、网联化和共享化方向发展。这四个趋势不是独立发展形成 4 个分散的产业，而是融合在一起，形成汽车行业的新局面。基于这种发展趋势，电子电气架构正从分布式向集中式演变。为此，我们需要在整车层面构建统一的软件架构。这不仅涉及电动化的动力系统、底盘执行系统、车身系统等车辆域的基本功能，还包括智能化的智驾域、座舱域需求，以及网联化的相关要求。提取共性的基础内容构建车用平台化软件是行业发展的必然趋势。目前，行业内将这种平台化软件定义为一种"广义操作系统"，通过统一的架构分层模式实现与硬件平台和定制化应用软件的"双解耦"。这种广义操作系统的基础软件旨在构建一个开放且安全的生态系统。图 5-10 所示的智能汽车软件整体架构分层示意图展示了这种架构，明确了各层之间的关系和交互，从而支持汽车行业向电动化、智能化、网联化、共享化方向发展。

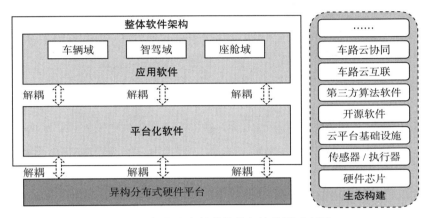

图 5-10　智能汽车软件整体架构分层示意图

1. 平台化软件

平台化软件作为软件运行的基础平台，具备开放性、融合性、安全性和可扩展性，是整体软件架构中承上启下的关键部分。这种平台应能适配多种硬件和传感器，与不同的异构分布式硬件平台兼容，支持电子电气架构的升级，并兼容应用软件的扩展与创新。平台化软件支撑智能汽车在电动化、智能化、网联化方面的跨界协同，成为智能汽车产业生态构建的核心。平台化软件集成了软件的共性基础功能，并采用分层化、模块化设计，确保其兼容性和扩展性。分层结构中应包括基本的嵌入式底层的系统软件、通信中间件层、支持与硬件解耦的数据抽象层、支撑软件功能的服务运行框架层、可持续扩展的服务层和应用接口层，如图 5-11 所示。

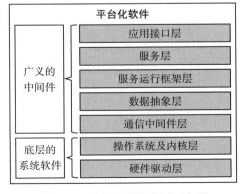

图 5-11　平台化软件分层示意图

这是一种面向服务的软件架构。在这种架构中,底层的系统软件包括硬件驱动层、操作系统及内核层等。介于底层的系统软件和上层应用软件之间的,可以理解为广义中间件,包括通信中间件层、数据抽象层、服务运行框架层、服务层和应用接口层。

- ❑ 硬件驱动层主要负责与硬件平台的接口驱动及虚拟化管理。
- ❑ 操作系统及内核层负责在操作系统层面上进行调度与管理,提供 POSIX 接口和用户态驱动,并管理任务调度、任务间通信、进程、内存和权限等。
- ❑ 通信中间件层主要承担分布式通信传输的任务,基于通信协议要求进行数据的分发与通信。
- ❑ 数据抽象层负责对传感器、执行器、各种 ECU、中控仪表等多源数据进行统一的格式转换与抽象,以达到在一定程度上与硬件解耦的目的。
- ❑ 服务运行框架层主要负责对组件和服务进行统一的编排、部署和调度,提供实时、可靠的运行框架和数据流通道。
- ❑ 服务层负责提取服务的共性基础内容,提供基础服务和通用模型,从而提升软件的复用性。以跨域集中式电子电气架构为例,对于车辆域、智驾域和座舱域的应用功能,我们可以提取共性基础内容,分别建立通用模型。
- ❑ 应用接口层负责向应用软件提供应用程序接口(Application Programming Interface, API)和软件开发工具包(Software Development Kit,SDK),使应用软件的开发变得更加简单高效。

图 5-12 给出了平台化软件分层架构。其中,硬件驱动层、操作系统及内核层、通信中间件层、数据抽象层是平台化软件的基础内容,而服务运行框架层和服务层是相对较新的概念,它们是平台化软件不断向上扩展的终极目标。

2. 应用软件

应用软件层主要承载整车层面的应用功能开发,可以根据整车的电子电气架构演变。应用软件划分为不同的子软件,每个子软件实现不同的应用功能,整车厂商或应用软件供应商可以利用平台化软件提供的 API 和 SDK,对这些应用功能进行快速开发。

以跨域集中式电子电气架构为例,它分为车辆域、智驾域和座舱域。在应用软件开发过程中,我们可以针对不同域的应用功能进行灵活的定制化开发。

- ❑ 车辆域实现动力控制、底盘控制和车身控制的相关功能,如整车电驱控制功能、电池管理功能、电机控制功能、车身电子稳定功能、电动助力转向功能、电子驻车制动功能、转向灯控制功能、雨刷控制功能等。
- ❑ 智驾域实现高级驾驶辅助系统(Advanced Driver Assistant System,ADAS)应用功

能、自动驾驶（Autonomous Driving，AD）应用功能以及车路云相关功能等智能驾驶应用。

❑ 座舱域实现座舱设施控制功能、人机界面交互（HMI）功能、互联网多媒体功能等。

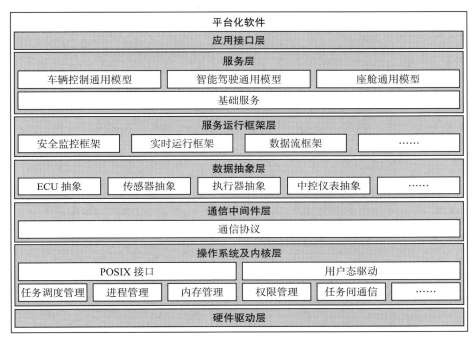

图 5-12　平台化软件分层架构

图 5-13 所示为应用软件层示意图。应用软件的整体设计不是横向分层化，而是纵向划分不同的软件域，在每个软件域内通过模块实现软件应用功能。随着平台化软件的不断完善，应用功能开发慢慢变得类似于搭积木的过程，通过将基础的共性软件功能进行个性化组合并添加定制化元素，构成所需的应用软件，但这种情况实现的前提是平台化软件丰富而强大。平台化软件与应用软件的边界划分就像一场拔河赛，一方涵盖内容较多，另一方就相对较少。如果平台化软件只停留在基础的底层软件层面，那么服务运行框架层和服务层的很多内容就需要在应用软件中实现。

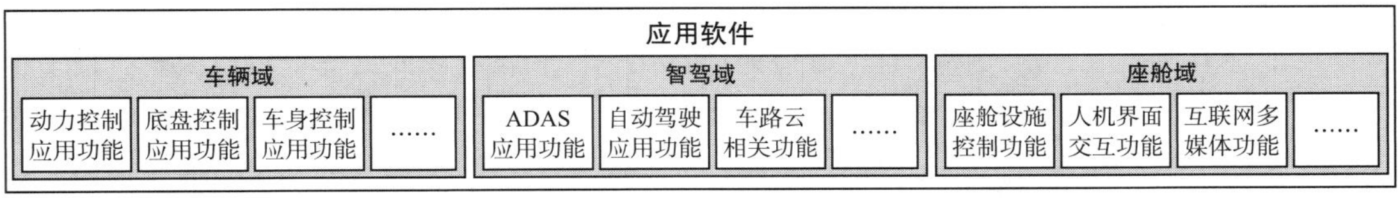

图 5-13　应用软件层示意图

　　总体上，智能汽车的软件整体架构由平台化软件和应用软件构成，如图 5-14 所示。在这种架构中，服务层的通用模型的目标放置在平台化软件中，但是与应用软件功能紧密相关。它从应用功能中提取通用基础部分，例如各种算法的算子，形成具有复用性的平台化通用模型，以便应用软件的调用开发。

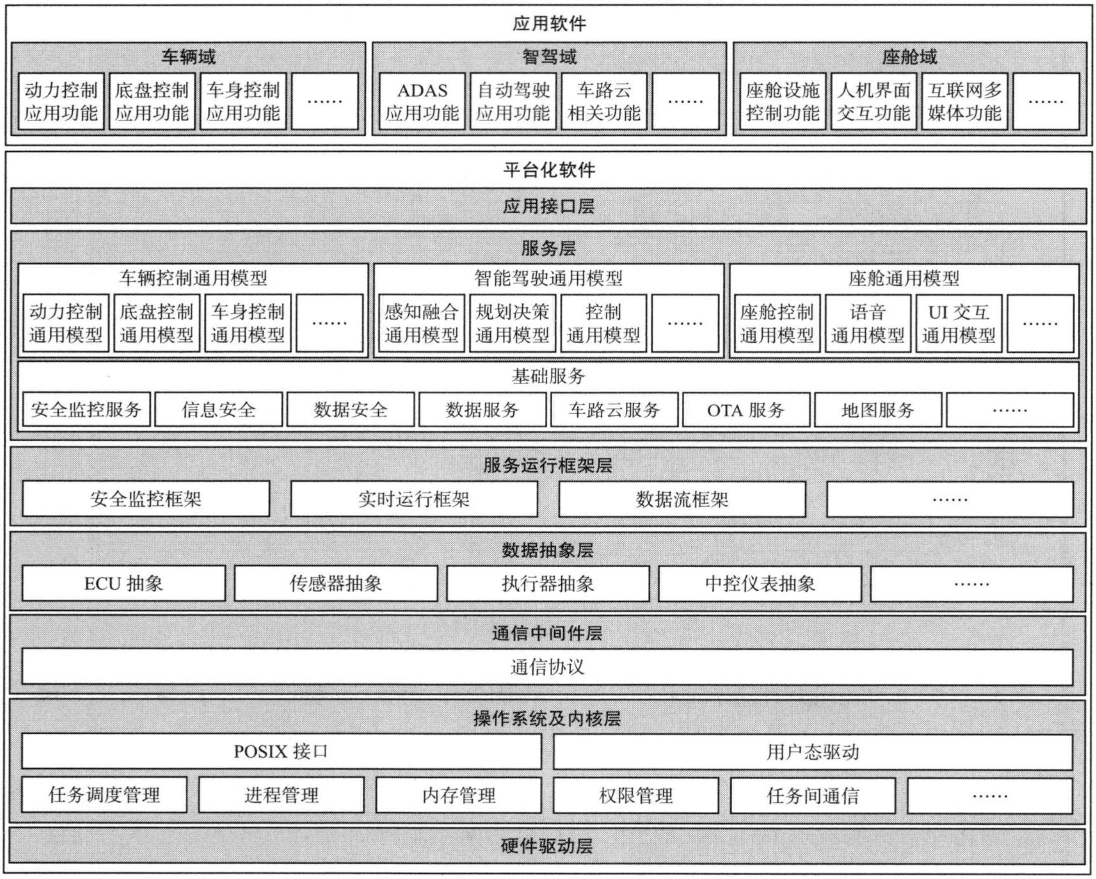

应用软件

车辆域			智驾域			座舱域		
动力控制应用功能	底盘控制应用功能	车身控制应用功能 ……	ADAS应用功能	自动驾驶应用功能	车路云相关功能 ……	座舱设施控制功能	人机界面交互功能	互联网多媒体功能 ……

平台化软件

应用接口层

服务层

车辆控制通用模型			智能驾驶通用模型			座舱通用模型		
动力控制通用模型	底盘控制通用模型	车身控制通用模型 ……	感知融合通用模型	规划决策通用模型	控制通用模型 ……	座舱控制通用模型	语音通用模型	UI 交互通用模型 ……

基础服务

安全监控服务	信息安全	数据安全	数据服务	车路云服务	OTA 服务	地图服务	……

服务运行框架层

安全监控框架	实时运行框架	数据流框架	……

数据抽象层

ECU 抽象	传感器抽象	执行器抽象	中控仪表抽象	……

通信中间件层

通信协议

操作系统及内核层

POSIX 接口	用户态驱动

任务调度管理	进程管理	内存管理	权限管理	任务间通信	……

硬件驱动层

图 5-14　智能汽车软件整体架构分层设计

　　虽然有人对跨域融合技术持有疑问，缺乏信心，但智能汽车软件整体架构是向集中统一化、平台化、分层化、模块化方向发展的。尽管在具体的层次划分与定义上，不同的软件供应商可能会有所差异，但总体而言，都遵循平台化软件和应用软件这一双组合模式。进一步拆解，这种结构形成了底层的系统软件、广义的中间件、应用软件三者构成的"三明治"模式。广义的中间件部分可以有多样的定义形式，但本质上一定包含通信功能、抽象功能、基本服务及服务运行所需的支撑。在这种整体软件架构趋势下，关键在于丰富平台化软件、轻量化应用软件、最大化软件复用以及软件扩展的灵活性。平台化软件成为智能汽车软件架构的核心，促使整车层面的软件架构趋于集中、统一、规范，这是一个切实可行的发展方向。同时，这也能够赋能整车厂商和应用软件供应商等生态伙伴，基于平台化软件灵活地扩展平台功能和开发应用功能，为软件定义汽车提供实际的实施路径。

5.2.2　智能汽车智驾域软件架构设计

智能驾驶系统是智能汽车最具代表性的特征之一，也是推动智能汽车软件发展的核心动力。对于智能汽车的智驾域软件架构，可以在软件整体架构的基础上，移除与车辆域和座舱域相关的内容。在此架构中，仅对应用软件和平台化软件的服务层通用模型进行了删减。此外，数据抽象层也根据所对应的硬件对象的不同进行了适当删减。图 5-15 展示了智能汽车智驾域软件架构分层设计。

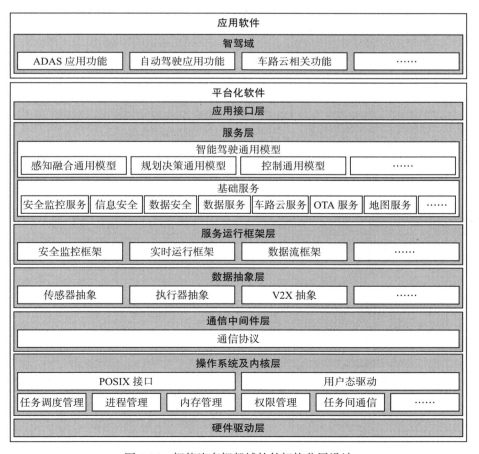

图 5-15　智能汽车智驾域软件架构分层设计

在中国软件测评中心发布的《车载智能计算基础平台参考架构》中，智驾域的平台化软件被定义为"自动驾驶操作系统"。这个系统被进一步划分为系统软件和功能软件两大部分，分布式通信被归为系统软件。考虑到异构分布式硬件平台的特点，部署在不同类型芯片上的软件功能侧重点各不相同。因此，系统软件又被细分为部署在 SoC 芯片上和 MCU 芯片上两部分。其中，部署在 SoC 芯片上的软件侧重于高效计算，部署在 MCU 芯片上的软件侧重于实时性与安全性。

汽车标准化委员会智能网联汽车分标委资源管理与信息服务标准工作组发布的《车控操作系统架构研究报告》中，又将自动驾驶操作系统重新命名为"车控操作系统"，并同样按功能特性不同将系统软件纵向划分为两部分。

依据这些划分方式，智能汽车的智驾域软件架构可以进行适度的调整。图 5-16 所示是基于《车载智能计算基础平台参考架构》的智能汽车智驾域软件架构调整参考图。软件架构作为软件设计框架，并没有绝对的最优方案，需要根据实际需求进行针对性分析与设计，并根据实际运行反馈进行不断的迭代改进。这样才能确保各项功能和性能需求得到正确、高效的实现，并具有良好的兼容性、复用性和可扩展性。这是软件架构设计追求的正确目标。

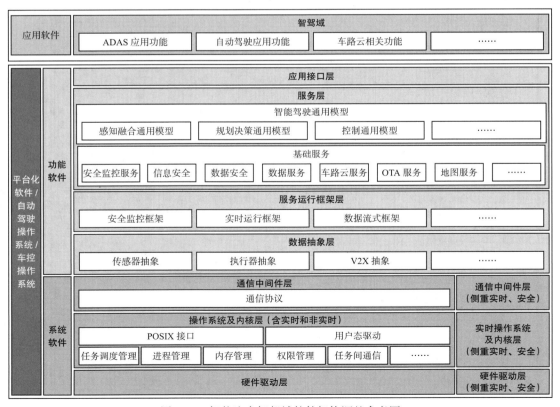

图 5-16 智能汽车智驾域软件架构调整参考图

在智驾域软件架构中，系统软件指的是支撑各种复杂智能驾驶功能的嵌入式系统运行环境，主要包括"三横两纵"的内容。横向上，它可分为3个层次：硬件驱动层、操作系统及内核层、通信中间件层。纵向上，它可分为计算域和安全域两个部分。计算域系统软件负责支持智能驾驶相关功能的高效运行、处理和计算，安全域系统软件则负责支持安全相关控制功能的实时、安全运行。

功能软件类似于广义的中间件，是在智能汽车软件发展过程中产生的最具特色的成果。功能软件位于底层软件与应用软件之间，聚焦于功能逻辑中的通用共性部分、通用共性部分的运行机制，支持硬件和应用软件"双解耦"。它既接近具体的功能，又不涉及特定的要素，在智驾域软件架构中起到了承上启下的关键作用。虽然功能软件层归属于平台化软件有一定的意义，但在目前实际的智能系统量产实践中，大多数软件方案并没有单独设置功能软件层，而是将这部分内容和应用软件层内容进行合并。

应用软件是具体实现特定功能的载体，可以基于系统软件和功能软件实现快速、高效的开发。

下面对智驾域软件分层结构进行详细说明。

1. 硬件驱动层

硬件驱动层负责为不同种类的硬件芯片和外设提供驱动，管理虚拟环境，并执行虚拟化部署。硬件驱动层通过驱动程序实现软件系统与硬件系统之间的通信、数据传输和特定功能的执行。驱动程序作为软件系统和硬件系统之间的沟通媒介，提供了双向衔接和联通的机制，能够将智能驾驶的软件指令传达给硬件设备，并将硬件的情况反馈给软件系统。虚拟化技术为软件和硬件之间的部署方式提供了更多可能性，允许不同的应用程序和服务在不同的系统运行环境中运行，并满足不同的功能 ASIL 要求。在硬件资源共享的条件下，虚拟化技术使得不同的软件能够在虚拟资源（如 CPU、内存及外围设备等）上运行，从而使同一硬件平台能够支持不同的操作系统和内核，实现资源的整合。此外，通过明确设置边界，虚拟化技术还实现了有效的隔离，确保不同功能安全等级的应用软件和服务能够正确且安全地执行。虚拟化管理便是基于这种技术，对智驾域软件进行虚拟化部署和虚拟环境的管理，以保证部署的快速性和虚拟化的安全性。

2. 操作系统及内核层

操作系统及内核层负责实现系统的进程管理、任务调度管理、内存管理、中断管理、权限管理、任务间通信、线程调度和文件管理等基本功能。这些功能对系统的运行性能具有决定性影响。在智驾域软件架构中，根据实际需要，计算域的操作系统及内核通常既包括处理高实时性要求高的任务的实时性操作系统，也包含处理其他复杂任务的非实时性操作系统。安全域的操作系统及内核通常采用实时性操作系统，通过时间驱动或事件驱动的方式，利用时间片轮转、优先级设置等调度方法来处理各种任务，以确保满足安全相关任务的时限要求。

3. 通信中间件层

在这种面向服务的软件架构中，通信中间件层通过标准的通信协议或服务接口实现应用之间、服务之间及操作系统之间的分布式通信。它需要支持汽车行业中的典型通信协议，如DDS（Data-Distribution Service）协议、SOME/IP（Scalable service-Oriented MiddlewarE over IP）等。鉴于智能汽车软件需要处理大量传感器感知数据，智驾域通信中间件层应能满足大数据吞吐传输的需求，支持发布 – 订阅、服务 – 响应等多种通信方式。在通信过程中，通信中间件层还应提供必要的机制，以保障信息传输的功能安全、信息安全和数据安全。

4. 数据抽象层

数据抽象层负责对来自多源的外围硬件接口数据进行标准化处理，将不同数据源的各类数据统一抽象描述，并转化为标准化的数据结构，提供统一格式的数据接口。这样做可以解除上层的智能驾驶通用模型和应用软件对底层硬件设备类型的依赖和绑定，在一定程度上实现软件与硬件的解耦。外围硬件包括为智能驾驶系统提供数据源的所有硬件设备，如传感器、执行器、计算平台和车路云终端等。通过维护不断扩展的外围硬件支持列表，数据抽象层建立全面的数据抽象库，能够实现智能汽车软件与不同硬件设备的快速适配和集成。

5. 服务运行框架层

服务运行框架层是支撑各种服务的基础，提供了加载、运行和卸载服务所需的支持框架。它封装了底层系统软件和通信中间件，并向南北向接口提供必要的数据，实现了服务与底层软件的解耦。随着上层应用功能和服务的不断扩展，服务运行框架层需要相应扩展所需的框架，例如数据流式框架为服务的部署、编排、调度和卸载提供了通道与机制；安全监控框架加载不同的安全机制服务，提供异常监测和处理的流转策略。在实际的软件架构设计实践中，我们还可以灵活借鉴 4.4.1 节提到的高科技行业网络解决方案的三平面结构模型思想，增加相应的框架设计划分，例如构建数据运行框架、控制运行框架和管理平面相关框架。

总的来说，服务运行框架层是功能软件部分的核心，通过可插拔方式进行灵活配置，负责所有服务及相关数据的逻辑处理、运行驱动、调度编排和实时性管理。它作为智能驾驶所必需的数据、算法和服务运行的主干，是保障智能驾驶功能安全性、可靠性和稳定性的重要支撑，致力于实现端到端的高性能和低延时。

6. 服务层

服务层由基础服务和智能驾驶通用模型两部分组成。基础服务包括安全监控服务、信息安全、数据安全、数据服务、OTA（Over-The-Air）服务、车路云服务、地图服务等，涵盖智能驾驶所需的所有基本共性服务。智能驾驶通用模型则提供感知、融合、定位、预测、规划、决策、控制等算法及所需的环境、参数和数据的抽象化模型。例如，感知融合通用模型通过各种感知和融合算法，处理和融合各种传感器探测感知的信息及车路云协同信息，形成标准化的语义信息分类、描述和封装模型，为应用软件开发提供道路交通环境信息。预测通用模型和规划决策通用模型利用感知融合通用模型提供的环境信息和自车状态信息，进行交通参与者的行为预测、自车的行为决策和运动规划，规划符合车辆动力学、道路交通法规和人类驾驶决策的轨迹。控制通用模型则根据感知融合通用模型和规划决策通用模型的信息，以及底盘执行系统反馈的状态信息，计算并输出车辆的横向控制、纵向控制。我们需要构建适用于正常动态驾驶任务的控制通用模型和应对失效降级情况的紧急控制通用模型。

服务层具有可扩展性，各项服务内容应可配置、可升级，以便为应用软件的快速开发提供强有力的支撑。

7. 应用接口层

应用软件接口层通过封装和抽象化平台化软件，向应用软件开发者提供各种 API 或不同形式的 SDK（软件开发工具包），包含必要的工具链、软件包、开发接口的具体信息、配置要求、开发文档、应用示例等。应用软件开发者可以基于这些 API 或 SDK 进行灵活、高效的定制化开发。

8. 应用软件

应用软件与实际应用场景和具体功能、用途紧密相关。在智驾域中，应用软件指那些实现智能驾驶特定功能的软件，包括 ADAS（高级驾驶辅助系统）应用功能、自动驾驶应用功能以及车路云相关功能等。应用软件开发者可以基于平台化软件提供的共性内容和应用接口进行嵌入式开发，或利用相应的工具链进行模型化开发。开发的重点在于应用逻辑的处理、状态机的定义与切换、特定参数的设计与配置，目的是将平台化软件的通用内容转化为多样化和定制化的复杂应用功能。

在汽车行业中，AUTOSAR 平台的应用较为广泛。如果在智能汽车智驾域软件架构中应用 AUTOSAR CP（经典平台）和 AUTOSAR AP（自适应平台），与图 5-16 中部分系统软件和功能软件的功能特性会有所重叠，我们可以根据所选择使用的 AUTOSAR 平台的具体内容进行综合设计与权衡。一般来说，我们在智能驾驶系统的安全域系统软件中应用 AUTOSAR CP，在计算域系统软件中应用 AUTOSAR AP。图 5-17 所示为基于 AUTOSAR 平台的智能汽车智驾域软件架构参考示意图。其中，虚线框表示 AUTOSAR 平台在架构中所处的主要位置层级，圆圈表示 AUTOSAR 平台可能会覆盖到的部分功能的范围。在实际基于 AUTOSAR 的平台化软件架构设计中，我们需要考虑 AUTOSAR 平台与所开发的智驾域软件平台在基础共性功能上的覆盖性，确保既能全面满足需求，又不进行过度设计或重复设计，以免浪费资源、增加成本。

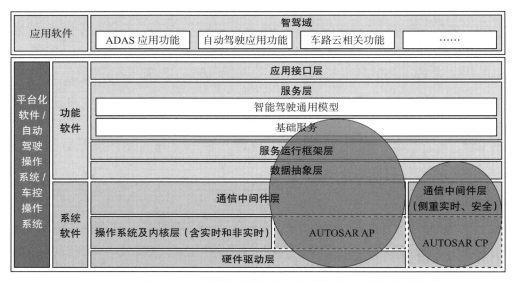

图 5-17 基于 AUTOSAR 平台的智能汽车智驾域软件架构参考示意图

5.2.3 智能汽车智驾域软件安全设计

从软件架构设计可以看出，智能汽车智驾域的软件层次众多，无论平台化软件中的基础共性功能还是应用软件中的定制化功能，覆盖的功能范围都十分广泛，相应的软件代码量也极为庞大。基于软件的属性特征，它的安全性不仅与技术有关，也与开发流程的规范性紧密相关。所有这些安全相关的庞大代码量都必须按照功能安全标准流程进行规范开发，以将系统性失效风险降低到可接受的水平，这其中涉及的工作极为繁重。此外，这种面向服务的多层级软件在功能安全开发方面尚未形成成熟的行业经验，开发者在设计时容易忽略安全因素，且对如何进行功能安全设计知之甚少。这些问题是目前智能汽车软件安全设计面临的主要难题。在实际工程实践中，我们不仅需要考虑技术安全性的设计，还必须权衡进度与成本，因此，智能汽车软件的安全设计必须寻求突破策略。

1. 细分功能安全相关软件与非功能安全相关软件

智能汽车的软件应根据功能安全相关软件的定义和识别方法，划分为功能安全相关软件和非功能安全相关软件，并确立它们之间的界限。其中，功能安全相关软件应进一步按照不同的 ASIL 进行详细划分。不同 ASIL 的功能安全相关软件必须严格遵循相应的功能安全标准要求进行开发，而非功能安全相关软件则可以依据公司软件质量体系要求进行开发。然而，我们必须确保功能安全相关软件与非功能安全相关软件之间，以及不同 ASIL 的功能安全相关软件之间能够有效隔离，以免互相干扰，防止低安全等级软件的失效或不确定行为对高安全等级软件造成安全影响。

以智驾域软件为例，如果需要将智驾域软件的各种功能全部部署在异构分布式硬件平台的 SoC 芯片的同一个核上，则需要在硬件和软件之间增加虚拟机监控程序（Hypervisor），以提供 CPU、内存、I/O、中断、网络的虚拟化，实现系统资源的隔离和保护。图 5-18 所示为基于芯片单核的不同 ASIL 软件部署示意图。其中，ASIL x 代表按相应的 ASIL 进行开发，具体等级可从 ASIL A 至 ASIL D 中根据实际情况选定；QM 代表按照质量体系要求进行开发。

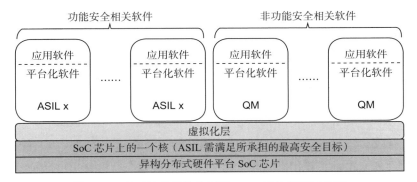

图 5-18　基于芯片单核的不同 ASIL 软件部署示意图

如果智驾域软件的各种功能可以部署在异构分布式硬件平台 SoC 芯片的多个核上，那么我们可以在安全相关的核上部署功能安全相关软件，在其他核上部署非功能安全相关软件。图 5-19 所示为基于芯片多核的不同 ASIL 软件部署示意图。其中，虚拟化层的虚线表示其部署不是固定的，而是需要根据实际场景中不同 ASIL 和安全核的数量进行综合确定。如果不同 ASIL 的软件在资源使用上可能存在干扰，则需要设置相应的虚拟化层进行隔离。

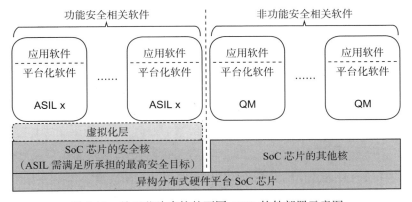

图 5-19　基于芯片多核的不同 ASIL 软件部署示意图

　　如果智驾域软件的各种功能可以部署在异构分布式硬件平台的多个 SoC 芯片上，那么功能安全相关软件和非功能安全相关软件就可以分别部署在不同的芯片里，而不同 ASIL 的功能安全相关软件根据 SoC 芯片的数量情况，可以选择部署在单独的芯片上或者利用虚拟化技术在核上进行隔离防护。图 5-20 所示为基于多芯片的不同 ASIL 软件部署示意图。

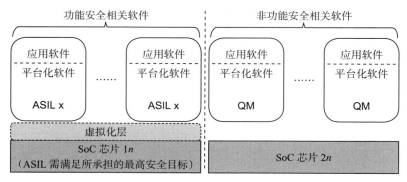

图 5-20　基于多芯片的不同 ASIL 软件部署示意图

　　通过细分功能安全相关软件和非功能安全相关软件，并实施隔离部署，不仅可以确保软件功能安全的有效实施，还能避免过度开展功能安全开发而造成的进度拖延和成本损失。鉴于智能汽车软件的复杂性，我们在软件功能安全方面应避免"宁可过度防护，也不容遗漏"的极端做法，这可能导致劳而无功的结果。相反，我们应始终记住要从问题的本质出发解决问题，寻找最合适的安全方案。

2. 软件上进行多级安全监控

　　由于智能汽车的软件架构采取分层设计，建议在功能安全设计上对应采用分层多级安全监控模式。

　　在系统软件、功能软件、应用软件这三个主要层级上，应设置相应的故障监测诊断单元，对安全相关软件的数据合法性和合理性、逻辑执行的正确性、运行的时效性等方面进行监测和检查。各层级应及时上报发现的故障，在平台化软件层面统一提供多种故障处理策略的规则和机制，并根据应用软件的定制化需求，为每种故障情况选择一种或几种适当的故障处理策略。

　　"多级"概念在这里具有双重含义。首先，从软件架构的南北向看，安全相关数据在各个软件层级间流动时，每一层的输入都必须受到相应的故障监测诊断单元的监控。数据在经过某一层软件处理并输出到下一层时，也需要再次经过检查和监控。其次，从软件架构的东西向看，通常部署在 MCU 芯片上的安全域软件负责最终的安全决策。这不仅包括对自身安全域各层级软件的监控，还包括对部署在 SoC 芯片上的计算域软件的整体安全监控和决策，计算域的监控结果也会上报到安全域。

多级安全监控示意图如图 5-21 所示，箭头分别指示南北向和东西向多级监控的信息传递方向。此外，在 MCU 侧的软件中，我们可以设计独立的安全停车功能。在某些情况下，如果 SoC 侧的软硬件失效，无法维持系统的安全状态，则 MCU 侧可以将系统导向安全状态，从而与 SoC 侧共同构成多级防护处理方案。

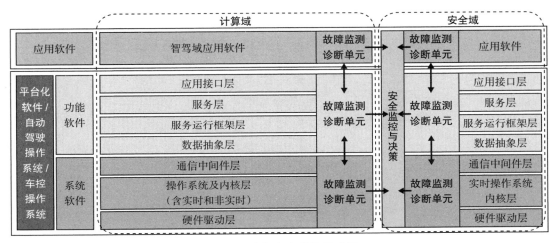

图 5-21 多级安全监控示意图

分层多级安全监控模式并非一项固定要求，而是一种推荐的软件安全策略。在实际的软件开发过程中，我们需要根据软件架构的具体设计来确定分层监控的层级设置和多级监控的范围。

3. 建立软件冗余与仲裁机制

在硬件芯片的功能安全方面，锁步核机制应用广泛。智能汽车软件的安全设计可以借鉴锁步核原理，建立相应的软件冗余与仲裁机制。软件冗余是指在软件主进程启动时，类似于创建影子进程的方法，建立备进程。备进程又可分为与主进程处理逻辑相同或与主进程处理逻辑不同两种模式，为软件仲裁做准备。当主进程出现问题时，将备进程升级为主进程，并为新的主进程创建新的备进程。软件仲裁可分为比较模式和仲裁模式。

（1）比较模式

比较模式与硬件锁步核机制非常相似，主要通过独立的比较模块来检查主进程和备进程每个周期的运行结果是否一致。若结果相同，则系统正常运行，主进程继续输出结果；若结果不同，则暂停主进程输出，并根据需求进行容错处理。若连续比较不一致的次数超过预设阈值，则系统应进入安全状态。图 5-22 展示了软件冗余与仲裁机制中的比较模式框图。在比较模式中，若备进程与主进程使用相同的处理逻辑，则无法有效应对软件的系统性失效问题，可以通过将主备进程部署在不同的核或芯片上，防止一些硬件上难以检测的随机性失效；若使用不同的处理逻辑，则可以应对软件的系统性失效问题，但需要注意合理设定比较阈值的范围，否则会影响系统的可用性和用户体验。

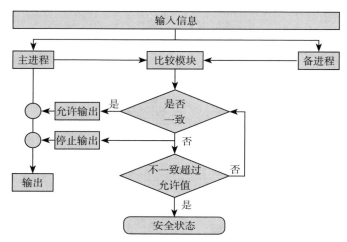

图 5-22　软件冗余与仲裁机制中的比较模式框图

（2）仲裁模式

仲裁模式指的是将主进程和备进程的运行结果输出至仲裁模块，由该模块综合判断并决定最终输出结果。仲裁依据可通过设置权重要素等方式实现。仲裁模式下，我们也可设置一定的容错处理，不通过情况超过允许值，则系统进入安全状态。图 5-23 展示了软件冗余与仲裁机制中的仲裁模式框图。此模式适用于处理逻辑复杂且高度不确定的软件场景，主要挑战在于仲裁逻辑和权重设计，这直接关系到仲裁的正确性和安全性。

软件冗余与仲裁机制的优点和硬件冗余不同，它不需额外成本，通过软件设计即可实现，有助于在合理设计下提高系统的可靠性、可用性和安全性。然而，它的缺点在于会占用系统资源，对性能有较高要求。相同处理逻辑的软件冗余可能导致共因的系统性失效，而不同处理逻辑的软件冗余则可能面临比较阈值误差或仲裁权重合理性问题。因此，虽然冗余与仲裁机制无法全面解决软件安全问题，但可以作为软件安全设计的参考方案。

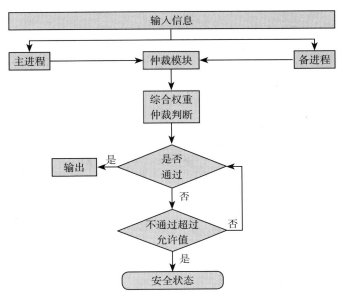

图 5-23　软件冗余与仲裁机制中的仲裁模式框图

Chapter 6 第6章

智能汽车软件功能安全措施

在技术层面上，智能汽车软件功能安全开发的核心在于安全措施的设计与实现。功能安全措施是指能够控制失效和转移危害影响的相关活动或技术解决方案。它包含了功能安全机制。功能安全机制指的是用于监测故障、控制或避免失效的技术解决方案，其目的是保持或实现功能的安全。传统汽车行业在产品功能安全开发方面相对成熟，拥有丰富的设计经验。然而，在智能汽车软件领域，由于产品形态的创新，功能安全开发者需要在继承与创新之间寻找平衡。来自不同行业生态圈的软件开发者对软件功能安全的认知不一，尚未形成成熟的行业共识，导致当前智能汽车领域的软件开发者在进行功能安全开发时普遍面临困惑。

本章将针对智能汽车软件整体架构中的分层结构，逐层展开安全措施的介绍。考虑到广义中间件的特殊性，有些层级的安全措施可能有所关联，所以在功能安全措施的介绍层次上会进行进一步划分或整合；并且以智能汽车智驾域软件为例，阐述通用模型层和应用软件层的安全措施，其中通用模型层侧重算法层面相关安全设计。平台化软件的安全措施将从虚拟化、操作系统及内核、通用广义中间件3个方面展开。同时，鉴于AUTOSAR CP和AUTOSAR AP在汽车领域的广泛应用，本章也会对它们的安全措施进行简要说明。

此外，本章所介绍的安全措施和分析示例仅为基于通用功能的安全防护思路，可作为一种技术参考。在具体应用中，我们需结合具体的功能和设计进行更细致的分析，并制定更详尽的安全措施。这些措施需在设计实现阶段得到落实，并经过充分验证、确认，确保智能汽车软件的安全性。

6.1 虚拟化层面的安全措施

虚拟化是一种软件技术，涉及资源的抽象化与管理。它从逻辑上对实体的物理资源进行抽象、重新划分和配置，形成分区的虚拟资源，为上层软件提供运行环境。得益于虚拟化技术，我们可以在同一套硬件上运行不同类型的操作系统和软件，这为智能汽车复杂的软件设计与实现提供了底层架构基础，并为不同 ASIL 软件的共存提供了支撑。

本节首先从虚拟化模型分类和技术形态等方面简要介绍智能汽车的虚拟化技术，然后探讨智能汽车软件功能安全所需的虚拟化技术安全机制。

6.1.1 虚拟化技术简介

在智能汽车软件的整体架构设计中，车辆域、智驾域和座舱域的软件可以基于统一的平台化软件和定制化应用软件实现。随着电子电气架构集中化程度的提升，这些不同作用域的软件可能部署在同一硬件控制器或同一 SoC 芯片上，需共享处理器、内存、存储空间、网络适配器和 I/O 接口等资源。由于应用场景的不同，所依赖的驱动、操作系统及内核环境也有所区别，因此我们需要通过虚拟化技术将实体资源转换为虚拟资源并进行分配，以实现不同应用功能软件在共享物理硬件资源的同时保持相互隔离。

虚拟化技术是通过虚拟机监控器（Virtual Machine Monitor，VMM）来实现的。在虚拟化分层架构中，提供平台虚拟化的层通常被称为"虚拟化层"。根据虚拟化层的位置，虚拟化模型可分为两大类：位于硬件之上的被称为 Type1，也被称为"裸机虚拟化模型"；位于宿主操作系统之上的被称为 Type2，也被称为"宿主机虚拟化模型"。图 6-1 所示为 Type1 和 Type2 虚拟化模型示意图。在 Type1 模型中，虚拟化层直接运行在硬件上，拥有管理硬件资源的最高权限，并需包含所有硬件驱动，客户端操作系统对底层硬件资源的访问必须通过虚拟化层间接操作。在 Type2 模型中，虚拟化层运行在宿主端操作系统之上，客户端和虚拟化层所有对底层硬件资源的访问均需经过宿主端操作系统处理。

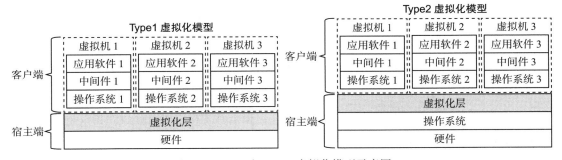

图 6-1　Type1 和 Type2 虚拟化模型示意图

Type1 和 Type2 虚拟化模型各有优势，适用的领域有所不同。表 6-1 所示为 Type1 和 Type2 虚拟化模型特点对比。

表 6-1　Type1 和 Type2 虚拟化模型特点对比

对比项	Type1	Type2
优点	• 直接运行在硬件之上，效率较高 • 架构精简，安全性好	• 充分利用操作系统的功能实现设备驱动和底层系统资源的管理，操作灵活，功能丰富
缺点	• 缺少操作系统支持，虚拟机驱动管理复杂	• 所有操作经过宿主端操作系统，访问路径长、效率降低，性能损耗，可能存在延迟 • 宿主端操作系统的安全问题会影响虚拟机，安全性差
适用领域	• 适用于对性能要求高的领域	• 适用于对性能及安全性要求不高的领域

基于表 6-1 的对比，Type1 虚拟化模型更适合于智能汽车领域的功能安全相关应用。从功能安全角度出发，为解决内核面临的安全问题，业内衍生出一种分离内核型虚拟化架构方案。该方案同样适用于智能汽车领域。它通过创建虚拟的内核来实现运行环境的相互隔离，以达到最佳隔离状态，使虚拟运行环境与真实的物理分散系统非常相似。这项技术是通过分离内核的虚拟化层实现的。虚拟化层直接建立在硬件之上，并采用资源静态分配机制，实现处理器内核之间的隔离。图 6-2 所示为分离内核型虚拟化模型示意图。分离内核型虚拟化模型因采用静态资源分配机制，没有动态调度，虽然灵活性稍逊，但系统的确定性较高，能够实现虚拟机行为可预测。通过分离内核，模型可实现空间和时间上的隔离，达到最佳性能。该模型结构简洁，不参与客户端执行，资源占用率低，性能较优，安全性和可靠性更高，非常适合于对功能安全要求较高的复杂嵌入式系统。

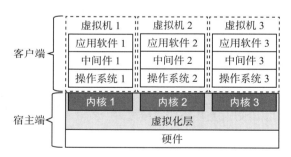

图 6-2　分离内核型虚拟化模型示意图

常用的虚拟化技术分为全虚拟化技术、半虚拟化技术和硬件辅助虚拟化技术。

1. 全虚拟化技术

虚拟机监控器通过软件模拟的方式，向客户端操作系统提供所有接口和特权指令，从而呈现一个与真实硬件完全相同的环境。客户端操作系统会认为它直接运行在原始硬件上。虚拟机监控器负责在客户端操作系统和真实硬件之间进行协调。全虚拟化技术具有较好的兼容性，允许基于原始硬件设计的操作系统及软件无需任何改动即可在虚拟机监控器上运行，使用简单，操作迅速。但是，虚拟机监控器模拟硬件的过程较为复杂，虚拟的硬件性能较低，且虚拟机监控器需占用一定资源，导致虚拟化技术的性能开销较大，效率不高。

2. 半虚拟化技术

半虚拟化技术是通过客户端操作系统与虚拟机监控器协作的方式来实现虚拟化。虚拟机监控器以软件形式为客户端操作系统提供一个修改过的硬件抽象，修改客户端操作系统的部分代码，集成虚拟化相关代码，以配合虚拟机监控器实现虚拟化。在这种技术下，客户端操作系统能够感知到自己处于虚拟化环境中。虚拟机监控器通过协同工作能够获取客户端操作系统的状态信息，有利于协同调度。相较于全虚拟化技术，这种技术更加精简，降低了虚拟机监控器的复杂度，减少了性能开销，提高了效率和处理速度。然而，它的兼容性不如全虚拟化技术，因为客户端操作系统需要进行修改以适配。

3. 硬件辅助虚拟化技术

硬件辅助虚拟化不是一种独立的虚拟化技术，而是全虚拟化和半虚拟化技术的优化。它利用芯片和I/O设备等硬件实现，将这两种技术中的软件方式硬件化。通过在硬件中增加支持虚拟化的专业技术，例如支持客户端多操作系统访问、为每个客户端操作系统提供专有寄存器、实现客户端操作系统与虚拟机监控器之间的执行环节隔离等。通过这种硬件方式的支持，可以简化虚拟化技术的架构，提升虚拟化的速度、性能和效率。

互联网和ICT等领域重点在于资源的高效利用和动态分配。在智能汽车领域，基于智能汽车软件的特点，虚拟化技术需满足嵌入式开发和部署环境要求，适配不同硬件，且具备高安全性、实时性和稳定性。通常，智能汽车领域采用Type1或分离内核型虚拟化模型，提供硬件板级支持包（Board Support Package，BSP），完成设备驱动，为上层的平台化软件及应用软件设置虚拟寄存器，创建可访问的虚拟硬件组件，提供虚拟处理器资源和运行环境，确保上层软件运行的虚拟环境与真实硬件环境一致。此外，该技术通过分配虚拟内存资源和控制内存映射来为上层软件映射独立的物理地址空间，实现隔离；通过虚拟中断响应外部中断事件，拦截并转发中断到虚拟处理器中，实现中断隔离，并在发生异常时接管异常处理。

智能汽车虚拟化技术不仅为上层虚拟机提供处理器、内存、外设等资源的分配和隔离，还负责虚拟机的启动、停止等生命周期管理，提供虚拟机之间的调度和通信机制。

6.1.2　虚拟化相关安全措施

虚拟化技术在智能汽车领域的应用主要解决两方面问题：一方面是支持不同运行环境和

资源要求的多域软件共享硬件资源，如车辆域、智驾域、座舱域的共存，通过虚拟化技术实现硬件资源的虚拟化隔离与分配；另一方面是解决不同功能安全等级要求的软件之间免于干扰的问题，如 ASIL D 的自动驾驶功能与 ASIL B 的辅助驾驶功能，以及高安全性的实时操作系统与非实时的 Linux、Android 等操作系统之间的隔离，避免低等级的功能安全功能给高等级的功能安全功能造成安全影响。

在功能安全方面，智能汽车领域虚拟化技术的安全要求如下。

❑ 正确实现初始化和设备驱动等板级支持包功能。

❑ 提供有效的隔离，确保不同虚拟机之间免于干扰，包括处理器、内存、外设、网络、中断、异常等方面的隔离。

❑ 在任何情况下，确保为安全相关功能提供足够资源。

❑ 具有异常监测和异常处理机制。

❑ 应避免虚拟化技术信息安全问题引发相关的功能安全问题。

为满足这些功能安全要求，虚拟化技术需要增加相应的安全措施，包括技术上的安全机制和流程上的方法。在智能汽车软件架构中的虚拟化管理方面，考虑到车控相关功能的功能安全完整性等级可能达到 ASIL D，因此虚拟化层的安全目标也需符合 ASIL D 要求。根据不同的应用场景，安全处理策略可能包括报警、记录日志、重启等。

1. 虚拟化的故障监测机制

虚拟化的板级支持包应建立故障监测机制，在初始化和运行期间对系统的故障情况进行监测、诊断和处理。

（1）启动检查

在初始化虚拟环境时，应进行系统的安全诊断检查。

1）对硬件设备驱动功能进行回环测试验证，采集测试结果，以检查驱动的正确性。

2）检查硬件及系统功能的正确性，如检查寄存器、内存配置及读写的正确性。通过向寄存器、内存写入参数，然后进行回读对比一致性；对系统的通信功能进行测试，以保证通信链路的正确性和畅通。另外，可利用芯片、存储器等硬件设备的现有安全机制进行安全诊断检查，如对带有校验机制的硬件存储设备、自检机制的处理器进行故障注入检查。

3）通过故障注入验证系统已有的安全机制，确保其有效性。

（2）周期检查

在系统运行期间，应对硬件及系统功能的正确性进行周期性检查。

2. 建立功能安全分区隔离机制

1）虚拟化管理应支持虚拟机分区模式，允许多个虚拟机操作系统同时运行。功能安全相关虚拟机操作系统与非功能安全相关虚拟机操作系统进行分区，不同 ASIL 的功能安全相关虚拟机操作系统也可以进一步分区，或者按照最高安全等级进行统一开发。图 6-3 所示为虚拟化功能安全分区隔离示意图。

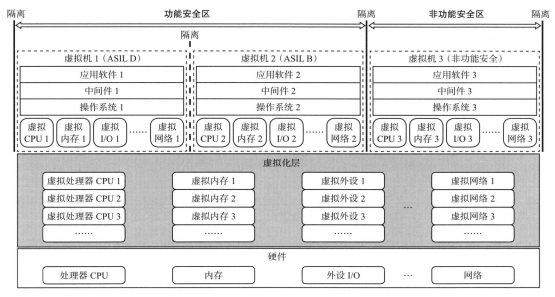

图 6-3　虚拟化功能安全分区隔离示意图

2）虚拟化管理应支持资源的专用静态配置，同时具备资源共享的动态分配能力，以适应不同应用场合的需求。对于功能安全要求较高的应用场合，应将虚拟机的资源和外设设置为固定配置，并进行分区隔离，确保资源独立性和安全性。

3）采用硬件辅助虚拟化技术，确保处理器的虚拟化隔离，防止虚拟机非法访问物理处理器 CPU，从而干扰虚拟化软件的正常运行。

4）利用虚拟化技术的各种隔离技术（如虚拟处理器调度隔离、内存隔离、外设隔离、网络隔离、中断隔离和异常隔离）进行支持和实现，并在技术设计与实现过程中融入功能安全要求，规范功能安全开发流程。

3. 预留资源裕量

对功能安全相关的分区，在静态配置虚拟化资源时，应预留足够的裕量。

1）进行安全分析，考虑系统满载及过载情况，并考虑所有可能的意外事件，分析功能安全相关分区所需的资源情况，并为极端情况预留一定的裕量。

2）对功能安全相关分区进行充分的资源压力测试，验证系统在过载和意外情况下的表现，确保功能安全和可靠性。

4. 安全监控机制

为了保障虚拟化层实现安全目标，应建立虚拟化相关的健康状态安全监控机制。

1）虚拟化层应实时监控虚拟机的运行状态，当检测到异常时，应在规定时间内有效隔离故障，并在最小波及范围内进行异常处理，包括修复故障、停止运行、重启等操作，在保障功能安全的前提下，确保系统的持续可用性。

2）针对虚拟化层虚拟化技术本身的实现和运行情况，应设计独立的安全监控机制。在发现异常时，根据应用场景和故障情况采取适当的处理策略，如报警、记录日志、重启等操作。

5. 增加信息安全要求

建立信息安全与功能安全之间的联系，旨在防护信息安全威胁对功能安全的影响。

1）建立安全边界：在不同安全分区之间建立有效的隔离，防止各分区间的耦合。利用加密技术保障各分区边界的安全保密性。

2）控制访问权限：管理所有虚拟机之间的通信和访问权限，确保只有明确授权的虚拟机才能访问相关资源。

3）采用信息安全防御技术：对潜在威胁进行防护，防止信息安全问题引起功能失效或数据损坏，从而影响功能安全。在进行信息安全威胁分析和风险评估（Threat Analysis and Risk Assessment，TARA）时，我们也需考虑对系统功能安全的影响。针对可能影响功能安全的威胁，应采取充分的安全防护技术，如虚拟化环境的可信支撑机制、漏洞检测机制、内核保护机制等。

6.2 操作系统及内核层面的安全措施

在智能汽车的整体软件架构中，操作系统是系统软件的重要组成部分，为实现智能汽车复杂功能的大规模嵌入式软件提供了运行环境。操作系统的核心是内核，实现进程管理、内存管理、I/O 管理和文件系统管理等基础功能。应用程序在使用底层运行环境的服务功能时，通过内核提供的接口嵌入内核执行系统调用或中断，此时进程处于内核态；执行完成后，进程返回到应用程序代码中，继续以用户态运行。内核分为宏内核和微内核两种类型。宏内核是一种所有功能都集中在内核中的单一体系结构，用户服务和内核服务在同一空间内实现，类似于一个集中控制中心，系统耦合度高。在智能汽车领域，常见的宏内核操作系统为 Linux。微内核是将系统分为多个功能模块，拆分成不同的内核子系统，用户服务和内核服务在不同的地址空间运行。在微内核中，各子系统之间需要安全、可靠且高效地通信、在智能汽车领域，常见的微内核操作系统包括 QNX、VxWorks 等。宏内核的运行效率较高，但修改和维护成本也高。微内核在可靠性、安全性和扩展性方面表现更优，但运行效率低于宏内核。目前，在智能汽车软件领域，操作系统的宏内核和微内核都有所应用。

智能汽车操作系统功能安全的首要问题是满足系统的实时性要求，即在确定的时间内完成相应的任务。此外，作为平台化软件的基础，操作系统内核需要具备全面的功能安全措施，保障各项功能的安全性，包括相应的异常检测和异常处理机制，以确保为上层软件提供一个安全可靠的运行环境。本节将从操作系统的实时性和操作系统内核的安全措施两个方面进行介绍。

6.2.1　操作系统的实时性

在智能汽车应用中，系统的实时性至关重要。确保各项信息能在规定时间内及时、有序、正确地传递与执行是保障安全的基础。实现系统的实时性，首先需要操作系统具备实时调度能力，并提供开发实时应用的功能支持。应用软件需利用操作系统的实时功能来实现自身的实时性，最终通过合理规划来实现整个系统的实时性。

1. 实时性定义

实时性并不代表快速性，很多人对实时性的理解存在误区，认为任务响应速度快就代表实时性好，其实实时性类似确定性，并不是针对任务响应、执行最快时间提出的要求，而是衡量完成任务所需的最差时间是否在规定的范围内，即从触发一个事件开始，其响应时间与执行处理完成的时间需要小于规定的最长时间，即可称为"满足实时性要求"。实时性与响应及执行时间延迟、确定性以及调度率密切相关。表 6-2 所示为实时性三要素，三要素相互制约。

- 时间延迟大，会导致确定性差，调度率降低。
- 确定性高，则需要时间延迟小，调度率相对低。
- 调度率高，需要时间延迟小，但可能会降低确定性。
- 时间延迟与优先级、中断时长、处理时间、中断复杂性密切相关。
- 确定性与任务的到达时间、执行时间、截止时间等因素有关。
- 调度率与任务的切换机制相关。

这三个要素的最终效果由任务情况和所采用的调度策略决定。在操作系统设计开发及应用过程中，我们需要根据任务的特点，考虑这三个要素的影响与结果，选择合适的调度算法，以保证系统的实时性。

2. 实时操作系统与分时操作系统

对于操作系统而言，并非所有操作系统都具备实时性，还有一些属于分时操作系统。实时操作系统与分时操作系统区别如表 6-3 所示。

表 6-2 实时性三要素

序号	要素	说明
1	时间延迟	• 包括任务响应时间延迟和处理执行时间延迟 • 时间延迟需要满足实时性设计的时间目标要求
2	确定性	• 在规定的时间段执行规定的任务 • 确保每个任务有足够的时间按照预期规定响应并执行完成
3	调度率	• 表示任务的调度频率 • 提高调度率可以提高资源利用率，但过高的调度率会导致无法按照时间延迟的情况执行确定性的任务调度

表 6-3 实时操作系统与分时操作系统区别

对比项	实时操作系统	分时操作系统
定义及原理	当事件触发或数据产生时，能够在规定时间内完成响应和处理，一般基于优先级方式确定任务响应和处理顺序	将 CPU 时间资源分割为片段形成时间片，采用时间片轮转的方式，轮流处理多个任务请求，并可以提供交互会话功能
特征	• 通过静态设置或优先级等方式确定执行顺序，可以保障最关键的任务的及时响应与处理 • 多任务具有线程优先级，且具有多种中断级别 • 中断响应时间是衡量实时操作系统的重要性能指标	• 采用时间片轮转方式顺次执行，高优先级的任务可能会被低优先级的任务抢占，无法保证关键应用的响应时间 • 多任务之间互不干扰，相互独立 • 任务数量、时间片大小、信息交互速度和信息量的大小是影响分时操作系统响应速度的重要因素
优劣势	• 及时响应关键任务，具有高可靠性和高安全性 • 高优先级抢占系统资源，系统资源利用率相对低，效率相对低	• 对关键任务实时响应性、系统可靠性和安全性有所欠缺 • 每个任务具有使用系统资源的平等机会，系统资源利用更充分，运行效率更高
适用场合	一般应用于系统运行速度相对较低、实时性、安全性要求较高的简单小规模系统，例如 MCU 端运动控制功能	应用于多任务需要"同时"处理、系统运行速度较高、实时操作系统无法高效应对的复杂系统中，例如 SoC 端感知功能
典型示例	QNX	Linux

注："同时"并不是真正意义的同时，而是通过快速轮转，让每个任务感觉自身在独占资源，同时在运行。

由于实时操作系统和分时操作系统各有优势，适用场合有所不同，在智能汽车软件领域这两种操作系统都有所应用。但是，分时操作系统对关键任务的响应可能不够及时，所以需要应用于安全相关领域时，一般会进行实时性设计改造，例如在 Linux 系统中增加实时 PREEMPT_RT 补丁包，以针对 Linux 内核的不确定性进行修改，利用 Linux 内核中的对称多处理器（Symmetrical Multi-Processing，SMP）处理和中断处理程序的竞争，增加抢占能力，并通过抑制抢占和优先级继承的方式防止优先级倒置，采取一定的措施缩短调度和中断的时间延迟。除了增加 PREEMPT_RT 补丁包这种方案外，还有很多内核改进方案或双内核方案可以提高 Linux 的实时性，例如 ART-Linux、RTAI（应用程序接口）、Xenomai 等。

实时操作系统分为硬实时和软实时两种类型。

❑ 硬实时操作系统是指无论在什么情况下，任务都必须在规定的截止时间内完成，这对实时性的要求具有高度确定性。

❑ 软实时操作系统则是指根据优先级，尽可能地在规定的截止时间内完成。

对于经过实时性改造的 Linux-RT 操作系统，虽然其对任务的最差响应时间延迟进行了约束，并增加了调度策略以提高操作的确定性，但由于系统功能的复杂性，目前的实时化改造方案并不能完全覆盖内核的所有功能机制。因此，经实时化改造后的 Linux-RT 操作系统严格分类应为软实时操作系统。

在实际工程应用中，实现实时性是一个复杂的系统工程。实时性的提高可能会导致效率等其他方面性能的降低，因此实时性并非越强越好。并不是所有智能汽车安全相关的操作系统都必须达到硬实时标准。平衡各方面的性能并满足需求才是最佳设计。以智能汽车的智驾域软件应用为例，对于实时性要求极高的控制类功能，可以部署在硬实时操作系统上；对于感知融合等功能，综合考虑处理效率等因素，可以部署在实时化改造后的软实时 Linux 系统上。图 6-4 所示为智驾域操作系统软实时和硬实时设计示例。

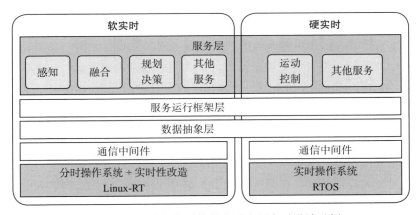

图 6-4　智驾域操作系统软实时和硬实时设计示例

操作系统的实时性本质在于实时调度，按照调度方式的不同，可分为非抢占式和抢占式，二者的差异见表 6-4。

从功能安全角度出发，高安全性的系统通常也会具有较好的实时性。实时性的提高对安全性有正面影响，能保障对安全关键任务的及时响应和处理。然而，高实时性并不等同于高安全性。以基于中断的抢占式调度为例，频繁地插入高优先级任务和多层中断嵌套会增加处理中断的复杂性，可能引入新的风险，且会增加系统开销，可能影响系统的效率和性能。因此，在实际应用中，我们需要综合考虑功能、性能、功能安全等多方面因素，从而综合性地选择合适的实时调度策略。

表 6-4 非抢占式调度和抢占式调度对比

对比项	非抢占式调度	抢占式调度
描述	一旦进程开始执行，CPU 资源分配给该进程。直到当前进程终止或从运行状态切换到等待状态，调度才可进行切换，CPU 资源才可分配给其他进程	一旦进程开始执行，CPU 资源会快速分配给该进程。调度可以在当前进程切换到就绪状态时（例如中断、I/O 操作完成时）发生，即如果遇到某些优先级更高的进程，则可以暂停当前进程而处理优先级更高的进程
分类	● 轮转调度 ● 优先调度	● 基于时钟中断的抢占 ● 立即抢占
特点	● 进程执行过程不会被中断 ● 不需要维护就绪队列，系统资源消耗小 ● 关键进程进入就绪队列，当前运行的进程不会受到干扰	● 进程执行过程中可以被中断 ● 进程在就绪状态到运行状态之间切换 ● 需要维护就绪队列，系统资源消耗大 ● 关键进程只要进入就绪队列，就可以访问 CPU 资源
适用场合	● 对实时性要求不严格的场合	● 对实时性要求严格的场合 ● 具有需要立即处理的关键任务

3. 调度算法

实时调度的基本原理是在每个调度周期内比较任务的优先级，并根据优先级进行调度。常用的实时调度算法如下。

（1）单调速率（Rate Monotonic，RM）算法

RM 算法是一种静态优先级调度算法。它为每个周期性进程分配一个固定的优先级。这种算法根据任务的运行周期长度来确定任务的优先级，周期越短，运行频率越高，进程的优先级越高。RM 算法主要适用于非抢占式调度环境。

（2）最早截止时间优先（Earliest Deadline First，EDF）算法

EDF 算法是一种高效的动态优先级调度算法。它依据任务的截止时间确定优先级，即截止时间越早的任务，其优先级越高。系统内部维护一个实时任务就绪队列，按照截止时间从早到晚的顺序对任务进行排列。在调度过程中，调度程序总会优先选择队列中截止时间最早的任务进行执行。EDF 算法适用于抢占式和非抢占式调度环境。抢占式调度主要用于周期性任务，非抢占式调度适合于非周期性任务。对于周期性任务，如任务 X1，其截止时间通常设置为下一个周期任务 X2 的到来时间，因为下一个周期到来将覆盖前一个周期，新周期的开始会使前一个周期的任务失效。

（3）最低松弛度优先（Least Laxity First，LLF）算法

LLF 算法是另一种动态优先级调度算法。它根据任务的松弛度来确定优先级。任务的紧迫程度越高，松弛度越小，优先级就越高。LLF 算法的松弛度计算公式为"松弛度 = 任务截止时间 – 运行时间 – 当前时间"。在 LLF 算法中，只有当新任务的松弛度降至零时，才会切换到该任务，否则会等待当前任务执行完毕后再执行新任务。

假设有非周期性任务 A 和 B，以及周期性任务 M 和 N，A 的截止时间为 10ms，B 的

截止时间为 50ms。周期性任务 M 的周期为 50ms，每个周期的执行时间为 20ms；N 的周期为 30ms，执行时间为 15ms。根据这些参数，可以演示这三种实时调度算法的具体应用，如图 6-5 所示。

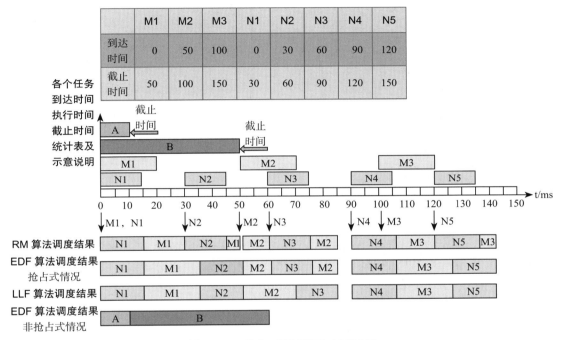

图 6-5 三种实时调度算法应用示例

以上各个调度算法的调度过程如下。

（1）RM 算法的调度过程

当 $t=0$ 时，N1 和 M1 同时到达，N 的运行周期为 30ms，而 M 的运行周期为 50ms，所以优先执行 N1，N1 执行结束后，N2 任务还未达到，所以继续执行 M1。

当 $t=30$ms 时，N2 到达，由于 N 任务的运行周期短，优先级高，所以切换执行 N2 任务，N2 执行结束后，再继续执行 M1。

以此类推，获得最终 RM 算法调度结果。

（2）EDF 算法的调度过程

对于非周期性任务，按照任务截止时间排序即可。

对于周期性任务，则根据截止时间进行实时动态抢占。

当 $t=0$ 时，N1 和 M1 同时到达，N1 的截止时间为 30ms，而 M1 的截止时间为 50ms，所以优先执行 N1，N1 执行结束后执行 M1。

当 t=30 时，N2 到达，由于 N2 截止时间为 60ms，而当下正在执行的任务 M1 的截止时间为 50ms，所以继续执行 M1，N2 等待。

当 t=35ms 时，M1 执行完成，没有其他新任务到达，开始接着执行 N2。

当 t=50ms 时，N2 执行完成，M2 到达，开始执行 M2。

当 t=60ms 时，N3 到达，由于 N3 截止时间为 90ms，而当下正在执行的任务 M2 的截止时间为 100ms，所以优先执行 N3，M2 等待，N3 执行结束后再接着执行 M2。

以此类推，获得最终 EDF 算法调度结果。

（3）LLF 算法的调度过程

当 t=0 时，N1 和 M1 同时到达，N1 的松弛度为 15ms（30-15-0=15），M1 的松弛度为 30ms（50-20-0=30），先执行 N1。

当 t=15 时，N1 执行完成，由于其他任务还未到达，所以接下来执行 M1。

当 t=30ms 时，N2 到达，此时 N2 的松弛度为 15ms（60-15-30=15），由于 N2 松弛度不为 0，在 t=45ms 时松弛度为 0，若那时 N2 还未执行，才需要强制切换为 N2，所以此时继续执行 M1。

当 t=35ms 时，M1 执行完成，切换为 N2 执行。

当 t=50ms 时，M2 到达，此时 M2 的松弛度为 30ms（100-20-50=30），刚好 N2 执行完成，切换为 M2。

当 t=60ms 时，N3 到达，此时 N3 的松弛度为 15ms（90-15-60=15），在 t=75ms 时松弛度会为 0，若那时 N3 还未执行，才需要强制切换为 N3，所以此时继续执行 M2。

以此类推，获得最终 LLF 算法调度结果。

采用不同的实时调度算法会导致不同的调度结果。在操作系统的实时性设计中，我们需要综合考虑多方面因素，选择合适的实时调度算法以确保任务能高效且实时地执行。对于功能安全相关的任务，选择和设置调度算法时必须格外谨慎，以保证安全关键任务能够在规定时间内完成。实时性的核心在于确保任务执行的确定性，使所有的执行和处理过程都在可预测和可控制的范围内，进而保障系统的安全性。

6.2.2 操作系统内核的安全措施

在智能汽车领域，由于硬件设备的异构多核特性和软件接口的特点，操作系统内核需要具备多核管理功能，并能支持异构多核间的通信。通常要求操作系统内核提供标准化的 POSIX 接口。内核的主要作用是作为资源管理器，负责分配 CPU、内存、网络等共享资源给各个进程，并进行进程的调度和切换，同时提供进程间的通信机制。操作系统内核的基本功能说明如表 6-5 所示。

对于操作系统，特别是在智能汽车软件功能安全应用中，内核需要具备相应的功能安全措施。这些措施确保系统在出现各种失效情况下能进行有效监测和安全处理，必要时能够导向安全状态，从而不影响智能汽车的安全性。当系统发生失效，违背安全目标时，系统的安全状态取决于应用功能及场景。对于操作系统内核这类底层基础软件来说，它的安全状态通常包括记录日志、发出报警提示、关闭（或重启）进程（或系统）等。

表 6-5　操作系统内核的基本功能说明

功能分类	功能说明
进程管理	负责进程在 CPU 处理器之上的抽象，实现 CPU 资源的分配与回收，让多个进程共享一个或者多个 CPU 资源，实现进程与外界的联系以及进程之间的相关操作管理，例如负责进程的创建、运行、中断、调度、切换和销毁，以及进程之间的同步、通信等
存储管理	支持内存管理和非易失性存储管理，将逻辑地址转化为物理地址，为每一个进程在内存上建立地址空间，并负责存储资源的回收和分配
设备管理	负责内核与外设的数据交互，实现对输入/输出外设的初始化、分配、维护和回收。内核中嵌入每个外设的驱动程序，每一个系统操作指令需要通过驱动程序映射到具体的外设上才能进行操作控制
文件管理	内核中的任何内容都可以看作一个文件，内核负责文件存储空间管理、目录管理、文件操作管理、文件保护，实现文件存储空间的分配和回收。通过文件索引精确查找文件，可以共享文件资源、提供文件的权限控制，并可以通过文件审计跟踪所有文件的内部操作情况。用户可以通过文件目录和文件名进行文件存取
网络管理	网络操作并不是针对某一个特定的进程，报文进入系统后并不能直接被进程接管处理，而是需要通过内核进行管理。内核负责解析路由和地址，收集、识别数据报文并进行分发，在程序和网络接口之间传递报文，根据程序的网络活动来管理控制程序的执行

1. 安全隔离措施

操作系统内核应具备安全隔离机制，以防不同程序间相互干扰，确保每个进程在执行过程中不会访问超出预分配的资源。这要求在系统资源上为每个程序访问设置隔离分区，保证每个程序仅能访问其被授权的部分，运行在相应的分区内。每个分区应独立进行故障检测、隔离和恢复，以实现彼此间的隔离。隔离要求可参照以下几点。

❑ 内核态程序与用户态程序之间要进行安全隔离。

❑ 安全相关应用程序与非安全相关应用程序之间要进行隔离。

❑ 不同 ASIL 的应用之间要进行隔离。

❑ 不同进程之间要进行隔离。

此外，在硬件支持特权模式的情况下，操作系统内核应将不受信任的用户态软件置于非特权模式，禁止其访问安全相关的硬件资源。操作系统内核的访问控制机制应遵循最小特权原则，即在操作时按照最小化原则授予系统主体相关权力，最大限度地约束其行为，避免未授权主体的意外侵入和误操作，这也有助于防护信息安全和预期功能安全风险。

2. 安全调度措施

操作系统内核的安全核心在于确定性。在进程管理调度策略上，支持确定性的调度机制，并选择适合的实时调度算法。在内核执行进程、调度任务过程中，可能发生的安全问题和相应的防护措施如表 6-6 所示。

表 6-6　操作系统内核调度相关异常情况及防护措施

异常情况	异常情况说明	防护措施
优先级翻转	共享资源被低优先级任务占用，无法被高优先级任务抢到，造成高优先级任务被低优先级任务阻塞。从现象上看，低优先级任务反倒具有更高优先权。在这种情况下，系统实时性难以保证	• 优先级继承：将低优先级任务以继承的方式获取所有阻塞任务中的最高优先级，提高优先级后更快执行并释放资源，任务结束后恢复到原来的优先级 • 优先级天花板：当一个任务申请共享资源时，将该任务自身优先级设置为可访问这个共享资源的所有任务中的最高优先级，任务结束后再恢复到原来的优先级
死锁	两个或两个以上互相竞争资源的线程，因争夺资源互相等待，导致永久阻塞的现象	• 在设计上预防死锁情况发生，避免线程因请求资源而被阻塞时，对已经获得资源不释放，以及循环等待资源，例如采用重入锁机制、顺序加锁机制 • 系统设置死锁检测机制，检测到死锁情况时进行安全处理
活锁	活锁是两个或两个以上的线程，没有发生阻塞，但是某些条件没有满足，导致线程一直重复执行，无法停止，不停尝试获得资源	• 在设计上预防活锁情况发生，例如调整线程的执行顺序，让相互影响的线程错开执行 • 系统设置活锁检测机制，检测到活锁情况时进行安全处理
饥饿	线程由于优先级太低无法获取所需资源而无法执行，长期处于等待状态	• 在设计上预防饥饿情况发生，合理设置优先级，选择合适的实时调度算法 • 系统设置饥饿检测机制，检测到饥饿情况时进行安全处理
中断的不确定性	中断频繁发生，并可能多层嵌套，相对低优先级任务处理时间无法确定或发生超时	• 系统设计上，支持将特定类型的外部中断绑定到特定芯片核上 • 系统设置中断的确定性监控机制，例如中断频率监控、中断超时监控、中断嵌套层级上限监控等

操作系统内核的调度功能直接关系到系统的实时性。为了在时间维度上提升确定性，内核应实施时间保护机制，对任务运行时间和截止时间进行监控。通过设定运行时间、中断时间以及任务或中断的间隔时间上限，对任务执行时间进行约束和保护。如果超出规定时间，应依照既定策略进行安全处理。

3. 安全存储措施

在存储安全方面，常见的问题分为两类：一类是不同安全等级的软件错误地在不属于自己的其他软件存储区域读写，导致低安全等级软件影响高安全等级软件；另一类是存储内容损坏或溢出，造成系统输出不确定，影响系统安全。为应对这些问题，操作系统内核应增强内存保护措施。

❑ 在共享内存环境下，应采用读写锁等机制防止内存的错误修改。

❑ 在非共享内存环境下，应实行内存分区保护，避免一个软件程序修改其他程序的存储空间。

❑ 在功能安全应用中，应优先使用静态内存分配模式；若必须使用动态内存分配，需设计机制以防动态内存分配失败影响功能安全。

❑ 系统在启动及运行中应支持对内存、寄存器等存储空间的故障检测，一旦检测到故障，应进入安全状态。

❑ 操作系统内核需要具备内存访问监控和堆栈监控功能，能监控每个可执行对象的堆栈和内存溢出情况，并在监测到溢出时调用异常处理程序，进入安全状态。

4. 安全通信与接口措施

为了确保安全相关信息在系统内外正确传输与调用，在通信和接口层面必须采取相应的功能安全措施。操作系统应支持多核、进程、任务之间的安全通信，提供给用户态软件安全的内核地址空间及服务访问接口。当用户态软件传递非法地址或无效参数等进行错误接口调用时，内核应能识别故障，拒绝执行相关服务，并返回错误码，防止错误调用引发崩溃。在POSIX接口应用方面，操作系统应遵守POSIX接口标准规定进行监测，确保任何不正确接口调用都能返回错误码并报告给上层应用。

5. 资源安全监控

由于系统中的CPU、内存等资源为所有进程共享，资源不足可能导致抢占或溢出，进而影响进程的正常执行。特别是对于功能安全相关的进程，如果无法及时且正确处理，就可能妨碍安全功能的实施，从而危及系统安全，影响车辆的运行安全。因此，操作系统内核应对系统资源进行详尽的统计和监控，涉及CPU占用率、处理时间、内存使用情况、堆栈使用情况等，并应设置资源使用的上限。为了更精确地管理，最好进一步细化监控，以支持对每个进程的资源消耗进行跟踪。此外，操作系统还应实施内核资源的配额检测机制，比如通过设定的配额上限来监测内核运行的任务数量、中断数量和信号量情况。一旦资源占用达到上限，操作系统应立即启动相应的安全处理程序，以保障运行的稳定性和安全性。

6. 异常安全处理措施

内核应配置异常处理程序，例如采用钩子（Hook）技术来实施错误处理机制。根据故障和异常的严重程度及配置状态，内核应能停止相应线程、终止应用程序、关闭或重启操作系统等。内核还需在检测到任何故障和异常时记录日志，并向用户态软件反馈错误码。内核检测到故障或异常情况时，应调用异常处理程序，如果调用失败，则需进入安全状态，如关闭操作系统。故障和异常情况可能包括内存错误、堆栈溢出、指针越界、非法调用、指令执行错误、死循环、死锁、超时错误、资源超限等。在智能汽车领域，考虑到多核处理器的使用与安全，如果内核在某个处理器核上检测到异常时需关闭操作系统，也应在其他处理器核上同步执行关闭操作。此外，内核应具备错误后的恢复机制，在特定应用场景下，可通过软件恢复策略以保障操作系统恢复运行。

6.3　AUTOSAR CP 安全措施

AUTOSAR CP 作为汽车行业标准的开放系统架构，在传统汽车领域得到广泛应用，并在智能汽车领域也具有一定的应用价值。它常常被部署在 MCU 硬件上，作为安全控制车辆相关功能的基础平台软件架构。AUTOSAR CP 不仅为基础平台化软件提供了开放的标准框架，还为软件功能安全提供了基础保障，推动了汽车行业基础平台化软件功能安全的发展。关于 AUTOSAR CP 的软件架构，可参考图 1-7。

系统的安全性需要通过功能安全措施来保障。AUTOSAR CP 标准规范主要包含 4 种安全机制以及技术、管理相关安全措施。AUTOSAR CP 应用中通常还需依赖外部硬件的功能安全机制来实现相应的安全目标，例如硬件看门狗机制、内存分区保护机制、硬件芯片检测诊断机制、RAM 检测诊断机制、硬件锁步核机制及其他错误探测和错误纠正（EDC/ECC）机制等。在 AUTOSAR CP 错误检测与处理过程中，从监测到故障引发中断，到故障处理流程，再到最终关闭执行器的整个路径，涉及软硬件之间的复杂交互。因此，设计与实现 AUTOSAR CP 软件安全机制时，我们需要综合考虑硬件的潜在故障和限制、技术开发环境以及系统安全状态。本节将重点介绍核心安全机制。

基于功能安全标准要求和 AUTOSAR CP 功能特性，软件功能安全故障原因可能有以下几方面。

❑ 内存问题；

❑ 时间问题；

❑ 执行问题；

❑ 信息传输问题。

为应对这些风险，AUTOSAR CP 引入了相应的安全机制进行防护，包括内存分区保护机制、时间监控机制、逻辑监控机制和端到端保护机制。这些机制旨在确保基础软件实现功能安全，并为应用软件的安全性提供支持。

6.3.1　内存分区保护

从功能安全角度来看，当不同 ASIL 的软件共存时，必须防止低安全等级软件对高安全等级软件造成干扰。因此，在内存管理方面，我们需要避免低安全等级软件错误访问高安全等级软件的内存区域，防止因错误读取或写入操作对高安全等级软件造成安全性影响。
AUTOSAR CP 通过内存分区保护机制，为不同 ASIL 的软件划分独立的内存区域，确保软件
组件之间互不干扰。这种机制保证在某一分区上运行的代码不能修改另一分区的内存，即使
某个软件组件发生内存相关故障，也不会影响其他内存区域中的软件组件。通过这种分区，
对内存及其映射的硬件进行访问限制，实现内存保护目标。

在 AUTOSAR CP 中，每个内存分区通过一个操作系统应用程序（OS Application）实现。
该应用程序是包含任务、中断、调度表、计数器、报警器等一系列操作系统对象的组合。同
一操作系统应用程序的对象可以互相访问。操作系统应用程序分为授信和非授信两种类型。
在内存访问权限和操作系统 API 访问权限方面，授信应用的访问权限不受限制，非授信应用
拥有有限的访问权限。因此，内存分区保护机制主要针对非授信应用进行设置。

在 AUTOSAR CP 的软件架构中，应用软件位于运行时环境（RTE）之上。实现一个应用
功能需多个软件组件相互调用、协同工作。软件组件内部含有多个函数和变量，用于实现其
内部功能。然而，在头文件的公共视图中，这些函数和变量是隐藏的，不会显示出来，也不
对外提供访问接口。因此，软件组件内部的函数和变量对其他软件组件是不可感知的，不能
直接通过变量或调用方式与其他软件组件通信。软件组件之间只能以 RTE 为唯一的通信手
段，且仅当外部 RTE 调用时，这些软件组件才会在头文件的公共接口上显示。在运行时，软
件组件内部需要被调用的函数在 AUTOSAR CP 中通常被称为"可运行对象"（Runnable）。可
运行对象不能独立执行，必须被分配到操作系统的可执行实体上，即被安排在某一操作系统
任务中定期执行，或以事件驱动的形式触发。图 6-6 展示了软件组件与操作系统应用程序之
间的映射示意图。

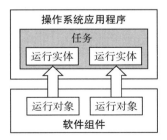

图 6-6　软件组件与操作系统应用程序的映射示意图

一个操作系统应用程序包含多个软件组件及其运行对象。由于这些组件间仅能通过 RTE
通信，在 AUTOSAR CP 框架下，不同软件组件的运行对象无法直接访问或调用彼此，只能调
用所属软件组件内的变量或函数。此外，不同操作系统应用程序间不能共享软件组件和代码，
各软件组件之间也不能共享代码。图 6-7 展示了 AUTOSAR CP 框架中软件及代码共享原则示

意图，运行对象 1 和运行对象 2 由于属于同一软件组件，因此运行对象 1 能执行或调用运行对象 2 的内容。但在不同软件组件间，软件组件 1 中的运行对象不能直接调用软件组件 2 中的内容；同理，在操作系统应用程序层面，一个应用程序中的软件组件的运行对象也不能直接调用另一个应用程序中的内容。

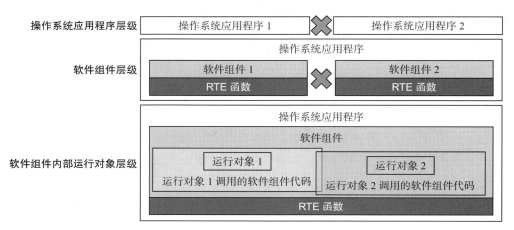

图 6-7　AUTOSAR CP 框架中软件及代码共享原则示意图

同一个操作系统应用程序中的任务、中断、调度表、计数器和报警器等操作系统对象可能属于不同软件组件。同一操作系统应用程序内部软件间的高效通信需要通过 RTE 实现。RTE 根据内存分区，使同一个操作系统应用程序中所有成员能够无限制地访问所属的内存区域。

内存分区按操作系统应用程序进行划分。实际项目中存在不同 ASIL 的软件组件。基于 AUTOSAR CP 进行设计和开发时，不同 ASIL 的软件组件不应分配在同一操作系统应用程序中，以避免相互干扰。但是，同一软件组件内也可能有不同 ASIL 的运行对象。由于内存分区是以操作系统应用程序为单位的，一个软件组件仅能分配到一个操作系统应用程序中，对应一个内存分区。这样的分区策略对于防止不同 ASIL 的运行对象之间的干扰是不充分的，因为它无法为不同 ASIL 的运行对象提供独立分区以确保它们之间的隔离。因此，我们在任务级别实现内存分区保护。但需要注意的是，任务级别的内存分区依赖于操作系统，而在 AUTOSAR 规范中并未对此做出强制性规定。

在 AUTOSAR CP 架构中，基础软件（BSW）层运行在授信模式内存分区中，一小部分应用软件组件也运行在授信模式内存分区，而大部分则运行在非授信模式内存分区。一个项目中可以存在多个非授信模式内存分区，每个分区包含一个或多个软件组件。通常，微控制器配备有内存保护单元（MPU）这样的专用硬件来支持内存分区保护的安全机制实现。在 MPU

的支持下，非授信应用能够对多个微控制器地址空间的分区执行读、写或执行操作。MPU 的配置只能在授信模式下进行。在实际应用中，内存分区保护的实现过程如下。

1）在 AUTOSAR 配置文件中定义相关信息，确定不同任务或软件模块所需访问的内存分区，并为每个分区指定相应的权限，如读、写、执行等。

2）根据配置定义，生成一张内存映射表，包括各个任务或模块可访问的内存地址范围及其相应的权限控制信息。

3）编译器根据上述配置信息生成代码，在运行时将其加载到目标设备上。此外，编译器会在代码中插入相关指令，以便在运行时触发 MPU 进行检查。

4）当某个任务或模块尝试访问特定地址时，处理器硬件会自动触发 MPU 进行检查。MPU 将根据预设的规则判断该访问是否被允许。如果访问合法，操作继续执行；否则，引发异常或触发错误处理机制。

MPU 的具体配置需要根据系统需求而定，例如，对随机存储器（RAM）的写访问可能导致内存损坏，影响软件行为，因此对 RAM 的写操作需要进行内存保护。

内存分区保护是一种功能安全机制，它通过限制对内存及内存映射硬件的访问来提供保护，并且限制软件组件在非授权模式下对 CPU 的访问。这种保护机制通常得到微控制器专用硬件 MPU 的支持，因此，在 AUTOSAR CP 环境下应用内存分区保护时，必须正确配置微控制器硬件，以便操作系统能够监测并防御错误的内存访问行为。在非授权模式的内存分区中运行的软件组件将被系统监控，如果发生非法内存访问或 CPU 指令违规，错误操作将被拦截并生成异常报告。随后，操作系统和 RTE 将通过关闭分区或重启当前分区的所有软件组件来处理这些异常。

6.3.2　时间监控

对于功能安全相关的系统来说，时间的确定性极为重要。系统必须在规定的时间内执行特定的动作或反馈，以确保异常得到及时监测和处理，保障系统的安全性。在 AUTOSAR CP 中，软件组件的执行动作和反馈是否符合时间要求，需依赖 RTE 和 BSW 进行监控。

时间相关的失效模式包括执行阻塞、死锁、活锁、执行时间分配错误和执行超时等。面对这些失效模式，时间监控保护机制需要确保任务执行不会垄断操作系统资源，确保任务在指定时间内被调度，并且任务执行时间不得超过计划时间。为了确保功能安全相关的功能满足时间约束要求，系统必须监测任务对 CPU 的独占情况，这主要通过两种时间监控机制来实现。

❑ 使用操作系统的时间监控保护机制。

❑ 使用看门狗管理器的临时程序流时间监控机制。

1. 操作系统的时间监控保护机制

根据 AUTOSAR CP 规范，实时操作系统时间故障指的是任务或中断的运行时间超过了既定的期限。这种超时可能是由于非关联的其他任务或中断干扰了系统执行过程，因此，仅仅监控时间期限不足以准确识别出系统时间故障的原因。在像 AUTOSAR CP 这样的固定优先级抢占式操作系统中，为了实现安全且准确的时间监控保护，操作系统需要针对可能影响任务或中断运行时间期限的因素进行监控，并采用相应的安全措施，以确保任务或中断能够满足时间期限要求。操作系统时间监控保护机制中的时间期限影响因素及对应的安全措施详见表 6-7。

表 6-7　时间期限影响因素及对应的安全措施

时间期限影响因素	对应的安全措施
任务或中断的执行时间异常	执行时间保护：制订执行计划，确定任务或 2 类中断执行时间上限，通过操作系统监控，保障任务或中断按计划执行，避免时间错误
由于其他低优先级任务或中断锁定共享资源或禁用中断而产生的阻塞时间	锁时间保护：制订锁计划，确定阻塞资源、锁、中断挂起的时间上限，通过操作系统进行监控，避免时间错误
任务或中断的时间间隔异常	时间间隔保护：制定时间框，即确定两次任务被激活或者 2 类中断的最小时间间隔，通过操作系统进行监控，避免时间错误

执行时间强制保护需要硬件支持，例如定时强制中断。若通过中断实现时间强制，该中断的优先级必须足够高，应高于所监督的任务或中断。

2. 看门狗管理器的临时程序流时间监控机制

看门狗管理器是 AUTOSAR CP 架构的基本模块，负责监督 AUTOSAR 应用软件的执行。被监督的逻辑单元称为"监督实体"，其与 AUTOSAR CP 架构中的模块关系不固定，可以是软件组件、软件组件中的运行对象，或者基础软件模块等。在实践中，监督实体内的关键位置应设置检查点，通过函数调用向看门狗管理器报告检查点的执行情况。看门狗管理器不限制检查点的颗粒度，但是设置粗粒度的检查点会影响其检测能力，而设置细粒度的检查点虽然能提高检测能力，却会增加配置规模和复杂度。因此，我们需要根据具体情况进行设计和选择。

看门狗管理器将软件执行的监督与硬件看门狗的触发联系起来，当检测到程序违反时间相关的配置或逻辑约束时，会执行相应的恢复操作。它主要提供 3 种安全监督机制：存活状态监督机制、时间期限监督机制和逻辑监督机制，其中逻辑监督机制在 6.3.3 节有详细介绍。这些机制可以静态配置，并可以组合使用，以适应不同的应用需求。

（1）存活状态监督机制

存活状态监督机制是通过监测周期性监督实体的运行频率实现的，通常使用单个检查点完成。监督实体需周期性地调用该检查点，以发出其正常运行的信号。看门狗管理器则周期性地检查监督实体内的检查点是否在规定时间内执行任务，从而监控监督实体的运行频率是否正常。通常，每个监督实体只设置一个存活状态监督检查点。

（2）时间期限监督机制

时间期限监督机制用于监测非周期性或偶发性监督实体中两个检查点间的执行时间。通过在监督实体内设置两个检查点，看门狗管理器能够监测到这两个步骤间运行所需的时间。时间期限监督机制不可嵌套使用，并且它依赖于第二个检查点的执行情况来监测时间消耗。如果程序未能执行到第二个检查点，则时间期限监督机制无法发挥作用，因而只能检测延迟情况，而无法检测未调用第二个检查点导致的超时情况。另外，虽然看门狗管理器无法直接监控函数库，但可以通过在函数库调用的前后设置检查点进行时间监督。

看门狗管理器根据每个监督实体的状态和整体控制器的全局状态，基于配置信息执行相应的恢复操作。看门狗错误恢复机制涉及从单个监督实体的错误恢复到控制器的全局重置，主要包括以下几种处理方式。

1）监督实体中的错误处理。看门狗管理器在诊断事件管理器中注册，一旦检测到异常，即通过 RTE 通知监督实体。监督实体根据诊断事件管理器的规定，采取相应的恢复措施。

2）分区关闭。看门狗管理器发现非授信分区的监督实体出现异常，可以调用基础软件模块请求关闭该分区。

3）硬件看门狗复位。遇到异常情况时，看门狗管理器会指示看门狗接口停止触发硬件看门狗。硬件看门狗在超时后，将复位 MCU 或 ECU，并重新初始化其软硬件。

4）MCU 立即复位。如果有必要立即对监控故障做出全局反应，看门狗管理器可直接复位 MCU，使 MCU 的硬件和软件系统重新初始化。通常，这种复位不会重新初始化 ECU 的其他硬件部分。

在实施时间监控机制时，我们必须从系统全局视角综合考量并充分理解各种相关信息，以便进行恰当的配置，确保时间监控的准确性。这包括系统时钟源、时钟分辨率、任务管理、监控信息设置及响应处理机制等方面。

- ❑ 系统时钟源：需选择适宜的高精度时钟源，在系统硬件设计和配置时要特别考虑其可靠性和精确度。
- ❑ 时钟分辨率：明确系统内部时钟的分辨率，它决定了时间计数单位的大小，通常定义为纳秒级。
- ❑ 任务管理：为每个定时任务设置合适的优先级、周期和最长响应时间，并在配置文件中记录相关信息，需要根据特定的应用需求来确定这些参数。

❑ 监控信息设置：依据实际情况设定相应的监控信息，包括监测策略的选择、监测对象的关联、检查频率的设定等。例如，使用存活状态监督机制时，须定义信号的发送者和接收者，并规定信息传输的规则与频率。

❑ 响应处理机制：开发者应制定异常情况下的错误处理机制，如记录日志、触发警报、执行特殊恢复操作或重启系统等。

综上所述，在采用 AUTOSAR CP 时间监控保护机制时，我们必须根据具体应用需求进行合理配置，并遵守相关规范要求，以保障时间监控功能的正常运行。

6.3.3 逻辑监督

逻辑监督是检查软件执行逻辑顺序的技术，重点关注控制流相关的错误。如果程序指令的处理顺序出错，或者指令未得到处理，就会引起控制流错误，导致数据不一致或软件失效问题出现，给系统的功能安全造成影响。在汽车行业中，逻辑监督是检测处理单元故障的重要手段。

逻辑监督机制与时间监控保护机制一样，通过看门狗管理器基于检查点进行监督。每个监督实体都设有一个或多个检查点，而一个监督实体的检查点及检查点之间的转换关系构成了一个逻辑图。这个逻辑图中应包含初始检查点和最终检查点，它们的数量可以是一个或多个。因此，从初始检查点开始到最终检查点结束的顺序应当是正确的。监督实体中的逻辑图是内部图，检查点在不同监督实体间进行的转换则构成了外部图。在系统运行期间，根据配置的逻辑图，AUTOSAR CP 中的看门狗管理器会验证监督实体是否按照预设的逻辑顺序正确执行，即检查点的执行顺序是否与预期配置一致，从而实现逻辑监督机制。

在 AUTOSAR CP 中，由于一段时间内只能运行逻辑图中的一个实例，看门狗管理器不支持并发运行的监督实体的逻辑监督。此外，它也不支持逻辑图的重叠，即一个检查点最多只能属于一个逻辑图，不支持一个检查点归属于多个逻辑图。

逻辑监督机制的错误处理和恢复策略与时间监控保护机制的完全相同，包括监督实体中的错误处理、分区关闭、硬件看门狗复位和 MCU 立即复位 4 种方式。

在实际开发中，应用逻辑监督机制需要通过定义检查点、逻辑条件、操作处理及状态管理等来实现对系统行为和运行状态的监测。

❑ 定义检查点：在程序中选择合适的位置设置检查点，确保它们能有效监控程序运行状态。

❑ 定义逻辑条件：定义检查点之间的相互逻辑关系，确定逻辑图，以便清晰地表示程序执行流程。

❑ 定义操作处理：配置错误处理策略，根据系统需求确定在错误触发时的响应操作。

❑ 定义状态管理：跟踪和管理应用程序状态以及错误处理触发情况和操作结果，根据实际需求配置相应的状态管理功能，如日志记录、错误报告等。

6.3.4　端到端保护

在分布式系统中，由于硬件的随机性故障、软件的系统性失效或电磁干扰等因素，通信链路中的数据交换可能发生错误，如果与功能安全相关的数据完整性被破坏，就可能给系统的功能安全造成影响。为了防护安全相关数据传输受到通信链路故障的影响，AUTOSAR CP采用了端到端保护机制。

在 AUTOSAR CP 规范中，基于 ISO26262 传统功能安全标准，识别在不同的软件分区和ECU 上执行的软件组件发送或接收收据，可能存在以下信息交互故障。

❑ 信息重复：多次接收到相同的信息。

❑ 信息丢失：全部或部分信息内容丢失。

❑ 信息延迟：信息接收时间延迟，超出预期。

❑ 信息插入：在信息交换传输过程中插入了额外的非预期信息。

❑ 信息伪装：接收方收到并使用了伪造的不真实信息。

❑ 地址错误：信息被错误地发送到了不正确的接收方，或接收了不正确发送方的信息。

❑ 信息序列不正确：接收到的信息序列发生了改变。

❑ 信息损坏：信息内容在传输过程中被改变，与原发送内容不一致。

❑ 多方数据不一致：发送方对多个接收方发送的数据出现不一致。

❑ 部分接收：仅部分接收方收到了来自发送方的信息，而其他接收方未收到。

❑ 通信阻塞：通信发生阻塞，无法访问通信通道。

在 AUTOSAR CP 架构中，从软件组件的角度来看，通过 RTE 传输数据似乎仅是简单的点对点连接。然而，实际上实现这种连接的抽象需依赖于各个软件层、通信协议栈、驱动程序和底层硬件组成的高度复杂的基础设施。随着复杂性的增加，潜在的故障可能性也相应增加。

端到端保护机制的数据包结构如图 6-8 所示。在这种机制中，发送方会在包含应用数据的数据包上添加额外扩展的控制信息，即端到端信息头部（E2E Header）。这些控制信息通常包含校验和、顺序计数器等。在接收方，系统会对收到的数据中的端到端信息头部及对应的应用数据进行验证。如果验证通过，应用数据则会被提供给相应的软件组件；否则，接收方将执行错误处理流程。

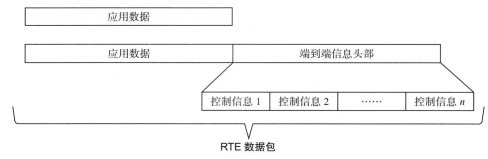

图 6-8 端到端保护机制的数据包结构

AUTOSAR CP 定义了一套标准化且可配置的端到端配置文件，用于规范信息头部控制信息的数据格式。这些配置文件使用以下策略的组合来实现端到端保护。

❑ 校验和：由 CRC 函数库提供，用于检验数据是否损坏。

❑ 顺序计数器：在每次发送请求时递增计数，接收方检查接收到的计数值以确认其是否正确递增，用于检验数据是否发生重复、丢失、插入或顺序错误。

❑ 存活状态计数：在每次发送请求时增加计数，接收方检查计数值是否有变化，但不检查增量是否正确，用于验证发送方的存活状态。

❑ ID 信息：通过端口发送特定 ID 信息，接收方识别数据来源。

❑ 超时检测：包括通信超时检测和确认应答超时检测。

端到端保护机制依赖于配置文件进行保护策略的组合和配置，并依靠接收方的检查及状态机的处理来完成。

1. 端到端保护机制配置

AUTOSAR CP 标准定义了多种配置文件类型，并提供了详细的格式说明。每种配置文件中都包含了计数器、超时判断、数据端口号、校验和等保护策略的组合。这些配置的位数长度可能不同，用户可以根据实际应用需求选择合适的配置文件模板进行配置。但由于配置文件的保护策略中不包含时间戳，端到端保护无法确保数据的实时性。

2. 端到端保护检查与状态机处理

接收方根据配置文件检查端到端信息头部和对应的应用数据是否匹配，以判断当前周期接收的数据是否正确，如果发现错误，则进行异常处理。AUTOSAR CP 标准中引入了状态机的概念，用于上层决定此次通信的应用数据是否可以接收使用。状态机作为一个新的抽象层被引入，使应用能够获取此次通信的一个整体状态，而不必逐条处理每个消息的状态。状态机是可配置的，可以设定丢包或重复报文的次数、通信故障的恢复能力以及通信的初始化等，并根据状态跳转条件在不同的通信状态之间进行切换。

在应用 AUTOSAR CP 时，端到端保护有多种方案。端到端保护以软件库的形式提供，既可以通过封装方式保护软件组件之间交互的安全相关数据，也可以通过通信函数回调方式保护交互层协议数据单元（Interaction Layer Protocol Data Unit，I-PDU），并且两种方式可以混合使用。从 AUTOSAR CP 标准的 4.2.1 版本开始，我们也可以通过 RTE 数据转换器来保护 RTE 级别的复杂数据交换。

端到端保护提供了一种系统化的解决方案，用于保护软件组件之间的通信，与使用的通信资源无关。在不同的项目中应用时，不需要修改软件组件的代码和逻辑，只需更改保护参数配置即可。

端到端通信保护机制在 AUTOSAR CP 标准中作为标准库提供，用于实现端到端的通信保护。发送方在数据传输前添加保护措施，接收方则在运行时检测和处理通信链路中的错误。当检测到错误时，具体的错误处理机制会根据应用情况而有所不同，如程序的终止或重启。这些在 AUTOSAR CP 用户手册中有详细说明。

为了全面保障通信安全，仅依赖端到端的软件库是不够的，需要验证所选配置文件及保护机制是否能提供充分的错误检测能力。这包括评估硬件失效率、误码率、消息的重复率、网关使用情况等。对于软件组件之间通过 RTE 的通信，不只考虑简单的点对点连接，还需考虑多种故障模式，如 RTE 数据转换错误、客户端 / 服务器通信参数顺序错误、传输延迟等。在开发安全相关的系统时，我们需要考虑这些失效模式，并增加相应的安全措施。

6.4　AUTOSAR AP 安全措施

AUTOSAR AP 是面向服务的软件架构，功能模块通过独立进程实现，并包含所需依赖的全部软件库，从而实现模块间低耦合。每个模块都可以独立部署和设置。AUTOSAR AP 具有功能复杂、协议栈庞大、软件代码量多的特点。相比 AUTOSAR CP，AUTOSAR AP 满足功能安全要求的难度更大。AUTOSAR AP 的应用范围广泛，适用于智能驾驶系统、网关、车身控制系统、娱乐系统等多个领域。根据不同的应用领域的功能安全要求不同，AUTOSAR AP 需达到的 ASIL 也有所区别。但共性的基础软件功能安全应满足最高要求，因此最高需实现 ASIL D 的安全目标。

AUTOSAR AP 中采用脱离上下文环境安全要素（Safety Element out of Context，SEooC）

的假设分析方法，即对应用场景进行假设，以识别 AUTOSAR AP 的顶层特性需求。通过危害分析方法，可以推导出安全目标及功能安全相关要求，并将这些要求分配给各功能模块进行功能安全开发。在功能模块中，增加安全机制以实现这些安全要求。本节将基于 AUTOSAR AP 标准规范，介绍所输出的安全目标和安全要求，并将安全要求分配给各个功能集群，然后说明各个安全相关功能集群的设计原理及采用的安全措施。

6.4.1 安全目标、要求及分配

作为面向服务的基础平台化软件，AUTOSAR AP 核心职责是为应用服务提供必需的软件运行环境和通用的软件技术支持。在智能汽车领域，AUTOSAR AP 的主要功能包括应用程序的部署、执行、调度、更新，以及管理应用程序的状态，如启动、暂停和停止；支持数据配置、持久存储和访问；通过车载网络进行数据的发送和接收，实现信息交换；在系统运行过程中监控处理时间、内存占用率、总线负载率等关键性能指标。这些功能特性总结和安全相关总结在表 6-8 中。

表 6-8　AUTOSAR AP 的功能特性总结和安全相关总结

顶层特性	对应的危害	安全要求	目标总结
为应用程序或服务提供灵活的执行时间和资源	应用程序或服务非预期、不及时或不正确地执行	AUTOSAR AP 应提供机制，监控控制流并管理应用程序的执行顺序，确保多种应用程序或服务能够以正确的顺序进行正确计算、执行	安全执行
为应用程序或服务提供动态可配置、可更新升级的运行环境	应用程序或服务不正确地配置和更新	AUTOSAR AP 在车辆的整个驾驶周期提供正确的配置，支持应用程序或服务正确、安全地更新	安全配置 安全更新
为应用程序或服务之间、应用程度或服务与车内外组件之间提供信息交换功能	应用程序或服务之间非预期、不及时或不正确地信息交换	AUTOSAR AP 在处理数据或和其他系统通信过程中应监测故障和失效情况，提供相应机制，支持安全关键应用程序或服务之间信息的安全交换	安全通信 安全存储
在驾驶过程中，保持正确的配置，监控操作的正确性	配置损坏	AUTOSAR AP 应确保程序或服务正确配置，提供相应机制，支持应用程序或服务的安全存储	安全配置 安全存储

AUTOSAR AP 标准规范旨在实现安全执行、安全配置与更新、安全通信和安全存储目标。这些目标对设计开发提出了相应的功能安全要求。

（1）安全执行

为了确保应用程序或服务安全执行，功能安全必须贯穿始终。虽然从架构分层上看，安全启动不属于 AUTOSAR AP 标准要求，但从整体安全执行角度出发，在设计开发阶段必须关注启动过程的安全影响。在初始化过程中，应检查应用程序和服务的完整性。如果更新了一个经过预先验证的安全相关的配置，该应用或服务在启动时也需要进行完整性检查，以确保未被篡改。

为了确保运行过程中的安全执行，我们首先需要实现应用程序或服务的隔离保护，确保不同应用程序或服务之间不受干扰，实现安全资源的管理；其次，保障安全程序的可靠调度和正确执行，定义安全程序执行时间，确保应用程序或服务生命周期内状态的安全转换，并在检测到安全执行相关问题时，能够安全关闭应用程序或服务。

由于 AUTOSAR AP 架构旨在支持多种应用程序或服务，其安全完整性目标应满足应用上的最高 ASIL 要求。这样在实际应用中，只要所使用的底层硬件系统的 ASIL 能与应用的 ASIL 相匹配，便可实现安全计算的目标。

（2）安全配置与更新

AUTOSAR AP 的目标是支持现场部署应用程序和在线升级更新，不局限于生产过程中的部署更新。动态部署更新会对基础软件或服务产生影响。为确保部署的正确性，首先需验证车辆、相应的 ECU 及专用资源是否允许部署更新，并检查本地和全局依赖关系是否匹配，分区的 ASIL 分类是否正确，并在部署更新前完成安全初始化和安全相关检查。在部署更新后，执行和验证所更新的应用程序，确保其正确无误后才可激活。

应用程序的部署更新应在安全状态下进行，以确保不会引发安全相关的软件故障，并防止有效配置的丢失或误修改。基础应用程序可从清单文件（Manifest）中获取配置数据，并在初始化及激活新应用程序时动态运用这些数据。在实际应用中，我们可根据客户需求和平台设计灵活选择配置。更新过程中系统应能识别意外中断或退出，并能将软件恢复到先前状态。若最终应用程序更新失败，系统也能够支持恢复到更新前的状态。

（3）安全通信

AUTOSAR AP 在运行时，为了实现同一分区内、不同分区间、不同控制器间、不同 ECU 间的应用程序或服务的安全通信，首先需在通信前进行通信伙伴的身份验证，并为应用程序或服务提供接口以实现安全通信。通信过程中，支持端到端保护，并通过监督预定义的响应截止时间来监测端到端保护服务的响应延迟。

（4）安全存储

为了在应用程序或服务整个生命周期中实现安全执行、通信、配置与更新，AUTOSAR AP 必须保证安全存储。应用程序或服务需要在非易失性存储器单元中持久地加载和存储数据。为了防止和检测数据的意外更改及存储访问延迟，AUTOSAR AP 需要支持检测持久内存中的数据损坏情况，并支持数据恢复机制以保障安全，如发现非易失性存储器单元中的数据损坏，应通知应用程序或功能集群。

AUTOSAR AP 架构中包括多个功能集群，这些集群承担需求的实现。功能安全的目标和要求被分配给这些功能集群，如图 6-9 所示。其中，执行管理（EM）集群负责系统执行相关任务，包括平台初始化、应用程序或服务的启动和停止控制；平台健康管理（PHM）集群负责监督软件执行，如控制流监督和存活状态监督；状态管理（SM）集群负责管理所有运行状态；持久化存储（PER）集群负责非易失性数据的安全存储与读写；更新和配置管理（UCM）集群负责软件的安装部署、更新升级、删除卸载，并支持签名验证与软件回滚恢复；通信管理（CM）集群负责信息的传输与交互。

安全执行相关要求	安全配置相关要求	安全更新相关要求	安全通信相关要求	安全存储相关要求
执行管理（EM）集群 平台健康管理（PHM）集群 状态管理（SM）集群	执行管理（EM）集群 平台健康管理（PHM）集群 更新和配置管理（UCM）集群 持久化存储（PER）集群	更新和配置管理（UCM）集群 平台健康管理（PHM）集群 通信管理（CM）集群 持久化存储（PER）集群 状态管理（SM）集群	通信管理（CM）集群 平台健康管理（PHM）集群	通信管理（CM）集群 平台健康管理（PHM）集群 持久化存储（PER）集群

图 6-9　安全要求分配

承担安全要求的功能集群采取了相应的安全措施，以保障功能安全需求的实现，进而支持 AUTOSAR AP 在安全相关项目中的应用，并助力实现相应的安全目标。但是，使用 AUTOSAR AP 的系统或项目并不意味着一定满足功能安全目标。具体的安全要求及措施与依赖的功能集群的对应关系示例如表 6-9 所示。

表 6-9　安全要求及措施与主要功能集群对应关系示例

序号	安全要求及措施	依赖的功能集群
1	提供安全执行机制，即正确地计算执行，并监测执行顺序和时间	执行管理（EM）集群 状态管理（SM）集群 平台健康管理（PHM）集群 操作系统（OS）
2	提供生命周期内状态的安全转换	执行管理（EM）集群 状态管理（SM）集群 平台健康管理（PHM）集群
3	提供平台功能集群、应用程序或服务的可靠调度	执行管理（EM）集群 操作系统（OS） 平台监控管理（PHM）集群
4	确保应用程序或服务的安全关闭与停止控制	执行管理（EM）集群 状态管理（SM）集群 平台健康管理（PHM）集群
5	提供软硬件的安全初始化机制	执行管理（EM）集群 更新和配置管理（UCM）集群 平台健康管理（PHM）集群

（续）

序号	安全要求及措施	依赖的功能集群
6	提供平台功能集群、应用程序或服务的先决条件和依赖项的安全检查机制	执行管理（EM）集群 更新和配置管理（UCM）集群 平台健康管理（PHM）集群
7	提供配置数据安全验证机制，并防止丢失有效配置	执行管理（EM）集群 更新和配置管理（UCM）集群 平台健康管理（PHM）集群
8	为应用程序或服务提供安全更新与升级机制	更新和配置管理（UCM）集群 平台健康管理（PHM）集群 持久化存储（PER）集群 通信管理（CM）集群 状态管理（SM）集群 识别与访问管理（IAM）集群
9	提供接口，支持安全通信	通信管理（CM）集群 平台健康管理（PHM）集群
10	为平台功能集群、应用程序或服务提供安全相关资源管理、安全存储机制	执行管理（EM）集群 更新和配置管理（UCM）集群 平台健康管理（PHM）集群 持久化存储（PER）集群

6.4.2　各功能集群的安全措施

在 AUTOSAR AP 中，与安全相关的功能集群主要包括执行管理（EM）集群、平台健康管理（PHM）集群、状态管理（SM）集群、持久化存储（PER）集群、更新和配置管理（UCM）集群以及通信管理（CM）集群。在系统运行时，这些功能集群各自负责特定任务，相互配合，共同实现系统的基本功能和安全需求。每个功能集群的安全需求都是通过其内部的安全措施设计来实现的。

6.4.2.1　EM 集群的主要安全措施

进程作为可执行的实例，EM 集群负责决定何时以及以何种顺序启动各个进程，并基于清单文件中的信息检查可执行实例及其数据的完整性和真实性。在进程创建时，EM 集群通过配置进程能力属性来限制进程的权限，防止其启动其他进程。EM 集群根据执行依赖关系启动和关闭相应的进程，但不负责运行中的进程调度，因为这是操作系统的职责。EM 集群还负责操作系统的初始化和配置，确保操作系统能根据清单文件中的信息执行运行时调度和资源管理。系统的启动顺序是首先启动操作系统，然后作为初始化过程的一部分启动 EM 集群，接着由 EM 集群启动基础平台中的其他功能集群和应用程序。在总体职责上，EM 集群负责进程初始化、启动、停止等生命周期过程管理，状态切换，确定性执行，以及对进程所需资源的配置和限制，以避免相互干扰，实现故障容忍和处理。EM 集群还需确保自适应平台上所有可执行代码在执行前经过身份验证，并支持识别与访问管理（IAM），对进程进行身份验证。

EM 集群中的核心安全措施是确定性执行。这是一种与实时性和安全性相关的机制，确保针对给定的输入数据集，在规定时间内完成计算并确定产生一致的输出。确定性执行分为时间确定性执行、数据确定性执行和完全确定性执行。时间确定性执行指的是在规定截止时间前完成计算；数据确定性执行指给定相同输入和内部状态时，计算产生相同的输出结果；完全确定性执行是时间确定性执行和数据确定性执行的结合。

作为基础软件平台，AUTOSAR AP 需适应不同环境和场景，其确定性执行机制保证了在相同输入下运行结果的一致性。通过软件锁步机制，可以验证数据的确定性，即通过两个不同路径的冗余计算并比较其结果来证明数据的一致性。AUTOSAR AP 通过为执行计算的软件实体分配充足的计算资源来保障时间的确定性。这些计算资源包括处理器时间、内存和服务响应时间等。如果计算运行超过了规定的截止时间，则视为出错，并启动相应的恢复操作。

AUTOSAR AP 的库函数 DeterministicClient 运行于用户进程上下文中。EM 集群负责提供 DeterministicClient 相关 API，支持周期循环进程、确定性工作池、时间戳、随机数及实时资源的控制，以实现确定性执行。

6.4.2.2 PHM 集群的主要安全措施

PHM 集群是 AUTOSAR AP 中与功能安全紧密相关的功能模块集，主要负责根据时间约束、逻辑顺序约束和平台运行状态对应用程序及服务进行监控。PHM 集群在检测到被监控实体出现故障时，会采取补救措施，并通知 SM 集群来决定错误处理方式及触发相应的恢复行动。在严重故障发生时，PHM 集群可通过与硬件看门狗的接口直接触发看门狗复位。

PHM 集群提供存活状态监督、截止时间监督和逻辑监督，并为监测到的错误设置可配置的容错阈值和反应延迟时间。该集群通过在被监控实体中设立的检查点来实施，这些检查点的颗粒度决定了监测的精细度。存活状态监督采用周期性检查点机制，以验证应用程序或服务是否按预定周期正常运行，即检查被监控实体是否在规定时间内到达目标检查点；截止时间监督采用非周期性检查点机制，以确认应用程序或服务是否在设定时间内运行至规定位置，即通过监测源检查点与目标检查点之间的时间跨度，以识别提前到达或延迟超时的情况；逻辑监督是从一个初始检查点到最终检查点，验证应用程序或服务的所有运行序列是否正确无误，检查每个被监控实体的检查点与前一检查点之间的顺序是否符合预设要求，重点监控程序控制流。

基于存活状态监督、截止时间监督和逻辑监督的结果，系统可以计算每个被监控实体的局部监督状态及所有实体的系统全局监督状态。每种状态由状态机确定。PHM 集群根据这些状态，采取相应的错误处理措施：

❑ 请求 SM 集群切换到功能组指定的状态；

❑ 请求 EM 集群强制切换到指定的不可恢复状态；

❑ 请求 EM 集群终止特定进程及重新启动相应的进程；

❑ 请求看门狗驱动程序执行看门狗重置操作；

❑ 向诊断管理集群报告错误信息；

❑ 将错误信息转发到应用程序或服务。

6.4.2.3　SM 集群的主要安全措施

SM 集群的职责是确定当前的内部状态，接收所有可能影响这一状态的操作事件，并依据事件类型、优先级及应用程序标识进行决策评估，以此通过向 EM 集群发起请求来完成状态转换。状态转换的触发来源于平台健康管理、自适应诊断、更新和配置管理以及网络管理等多个功能集群。SM 集群接收到这些功能集群的状态转换触发请求后，它的内部逻辑会根据特定项目的需求做出最终的执行决策，并控制 EM 集群进行相应的状态更改。

所谓"状态"，包括机器状态和功能组状态两种。功能组状态涵盖机器状态，机器状态是功能组状态的一种特定形式，主要涉及启动、关闭和重启 3 种状态。我们也可以根据需求在机器文件清单中定义其他状态。每台机器至少需要配置并部署一个功能组，其状态被称为"机器状态"，代表了该机器的全局状态。若一台机器上配置并部署了多个功能组，形成多组功能一致的应用程序集合，单个的机器状态则无法单独灵活控制这些功能集群。并且，部分功能集群启动和终止需要交错执行，因此需通过不同的机器状态来覆盖功能集群的所有可能组合，即通过功能组状态进行定义和控制。机器状态用于表示机器的全局及平台级应用进程的启动、关闭和重启状态，而功能组状态则单独表示同一功能下的用户级应用程序集的状态。

作为与功能安全相关的集群模块，SM 集群需由 PHM 集群进行监督与管控，并通过 IAM 集群确保应用访问的安全性。SM 集群的安全措施需与其他功能集群协同工作，主要包括以下几方面。

❑ 通过 EM 集群执行功能组状态更改，请求将功能组状态设定为特定状态，并评估执行结果。

❑ 发起启动、关闭和重启机器的请求。

❑ 接收来自 PHM 集群的状态故障通知，并据此评估信息以进行故障恢复，请求 EM 集群进行功能组状态切换或机器重启。

❑ 接收诊断请求，并针对每个诊断地址执行特定的复位操作。

❑ 接收来自 UCM 集群的请求，对将要安装、卸载和升级的软件功能组进行状态更新和验证，为回滚指定的软件功能组进行状态准备，并在软件更新期间，SM 集群监控关闭状态，以防系统关闭。

❑ 接收外部请求，以激活或关闭局部网络。

6.4.2.4 PER 集群的主要安全措施

PER 集群负责将信息存储在非易失性存储器上，它提供了访问这些存储器的标准接口。PER 集群提供了两种不同的存储机制：文件存储和键值存储。键值存储类似于数据库，允许访问一组键及其关联的值；文件存储则类似于文件系统目录，通过端口原型直接读写文件，并配置资源管理及备份恢复相关选项。PER 集群的主要功能如下。

❑ 在系统启动和运行过程中，支持使用键值存储或文件存储方式持续将数据保存到非易失性存储器，并支持对已进行持久性存储的数据进行访问。

❑ 支持对持久性存储的数据进行加密和解密处理。

❑ 提供用于存储数据的错误检测和纠正机制。

❑ 监控非易失性存储空间的使用情况。

PER 集群的功能安全职责是保证存储数据的完整性。这一目标通过计算存储数据的校验和（CRC）、哈希值以及创建冗余副本等措施来实现。PER 集群利用这些措施为每个键值存储和文件存储提供冗余信息，以检查数据存储的完整性和损坏情况。当数据发生损坏时，PER 集群会利用冗余信息来修复损坏的数据。对于无法通过冗余信息恢复的数据，应用程序或服务可以借助 PER 集群提供的恢复机制进行数据恢复，这需要将相应键值存储和文件存储的状态设置一致。在这种情况下，应用程序或服务需要对恢复的数据进行验证确认。此外，我们还可以根据当前的清单将损坏的项目重置为初始状态。

6.4.2.5 UCM 集群的主要安全措施

UCM 集群的功能安全职责是在自适应平台上进行软件的升级更新、安装和卸载，确保软件更改的安全性。数据通过通信接口传输，UCM 集群将软件包存储至本地存储库，并根据主服务器或客户端的请求顺序处理这些包，同时支持多个软件包的并行传输。完成安装、更新或卸载操作后，UCM 集群会发布通知，并在处理完软件包后清除不需要的数据，确保已卸载软件相关的非易失性数据被删除。此外，UCM 集群支持对已安装或更新的软件进行激活和验证，并在必要时可回滚到先前版本。在接收、安装、更新、卸载或激活软件的过程中，UCM 集群执行必要的检查和验证，确保软件更新和修改的安全性。UCM 集群功能如下。

1）验证软件包的传输一致性、完整性和授权信息，检查传输的数据量是否正确。

在软件包传输结束时，通过 UCM 集群的校验检查机制，更新并检查软件包的一致性和完整性，确认数据是否损坏、参数是否与定义内容一致，若检查失败，则发出相应的错误报告。根据传输开始时提供的软件包大小参数值，检查软件包中的所有信息是否已全部传输完成，若发现异常，则返回数据不全的错误报告。此外，软件包应包含身份认证和完整性标签，以验证传输序列中的内容。在处理软件包之前，我们可进行身份验证，以确保身份授权的合法性，若检查失败，则报告相应的错误。UCM 集群在发现错误后将终止处理过程，并删除已传输的软件包。

2）检查是否有足够的资源对软件包及相关数据进行接收、处理和存储。

在软件升级和修改时，向 UCM 集群传输的软件包必须提供软件包大小的参数值。UCM 集群会检查缓冲区是否有足够的存储空间来存储该软件包，若存储资源不足，则引发应用程序错误，无法进行相应的软件包传输。当一个软件包正在传输时，如果 UCM 集群接收到另一个软件包的传输请求，UCM 集群将确认正在传输的和请求传输的两个软件包大小之和是否超过缓冲区大小，如果超过，则报告存储不足导致的应用程序错误，并拒绝新的传输请求。

3）检查软件依赖关系是否满足。

在激活软件时，UCM 集群会进行软件依赖项检查，确保所有相互依赖的软件包都已成功处理，否则会返回依赖项错误报告。对于增量软件包，如果属性中的软件版本与 AUTOSAR AP 中已存在的版本号不匹配，会触发增量不兼容错误，导致 UCM 集群终止处理并删除已传输的软件包。同时，UCM 集群会计算状态管理更新请求服务接口（包括准备更新、验证更新和准备回滚）从软件集群清单依赖模型中的调用顺序。

4）支持更新失败后的恢复机制，确保可以从意外中断中安全恢复。

在软件更新过程中，若发现错误或更新失败，UCM 集群能够恢复所有已修改内容并支持软件回退。区别在于，恢复修改仅限于在目标软件包成功激活之前进行，而软件回退则只能在软件包成功激活后执行。若状态管理更新请求服务接口"验证更新"返回的错误次数或时长超出预定阈值，UCM 集群便会转入回退状态。在更新过程中，UCM 集群还能检测是否发生不受控制的重置。遇此情形，UCM 集群首先会检查非易失性存储器的完整性，并恢复已处理的内容，确保其未受损坏，同时恢复中断的操作，使系统能够继续为客户提供服务。

5）防止错误安装以前旧版本。

UCM 集群会检测并禁止安装含已知安全漏洞的旧软件版本。它会阻止相关处理操作，报告与软件旧版本相关的错误，并将其记录在历史记录中，同时删除旧的软件包。

6.4.2.6　CM 集群的主要安全措施

在 AUTOSAR AP 中，CM 集群的主要安全措施是在通信中配置端到端（E2E）保护的安全机制。在端到端保护过程中，消息发布者会根据网络规则序列化数据，并在消息中添加 E2E 保护消息头。消息订阅者负责检查消息的 E2E 保护，随后移除 E2E 保护消息头，并进行数据反序列化处理。若消息订阅者未接收到序列化数据，E2E 保护机制将充当通信超时的防护机制。

E2E 保护机制是 AUTOSAR 平台上的一种通用安全机制，不仅限于 AUTOSAR CP 中的 RTE 或 AUTOSAR AP 中的通信协议栈。该机制可用于 ECU 间的通信，也适用于内部通信，支持 CAN、CAN FD、FlexRay、LIN 或以太网等通信协议。E2E 保护机制有多种配置文件，我们可以根据不同系统应用的具体需求选择合适的端到端配置文件。每种配置文件通过不同的算法实现相应的通信保护，涵盖多种通用的安全机制。

- ❑ CRC 机制：此机制涉及在传输请求中添加数据校验和，接收端利用该校验和检查数据的完整性。不同的端到端配置文件中，CRC 的位数有所不同，可能是 8 位、16 位、32 位、64 位。
- ❑ 序列号机制：在每个传输请求中加入逐渐递增的序列号计数值，接收端负责检查这些计数值按正确顺序递增。
- ❑ 心跳机制：每次传输请求时增加心跳计数，接收端需检查计数值的变化，但不必验证递增的准确性。
- ❑ 数据源 ID 号识别机制：通过每个端口发送的特定 ID 标识端口数据元素，或通过每个 I-PDU 组的特定 ID 来识别数据来源。
- ❑ 超时检测：接收端负责进行通信超时判断，发送方则进行超时确认。

6.5　广义中间件层面的安全措施

在智能汽车领域，中间件的定义较为广泛，没有统一标准。广义上，中间件指的是位于操作系统之上、应用软件之下的软件层；狭义上，中间件通常指通信中间件，如分布式通信中间件。广义中间件作为承上启下的软件层，建立了底层系统软件和应用软件之间的关键中间层，支持各软件组件间的通信与连接。这种中间件基于操作系统管理计算和通信资源，为应用软件提供共享资源渠道，允许在不同技术架构间共享信息。在智能汽车应用中，广义中间件扮演着至关重要的角色，具有存放基础共性软件功能，支持系统功能的模块化拆分，并为每个模块提供明确的接口。这种结构提供了充分的模块间隔离保障，并实现了节点调度、执行管理、消息分发等功能，同时提供监控能力，为智能汽车应用提供了稳定的软件基础。

广义中间件的安全措施主要分为两大部分：安全监测和安全处理。每个模块可以配置独立的安全监测机制和安全处理机制，以进行特有的故障和失效情况监测与处理。在广义中间件层面上，我们也需要设计独立的安全监测机制和安全处理机制，并将其集成到服务运行框架中，以便对中间件中的各个模块、上层服务及应用发生的通用故障和失效情况进行统一监测和处理。图 6-10 展示了广义中间件安全措施分布示意图。

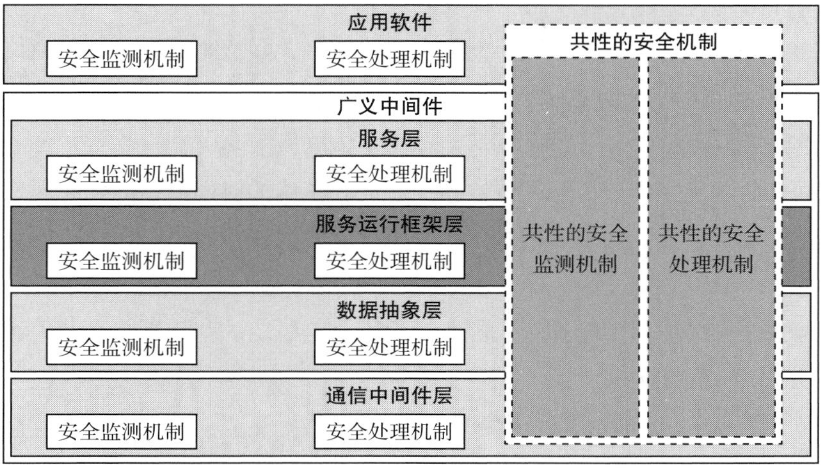

图 6-10　广义中间件安全措施分布示意图

通过安全监测机制，广义中间件对可能影响车辆安全的失效情况进行监测，并在发现异常时采取相应的安全处理措施。这些措施可能包括停止使用相关数据、发出报警提示或使车辆进入预定义的安全状态等。因为平台软件主要关注通用内容，并不能专门针对某一特定应用功能进行处理，所以在广义中间件中无法完全定义具体的安全异常处理策略。这需要在特定的项目中，结合应用功能和场景来具体定义，但是可以在广义中间件把所有可能支持的应用场景所涉及的安全处理策略和状态，定义成基础的处理机制，以便在具体应用时进行灵活的选择和配置。

安全措施的制定必须结合功能需求和具体设计内容，不能笼统处理。软件功能安全领域没有固定模式和一成不变的安全机制。只有在具体的项目中，针对具体产品进行详细的安全分析，识别潜在的风险，然后制定针对性的防护措施，才能达到最有效的结果。本书提供的安全措施仅作为示例供参考，旨在帮助读者在探索过程中找到正确的方向，从而缩短探索时间，实现效率的最大化。

6.5.1　通信中间件层的安全措施

通信中间件的主要作用是进行消息的分发和传输，以实现操作系统内部进程间以及不同操作系统间的实时通信。它包括发布 – 订阅、请求 – 响应等不同的通信模型，并支持多种通信协议，同时需要具备数据序列化与反序列化的能力。在智能汽车软件中，发布 – 订阅模式的通信中间件应用尤为广泛。例如，常用的数据分发服务（Data Distribution Service，DDS）

和 IP 上可扩展的面向服务中间件（Scalable service-Oriented MiddlewarE over IP, SOME/IP）均采用了发布 - 订阅模式。这种模式是一种以数据为中心的通信方式，允许在应用开发时无须详细定义发送方和接收方。通过主题将发布者和订阅者关联起来，支持异步通信，并通过共享数据实现消息传递，从而使发布者和订阅者之间实现解耦。与传统的点对点通信相比，这种方式通信更灵活、高效。

通信中间件的功能安全核心是确保数据信息能在正确的时间内，准确无误地从正确的发送方传输到正确的接收方。如果通信过程中发生故障或失效，通信中间件应能有效地进行监测与防护。

为了保障安全性，通信中间件首先需要确保可靠、稳定的基础性能，其中吞吐量和延时是设计开发过程中的重要指标。

❑ 吞吐量指的是单位时间内能够传输的数据量。

❑ 延时指的是通信过程中的传输延迟。

这两个指标直接影响到关键数据是否能够及时传输并进行处理，进而关系到行车安全。例如，在智能汽车智能驾驶过程中，如果传感器检测到前方突然有车辆切入，但由于通信吞吐量不足或传输延迟，检测到的信息无法及时传输给规划决策系统，车辆可能会做出错误的决策和控制，导致发生碰撞。因此，对于通信中间件而言，吞吐量和通信延时是需要重点考虑的性能指标，必须通过大量的测试和持续的设计改进来确定最优值。

安全可靠的正向设计是基础，但在复杂的应用场景中很难有完美的正向设计。我们需要采用逆向思维来考虑各种故障和失效情况，并在设计中实施防护和补充措施，以降低风险。通信过程中影响安全的主要要素如下。

❑ 数据的真实性：确保数据来源真实可靠，防止数据来自非预期的发布者或被恶意伪造。

❑ 数据的正确性和完整性：保证数据的长度和内容完好无损。

❑ 数据的时效性：确保使用的数据在规定的有效时间内。

❑ 数据顺序的正确性：保证接收订阅的数据顺序与发布传输的顺序一致，并防止重复和丢包。

为了保障通信中间件消息分发和传输的安全性，我们需要针对这些影响安全的要素进行防护。这些要素对应通信过程中可能发生的失效情况，总体归纳起来可以分为 7 种模式：数据重复、数据丢失、数据排序错误、非预期数据插入、数据损坏、恶意伪造信息、通信延迟。针对这 7 种失效模式，对应的安全措施有序列号机制、时间戳机制、数据源 ID 号机制、编码校验机制、加密机制、超时判断机制，具体对应关系如表 6-10 所示。其中，时间戳机制和超时判断机制一般用于周期性通信中，通过对通信周期和时间的计算，评估数据包的时效性。

表 6-10　通信失效模式与安全措施对应关系

失效模式	数据重复	数据丢失	数据排序错误	非预期数据插入	数据损坏	恶意伪造信息	通信延迟
对应安全措施	● 序列号机制 ● 时间戳机制	● 序列号机制 ● 时间戳机制	● 序列号机制 ● 时间戳机制	● 数据源 ID 号机制	● 编码校验机制	● 加密机制	● 时间戳机制 ● 超时判断机制

在通信过程中，数据发送方或发布者会根据通信协议的约定，在数据包的头部或尾部加入相应的安全机制字段，形成一个包含安全措施的新传输数据包。数据接收方或订阅者在收到这个数据包后，根据通信协议的字段定义进行检查和校验，如果发现异常情况，则丢弃该数据包。当连续发现的异常超过规定要求时，数据接收方或订阅者将根据应用情况执行相应的报警提示或处理，以进入安全状态。

6.5.2　数据抽象层的安全措施

数据抽象层的主要功能是对来自不同来源的外围硬件接口数据进行标准化和抽象化处理，将其转换为统一格式的接口数据。在智能汽车领域，数据抽象层能够实现对硬件计算平台、车辆自身的传感器和执行器，以及与智能驾驶相关的传感器进行抽象化处理。进一步扩展，它还可以包括软件操作系统、通信中间件和地图等信息的抽象化。举例来说，在智能驾驶领域，根据自动化功能的不同级别（L0 到 L5），所需的传感器类型及其组合也会有所不同，这可能包括摄像头、激光雷达、毫米波雷达、超声波雷达和导航定位系统等。这些传感器可能属于不同的制造商，并且它们的数据格式可能不同，甚至同一制造商的不同型号传感器也可能有不同的数据格式。因此，为了让上层应用和服务能够统一地使用这些数据，而不需要关注数据格式的差异，不针对每种传感器进行特别处理，我们在平台化软件中通过定义一个抽象层来转换各种不同类型的外围硬件为统一的数据格式和接口，从而屏蔽硬件技术的细节。

数据抽象层需要不断完善其外围硬件抽象库，以确保逐步包含所有相关的外围硬件类型，支持用户灵活地部署和差异化扩展各种设备的抽象处理。该抽象层会根据硬件设备类型和数据通路等输入信息执行相应的抽象活动，并提供数据传输通道。在具体设计和应用中，我们可以使用配置文件作为输入。数据抽象层通过解析配置文件来获取数据抽象节点信息，并根据配置定义来加载、解析、转换和卸载相应的数据抽象节点，执行特定外围硬件的抽象处理。在上行传输过程中，数据抽象层负责将不同格式的输入数据转换为统一的数据格式和接口；在下行传输过程中，它还负责将统一格式的数据转换为相应的不同格式的动态车身控制数据输出。

从功能安全角度看，数据抽象层需要确保在规定的时间内完成数据格式及接口的正确转换，并保障数据的正确传输。对于被转换数据本身的正确性，数据抽象层无法识别，因此输入方需要确保数据的正确性，接收方需要在使用数据前进行完整性、合理性和合法性的检查。因此，数据抽象层的功能安全措施应从时间有效性、转换正确性和传输正确性 3 个方面进行保障。

1. 时间有效性保障

数据抽象层应具备超时判断的安全机制，能够对配置文件及其节点的加载、解析过程，数据抽象转换过程，以及数据接收和传输过程进行时间有效性检查，防止因超时而无法及时处理相应的数据信息。对于周期性过程，数据抽象层可以利用周期时间进行超时判断；对于非周期性过程，数据抽象层可根据设计情况，采用时间戳等机制进行超时判断。此外，数据抽象层的运算处理机制也可能失效，无法对数据进行及时处理、转换或传输。这就需要一个额外的独立监测机制来监控数据抽象层软件的运行状况，如通过设置检查点和运行截止时间来监测其存活状态。若监测到超时或其他异常情况，平台化软件层应停止传输和使用相关数据，并进行提示报警；同时，需要根据具体应用策略判断该失效对车辆行驶安全的影响程度，并结合具体应用场景确定是否需要进入安全状态以及进入哪种安全状态。

2. 转换正确性保障

数据抽象层在对外围硬件数据格式进行抽象和转化时，如果格式转换出现错误，可能会导致上层应用程序或服务无法调用相关功能。虽然这种情况不一定会带来安全风险，但如果数据在转换过程中出现错误，则可能使应用程序或服务使用错误的数据，进而对车辆行驶的安全性产生影响。因此，我们必须采取措施防止此类情况发生。

首先，确定数据抽象层的设计是否涉及数据的重组。

❑ 如果涉及数据包的拆解和重组，则需要具体分析这一过程的逻辑，并找出其中的风险点以采取防护措施，例如，可以通过独立监测机制监控数据抽象层的运行状态，设置多个检查点，通过时序检查预防软件逻辑错误；还可以采用软件锁步设计机制，通过建立冗余的数据抽象模块对同一输入源抽象后进行比较，若发现不一致，则表明转换过程存在问题，需进行相应的安全处理。

❑ 如果数据包不涉及重组，抽象过程仅涉及数据包外部格式的转化，那么数据的正确性可以通过输入方和输出方的协议机制来保障，例如，可在数据包中增加校验机制，以防数据损坏。

此外，在数据抽象过程中，数据存储可能失效，导致最终转换内容出错。因此，我们还需考虑数据存储的防护措施，并结合硬件资源及底层系统软件的防护机制，例如，通过内存分区存储保护机制避免软件之间的非预期修改，使用带有校验机制的存储器对数据存取过程进行一致性校验。无论采取何种安全监测机制，一旦发现转换异常，都应立即停止传输和使用相关功能，并进行提示报警，然后根据应用策略确定后续的安全处理措施。

3. 传输正确性保障

数据抽象层虽然承担了数据传输的职责，形成了数据传递的通道，但其本质还是通过通信中间件的通信方式或软件接口调用方式来实现数据传输。因此，传输过程中的失效问题主要是通信过程的失效。传输正确性可以通过端到端保护机制来确保，具体可以参考通信中间件的安全措施或 AUTOSAR 平台通信相关的端到端保护机制。通信过程中的安全防护原则是尽可能地在收发两端添加安全机制，从而减少中间过程的层层检查。这种做法不仅可以提高运行效率，还能确保通信的安全性。

6.5.3 服务运行框架层的安全措施

服务运行框架是广义中间件的核心组成部分，起着承上启下的作用，在软件架构的南北向层次中发挥重要作用。它像一个带有瓶口的玻璃罩，对下层的底层软件进行封装，同时为上层应用程序和服务提供统一规范的接口。在东西向数据流动方面，它提供了通道和机制，能够部署、加载、编排、调度和卸载各种服务，并提供通信通道，类似于生产线上的传送带，可以按既定规则添加原料、运行工序并将服务输送到目标位置。

在软件功能安全方面，服务运行框架扮演着重要角色，支持添加共性安全机制，对所有服务及广义中间件进行安全监测和处理。这些安全机制本身也可以作为可扩展的服务，运行在安全监控框架之上。这部分安全监控框架及服务具有特殊性和功能安全职责。在架构上，这些安全机制应具有一定的独立性，虽然位于服务运行框架，但不隶属于其中任何其他框架或服务之中，从而为其他框架或服务提供必要的安全措施保障。

服务运行框架作为一个整体概念，既可以设计为一个承载所有服务数据流的统一框架，也可以根据不同属性设计为多种运行框架，将不同的服务分开管理，类似于整理箱，将相同类型的服务集中管理，使软件的整体结构更加整洁有序。

服务运行框架层的安全措施可以从两方面考虑。

❑ 一是针对服务运行框架自身功能的安全保障措施。

❑ 二是针对加载的服务所需提供的安全机制。

由于不同厂商设计的服务运行框架功能存在差异，因此安全防护措施需要根据实际情况灵活调整。软件的功能和设计多种多样，即使智能汽车平台化软件聚焦共性功能，其功能细分和设计细节也存在明显差异。因此，本书介绍的安全措施旨在提供一种思路或设计建议，绝不可在未对软件产品进行详细安全分析的情况下盲目采用，否则，可能会忽视软件产品中潜在的安全风险，留下安全隐患，或导致资源浪费和性能下降。功能安全是一项系统工程。我们必须全面考虑，通过充分的安全分析，并适当借鉴以往或他人的经验，融合形成真正适用于该产品的安全措施，并落实到设计中。这才是功能安全的正确实践方式。

1. 服务运行框架层自身功能运行相关的安全措施

服务运行框架的基本功能包括部署、加载、运行、调度和卸载服务，同时为服务提供通信通道。因此，它的安全防护可以从服务加载和卸载的安全性、部署和存储的安全性、运行和调度的安全性以及通信的安全性 4 个方面考虑。

（1）加载和卸载的安全性

服务运行框架要求扩展性强（涉及加载和卸载服务功能的可扩展性），通常可通过配置文件来获取相关服务信息。

❑ 如果配置信息读取错误，可能会错误地加载非预期服务，导致后续编排和调度过程中产生安全风险。

❑ 如果框架无法读取配置信息或读取耗时过长，可能会导致某些服务无法按计划加载。若在这个过程中未对配置信息加载情况进行检查，系统继续运行过程中可能因缺失必要的服务而产生安全风险。

因此，在根据配置信息进行服务加载或设置时，特别是当这些配置信息关乎安全，可能影响行车安全时，出于功能安全考虑，这些关键的配置文件应包含校验信息。服务运行框架应检查校验值，并对加载结果进行判断，确保在规定时间内正确完成服务加载后，再执行后续操作。若发现异常，应停止加载并发出报警，根据应用策略进行安全处理，并确定是否进入安全状态。

对于卸载服务的操作，如果在运行中安全相关服务被错误卸载，将给系统带来不可预知的安全风险。因此，在执行卸载服务的操作时，服务运行框架应从安全性角度出发，先对卸载的前置条件进行判断，确保满足卸载条件后才可执行。

（2）部署和存储的安全性

服务运行框架对加载的服务承担管理职责，需考虑服务最终部署在哪个异构硬件平台、哪个芯片的哪个核上，以及使用哪种底层操作系统。随着服务运行框架功能的增强，除了基于配置信息的静态部署外，它还可能支持基于资源占用情况的动态部署。服务的部署过程需要与硬件、底层软件相互配合，确保功能安全上的隔离性，防止不同 ASIL 的服务互相干扰。在部署和分配过程中，我们应结合硬件和底层操作系统的 ASIL，将不同 ASIL 的服务部署在符合相应安全要求的硬件芯片核或操作系统内核上。即使是动态部署，也必须遵循这一原则。

在存储方面，应用程序或服务可能面临的失效问题包括存储数据损坏、存储空间不足引起的溢出，应用程序或服务在非授权内存区域进行读写操作。这些问题都可能对其他应用程序或服务产生干扰。因此，服务运行框架层需要与硬件设备和底层操作系统的机制相结合，共同实现安全防护。

1）针对存储内容的损坏，可以采用校验机制进行检查，或通过冗余存储机制进行防护。

❑ 校验机制既可以通过软件实现，也可以通过具备自带校验功能的硬件存储设备实现，即在数据存储前根据特定的计算规则生成校验码，然后分别存储数据和校验码。读取数据时，验证数据的校验码，若数据损坏，则验证得到的校验码会与原先存储的校验码不一致，因此数据便不可用，并需进行相应的报警提示。

❑ 冗余存储机制是将相同的数据存储在不同的位置。在需要读取数据时，从这些不同位置分别读取数据，并进行一致性比较。如果比较结果不一致，则数据不可使用。

2）针对存储空间溢出问题，我们应当根据应用程序或服务可能占用的最大存储空间来设计，并至少额外预留 30% 的裕量。在运行过程中，服务运行框架和操作系统需从不同的软件层级监测存储资源的使用情况，若发现存储空间占用超过规定值，则应采取防护措施，如关闭相应服务功能和发出报警提示。虽然动态分配内存是一种潜在的解决方案，但从功能安全的角度考虑，动态分配内存可能会引入更多的安全问题，因此并不推荐使用。

3）针对存储干扰问题，可通过内存分区保护方式解决，即将内存区域划分，让不同 ASIL 的应用程序或服务存储于不同区域。应用程序或服务只能在分配的内存分区和规定的访问权限内执行存取操作，禁止修改非所属区域的数据。如果某个分区的应用程序或服务出现内存相关故障，故障将被限制在该存储分区内，避免影响其他应用程序或服务。

（3）运行和调度的安全性

服务运行框架负责对所加载的服务节点进行编排和调度，因此，其运行逻辑的安全性至关重要。若服务运行框架的软件运算逻辑失效，可能导致服务节点的错误编排和调度，进而影响到相应服务功能的安全性。

1）设置检查点：在服务运行框架层面，对软件运行逻辑进行检查，这可以通过设置检查点来实现。设计一个独立的监控模块，在安全相关的关键软件执行步骤中设置多个检查点，以监控软件是否按照既定的顺序和时间执行。逻辑检查机制可以与看门狗机制相结合，如果逻辑错误导致无法按照正确的顺序执行，喂狗信号异常，则看门狗可切断相应的操作。此外，我们还可以通过设置单个检查点来检查软件的运行截止时间和存活状态。对于非周期性运行的软件，通过在软件中设置检查点，可以监测安全相关的关键步骤是否按时执行，以及是否超过系统允许的运行截止时间。对于周期性运行的软件，通过设置检查点，可以监测软件是否周期性正常运行，起到周期性心跳监测的作用。

2）锁步机制：为保证运行和调度的正确性，我们在设计时可以考虑锁步机制，包括硬件锁步和软件锁步。锁步机制需冗余资源支持，即让相同的功能在两个硬件系统或两个软件节点进程中冗余运行，然后对冗余运行结果进行一致性比较。例如，在软件中基于服务运行框架和所加载的服务创建相应的冗余进程，或在硬件上建立一套冗余设备，并在冗余设备的芯片上部署服务运行框架及相应服务。最后，针对关键步骤的运行结果，原进程与冗余进程或原设备与冗余设备之间进行一致性比较。若差异在规定范围内，说明运行结果正确；若差异过大，说明运行或调度过程可能存在故障，应依据应用策略进行安全处理。

理论上，锁步机制确实是确保运算处理安全的有效手段，但实际应用中存在不少挑战，如共因失效问题，以及确定一致性比较的偏差阈值的难度。对于软件锁步机制，仅仅创建一个完全相同的影子进程并不能避免系统性失效问题。因为软件系统性失效的特性导致在特定环境下，一旦触发条件满足，系统性失效便不可避免，原进程和影子进程可能会同时失效，且错误结果相同，无法发现安全问题。除非创建一个结构和代码完全不同，但执行任务相同的冗余进程，这在软件实现上相当困难。硬件锁步设计也面临共因失效问题，而且硬件的冗余设计成本较高，这些因素都限制了硬件锁步机制的实际应用范围。因此，虽然锁步安全机制在理论上有效，但在实际应用中它应作为一种备选设计方案，需要根据技术能力和应用功能的具体需求来综合考虑和选择。

3）实时性调度要求。鉴于服务运行框架具有对加载的服务节点进行编排和调度的功能，调度的实时性对功能安全至关重要。实时性调度本质上是确定性调度，需要由应用软件来设定每个任务的优先级。服务运行框架需与操作系统协同工作，依据调度策略，在不同的软件层级上完成实时性调度。可采用的调度机制包括基于优先级的调度机制和基于时间片的调度机制，从具体实现角度描述，也可包括基于事件触发的调度机制和基于资源分配的调度机制。

❑ 基于优先级的调度机制：通过为任务分配不同的优先级，确保高优先级任务的实时性。在实时系统中，任务通常被划分为多个优先级，每个任务在固定的时间内执行，高优先级任务能够抢占低优先级任务的执行权。

❑ 基于时间片的调度机制：将时间分为多个固定长度的时间片，每个时间片只执行一个任务。任务在该时间片内完成执行或暂停，等待下一次调度。这种机制可以充分利用系统资源，提升系统吞吐量。

❑ 基于事件触发的调度机制：任务的执行不按固定时间片进行，而是根据外部事件触发来调度。例如，在智能汽车中，传感器检测到突然出现在前方的行人，就会触发紧急制动功能，随即调度相应的任务执行。

　　❑ 基于资源分配的调度机制：通过系统资源的分配和管理来确保任务的实时性，例如，
　　　　对 CPU、内存、网络带宽等资源进行分配，根据任务需求动态调整资源分配，以提高
　　　　系统性能和实时性。

　　这些调度机制既可以单独使用，也可以组合使用。在实际应用中，我们应根据系统的具
体需求和性能要求，选择合适的调度机制。

　　（4）通信的安全性

　　服务运行框架作为各类服务数据流的传输通道，需要确保信息的安全传输。这主要通过
端到端保护机制实现，如在传输协议中加入时间戳机制、序列号机制、编码校验机制和数据
源 ID 号机制等，并对通信传输过程进行超时判断。服务运行框架实质是依赖通信中间件的通
信机制和协议来提供信息传输功能的。根据通信双方所在的软件层级，我们也可以在服务运
行框架层统一添加端到端保护机制。

2. 为所有服务提供的安全机制

　　服务运行框架层作为各类服务运行的基础支撑，支持设置所需的共性安全机制，以便根
据需求灵活使用。提供的安全监测机制包括但不限于设置检查点的安全机制（如逻辑检查机
制、存活状态检查机制，运行截止时间检查机制），以及软件和硬件锁步机制，进程意外关闭
时的影子进程重启机制，通信的端到端保护机制等。应用或服务可以通过配置信息来选择所
需的安全机制，并调用相应的接口。

　　服务运行框架通过统一的监控机制对各个服务及应用程序状态进行监控，并提供统一的
安全处理机制，如报警提示、功能降级、车辆蠕行、制动停车等。这些措施可以根据应用需
求灵活选择。

6.6　算法层面的安全措施

　　在智能汽车整体软件架构中，算法模型作为平台化软件服务层的一部分，与应用功能紧
密相连。算法是智能汽车软件的核心，负责处理和分析大量数据，以实现精准控制、智能驾
驶、智能预警和智能化娱乐等功能。在智能汽车的动力域，控制算法基于传感器收集的车辆
状态信息，根据设定的控制策略调整车辆的动力参数，实现动力控制。在智驾域，感知算法
基于摄像头、激光雷达等传感器收集的车辆周围环境信息，通过图像处理、机器学习等技术
处理数据，实现环境感知。规划决策算法基于车辆周围环境、车辆状态以及驾驶员意图信息，
选择最佳解决方案进行驾驶规划和决策。控制算法基于收集的车辆状态信息，如速度、位置
和姿态等，根据控制策略进行横向和纵向控制，实现智能驾驶功能。在座舱域，语音识别算

法通过语音识别技术理解驾驶员的语音指令，并将其转化为相应的操作。车内环境感知算法则通过感知车内环境信息进行舒适性控制。这些算法不仅需要快速准确地处理数据，还必须保证一定的可靠性和安全性。特别是在智驾域，作为智能汽车的"大脑"，智能驾驶通用模型算法与安全性的关系尤为密切。因此，本节将以智驾域为背景，以感知算法、规划决策算法和控制算法为例，介绍算法层面的相关安全措施。

6.6.1　算法安全性研究

在算法安全性研究上，我们需要的是继承与创新的精神。算法作为软件的一部分，存在失效的可能，通过传统功能安全防护无疑可以大幅提高算法的安全性。对于算法的功能安全防护措施，总体方案是继承与创新的结合：继承功能安全方法论聚焦失效性防护的基本思想，从算法可能发生的失效情况进行分析、识别，并针对失效情况制定相应的安全措施，并进行与算法性能相关的预期功能安全分析、评价与验证。在这个过程中，不应拘泥于安全标准的限制，需寻求创新。无论失效分析还是触发条件分析，又或者故障插入测试和对已知或未知场景的验证与评估，我们都应综合考虑传统功能安全和预期功能安全，统筹考量，从算法的整体安全性和第一性原理出发去探索安全措施，以更有效地预防疏漏，确保算法的安全性。

1. 算法的不可解释性研究

智能汽车领域的算法安全性研究面临的难题主要源于智能化技术的应用，使得算法不再是简单的数学公式，而变成了充满不确定性和不可解释性的产物。算法给安全性带来巨大挑战。算法的不可解释性主要体现在以下几个方面。

（1）算法复杂度

现代机器学习算法，如深度神经网络、支持向量机等，通常具有高度的复杂性。这种复杂性使得它们的内部结构难以理解和解释，进而导致算法的不可解释性。

（2）算法"黑盒"化

为提高预测精度，许多机器学习算法采用了"黑盒"技术，比如神经网络中的权重共享、卷积和池化等。这些技术增加了模型的内部结构复杂性和不可解释性。

（3）算法的非线性关系

许多机器学习算法呈非线性特性，即算法的输出与输入之间的关系并非简单的线性对应。这种非线性关系使得算法的行为难以预测和解释。

（4）数据复杂性

机器学习算法的表现往往依赖于其训练的数据集。若数据集复杂，含有众多噪声和异常值，算法也会相应变得复杂和难以解释。

2. 增强算法确定性的研究

安全性的核心在于确定性，即一切都应可解释、可预测和可控制。为了对抗算法的不可解释性并保障其安全性，我们需要从算法设计阶段开始，采取措施提高可解释性，增强确定性。

（1）算法简化

通过简化算法结构和参数，可以提高可解释性。针对复杂算法，我们可以运用算法简化技术降低复杂度，如剪枝和正则化。剪枝是通过移除冗余的神经元、层和连接降低算法复杂度；正则化是在算法训练过程中对参数施加额外约束，避免过度拟合数据。这些技术有助于简化算法结构，减少参数量和计算量，提升算法的泛化能力和运行效率，从而使算法更易于理解和解释。

（2）采用可解释性算法

在满足设计需求的情况下，我们应尽量选择一些具有较强解释性的算法。解释性算法通常是基于简单规则或线性回归等易理解的方法构建。例如，决策树、贝叶斯网络等算法能更好地阐明其背后的决策过程和结果，从而提高算法的可解释性。

（3）采用可解释性技术

可解释性技术旨在增强机器学习算法的可解释性和透明度。这包括通过特征选择或特征提取对数据集进行处理，使算法的输入更易于理解；通过解释算法的内部权重和特征，揭示其决策过程和行为。例如，局部敏感性分析技术能够分析特定样本对算法的影响，而LIME算法则可用于解释黑箱模型的预测结果；数据可视化技术有助于更好地理解数据特征和结构，从而改善算法的训练和解释过程；通过可视化方式展示算法内部的特征、权重、变量等信息，可以提高算法的可解释性。

（4）数据清洗

为降低数据复杂性对算法的影响，数据清洗和预处理是必要的，这有助于减少数据中的噪声、错误、缺失值、重复值和异常值，使数据更准确、完整、可靠，进而提升机器学习算法的训练和预测性能。数据清洗包括数据采集、预处理、特征选择、分割和可视化等步骤。

总而言之，我们应当努力提高算法的可解释性、算法的稳健性和训练数据的质量，同时平衡可解释性与算法性能之间的关系，并根据具体情况选择合适的方法和技术。

3. 算法层面安全措施的研究

基于算法的属性特点，它既类似于极度复杂的软件，又依赖于数据，其安全性研究与常规软件既有相同之处也有特殊性。借鉴软件功能安全经验，算法层面安全措施的研究方向如下。

□ 从流程上，算法开发需遵循规范的流程，以降低系统性失效风险。

□ 从技术上，算法整体上与软件类似，包括输入、处理和输出 3 个部分，不同之处主要在于负责处理的部分。

关于算法输入和输出的安全性，我们可考虑在输入和输出端增加故障诊断和防护机制，进行失效情况的监测和处理，确保输入数据的正确性、完整性和可靠性，以及输出数据的合理性。因此，我们可对算法的输入和输出端添加检查机制，以判断输入是否符合要求，输出是否符合预期结果，具体检查包括数据格式、数据类型、数据范围、数据正确性、数据合法性等方面。

对于算法处理的安全性，我们也可以参考传统功能安全措施进行监测，通过监测算法的运行状态（如计算时间、内存使用、CPU 利用率等指标），发现异常后及时报警并进行安全处理。

□ 对于常规的数学基础算法，我们可采用适当的软件传统功能安全措施，如增加逻辑监督机制，检查关键计算逻辑和顺序；或采用冗余设计，比较两个算法结果的一致性。这些是提高算法安全性的常规措施，但要全面保障各种算法的安全性，仅靠这些措施还不够。

□ 对于机器学习算法，上述措施可能无法完全解决模型本身的安全问题。我们需重点关注模型及数据本身的优化，建立算法的错误监测与纠正机制，并增加算法的容错设计，优化训练数据集。

算法错误监测与纠正机制的核心是监测和反馈系统。通过此系统监测，我们可以及时发现并纠正算法的错误，进而不断更新和优化算法。具体措施包括监测算法输出的概率分布、建立错误反馈机制、实施多算法数据融合策略，以及引入可靠性模型等。

（1）监测算法输出的概率分布

对于分类问题，算法通常输出一个概率向量，每个元素代表样本属于对应类别的概率。对于每个样本，选出概率向量中最大的概率值，作为预测该样本所属的类别。算法输出的概率分布监测机制主要关注边缘情况下的概率分布。通过观察算法的输出概率分布，如果发现最大概率值较小，低于预设阈值，可以认为算法对该样本的预测存在不确定性，需进一步处理，如重新标注或训练模型。如果算法输出的两个类别概率接近，则该输出可能不可靠，也需重新评估。对于测试集中的样本，我们可以手动标注真实类别，通过计算算法在测试集上的准确率、召回率等指标来评估性能。我们还可以采用交叉验证等方法评估算法在多个数据集上的表现，进一步验证其可靠性。

（2）建立错误反馈机制

当输出错误时，我们可以利用错误反馈机制来更新算法或重新执行算法。例如，在智能驾驶中，如果算法错误地认为前方存在行人而实际上并没有，车辆可能会紧急刹车。在这种情况下，我们可以根据传感器检测到的行人实际情况，通过错误反馈机制来更新优化算法。

（3）实施多算法数据融合策略

在某些情况下，采用多算法融合完成决策和计算任务，往往比使用单一算法更为可靠。以智能驾驶系统为例，它通过多传感器融合技术，利用多个算法实现障碍物检测、道路标记识别等感知任务。系统将不同的算法进行模块化处理，使它们能够独立进行计算和决策。每个算法接收输入数据，并输出数据供其他模块使用。通过多算法数据融合，可以生成更准确、更全面的结果。多算法数据融合方法包括简单的加权平均、投票，或更复杂的机器学习方法。这些不同算法的输出结果将汇集至决策层，进行最终决策。该决策层可能采用规则库、状态机、神经网络等方法。

需要注意的是，为了确保多算法能够正确集成和协同工作，我们必须进行充分的测试和验证，确保系统整体的稳定性和可靠性。此外，还需考虑算法的实时性和效率，保证系统在实际应用场景中能够快速、准确地执行计算和决策。

（4）引入可靠性模型

在算法设计中，引入可靠性模型对于识别和纠正错误是至关重要的。可靠性模型是一种估计系统可靠性的数学模型，通常基于历史数据或系统特性进行建模，用于监测系统的运行。通过比较系统的实际输出与期望输出的差异，可靠性模型能够判断系统是否存在错误。例如，在智能驾驶中，可靠性模型作为真值系统，被用来检测传感器的异常行为，通过处理和分析传感器数据来确定其是否符合预期的分布，从而发现潜在的传感器故障或数据错误。

可靠性模型既可以基于规则，也可以基于统计学方法。通过将可靠性模型集成到算法中，可以监测算法的输出并识别错误。一旦可靠性模型检测到错误，就可以利用反馈机制对算法进行纠正，从而纠正错误并提高算法的准确性。

此外，对于确保安全性，机器学习算法的容错设计也非常关键。在算法设计与应用中，为了应对异常情况和错误数据，我们可以采用容错设计措施保证算法的鲁棒性和可靠性。这种设计在现实应用中尤为重要，因为数据质量问题和模型误差很难完全避免，容错设计能够在一定程度上降低算法的风险和不确定性。

4. 提高数据训练能力的研究

在智能汽车领域，数据对算法的安全性尤其重要，训练数据的质量直接影响算法的准确性、鲁棒性和安全性。为了提高算法的安全性，我们需要从数据多样性、数据完整性、数据量和质量、数据鲁棒性等方面入手来提高数据训练能力。

（1）数据多样性

智能汽车面对的是多样化的道路条件和交通环境，因此训练数据必须覆盖多种驾驶场景，包括城市道路、高速公路、农村道路等。数据多样性还可以通过收集不同角度的车辆视图、不同天气条件下的数据来增强。通过广泛类型的训练数据，算法可以学习更多驾驶场景，增强对不同环境的适应能力。

（2）数据完整性

智能汽车在复杂驾驶场景中做出准确决策至关重要，这要求训练数据具有完整性，包括不同的车辆、行人、障碍物等动态情景，以及车辆的各种运动状态，如刹车、加速、转向等。

（3）数据量和质量

对于智能汽车而言，训练数据量和质量极为关键。我们需要使用大量数据来训练深度学习模型，以实现更优的性能和功能安全；同时，确保训练数据的质量，包括数据清洗、标注和验证等。

（4）数据鲁棒性

智能汽车必须具备高鲁棒性，以应对各种噪声和干扰。我们在训练数据过程中应考虑到这些因素，通过在训练数据中引入相应的噪声和干扰（如天气变化、光照变化、遮挡）来增强算法的鲁棒性。

综上所述，算法的安全性不仅取决于传统功能安全措施，还依赖于对算法模型和训练数据的深入研究。首先，传统功能安全与预期功能安全的设计及防护改进构成了算法安全性的基础。在设计初期，通过分析和识别潜在的失效模式和触发条件，采取适当的防护措施。其次，模型质量和性能对保障算法的安全性也起到重要作用。一个优秀的模型应具备高精确性和鲁棒性，并能适应各种复杂环境。此外，模型的可解释性和透明度同样重要。它们能增强用户对算法决策过程的理解，从而提升信任度。最后，高质量、多样化的训练数据是确保算法安全的关键。这些数据使得算法能学习更多场景，并满足不同的应用需求。只有全面考虑各个方面，我们才能实现更高层次的安全，确保智能驾驶系统的可靠性和安全性。

6.6.2　智能驾驶算法的安全措施

为了确保智能驾驶系统的安全性，我们必须在算法设计和实现过程中采取一系列安全措施。这些措施旨在保证算法在各种复杂场景下都能满足智能驾驶的安全目标，并在算法失效时能使系统进入安全状态。本节以感知算法、规划决策算法和控制算法为例，结合传统功能安全和预期功能安全的双重要求，介绍智能驾驶算法的安全措施。

1. 感知算法的安全措施

从安全角度出发，感知算法引发的安全隐患主要在于感知的信息出现错误，导致车辆无法正确识别路况信息、交通参与者动态、交通标志和障碍物等信息，基于错误的感知会让智能驾驶系统做出错误的决策和控制，从而可能引发交通安全事故。感知信息错误的原因可能是传感器的问题，也可能是算法模型及数据的问题。制定安全防护措施就如同医生开药方，需要对症下药，所以对于这些细分的风险原因，我们还可以进一步分解直到最小集，以便更好地找到解决办法。表6-11展示了感知算法风险及安全措施示例。这里的"风险"包含了传统功能安全失效，也包含了预期功能安全的触发条件。安全措施既包含传统功能安全机制与措施，也包含预期功能安全相关的设计改进策略。无论传统功能安全还是预期功能安全，核心目标是一致的，都是从感知算法潜在危害的角度出发，优化设计，以便消除或减轻车辆在智能驾驶过程中因感知问题对人身造成的伤害。

表 6-11　感知算法风险及安全措施示例

风险	风险原因分解	安全措施建议
传感器问题	• 传感器的软硬件失效 • 传感器精度不足，测量范围受限 • 传感器受到干扰：电磁干扰、气候环境干扰 • 传感器被遮挡	• 采用满足相应 ASIL 要求的传感器，传感器带有故障检测和容错处理机制 • 采用满足精度要求的传感器 • 采用多类型传感器融合方案，例如摄像头、毫米波雷达融合 • 考虑传感器精度误差对算法的影响，进行设计补偿 • 对传感器数据进行滤波和去噪 • 在训练数据中加入模拟的遮挡情况来提高深度学习算法的鲁棒性和泛化能力
算法模型及数据问题	• 输入数据错误 • 软件处理逻辑失效 • 算法模型精度问题 • 训练数据问题	• 对目标检测、道路结构等感知环境中元数据的数据类型、值域范围进行校验，若发现异常，则不能使用该数据 • 软件中增加逻辑监督机制、运行时间监督机制等，监控关键步骤的执行顺序和执行时间 • 对算法输出结果进行阈值范围合法性判断以及超时判断，发现异常则停止使用该输出结果 • 增加独立的冗余感知算法，且两套算法采用不同的传感器输入方案，或采用相同的传感器输入方案但使用不同权重以防共因失效 • 采用多算法融合方案，不同算法输出结果占有不同的权重 • 建立场景库、数据库，以便增加数据量，提高数据标注精度和数据质量，增加对抗性的训练数据

感知算法的风险因素和安全措施是无法完全穷尽的。我们必须在具体的设计和应用中，结合具体场景进行全面的传统功能安全和预期功能安全分析，并针对性地制定设计改进措施，以确保智能驾驶的感知安全。

目前，多数智能驾驶感知算法采用深度学习模型，这些模型自身存在不确定性，并依赖大量标注数据进行训练。感知算法遇到前所未见的场景、未知物体、特殊形态或特殊干扰时，可能触发其局限性，导致误检或漏检，进而影响行车安全。因此，分析感知算法的局限性和触发条件对于保障智能驾驶安全是必要的。评估这些触发条件下的风险，并通过仿真测试来验证潜在的危害情况，探索感知算法的安全边界，这是评价感知算法安全性的一种可行手段。结合传统的失效分析与安全防护措施，可以构建一个相对完整的安全保障体系。图 6-11 所示的感知算法安全性分析研究路线为此提供了框架。

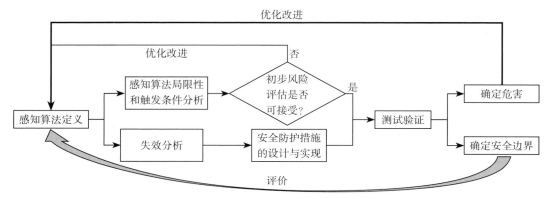

图 6-11 感知算法安全性分析研究路线

在感知算法安全性研究中，首先应识别可能导致算法局限性的因素，这包括道路结构、交通设施、交通参与者、气候条件、突发事件、传感器干扰等交通环境要素。这些因素在特定触发机制下可能成为触发条件。触发机制包括功能和性能局限类的触发机制，例如车辆存在感知盲区；传感器感知数据质量类的触发机制，例如传感器被落叶、污渍等干扰要素遮挡；目标识别属性多样化类的触发机制，例如交通参与者特征变化。在设计感知算法时，我们必须通过对运行设计域的全面分析，尽可能遍历所有要素及其触发机制组合，以全面识别触发条件。

接着，基于这些触发条件进行风险评估，从发生频率和严重程度两个维度对风险进行评价。通过自动化仿真实验模拟触发条件，可验证在各种漏检、误检情况下系统的潜在危害。碰撞时距（Time-To-Collision, TTC）可作为评估指标。在实验中，如果系统的实际碰撞时距落在设定的碰撞时距的阈值范围内，则认定为风险临界场景；如果超出阈值的最大界限，则认定为安全场景；如果低于阈值的最小界限，则认定为危险场景。针对这些危害，我们应制定相应的安全防护措施，对算法进行设计改进或对运行设计域进行限制，以增强系统的安全性。

另外，通过仿真验证方式，基于触发条件的连续范围参数值进行自动化注入试验，可以定量探索感知算法的安全边界。这种方法通过连续试验，确定导致危险场景出现的触发条件参数值。随着参数值的变化，危险场景的数量可能呈现出某种规律性的增减。因此，我们可以将特定的参数值设定为感知算法的安全边界，如误检偏移量的安全边界、漏检时长的安全边界等。这些安全边界对于评估感知算法的安全性具有重要意义。

2. 规划决策算法的安全措施

智能汽车的规划决策算法是指在自动驾驶系统中，根据感知模块提供的环境信息和车辆状态信息，进行路径规划和行驶决策的算法。规划决策算法失效可能会导致车辆产生错误的行驶决策，从而引发安全事故。规划决策算法分类较多，可能基于规则、经验、优化或深度学习等方式实现，每种算法都有优点和不足，详见表6-12。对于基于规则的算法和基于经验的算法，它们适用于一些特定场景和应用，例如停车、变道等简单驾驶行为；对于优化的算法和基于深度学习的算法，它们适用于复杂驾驶行为和复杂路况环境。

表 6-12 规划决策算法分类及说明

规划决策算法分类	说明
基于规则的算法	通过预先定义的规则和策略来实现车辆路径规划和行驶决策 优点是易于理解和解释，能够通过人工的方式对规则进行调整和修改，同时计算速度较快 缺点是规则的数量很多，无法穷尽所有的情况，同时存在固有的不确定性和局限性
基于经验的算法	通过对历史数据的学习和分析，预测未来的行驶情况和做出决策 优点是能够对不同的驾驶环境和路况进行个性化学习和适应，同时能够在一定程度上弥补规则算法的不足 缺点是需要大量数据和时间进行训练和学习，同时存在过拟合和泛化能力不足等问题
基于优化的算法	通过建立数学模型优化算法来寻找最优路径和行驶决策 优点是能够考虑到不同的因素和限制条件，能够在一定程度上满足实际驾驶过程中的各种要求 缺点是计算复杂度较高，需要消耗大量的计算资源和时间，同时可能存在局部最优解等问题
基于深度学习的算法	通过深度神经网络进行车辆路径规划和行驶决策 优点是能够自动提取特征和学习驾驶策略，能够在一定程度上适应不同的驾驶环境和路况 缺点是需要大量的数据和时间来进行训练和学习，同时存在黑盒子问题和可解释性较差等问题

在智能驾驶系统中，感知系统相当于驾驶员的眼睛；规划决策系统则相当于驾驶员的大脑，负责对周围环境进行综合分析和判断以做出驾驶决策；驱动控制系统执行这些决策；控制系统相当于驾驶员的手脚。规划决策算法作为决策的核心，对智能驾驶的安全性有着至关重要的影响。它的安全问题主要来源于错误或不合理的规划决策。在规划决策算法设计中，我们应从传统功能安全和预期功能安全角度对算法的失效情况、局限性和触发条件进行全面分析，并采取相应的安全防护措施。识别到的风险需要在后续的测试中进行充分验证，以确保规划决策算法的安全性。规划决策算法风险及安全措施示例见表6-13。

表 6-13 规划决策算法风险及安全措施示例

风险	风险原因分解	风险原因进一步分解	安全措施建议
错误或不合理的路径规划或决策	输入信息问题	• 传输链路问题导致规划决策算法无法从感知系统获取信息 • 传输链路问题导致规划决策算法获取的感知环境信息错误	• 建立多重传输机制，规划决策算法采用冗余输入机制 • 在规划决策算法输入端增加故障诊断监测与处理机制，对输入数据的范围、格式、完整性、正确性进行检查，发现异常则不能使用该数据
	算法模型及数据问题	• 算法软件故障导致无法生成路径规划或行驶决策 • 算法软件逻辑故障导致生成错误的路径规划或行驶决策 • 算法模型的局限性导致做出不合理的路径规划和行驶决策 • 训练数据局限性导致算法无法应对复杂场景，做出错误或不合理的路径规划和行驶决策	• 软件中增加逻辑监督机制、运行时间监督机制等，监控关键步骤的执行顺序和执行时间，发现软件异常，根据应用需求进行相应的安全处理 • 引入算法容错机制，并引入多个不同的算法模型进行路径规划和行驶决策，降低单一算法模型的局限性 • 采用异构冗余机制，对两套算法的输出结果进行一致性比较，超过一定范围则判定为异常并进行安全处理 • 建立场景库、数据库，以便增加数据量，提高数据标注精度和数据质量
	输出信息问题	• 规划决策算法未能及时输出信息 • 软件故障、存储问题导致规划决策输出的信息错误	• 对安全关键处理增加运行时间监督机制，若监测超过规定时间，则应根据应用需求进行安全处理 • 对算法输出结果进行阈值范围合法性判断以及超时判断，发现异常则停止使用该输出结果

表 6-13 中的规划决策算法风险、原因及安全措施示例仅为参考，实际确保规划决策算法安全性需要更多工作。在实际应用中，我们应结合不同的运行场景，对算法的具体功能和结构进行详细的失效分析、局限性分析和触发条件分析，并通过广泛的测试验证和评价体系，确保规划决策算法的风险在可接受范围内。规划决策算法安全性分析研究路线如图 6-12 所示，为相关分析和评估提供指导。

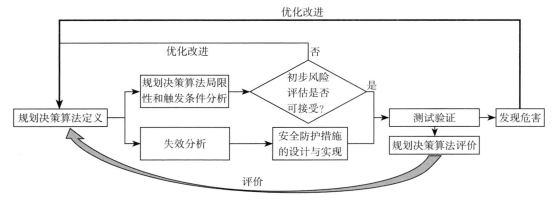

图 6-12 规划决策算法安全性分析研究路线

优秀的规划决策算法应至少达到人类驾驶员的规划决策能力，在各种复杂场景下能够做出正确的规划和决策，同时兼顾车辆运行的舒适性和安全性。

（1）安全分析

为确保规划决策算法的安全性，我们必须首先进行安全分析。这包括失效分析、算法局限性分析及触发条件分析。我们可以采用失效模式及影响分析（Failure Mode and Effect Analysis, FMEA）、故障树分析（Fault Tree Analysis, FTA）等传统方法进行失效分析，并利用危险与可操作性（Hazard and Operability, HAZOP）分析、系统理论过程分析（System Theoretical Process Analysis, STPA）等方法分析规划决策算法的局限性和触发条件。根据具体情况，我们可以组合使用这些安全分析方法，以全面识别风险和危害。规划决策算法的功能和性能失效可能表现为路径规划偏差、规划时间过长、规划路径非最优、路径规划频繁变化、决策逻辑不合理、决策错误、决策时间过长或决策结果超出执行系统的性能限制等问题。我们需要对这些风险进行初步评估，并在后续的测试验证中全面覆盖识别到的失效、功能不全和性能不足情况，验证这些问题是否会导致危害发生。

除了分析外，规划决策算法的测试验证和安全性评价体系也非常重要。通过全面的测试验证和多维度安全评价，我们可以评估算法在不同场景条件下的功能完整性和性能，发现和修复算法问题，从而提高系统的可靠性和安全性。

（2）测试验证

为了确保测试验证的充分性，建立场景库和数据库是至关重要的。场景库应涵盖各种驾驶场景和要素，如道路情况、天气、交通状况、行人、车辆及交通设施等。数据库则应包含在不同驾驶环境和情境下的数据信息。场景库和数据库构成了算法训练和优化的基础。通过训练各类驾驶场景数据，算法可以更准确、有效地学习和识别不同情境和行为。利用场景库和数据库中的数据进行分析和学习，有助于算法更好地理解各种驾驶场景和环境，进而选择最佳的路径规划和行驶决策。通过设计和模拟多样化的测试场景和数据，可以全面测试和验证算法的性能和稳定性，发现并降低风险。

场景库的构建应综合考虑各类驾驶场景，包括城市道路、高速公路、乡村道路等不同路况和环境，以及不同的天气状况和光照条件。对这些要素进行随机组合以生成新的场景，不断拓宽场景的泛化范围，有助于算法在多样化环境中学习和识别。在建立场景库时，我们应重视数据的质量和准确性，不断更新和完善库中的信息，以适应新的驾驶场景和数据需求。此外，场景库的建立也应与智能驾驶算法的开发和应用紧密结合，确保场景库内容与算法需求相匹配。

（3）安全性评价体系

全面测试验证之后，基于测试结果，我们需要建立一套标准的算法安全性评价体系，以评价规划决策算法的安全性能。通过将评估结果与人类驾驶员的决策水平进行量化比较，针对表现不佳的方面进行算法的优化改进。通过持续的优化迭代，规划决策算法的能力将逐渐接近甚至超越人类驾驶员。规划决策算法安全性评价体系应从违规、碰撞情况和问题统计 3 个维度来构建。

1）违规评价主要评估规划决策算法的输出结果与交通规则及驾驶习惯的一致性。首先，收集并穷举交通规则和公认的驾驶习惯行为；然后，依据交通违法程度、安全性、车辆行驶效率，以及驾驶习惯的合理性、舒适性和人性化等指标，制定出量化的评价标准；最后，在测试验证过程中收集规划决策算法的输出结果，评估其是否存在违规行为。

2）碰撞情况评价主要从实际碰撞后果和潜在碰撞风险两个维度进行评估。实际碰撞后果可以通过边界框重叠率和损伤估计两个指标来确定。边界框重叠率指的是本车与其他物体或交通参与者在时间和空间上的重叠程度，通常使用交并比（Intersection over Union，IoU）和交与最小面积比（Intersection over Minimum Area, IoMA）进行衡量。交并比是指两个边界框的交集面积与并集面积之比，而交与最小面积比是指两个边界框的交集面积与这两个边界框中较小的那个的面积之比。边界框重叠率越高，表明碰撞的后果越严重。损伤估计则是评估碰撞事故对本车及其他物体或交通参与者的损伤程度，这与行驶速度和碰撞方向有关。损伤估计可以通过车辆结构分析和模拟计算等方法来实现，也可以运用机器学习算法训练损伤估计模型，以车辆碰撞时的数据为输入，输出损伤估计结果。对于潜在碰撞风险评价，我们可以使用碰撞时距、横纵向安全间距、安全时间域等指标。碰撞时距是指在当前速度和方向下，车辆与前方障碍物之间的最短时间距离，用以预测与前方障碍物的碰撞时间。横纵向安全间距指的是车辆在行驶过程中与周围其他车辆或障碍物保持的安全距离。安全时间域则表示在驾驶过程中，车辆避免碰撞的可操作时间范围，保持足够的安全时间域是提升行车安全性的关键之一。

3）问题统计评价侧重于从统计学角度分析决策输出中出现问题的比例，以此来评估规划决策算法的安全性。这种评价方式涉及多个维度，如路径规划偏差的比例、发生碰撞的比例、错误制动停车的比例等。对于问题统计评价，我们需要积累长期的经验数据，并将智能驾驶规划决策算法的统计数据与人类驾驶员的数据进行对比，以评估智能驾驶系统的整体驾驶水平。

3. 控制算法的安全措施

智能驾驶系统中的控制算法负责执行规划决策系统输出的指令。车辆的控制水平直接影响到智能驾驶的安全性。智能驾驶系统中的控制算法分为横向控制和纵向控制两大类。横向控制涉及车辆的转向控制，即改变车辆行驶方向，目标是使车辆沿预定路线或路径行驶，如保持车道中心，避免车道偏离。纵向控制则涉及车辆的速度、加速度控制，包括加速和制动，目标是根据交通情况、环境条件和驾驶需求调整车辆速度或保持特定速度。在高级别的智能驾驶技术中，横纵向控制往往需要协同工作，以便在统一的控制框架下，根据道路信息协调控制车辆的横纵向运动。具体的控制算法及其优缺点可以参考表 6-14。

表 6-14　控制算法分类及说明

算法分类	算法说明	优点	缺点
比例–积分–微分控制器（Proportion-Integration-Differentiation，PID）	通过计算调整速度、转向误差的"比例、积分和微分"3 个参数，自动调整车辆的油门和刹车来控制车速，调整转向角度以保持行驶方向，使实际输出与期望输出之间的误差最小化	• 计算量小 • 易于实现和调节	• 性能依赖于参数 • 没有考虑车辆动力学和运动学特性，在车速和轨迹曲率变化较大的情况下鲁棒性较差，不适用于高速行驶的控制
线性二次调节器（Linear Quadratic Regulator，LQR）	一种基于优化的控制策略，通过调节车辆状态偏差反馈和控制增益，对车辆模型进行线性化和二次性能指标优化，目的是使状态偏差的平方和以及控制输入的平方和的加权和最小，优化控制输入以使误差最小化	• 简单易实现 • 鲁棒性好 • 可适应多变工况	• 仅适用于线性系统，对于非线性系统需要进一步扩展
模型预测控制（Model Predictive Control，MPC）	通过数学模型预测系统的行为，并在未来一段时间内选择最优控制输入来优化某种性能指标。根据预测速度、预测轨迹方向和期望速度、期望轨迹方向的差异，实时优化控制输入，以在预定的时间范围内使误差最小化	• 可以处理约束条件、非线性系统和多变量系统等复杂情况 • 具有较好的鲁棒性和适应性 • 在智能驾驶领域有广泛应用前景	• 计算复杂度高 • 需要准确的数学模型 • 需要实时反馈

　　控制算法安全性分析与规划决策算法安全性分析研究路径相似，主要通过失效、局限性和触发条件来识别潜在风险，并进行初步评估及改进防护，然后通过大量测试验证，建立控制算法评价体系，从而进行评价。在分析、测试验证及评价控制算法的过程中，我们必须确保感知算法和规划决策算法的正确性、可靠性和安全性。

　　控制算法输出的危害主要表现为非预期的横向或纵向控制，导致车辆错误转向、偏离轨迹，或错误地加速、减速和制动。相关风险及安全措施可参见表 6-15。

　　控制算法的测试验证过程应全面覆盖操作运行设计域及其边界的各类场景，涵盖失效分析、局限性分析及触发条件分析等内容。具体测试用例包括但不限于以下场景。

表6-15　控制算法风险及安全措施示例

风险	原因	原因分解	原因进一步分解	安全措施建议
错误的横向控制或纵向控制	输入问题	测量输入的信息错误	噪声和误差等干扰因素影响导致传感器测量数据失准	• 采用卡尔曼滤波器或其他类型的滤波器来估计和减小噪声的影响 • 采用多路测量数据融合方案减小误差影响
		规划决策输入的信息错误	• 传输链路问题导致决策系统无法从规划决策系统获取信息 • 传输链路问题导致控制算法获取的规划、决策信息错误	• 建立多重传输机制，控制算法采用冗余机制 • 在控制算法输入端加入故障诊断与处理机制，对输入数据的范围、格式、完整性、正确性进行检查，发现异常则不能使用该数据
		环境突发变化	• 天气突然变化（例如雨雪天气） • 突发事件 • 道路施工 • 交通状况突变	• 设计应急处理机制，在遇到突发事件（如制动或避让）时，确保及时、安全地响应
	模型或算法问题	模型不准确	• 基于的车辆模型、环境模型或者传感器模型不准确 • 模型参数设定错误	• 通过在线学习或自适应控制来调整模型参数 • 设计时进行方案对比，采用更精确、更适用的模型
		控制处理延迟	• 计算资源不足 • 通信延迟	• 系统对资源使用情况应专门应对，超过规定值则应根据应用策略进行安全处理 • 采用实时操作系统或者专门设计的硬件加速器来执行计算密集型的算法 • 对信息处理和传输延迟进行监测，若超过规定值未处理或未传输完成，则应根据应用策略进行安全处理
		算法局限性问题	• 道路曲率过大、横向控制难以跟踪 • 道路附着力低	• 根据当前的道路曲率和车辆状态，动态调整横向控制，例如增大转向反馈增益 • 在道路曲率过大的路段，横向控制协同，通过纵向控制降低车辆速度，从而在横向上有更大的控制余地 • 根据路面附着系数，动态调整车辆的控制策略 • 设计适应性控制算法，预测在不同条件下车辆的行为，这些预测可以用来指导控制策略的选择和调整 • 通过车辆动力学模型来指导控制策略的选择和调整 • 设计独立的安全监测和安全处理机制，如当检测到车辆无法跟踪预定路径或着道路附着力不满足要求时，及时检测到跟踪要求时，及时采取紧急措施，如急制动或发出提示警告
	软件相关失效	软件逻辑错误		• 对安全关键处理，增加逻辑监督机制，若发现异常，则根据应用需求进行安全处理
	输出问题	软件相关失效	软件逻辑错误	• 采用冗余机制，对异常检测，对两套算法的输出结果进行一致性比较，超过一定范围则判定为异常并进行安全处理
		输出延迟	通信延迟	• 采用独立的监控机制对算法输出结果进行超时判断，发现异常则应根据应用策略进行安全处理 • 对控制算法输出结果进行超时判断

（1）极端天气条件

极端天气条件包括强降雨、大雪、雾霾、强风等。这些天气可能影响路面附着力，以及传感器和执行器的性能。我们可在这些天气条件下测试控制算法的功能和性能表现。

（2）极端道路条件

极端道路条件包括最大横向坡度、纵向坡度、曲率，以及湿滑、冰冻、附着力极低、破损或不平整的道路等。我们可在这些道路条件下进行单独测试及随机组合测试。

（3）极端延迟情况

我们可设定转向系统、驱动或制动系统的最大响应延迟时间和执行偏差，测试控制算法在执行器延迟下的功能和性能表现。

（4）极端车辆状态

我们可设置车辆的最大转向角、最高速度、最低速度、空载、重载等不同运行状态，测试控制算法在这些条件下的功能和性能表现。

（5）极端干扰

我们引入最大纵向力、侧向力、电磁干扰等，测试控制算法的功能和性能表现。

（6）极端操作情况

极端操作包括驾驶员突然接管、紧急刹车、紧急转向等。我们可在这些条件下测试控制算法的功能和性能表现。

模拟各种极端情况的目的是确保控制算法在所有条件下均能稳定运行，做出正确精准的控制，并在出现问题时能够安全处理异常。在测试场景中，我们应结合实车测试和仿真测试，以确保测试的全面性和有效性。

对于控制算法的安全性评价，我们可通过测试控制算法的功能和性能表现，逐步建立并完善评价体系。评价指标可能包括但不限于以下几个方面。

（1）控制精度

控制精度是衡量预期轨迹与实际轨迹差异的重要指标。在横向控制方面，它关注车辆是否能精确驾驶在车道中心线上；在纵向控制方面，它关注车辆是否能按照既定的速度和加速度行驶。

（2）稳定性

稳定性是评价控制系统抵抗扰动能力及在不同驾驶条件下性能的另一关键指标。例如，横向控制的稳定性可以体现在曲率变化大的道路上的表现；纵向控制的稳定性可以体现在上坡、下坡或载重变化时的表现。

（3）响应速度

响应速度衡量控制系统对突发情况的反应速度，这对安全性至关重要。在横向控制上，这可能体现在遇到突然发生偏移时的反应速度；在纵向控制上，这可能体现在遇到前车突然刹车时的响应速度。

（4）鲁棒性

鲁棒性是指控制系统对各种不确定性和扰动的抵抗能力，包括模型的不确定性、传感器的噪声和误差，以及环境的变化等。

（5）安全边界

安全边界定义了控制系统安全操作的极限条件。超出这些条件。系统的安全性可能无法保证。这包括横向控制的最大转弯半径、纵向控制的最大速度与加速度等。

本节针对智能驾驶中感知算法、规划决策算法和控制算法，通过失效分析、局限性及触发条件分析，列举了这些算法可能存在的风险，并提出了针对性的安全措施建议，供实际应用参考；特别强调测试验证的重要性，提出了一系列测试验证方法建议，旨在确保每个算法在实际应用中能发挥最佳性能；同时，介绍了安全性评价的方法，旨在从更全面、更深入的角度评估智能驾驶的安全性，确保智能汽车的安全。

6.7　应用软件层面的安全措施

智能汽车的应用软件与业务形态紧密相关，种类多样且功能不同，分布在车辆域、智驾域及座舱域中，分别实现特定应用功能。例如，车辆域涉及车身稳定、电子助力转向、电池管理等功能；智驾域涉及自动驾驶和各种高级驾驶辅助功能；座舱域涉及环境控制和信息娱乐等功能。由于应用软件的多样性，它的安全措施需针对各自的功能和使用场景定制，这是一项复杂的任务，难以统一定义。

本节将以智驾域为例，介绍各类高级驾驶辅助功能应用软件，重点分析这些软件的总体特性，以理解它们在智能汽车软件体系中的作用和地位。基于这些认识，本章将总结可作为大多数应用软件通用安全措施的要点，以确保智能汽车的安全运行。

6.7.1　应用软件开发总体介绍

在智能汽车整体软件架构中，应用软件与平台化软件进行了解耦，位于平台化软件之上。通过平台化软件提供的接口和软件开发套件（SDK），应用软件能实现快速开发和迭代。这种做法与传统汽车 ECU 的应用功能开发有显著差异，打破了传统的一体化应用开发模式，将通用软件逻辑放置于平台化软件中实现，而将特定功能的实现留给应用软件。应用软件侧重于在平台化软件基础上进行个性化功能设计，涵盖功能状态机的转换、应用数据的流动与使用，以及特定策略和逻辑的制定。

与平台化软件的抽象化、共性化特征相比，应用软件更具体化、特定化，与实际应用场景和用户体验紧密相关。以智驾域的高级驾驶辅助功能为例，我们在开发应用软件时必须先确定运行设计域（Operational Design Domain, ODD）。这是定义具体应用场景和智能驾驶系统运行条件的重要前提。这包括地理位置、道路类型、速度、天气条件、道路和交通设施情况、交通规则和法规等。如果超出了这些规定的条件和环境范围，智能驾驶系统可能无法正常运行，软件功能可能失效，这时需要人类驾驶员介入，或系统转入安全状态。

ODD 定义了智能驾驶系统可以正常运行的特定条件和环境范围，具体示例和详细内容可以参考表 6-16。

表 6-16 运行设计域示例参考

分类	举例
地理位置	特定的城市或地区，例如中国的某些城市等
道路类型	城市道路、乡村道路、高速公路、城市高架桥等，还可进一步细化，例如标准城市十字路口，双向四车道，道路的坡度、曲率、摩擦系数要求等
速度	车辆允许的速度信息或加速度信息，例如速度 0 ～ 60km/h、加速度小于 5m/s^2 等
天气条件	白天、黑夜、晴天、雨、雪、雾、沙尘暴、光照、温度、湿度等情况
道路和交通设施情况	车道线、路灯、隔离带、交通灯、交通标志等情况，例如车道线清晰无遮挡、有连续的路灯且应达到某种照明程度和可见度、无交通指示牌标志等
交通规则和法规	需要遵守适用的交通规则和法规，例如遵守某个国家、某个地区的交通规则

在定义 ODD 时，系统开发者需要详细描述相关的条件和环境，并确保智能驾驶应用能在这些条件和环境下正常、安全运行。应用软件应利用高精度地图和全球导航卫星系统（GNSS）来监测地理围栏，并通过其他传感器设备监测与 ODD 相关的条件和环境。若行驶条件和环境超出预定范围，应用软件应启动相应的处理机制，如报警提示、通知驾驶员接管、减速停车或进入其他设定的安全状态。

智能汽车应用软件开发的效率远高于传统汽车，因为平台化软件层已统一实现了基本的底层逻辑和共性功能。这些功能包括感知、融合、规划、决策和控制的基础服务、基础运行框架、外围设备抽象、节点间通信机制以及操作系统内核底层逻辑等。应用软件层主要集中在特定场景和功能状态相关的开发上，通过调用平台化软件提供的接口或软件开发套件进行开发。开发过程中，开发人员可以基于默认配置或进行重新配置，整合平台化软件组件，构建完整的功能系统，并实现整体应用逻辑。这包括判断功能应用场景、确定应用场景规则、制定场景及应用逻辑策略、设置状态机和跳转条件、设计人机交互界面等。

1. 判断功能应用场景

利用摄像头、毫米波雷达、激光雷达等多种传感器，获取道路、天气、交通等周边环境的相关信息。结合高级算法和人工智能技术，识别当前驾驶场景，并在应用软件中评估其与ODD 规定场景的符合程度。

2. 确定应用场景规则

对于每一种具体的特定驾驶场景，定义明确的规则来指导驾驶行为，包括道路规则，如道路附着力参数设置、速度限制设置；安全规则，如安全距离设定、允许变道的曲率设定等。这些规则可以预先设置在软件中，也可以通过学习和自适应优化进行完善。

3. 制定场景及应用逻辑策略

基于场景判断和规则配置，应用软件需通过相应的应对逻辑策略来处理各种情况。策略包括安全处理策略，如系统发生故障时，采取在某些场景下减速或靠边停车，在其他场景下立即紧急制动的措施。

4. 设置状态机和跳转条件

应用软件采用状态机管理方式。状态机作为软件开发模型，能够清晰表示系统的不同状态及其转换。在开发智能驾驶系统的应用软件时，首先确定系统的所有可能状态，如启动状态、等待状态、驾驶状态、紧急停止状态等。接着定义转换条件，以确定哪些事件或条件会引发状态转换，如用户按下"启动"按钮可能会触发系统从"等待状态"转入"驾驶状态"；当传感器检测到前方障碍物时，系统可能从"驾驶状态"转入"紧急停止状态"。设计状态转换逻辑的关键在于通过编码或模型开发实现状态变更，这包括检测和判断转换条件、更新系统状态、执行相关操作等。

5. 设计人机交互界面

为便于用户使用和控制智能驾驶系统，开发人员应设计符合用户需求和习惯的人机交互界面，包含显示系统状态、提供控制按钮、发出警告和提示等功能。设计人机交互界面时，开发人员应重视用户的易用性和安全性，并进行用户测试及反馈收集。

智能驾驶应用软件与平台化软件的分工关系如图 6-13 所示，图中的省略号表示可根据实际情况进行扩展。应用软件依赖平台化软件提供的服务和接口，平台化软件则需支持应用软件的功能实现。

总之，在智能汽车软件分层架构中，应用软件开发着重于高层次的逻辑和用户体验，侧重于如何利用平台化软件提供的基础服务来实现具体功能。以智能驾驶功能为例，包括自动巡航、自动泊车、碰撞预警等，应用软件开发主要基于平台化软件的感知算法、规划决策算法和控制算法等服务及底层软件支持，进行场景和功能定义下的应用逻辑、应用诊断、应用策略及状态机管理等应用层面的设计和开发，具体可以是巡航速度范围的设置、泊车过程中状态机的切换，以及基于场景的故障处理策略等。同时，应用软件开发还需着重考虑用户体验，设计易于使用的人机交互界面，以便用户方便地使用和控制系统。

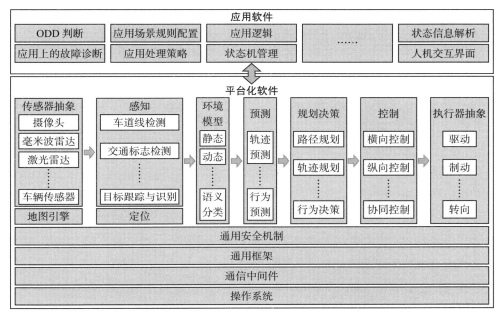

图 6-13 智能驾驶应用软件与平台化软件开发分工示意图

6.7.2 应用软件的安全措施

在功能上，平台化软件为应用软件的运行提供了必要的基础服务；在功能安全方面，平台化软件也提供了关键的安全保障。应用软件的安全措施可分为两个部分：一部分由平台化软件提供，旨在为所有应用软件提供共性的安全支持；另一部分是应用软件中需要特别设计的安全措施，这部分与特定的应用场景和数据密切相关，主要针对应用层的处理逻辑、数据的有效性及应用场景条件进行安全监控。此外，在应用软件层，开发人员还需设定具体的安全处理策略和系统的安全状态等。

1. 平台化软件提供的安全措施

首先，操作系统及内核层为应用软件的运行提供了最基本的安全防护，包括任务的安全调度、数据的安全存储、程序间的安全隔离，以及程序本身资源占用情况的监控，确保了应用软件的运行环境安全。

此外，平台化软件中的安全机制供应用软件配置和使用，例如服务运行框架层提供的逻辑检查机制、存活状态检查机制、运行截止时间检查机制；软件锁步和硬件锁步机制；在进程异常终止时，建立影子进程以实现重启的机制；通信的端到端保护机制等。应用软件可以根据业务逻辑的需要选择使用这些机制，包括但不限于以下示例内容。

（1）应用配置信息的安全检查

为了确保应用软件配置信息的准确性，我们可以利用平台化软件提供的配置信息检查和校验机制。具体方法是，在应用软件的配置文件中加入校验码，而校验码的计算应遵循平台化软件中安全机制设计的规则。在应用软件的配置文件被加载之后，平台化软件能够通过检查校验码来验证配置文件的正确性和完整性，从而确保配置信息在加载过程中的准确性，并避免配置错误引起的安全问题。

（2）应用软件逻辑的安全防护

应用软件逻辑处理发生故障，将给系统的安全性带来严重影响。通过平台化软件中的监督机制，在应用软件中设置检查点是一个有效方法。对于需要严格时序的逻辑处理，我们可设置多个检查点，以监测应用软件程序运行至每个检查点的顺序和时间。对于周期性任务，通过设置检查点可以监测应用软件是否按预定周期正常运行。对于有严格时间要求的任务，通过设置检查点来监测应用软件程序运行至检查点的时间，从而判断应用软件是否存在超时的情况。此外，针对应用软件可能的处理错误，我们可以通过平台化软件中的软件锁步机制创建一个异构的应用进程，并对两者的处理结果进行一致性比较。在这些监测过程中，如果发现异常，根据应用需求设定，从平台化软件提供的多种基础安全处理机制中选择符合应用策略所规定的安全状态的相关机制。

（3）应用软件的冗余机制

为了预防应用软件出现程序异常、崩溃或意外关闭等故障，在需要的情况下，我们可以利用平台化软件中提供的冗余机制来建立冗余进程。当应用软件发生故障时，系统会切换到这些冗余进程，从而在保障系统可靠性的同时，在一定程度上保证了安全性，保持可运行状态，能够及时处理和执行安全指令。

（4）应用软件的通信保护

应用软件的通信机制在平台化软件中已经被定义，并可在此基础上添加相应的安全防护机制，如端到端保护机制、序列号、时间戳、校验码等。根据通信协议的要求，在消息发布 / 订阅或请求 / 响应的通信过程中，平台化软件负责进行整体的组包、拆包、添加安全机制和利用这些机制进行检查、校验等活动；应用软件则负责组建应用数据包以及进行应用数据的有效性和正确性检查。

如果平台化软件中没有包含所需的安全机制，或现有的安全措施不足以覆盖应用软件中可能出现的危害情况，我们需要在应用软件的功能安全开发设计中对这些方面进行补充。

2. 应用软件中需要特别设计的安全措施

由于应用软件中的数据和状态信息与具体的应用场景及功能紧密相关，仅依赖平台化软件的通用功能安全措施并不能完全确保其安全性。因此，我们必须在每个应用软件的开发过程中，针对其特定的功能设计独立的安全措施。这些措施需充分考虑应用软件的场景条件、特定的功能要求和数据范围，结合潜在的安全风险。这些措施包括但不限于以下几方面。

（1）状态机设计相关的安全措施

在应用软件设计与开发中，状态机的设计与转换是关键的安全性因素。为了降低设计和开发过程中的风险，确保状态机管理的正确性并提高安全性，需要采取以下措施。

1）明确定义状态和事件。确保每个状态及触发状态转换的事件都被清晰地定义和描述，有助于预测状态机的行为并增强软件的可靠性。这可以考虑采用形式化或半形式化的方法来实现。

2）采用层次化状态机。通过将状态机拆分为多个子状态机，更易于管理和维护，从而降低系统的复杂性和出错的可能性。

3）执行状态转换验证。在状态转换过程中进行验证，确保转换的合法性。验证内容包括检查状态间的约束条件和输入数据的有效性等。

4）避免死锁和活锁。死锁和活锁会阻碍系统的正常运行。在设计阶段，应仔细检查状态机的结构，以确保不会出现这类问题。我们可采用形式化方法（如模型检查）进行辅助验证。

5）异常处理。为状态机设计异常处理机制，以便在检测到故障时采取适当的应对措施。例如，可以设计一个安全状态，一旦发生故障，状态机就会转移到这个安全状态。

6）监控和诊断。设计独立的安全监控机制，以实施状态机的监控和诊断功能，从而实时检测和记录状态机的运行状况，有助于识别和解决潜在问题。

7）定时器和看门狗。利用定时器和看门狗确保状态机按预定的时间运行，防止意外延迟或卡顿导致的功能安全问题发生。

8）鲁棒性设计。设计状态机时应考虑意外情况，确保在异常条件下状态机能够正常工作，例如，通过设计冗余机制和容错机制来处理数据丢失或通信错误。

（2）应用信息检查相关的安全措施

对于与应用紧密相关的场景及数据信息，在平台化软件层往往无法识别其是否满足应用要求，因此无法判断其正确性。鉴于这些内容与安全直接相关，我们应在应用软件层设计相应的安全监测与处理措施，对那些需要在应用软件层判断和处理的内容实施安全防护。

在应用信息输入时，我们应根据应用需求规定的信息内容进行验证和过滤，并判断信息与应用需求定义内容的匹配性，确保输入数据的格式、范围和类型符合预期。为确保输入数据的完整性和合法性，我们可以采用正则表达式、长度检查、数据范围检查及数据循环冗余校验等机制，以验证数据的完整性、范围合法性、格式和内容的正确性。如果发现数据异常，我们应停止使用该数据，并且如果连续发现安全相关数据异常次数超过允许范围，则应根据应用需求的定义进入安全状态。在应用数据处理过程中，我们可能需要将数据转换为符合应用程序要求的格式和类型。进行数据转换时，我们应确保数据转换的准确性，包括精度和保留位数等细节。如果发现异常，我们应停止使用转换后的数据，并根据应用策略进行异常处理。

由于应用软件实现的功能种类众多，我们在设计安全机制时需针对具体的应用场景进行定制化设计。本节示例无法全面列举所有安全措施。在功能安全设计中，我们应结合应用软件的功能特性和具体的安全需求，采取适当的技术手段和安全措施以确保应用软件的安全性。

另外，对于应用软件而言，并没有完全明确的规定来区分哪些安全措施应由平台化软件提供，哪些需要在应用开发中设计。这需要根据产品的具体软件架构设计和功能分工来确定。如果平台化软件中已设计了较为全面的共性安全机制，我们可以避免在各个应用软件开发中对功能安全机制的重复开发。相反，如果平台化软件中未提供相应的共性安全机制，我们需在应用软件中进行考虑和补充。综上，在智能汽车软件功能安全开发中，我们必须从系统工程视角，全面识别可能的危害及风险，并将防护措施落实到具体的软件实现细节中。

智能汽车软件功能安全的创新研究

　　随着智能汽车软件技术的快速发展，功能安全的重要性与现有标准的局限性之间的冲突变得日益明显，这给智能汽车领域的安全研究带来了挑战。智能汽车软件在迅速迭代中不断进化，而神经网络和机器学习技术的应用增加了这一领域的不确定性。未来，通用人工智能大模型，可能会给智能汽车领域带来前所未有的突破性改变。无论如何，智能汽车的安全性一定是至关重要的，这是一种广义上的功能安全，即"功能型安全"。它不仅包括传统的功能安全和预期功能安全，还应包含与未来人工智能相关的模型安全。如果智能汽车软件功能安全研究仅限于 ISO26262 标准，即便完全符合这些标准，也不能全面保障智能汽车的安全。智能汽车领域的预期功能安全研究虽已展开，但这也不是终点。智能汽车软件功能安全的研究和实践必须不断适应变化。

　　智能汽车软件功能安全需要在继承先前经验的基础上进行突破和创新，以在不确定性中寻找确定性。没有绝对的安全，关键是将风险控制在可接受的范围内，因此，将 ALARP（As Low As Reasonably Practicable，最低合理可行）原则作为风险评估和控制的方法，可能成为衡量智能汽车安全的主流准则。基于第 2 章概述的智能汽车安全痛点，本章将探讨这些痛点的解决方案。核心理念是突破、进化和创新，即打破传统的功能安全思维模式，在不确定性中寻找确定性。功能安全的理念应从基本原理出发，随着技术的发展而进化，在继承传统经验的基础上，以接纳变化的态度面对挑战，而不应抗拒变化，也许持续进行探索和创新将是未来智能汽车软件功能安全发展的主旋律。

7.1 在不确定性中寻找确定性

由于智能汽车软件应用场景复杂、代码量巨大，且广泛采用开源软件和人工智能技术，软件的不确定性已经成为行业的重大痛点，给功能安全带来极大挑战。为保障智能汽车软件功能安全，关键在于从不确定性中寻找确定性。针对智能汽车应用场景、人工智能技术以及大规模软件所带来的不确定性，我们需要从问题的本质出发采取以下措施。首先，加强数据管理是必要的，通过构建场景库、数据库、事故库来积累海量数据，以应对不确定性。同时，提高数据质量、提升数据标注的精度、强化数据训练的全面性，以数据驱动安全。其次，对不符合功能安全要求的开源软件进行技术改进是必需的。对于存在不确定性的结果，我们应采用多重融合等技术解决方案，从技术本质上解决安全问题，而不是简单套用标准，需要以技术加强安全性。最后，建立一个高效、安全且适用的研发流程体系也非常重要。这有助于降低系统性失效风险，同时保障大规模软件研发效率，通过流程优化来保障安全。本节将深入探讨上述各方面，提供确保智能汽车软件功能安全的解决思路。

7.1.1 用数据驱动安全

智能汽车应用场景的不确定性主要源自场景要素及其动态变化的不确定性。对于人工智能算法来说，不确定性可能表现在输入的不确定性、特征提取的不确定性，以及处理决策的不确定性上，本质来源于模型和数据的不确定性。这些不确定性归根结底的关键因素是数据缺乏：智能汽车在实际应用中可能遇到未知场景，缺乏相应的处理数据，导致人工智能模型无法进行充分的训练和优化，使输出结果带有一定的未知性。

为了获取充足的场景及数据信息，建设场景库是基础。基于足够丰富的场景库，我们可以进一步建设数据库和事故库，不断完善数据信息和积累经验。

1. 场景库建设

场景库是指记录各种典型交通场景的库，涵盖了路面、天气、交通状况等因素。它能帮助开发人员和测试人员更全面地了解交通环境，进而设计和验证智能汽车软件的功能与性能。建立场景库的关键在于收集、整理和分类交通场景，并建立一套标准、可查询的场景分类方法，以便开发人员和测试人员使用。场景库应以结构化的方式构建。场景要素分为静态要素和动态要素，建议采用标准的七层架构来记录场景要素。各要素之间存在相关性，并形成关联逻辑和层次架构，如表 7-1 所示。

场景库的建设是基于场景库架构中的各种要素，通过不断收集和积累要素，对所有要素在合理的条件下进行遍历和组合，以构建基础场景。接着，依据实际场景采集、推理分析和专家经验，对这些基础场景进行泛化，构建可能触发安全问题的场景，并进行典型分类。对于智能汽车而言，驾驶场景似乎无穷无尽，但物理要素和原则是有限的。通过对场景进行逻辑分解和结构化，基于智能汽车特定的动态驾驶任务，可以实现对所有与安全相关的根因场景的完整覆盖。智能汽车在运行场景中可能遇到的安全问题可以归纳为感知相关、规划决策相关和控制相关问题。

表 7-1　场景库架构设计

架构层次	要素分类	内容说明及示例
第一层	道路结构	记录道路的基本状况、道路结构类型、道路路面状态以及道路附属物等信息，例如道路类型、车道数量、道路宽度、道路坡度（曲率）、路面材质、路面磨损情况、路面积雪结冰情况、路面积水情况、道路中央隔离带等
第二层	交通设施	用于指挥和引导交通的设施，包括交通信号灯、交通标志、交通标线等设施，例如机动车信号灯、行人信号灯、限速标志、警告标志、人行横道线、车道线；需要遍历这些交通设施位置、尺寸和状态等信息
第三层	临时事件	道路上的临时事件，包括道路条件、交通条件和气象条件的临时变化，例如施工区域、事故现场、道路封闭、光照变化等
第四层	交通参与者	交通参与者是一种动态要素，包括车辆、人员、动物和其他物体等；需要对这些动态要素信息（例如车辆外观、位置、运动状态等信息、车流信息、人员运动状态、人群密度、动物类型及运动状态等）进行描述
第五层	自然环境	外界气象环境及光照、环境干扰等信息，包括白天、黑夜、光照情况、雨、雪、雾、风、能见度、温度、湿度、电磁波等；需要对这些要素进行描述，例如描述光照的信息包括光源位置、反射情况、光源类型、光照强弱及方向等，描述风的信息包括风向、风速等
第六层	通信信息	行驶环境中与信息化设备进行交互的相关信息，例如与路侧单元、定位系统以及边缘计算设备的信息交互；需要描述信息化设备的位置、通信类型、参数及状态等信息
第七层	自车信息	自身车辆信息及驾驶员状态信息，例如车辆传感器设备配置及状态、车速、加速度、转向角度、驾驶员是否处于疲劳驾驶状态、驾驶员的位姿情况等信息

❑ 感知问题的场景触发要素可能包括自车传感器的干扰、自然环境导致的感知局限、交通参与物的阻碍、通信信息的干扰。

❑ 规划决策问题的场景触发要素主要是道路结构、交通设施、临时事件、交通参与者以及通信信息等交通要素的综合作用。

❑ 控制问题通常由车辆动力学控制失效引起，场景触发要素可能是外部道路结构、自然环境中的风向和风速，或内部自车重量载荷等参数信息。

通过为每类问题的场景触发要素定义合理的可预见性和量化范围，可以将相关要素组合以构建场景。场景库的建立是一项长期且持续的工作。我们应以场景的安全相关性为优先级，以实际测试问题场景采集、售后问题场景采集、推理分析和专家经验为基础，首先覆盖安全相关的场景，然后持续遍历和完善其他场景组合。场景库的分析与构建过程如图 7-1 所示。

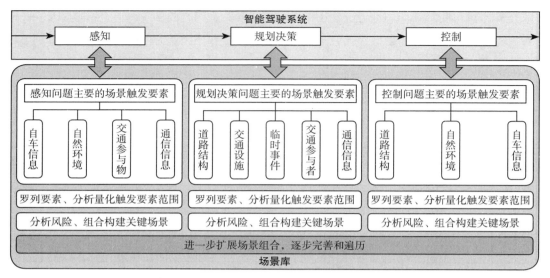

图 7-1 场景库的分析与构建过程示意图

此外，持续不断地对各种地域各个路段的实际场景数据进行采集也是构建和完善场景库的必要条件，包括实车数据采集、航拍数据采集等多种方式。其中，航拍采集的数据还需要进一步转化为车辆视角的数据才能使用。这些场景中的数据详细信息也是数据库的构成基础，而事故相关的场景和数据又可形成专门的事故库。数据库和事故库建设也是除了场景库之外的一种数据积累方式的补充。

2. 数据库建设

数据库是用于记录各种交通数据的库，涵盖车辆传感器数据信息、各种交通数据信息和天气数据信息等。这些数据可以帮助开发人员和测试人员更好地了解交通状况和车辆状态，从而优化智能汽车的算法。构建数据库的关键在于选择适宜的数据存储方式和数据管理系统，构建高效的数据闭环工具链。数据库的建设依赖于数据采集与处理的自动化方法，支持对数据执行自动存储、处理、标注、回放等操作，并支持利用大数据和人工智能技术对数据进行挖掘和分析，可以提高数据的利用效率。我们可以利用数据库高效开展模型训练和仿真评测等活动。

3. 事故库建设

事故库是用于记录各种交通事故信息的库，包括事故类型、原因和损失等。这种库有助于开发人员和测试人员深入理解交通事故的原因和特征，借此吸取经验进行设计上的改进，从而提升智能汽车的安全性和可靠性。建设事故库的关键步骤是收集、整理和分类事故信息，并建立一套标准的事故分类方法，以便开发和测试人员使用。同样，采用自动化方法、数据挖掘和机器学习技术对事故信息进行分析和建模，有助于提升事故预警和预测能力。

　　总之，建设场景库、数据库和事故库，进行数据收集与结构化分类，并将其广泛应用于测试验证环节，对智能汽车领域的发展至关重要。这些库的建设需要关注数据的质量和完整性，选择恰当的技术手段和管理方法，以实现数据共享和互通；同时，必须遵守相关的法律法规、保障数据安全及隐私，确保信息的保密性。鉴于智能汽车产业生态圈的多元化，不同的合作伙伴可能在建设场景库、数据库和事故库方面存在能力差异。因此，行业内的共同努力对于构建这些基础设施显得尤为重要。合作伙伴可以分享彼此的经验，共同开发和完善这些库。通过数据共享、技术交流和资源整合等形式的合作，建立更全面、更可靠的基础数据资源，为智能汽车的研发和实际应用提供强有力的支持和安全保障。

　　场景库、数据库和事故库构成了智能汽车数据积累的基础，也是安全性测试验证的保障。依托这些场景、数据和事故经验，开发和测试人员可以进行大量的软件在环测试和硬件在环测试。此外，开发和测试人员可以在真实场景下开展封闭场地实车测试和开放道路实车测试，并在测试过程中持续采集新的场景及数据信息，以完善场景库和数据库。测试验证环节中，开发和测试人员需关注仿真场景与真实场景要素之间的偏差，并通过一系列试验验证仿真场景的准确性，例如，通过比较封闭场地测试和场景仿真测试的结果来确认场景的一致性。在保证场景要素一致性的基础上，开发和测试人员还需进一步验证安全场景中风险触发条件的一致性，即将真实场景中的风险触发条件的关键特征变量与仿真模拟的触发条件进行比较分析，以确保智能汽车测试验证结果的高置信度，降低不确定性，并提高安全性。此外，在智能汽车软件开发过程中，针对人工智能算法的不确定性，提高数据质量和标注精度，增加对抗性训练数据和加强对抗性训练也是非常关键的。

　　（1）提高数据质量和标注精度

　　为了提高数据质量和标注精度，我们首先需要收集具有广泛多样性的数据样本，必须对数据进行筛选、清洗和预处理，以去除噪声、异常值、错误、缺失值和不一致性样本，确保数据的标准化、准确性和一致性。接着，提供清晰的标注指南和规范，保证自动标注平台和负责人工标注的人员充分理解任务要求并依据统一的标准进行标注。实施多人标注和一致性检查是纠正标注过程中的差异和错误的有效方法。为确保训练数据的平衡性和多样性，防止数据集偏向特定类别或情境，尽量覆盖多样的变化和特征。

　　（2）增加对抗性训练数据

　　对抗性训练数据指的是经过特殊处理的原始训练数据，用以生成能够误导机器学习模型的对抗样本。这些对抗样本的目的在于欺骗模型，使其做出错误判断。生成对抗性训练数据的过程包括对原始训练数据添加扰动、进行扰动训练和创建对抗样本等。这种添加扰动的数据可以增强机器学习模型的鲁棒性，使其更能抵御对抗性攻击。在训练过程中，机器学习模型通过与对抗性训练数据的交互，逐渐学会识别并抵御对抗攻击，从而提升鲁棒性和泛化能力。此外，对抗性训练数据还能帮助开发者更深入地理解机器学习模型的行为和局限，进而优化模型设计和改善算法。

（3）加强对抗性训练

对抗性训练旨在通过模拟各种可能的异常情况和边缘案例，增强智能汽车系统的鲁棒性和应对能力。这种训练涉及收集多样化、真实世界的训练数据，对其中的潜在风险和挑战进行模拟和测试。训练数据应覆盖各种情况，包括极端情况和罕见情况，以确保系统在复杂和不确定的环境下做出合理且安全的决策。通过对抗性训练，可以揭示并解决系统可能遇到的各种挑战和不确定性。这种训练有助于软件开发团队更深入地理解系统的局限性，并据此进行改进。此外，对抗性训练能提升系统的反应速度和适应性，增强其应对复杂情况的能力，降低潜在风险，从而提高智能汽车的总体安全性和性能。

在人工智能大模型时代背景下，通用人工智能技术可能会逐渐应用于智能汽车领域。人工智能带来不确定性的同时也可能成为解决问题的钥匙，即使用更高级别的人工智能技术来解释和优化低级别的人工智能技术。然而，人工智能技术的发展仍然依赖于大量数据信息。对于智能汽车软件而言，以数据驱动安全是在不确定性中寻找确定性的必然方法。

7.1.2 用技术加强安全

针对智能汽车广泛采用开源软件及 Linux 操作系统，而难以满足功能安全标准的问题，如果仅从标准的角度衡量安全性，智能汽车软件的发展将陷入僵局。这种做法可能迫使行业回归到传统的汽车软件开发流程，以满足安全要求。但是，这显然不是理想的解决方案。标准的制定基于行业经验的积累和提炼。智能汽车软件的痛点在于，新技术的快速发展导致行业内尚未积累足够成熟的经验以供借鉴，而原有的经验和标准多有不适用之处。在此背景下，既要确保安全，又要推动先进性的持续发展，创新思维成为必不可少的元素。

解决智能汽车软件的难题，首先需要从第一性原理出发，深入探究问题的本质，并通过技术手段来降低风险。其次采用风险管理的 ALARP 原则。该原则指出，在实际操作中无法彻底消除所有风险，但可以通过合理的措施将风险降至最低合理水平。基于 ALARP 原则，风险管理的目标是在考虑成本、可行性和可接受性等多方面因素后，采取合理措施以降低风险。若降低某一风险的成本和代价超过了该风险本身可能导致的损失，则可以接受该风险。

1. 用功能安全理念优化设计

用技术加强安全意味着在设计阶段加强功能安全的考虑，以降低系统发生安全问题的风险，或在出现安全问题时，通过技术措施实现有效防护。例如，针对场景与人工智能算法的不确定性可能引起的安全风险，除了采用数据驱动的方法不断增强算法的安全置信度外，我们还可以运用多重融合技术（例如传感器数据融合、算法融合、上下文融合等）来克服单一方法的限制，从而提升系统的整体确定性和安全性。

1）传感器数据融合。融合视觉传感器、激光雷达、毫米波雷达等多种类型传感器的数据，以获得更全面和准确的感知信息。传感器数据融合能够弥补各传感器间的局限，增强感知能力。

2）算法融合。融合多种感知算法，利用不同算法的优势，对多个算法的结果进行综合处理和决策，以降低依赖单一算法所带来的不确定性。

3）上下文融合。融合感知算法与车辆的上下文信息，包括车辆动态状态、地图、交通规则等，考虑车辆所处的具体环境和情境，旨在提供更精确和可靠的感知结果，并有效降低不确定性。

2. 挖掘问题本质、改进设计

若采用技术增强安全的方法，我们需要回归到问题的本质，深入理解相关软件工作原理，针对基本原理和规律进行分析，从根本上识别潜在的安全问题，从技术上寻求规避或减轻风险的解决办法。针对 Linux 操作系统等大规模开源软件不满足智能汽车软件功能安全要求的问题，我们同样可以用技术增强安全性。

Linux 操作系统在智能汽车领域有以下优势。

❑ 作为开源代码操作系统，Linux 拥有广泛的社区支持和丰富的开发资源，其高度灵活性允许进行自定义配置和定制，满足智能汽车软件的特定需求。

❑ Linux 操作系统具有轻量级、高效性特点，内核较小，资源消耗低，适合在资源受限的嵌入式设备中高效运行，因此非常适合智能汽车的嵌入式系统。

❑ Linux 操作系统支持广泛的设备驱动，能够适配多种硬件设备（如传感器、摄像头、定位系统等）为智能汽车软件提供丰富的硬件接口和功能扩展能力。

❑ Linux 操作系统具有良好的稳定性，其内核和众多开源软件项目已在实际应用中得到广泛验证，积累了丰富的解决方案。一直以来，社区支持、安全性记录、可靠性测试、都证明了其稳定性。

尽管 Linux 操作系统未完全符合 ISO26262 传统功能安全标准的所有要求，但在功能安全相关方面，Linux 也具有一定的防护措施。表 7-2 所示为 Linux 操作系统中的防护措施举例。

尽管 Linux 操作系统具有多项技术优势和一定的安全防护设计，但它在本质上存在安全隐患，主要体现在缺乏硬实时性和完整的功能安全开发过程。其中，缺乏硬实时性的具体表现如下。

表 7-2　Linux 操作系统中的防护措施举例

防护措施分类	防护措施描述
用户和权限管理	Linux 使用用户和组的概念进行权限管理。每个文件和进程都有一个归属的所有者和一个所属组，系统根据用户和组的权限来决定其对文件和进程的操作权限
进程隔离	每个进程在 Linux 操作系统中运行在自己的地址空间，这样就可以防止自身错误操作而影响到其他进程
进程监控	Linux 操作系统可以对进程的运行状态、进程的资源占用情况、进程调度优先级、进程之间的层次关系等进行监控，并且可以通过命令终止进程
重启机制	Linux 操作系统提供重启机制，监测应用程序或服务的运行状态，出现故障或崩溃时能够根据需要自动重启
内存保护	Linux 操作系统通过虚拟内存管理、内存分页、页表和权限控制来实现内存保护机制，隔离和保护进程的内存区域，防止某个进程访问其他进程的内存空间。此外，Linux 操作系统还提供了错误处理机制，可以在应用程序访问非法内存时引发异常，中断进程的执行，触发异常处理机制，例如终止进程、发送错误信息等
资源监控	Linux 操作系统对 CPU 利用率、内存使用情况、硬盘使用情况、网络流量、系统负载情况等进行监控，并提供命令行或接口以查看和获取信息
异常处理机制	Linux 操作系统内部通过信号实现异常处理。信号用于通知进程发生了特定事件或错误。当进程遇到异常情况时，如除以零、内存访问错误、非法指令等，Linux 操作系统会向进程发送一个信号，如 SIGSEGV（段错误）、SIGFPE（浮点异常）、SIGILL（非法指令）、SIGBUS（总线错误）等。进程可以通过注册信号处理函数来捕获和处理这些信号
支持硬件故障监测机制	Linux 操作系统通过与支持 ECC（Error Correction Code）功能的内存模块进行集成来支持纠错码内存校验；支持磁盘校验机制，即在磁盘上使用校验和等技术来检测磁盘数据的完整性；可通过软件实现的磁盘冗余阵列（Redundant Array of Independent Disk, RAID）来提供数据冗余和容错能力

（1）调度策略

Linux 的调度策略主要是基于时间片的抢占式调度。这种策略虽然注重公平性和性能，但并不适用于对实时性要求极高的应用。在需要严格时间调度的实时系统中，Linux 操作系统的调度策略无法保证这种实时性，并且在实时任务中可能产生优先级反转和不确定性。

（2）中断处理延迟

Linux 操作系统处理中断时存在延迟，因为在执行中断处理程序之前，内核可能需要处理其他任务或进程。这种延迟可能导致实时任务无法及时响应，影响系统的实时性能。

（3）内核锁机制和非抢占特性

Linux 内核中的锁机制可能引入不确定性和延迟，影响实时性能。在多核系统中，内核锁和调度器锁的使用可能增加实时任务的等待时间，从而降低实时性。并且内核中一些关键部分是非抢占式的，这些部分在执行时可能无法被高优先级任务抢占，导致实时任务无法及时处理。

（4）优先级反转

Linux 操作系统中存在优先级反转问题，即高优先级任务可能被低优先级任务阻塞，这会阻碍实时任务的执行，影响实时性能。

　　针对这些问题，在目前无法完全开发出符合功能安全要求的 Linux 操作系统的情况下，我们可以采取技术改进措施加强安全性，具体如下。

　　1）实时内核优化。采用经过实时调度优化的内核，如 PREEMPT-RT 或 Xenomai。这些内核能提供更精确的任务调度和响应机制，确保实时任务能够及时执行。

　　2）实时调度策略优化。Linux 内核支持多种调度策略，例如实时调度和循环调度等策略。通过选择合适的调度策略，并针对实际需求调整调度参数，能够提升实时任务响应性。

　　3）采用高分辨率定时器。Linux 内核支持高分辨率定时器，可以提供更精确的定时服务，以满足实时任务对时间控制的精确需求。

　　4）中断处理优化。优化中断处理过程，减少中断处理的延迟和开销，提升实时任务对外部事件的响应速度。

　　5）优先级管理优化。利用 Linux 系统中的实时优先级机制，为实时任务分配更高优先级，确保它们能优先执行，避免被非实时任务阻塞。

　　6）并发控制。通过适当的同步和互斥机制，如信号量、互斥锁等，确保实时任务之间能正确协作，实现资源的互斥访问。

　　7）避免非实时操作。在实时任务执行期间，避免执行可能引起不确定延迟的非实时操作，例如动态内存分配、文件系统操作等。

　　8）软实时技术。利用软实时技术，如实时补偿算法、时间截止算法等，通过智能管理任务调度和资源分配，提供近似实时服务。

　　需要注意的是，尽管 Linux 操作系统可以实现一定程度的实时性改进，但它并不是一个真正的硬实时系统。在智能汽车应用中，我们必须针对特定的场景和功能需求来具体分析实时性要求。对于对实时性要求极高的任务，我们应考虑采用专用的实时操作系统或实时内核。在实际应用中，选择优化后的 Linux 操作系统还是成本更高的实时操作系统，可以依据 ALARP 原则来评估决策。

　　尽管技术可以增强安全，但无法完全保证。降低风险的方法包括流程改进和广泛的测试验证。由于 Linux 操作系统的复杂性，这些工作都十分艰巨，需要进一步明确不同的子功能、子系统、子模块，识别关键的安全内容，并确定安全优先级，按重要性顺序逐步进行改进或验证。这些流程改进和测试验证是大型工程，需要大量的人力、技术、时间和成本投入，因此，我们也需要基于 ALARP 原则进行全面的权衡与评估。

　　Linux 操作系统的技术和流程改进方法同样适用于智能汽车领域的其他大规模开源软件。对于小规模的安全相关开源软件，在技术、时间和成本允许的情况下，我们可以通过传统功能安全软件组件鉴定的方式进行改造，以满足功能安全要求。尽管在智能汽车软件发展中安全问题难以完全解决，通过技术可以在不确定性中寻找确定性，从而在一定程度上降低安全风险。由于技术的多样性，在智能汽车软件领域，我们需要针对具体问题进行分析。完美无缺的软件或绝对安全的软件并不存在，只有不断追求安全、坚守原则、不断探索和适度创新，才是智能汽车软件功能安全发展的正确路径。

7.1.3　用流程保障安全

对于智能汽车领域的大规模软件开发，由于代码量庞大和逻辑复杂，软件开发过程中容易引入系统性失效。这种失效可能由需求、设计、测试或维护过程中的缺陷、不合理的工具使用或不规范的行为所引起，从而使系统面临失效风险。众所周知，从传统功能安全角度出发，规范的软件开发流程是避免系统性失效的有效方法。智能汽车软件领域的难题在于，传统汽车行业的软件开发流程与快速迭代的软件研发效率之间存在矛盾和冲突。解决这一痛点的关键在于建立一套既高效又规范的软件研发流程。它不仅需要满足软件开发的规范性，还要提升研发效率，以免流程阻碍智能汽车软件的发展。用流程保障安全意味着，通过流程控制将复杂的大规模软件从无序状态引导至规范有序状态。

针对智能汽车大规模软件开发的不确定性问题，用流程保障安全应重点解决两个方面的问题：一是平衡软件开发流程规范性与效率，确保系统性失效风险降至可接受水平，同时不降低软件开发效率，保证软件能快速开发迭代；二是预防软件修改可能引起的影响，即避免修复一个缺陷导致复杂软件的其他部分出现更多问题，通过建立软件变更流程来保障软件修改的安全性。

1. 平衡软件开发流程规范性与效率

为了平衡软件开发过程中的规范性与效率，我们需要构建基于融合的智能汽车安全软件开发体系，主要考虑以下策略。

（1）以规范性为主线，以效率为目标

软件开发流程的建立旨在降低系统性失效风险并保障智能汽车软件的安全性，因此，制定规范化流程是基础。这些流程应基于每个公司和每个产品的特定情况进行适当调整，同时确保符合智能汽车行业软件开发相关标准的关键过程要求，避免产生任何冲突。在保证流程合规性的基础上，我们可对流程进行精简和优化，以提升效率为目标，优化过程方法。

（2）关键文档输出

文档在软件开发过程中扮演着信息传递媒介的角色，并且是组织过程资产的重要组成部分，因此是不可或缺的。然而，编写文档耗时且可能占用大量原本属于软件开发的时间和资源，有时会被视为研发进度加速和效率提升的障碍。为了解决这一矛盾，我们应当识别关键文档，确保必要且关键的文档能够输出且保证质量，对非关键文档可以适当降低要求。同时，根据实践经验不断改进文档模板，既确保文档内容的全面性，又保障使用过程的流畅性，从而提升文档编写的效率。

（3）并行开发和迭代

将大规模复杂软件的开发任务分解成最小的可管理单元，并由团队成员并行开发。由于融合的智能汽车安全软件开发体系中包含了敏捷开发方法，所以我们可基于敏捷开发灵活应对需求变化，实现快速交付并及时获取反馈，不断进行迭代。

（4）持续集成和持续交付

通过自动化的构建、集成和部署流程，团队能够频繁且迅速地交付 - 更新软件。这有助于减少手动操作和人为错误，同时提升集成和交付速度与质量。

（5）自动化测试和集成

自动化测试能提高测试覆盖率和执行速度，帮助及早发现和修复问题，减少手动测试工作量，从而提高效率。

（6）规范化和培训

制定开发规范和标准，提供培训和指导，确保团队成员掌握一致的知识和技能，共同遵守软件开发流程。这样可以减少错误发生，提高开发的一致性和质量。

2. 建立软件变更流程

智能汽车的软件逻辑复杂，代码量庞大，算法模型参数繁多。当发现系统缺陷或需要进行功能优化时，变更软件或模型参数就成了必要的步骤。但是，由于可能考虑不周全，这种变更很可能影响到其他相关部分。若仅依赖研发人员的主观意识和责任心来保障变更过程，软件变更将会带来很大的不确定性。因此，我们必须制定相应流程，规范软件变更过程中各方的职责，明确要求与做法，以确保复杂软件变更的安全性。制定流程时，我们主要考虑以下几个方面。

（1）所有相关方全面参与变更过程

软件变更过程中，相关方的参与至关重要。这不仅有助于执行软件变更的人员更好地理解现有的功能和约束，还能从各个角度准确评估变更的影响和风险。对于大规模复杂软件的变更，由于牵扯多个方面，我们可能需要进行所有相关方接口的调整和对齐。因此，为了提高软件变更的确定性和安全性，我们必须确保所有相关人员都了解变更内容，并参与到变更过程中。

（2）变更影响分析

首先，明确软件变更的具体内容和目标，确定哪些模块、组件或功能会受到影响，以减少对整个系统不必要的分析。然后，进行详细的变更影响分析，这包括依赖关系分析、功能影响分析、接口影响分析、数据影响分析、性能和安全影响分析等。

- ❑ 依赖关系分析：明确变更内容与其他模块、组件、接口或功能之间的依赖关系，预测变更可能导致的连锁效应。
- ❑ 功能影响分析：分析变更内容对现有功能的影响，识别可能受到影响或需修改的功能。
- ❑ 接口影响分析：评估变更内容对接口的影响，确定是否需调整接口定义、参数传递方式等，并评估对其他系统或组件集成的影响。
- ❑ 数据影响分析：分析变更对数据模型、数据库结构或数据流的影响，确认是否需进行数据迁移、更新或调整，并评估对现有数据一致性和完整性的影响。
- ❑ 性能和安全影响分析：探讨变更对系统性能和安全性的影响，确定潜在的性能问题或安全隐患，并实施优化或修复措施。

（3）版本控制和分支管理

采用版本控制系统，实施恰当的分支管理策略。在修复缺陷或优化功能时，我们应在独立分支上完成，避免直接在主分支上进行修改。

（4）回归测试

回归测试是修复缺陷或优化功能后验证整体正确性的重要步骤，以确保软件变更未对其他功能和特性没有造成负面影响。我们应基于变更影响分析结果来确定回归测试范围，以保证测试的全面性。

用流程保障安全难点在于，不同背景不同专业的人员可能对智能汽车软件开发流程的理解和认可度存在差异，即使认识到流程的重要性，在实际工作中也经常存在知行不统一情况，尤其是在进度紧张的情况下，有些人员往往不按流程做事，追求快速完成任务。如果是从事互联网等非安全相关行业，这种行为可以理解，但是对于智能汽车行业，每一段软件代码都和人们的生命财产安全息息相关。所以，对于智能汽车领域，推广安全文化，统一认知十分重要。这也是每一个功能安全从业者需要极力推动的"正确但艰难"的事情。

7.2 新技术的安全思考

技术的本质在于不断进化，过程中会刷新甚至颠覆先前的认知。智能汽车领域正在经历日新月异的变化，人工智能技术的迅猛发展和大模型时代的到来为智能汽车技术带来新的范式和挑战。这些新技术仿佛是奋力奔跑的少年，传统的知识与经验则像是跟不上少年步伐的垂暮老人。这就需要我们在继承与创新之间寻找平衡，即不能完全摒弃优良的经验和知识，在技术发展中不仅需要继承它们，同时需要保持开放的思维、勇于创新。创新并非盲目追求新奇，而是通过深入探索技术的本质，经过深思熟虑后找到有效的新方法、新途径和新认知。面对智能汽车领域的安全痛点，我们需要创新解决方案，构建系统思维，并基于系统工程实现整体的安全性。

7.2.1　基于系统工程的安全构建

随着人工智能、大模型技术在智能汽车领域的应用，安全性问题可能变得更加复杂。仅依赖传统功能安全防护或预期功能安全防护已经无法全面解决智能汽车的安全问题，单独保障某个零部件的安全性也不能确保整车的真正安全。因此，采用系统工程思维进行安全构建成为解决智能汽车安全问题的必要途径。

1. 构建系统化的功能型安全解决方案

"功能型安全"可作为一个统称，包括传统功能安全、预期功能安全、大模型范式下功能相关的安全，以及随着技术进步，未来可能出现新的范式，引入新型的功能相关的安全。

对于智能汽车领域，我们需要建立系统化的功能型安全解决方案，采用系统工程的思维将功能型安全涵盖的各个方面视为一个整体。在进行智能汽车安全分析时，我们不应单一考虑失效、功能不全、性能不足或可预见的误操作的影响，也不应只关注大模型的安全影响。我们应该综合考虑这些因素，确保不遗漏任何一个方面。具体做法上，在安全分析环节，我们应将功能型安全的各个方面进行融合分析，运用多种分析方法对分析对象进行全面深入的探讨，或者可以分别针对传统功能安全、预期功能安全、大模型范式下功能相关的安全等进行分析，但必须贯穿功能型安全系统理念，确保每一步分析都考虑到功能型安全的各个方面及相互之间的联系和影响。同样，在设计和测试阶段，我们也应全面关注功能型安全的各个方面。

2. 从系统工程角度保障安全

从系统工程角度保障安全出发，我们可采取以下两种方案。

1）确保所有安全相关的部分均做到足够安全，并保证它们之间接口的安全，以确保系统的整体安全。

2）在系统中设置安全保底机制，为整个系统设置最后一道防线。

在实际应用中，若客观条件和技术均允许，我们可以同时采用两种方案；若客观条件允许、技术可行但需考虑成本，只能从两者中选其一，应优先考虑方案一；若客观条件不利，技术实现困难，无法采用方案一，则应选择方案二。在智能汽车软件设计领域，方案二是一种可行的后备机制。它是在系统中设置一个独立的模块，作为安全保底机制，并设计一套单独的判断逻辑。为避免安全保底机制的误触发，监测阈值应适当放宽，同时确保在危害发生前触发应急响应。当系统能正常识别风险并执行安全防护措施时，安全保底机制不会被触发，仅用于后备保障。只有在系统异常未识别到风险进而导致危害即将发生时，安全保底机制才会被触发，进行紧急处理，具体的处理策略应根据实际应用场景来设定。图 7-2 所示为安全保底机制触发情况示意图。通常，安全保底机制设计为基本的底线措施，例如在智能驾驶系统中设计安全保底机制，当车辆接近最小安全距离，即将发生碰撞时，安全保底机制触发紧急制动。但这个紧急制动不同于智能驾驶中的 AEB，AEB 作为智能驾驶辅助功能，而安全保底机制作为系统整体的最后一道安全防线，覆盖应用场景范围以及减速度要求都和 AEB 设置有所不同。

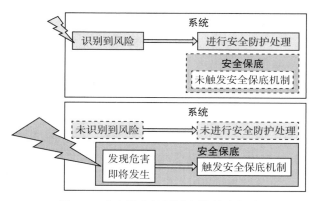

图 7-2　安全保底机制触发情况示意图

7.2.2　大模型时代的创新启示

随着通用人工智能技术的突破性发展，大模型时代已经开启。大模型引领了一个改变世界格局的新范式，同时带来了前所未有的机遇与挑战。所谓"大模型"，指的是拥有庞大参数规模和强大学习能力的模型。这些模型依托深度学习技术，并通过大量训练数据和计算资源进行训练，以完成更为复杂、精确的任务处理和决策。这类模型通常被认为是"通用大模型"，即具备广泛应用潜力的大规模人工智能模型，能够在多个领域和任务中展示出卓越的学习和推理能力，通常具备数十亿至数百亿的参数规模。这些通用大模型能够通过大规模预训练和微调来适应各种任务、领域和应用场景，避免了重新训练或设计专门模型，从而节省了时间和资源。通用大模型还能从大量数据中学习和把握通用的语义和知识，在各类任务上具有更强的泛化能力。大模型技术的进步预示着传统认知、流程和方法的颠覆，将开创新的范式和万物之间全新的协作关系。

在大模型时代，智能汽车领域将迎来前所未有的技术革新。大模型将加速推进智能汽车的智能化和网联化实现，可能会在多个方面带来变革和影响。

1. 智能驾驶能力提升

大模型技术能够提升智能汽车在智能驾驶方面的感知与决策能力，使其取得显著进展。传统感知模型基于各个检测任务独立的小模型，如检测交通参与者、车道线、交通标志的小模型。在不同的应用场景中，根据感知任务的需求，我们需要不断增加特定的感知模型。随着智能驾驶自动化等级的提高，感知任务的增加可能导致多个小模型同时运行和推理，可能出现协同问题，并且对复杂场景处理能力有限，可能引发较大的系统延迟和安全影响。相比之下，大模型技术能够整合多个任务小模型，实现所有感知任务的时空对齐，并在同一坐标系中形成全局感知视角。大模型通过学习与推理，能够理解复杂的交通环境，通过持续收集驾驶数据并进行反复训练，辨识安全行驶或需要人工接管的危险情况。大量数据和训练使得大模型能够做出准确、高效的驾驶决策，为高级智能驾驶技术的实现提供重要支持。

此外，利用大模型挖掘仿真数据可以提升智能驾驶系统的训练效果，从而间接增强智能驾驶能力。大模型具备通过学习不断强化能力的优势，其训练过程形成了一种"自我闭环"，即通过深度学习技术对带有标注的数据进行训练，能识别并主动标注图像、视频或点云数据中的关键信息（如物体、行人、车辆等），从而减轻人工标注的负担。大模型还能自动进行训练、更新参数，实现自我优化的循环。我们还可以使用大模型创造多样化的仿真数据，生成各种复杂的驾驶场景和交通情形，并模拟各种异常和故障情况，以测试智能驾驶系统在不同条件下的性能和安全性。

2. 加速车路云协同

大模型依赖大量数据、强大的计算能力及基础设施。在智能汽车领域，由于车载计算资源有限，部分运算可能需迁移到路端或云端，以加速车路云协同的实现。

车路云协同要求车辆与道路基础设施之间的数据共享与集成。大模型能够整合不同数据源，提取有效特征，为车辆及道路基础设施提供更准确的决策支持。在车路云协同框架下，利用大模型进行的实时交通预测和拥堵识别有助于指导车辆选择最优路线和行驶策略，从而提升交通效率并减少拥堵。

3. 提高人机交互能力，提升驾乘体验

大模型在语音和图像识别领域表现出色，能够精确识别和解析驾驶员的语音指令。这有助于提升人机交互能力。此外，通过学习驾驶员的偏好、习惯和行为模式，大模型可提供定制化的驾驶体验和其他个性化增值服务。例如，它能根据驾驶员的偏好自动调整座椅、音乐

和温度等，打造更加舒适和个性化的驾驶环境。

4. 智能化监测与维护

利用大模型分析智能汽车的传感器数据、车辆状态数据和行驶记录，可以实现故障预测和预防性维护。通过学习识别与故障相关的模式和特征，大模型能够预测潜在的故障，并采取适当的维修措施。它还能通过分析车辆的技术手册、维修记录和相关知识库，为维修人员提供智能化的维修指导。这种交互使维修人员能够获取准确的故障诊断和修复步骤，从而提高维修效率和准确性。此外，通过对智能汽车驾驶行为数据的分析，大模型能够更准确识别危险驾驶行为、疲劳驾驶、注意力分散等情况，并向驾驶员发送相应的安全提醒和警告。

随着大模型技术的发展，未来智能汽车领域可能会出现更多创新的应用模式，甚至可能颠覆当前的产业格局和分工。例如，大模型可能取代工程师完成设计、编码和测试工作，产生更多主动意识等。这些创新已经改变了传统的汽车产品开发方式和特性。对于智能汽车软件安全，传统的软件开发流程可能无法完全适用于大模型时代的软件开发，传统的软件安全防护技术也可能无法完全防止大模型带来的安全风险和危害。因此，继承与创新成为必然选择。

在智能汽车软件功能安全方面，我们需要继承传统的软件功能安全和预期功能安全防护经验和要求，并从流程和技术两方面进行管控。另外，针对新技术，尤其是不适用于现有标准要求的技术，我们需要在功能安全方面进行突破和创新，建立面向包含大模型的功能型安全的管控措施。对于智能汽车软件安全相关从业人员来说，安全目标应该是将风险控制在可接受的范围内，而不仅仅是机械地执行步骤或添加措施。在创新过程中，我们需要遵循"四有"原则：有原则、有依据、有底线、有底气。

（1）有原则

在安全上的创新，我们需遵循第一性原理和安全第一的原则。若客观条件限制，难以实现，我们可采用 ALARP 原则进行评估和衡量，从产品或技术的本质出发，挖掘适用的安全方法，探索相应的安全防护策略。对于智能汽车软件复杂的安全问题，我们需具体问题具体分析，避免采用"一刀切"的方法，并且必须将安全作为核心价值，嵌入开发和设计过程。

（2）有依据

在创新过程中，我们可以将功能安全标准作为基础，对适用部分遵循标准，对不适用部分则依据安全最佳实践、安全研究成果、过程经验教训及大量测试验证结论。

（3）有底线

对于创新，我们还需设定明确底线，确保设计和开发过程中不违反基本的安全原则和规范。例如，创新内容需符合法律法规要求，测试覆盖率应达到 100%，必须确认安全目标的实现情况等。

（4）有底气

深入理解和掌握技术或产品，是找到解决问题最佳途径的前提。因此，创新绝非盲目执行，而是基于对智能汽车软件技术、传统功能安全及预期功能安全的充分认知，实现突破和升华，找到最优解决方案。

综上所述，随着大模型时代的来临，智能汽车软件技术不断进化，我们必须拥抱变化，勇于突破，实施正确且有价值的创新，才能真正确保智能汽车的安全。

第三部分 *Part 3*

智能汽车软件功能安全开发通用流程与方法

随着智能汽车领域的多元化和立体生态圈不断扩展，不同产业的分工协作和多技术的融合共建已逐渐成形。互联网、大数据、人工智能和ICT行业的人才正流入智能汽车领域。由于这些人才的行业背景存在差异，对软件开发流程及功能安全技术的理解存在差异，在软件开发的协同过程中容易引发认知偏差和分歧。而在需求、设计、测试阶段的理解上没有达成共识，或存在实际理解的偏差，可能会对最终实现的结果产生影响，为智能汽车软件安全埋下隐患。

本部分针对智能汽车软件的特点，结合ISO26262传统功能安全标准和ISO21448预期功能安全标准的要求，介绍智能汽车软件功能安全开发的基本原则、通用流程与方法。其中，由于ISO21448预期功能安全标准主要针对整车及系统层级提出要求，所以软件层面的功能安全要求细节主要来源于ISO26262传统功能安全标准，但在软件架构阶段也会涉及预期功能安全分析，在软件需求验证阶段也需要考虑预期功能安全测试。

第 8 章 *Chapter 8*

智能汽车软件安全需求

软件需求在整个开发过程中发挥着关键作用，为软件功能和性能提供明确的定义和规划。特别是软件安全需求，它与功能安全紧密相关，涵盖了软件需求中关于安全的内容和要求。在智能汽车软件开发实践中，许多问题源于软件需求的不完整或不准确。安全问题往往也是软件安全需求的缺失、错误或不完善引起的。因此，在智能汽车软件功能安全开发过程中，确保软件安全需求的完整性、准确性、清晰性，并全面落实到设计中，是功能安全保障的首要步骤。

本章将讨论智能汽车软件安全需求的来源、重要性、编写规范以及管理要求。软件安全需求可以基于系统安全需求的正向分解得来，也可源于安全需求的假设分析，或依据相关产品安全需求的历史经验。软件安全需求是安全设计的基础，可作为测试验证的依据，不仅是满足客户需求的必要条件，也是保障软件安全的关键。每个需求都应清晰、明确、可追溯、可验证，且不含歧义。在软件生命周期的各个阶段，我们都需要进行全面的需求管理，确保软件需求正确转化并得以实施。

8.1　智能汽车软件安全需求来源

智能汽车软件安全需求开发包括两种方法：第一种是自上而下的正向开发，第二种是脱离上下文环境的安全要素（Safety Elements out of Context，SEooC）开发。

8.1.1 自上而下的正向开发

在智能汽车安全需求自上而下正向开发项目中，软件安全需求是通过系统层面的技术安全概念分解而获得的。在这个过程中，技术安全概念中的安全需求源于概念阶段的功能安全需求。

在整车开发的概念阶段，整车厂负责进行相关项的定义，基于初步架构，对整车层面的功能行为进行描述，并对接口进行定义。这一阶段的定义还需纳入法律法规要求和同类产品的历史经验。接下来，基于相关项的定义进行危害分析和风险评估，识别危害，进行场景分析，确定危害的严重度、暴露概率和可控性，最终输出安全目标。有了安全目标后，在功能安全概念中进行功能安全分析，一般采用故障树分析方法，基于初步架构，将安全目标分解为功能安全需求，最终形成完整的功能安全概念内容。

在系统设计阶段，根据系统集成商与整车厂签订的功能安全分布式开发接口协议，各层级供应商接收整车厂的功能安全需求，随后进行系统架构设计、软硬件接口设计，并将功能安全需求分解为技术安全需求；同时开展针对系统架构的安全分析活动，输出系统安全需求，并将安全机制迭代到设计中。基于系统层面的所有相关安全需求，进一步分解出硬件安全需求和软件安全需求。图 8-1 所示为自上而下正向开发软件安全需求过程。

软件安全需求是基于系统架构设计和软硬件接口内容，从系统层面分配给软件实现的相关安全要求，包括功能性需求和非功能性需求。这些需求主要以功能性说明为主，并可基于初步的软件架构进一步细化到各个软件模块。

从系统层面分解得到的软件安全需求应全面继承技术安全需求、技术安全概念及系统架构设计规范中分配给软件实现的内容。考虑的内容包括但不限于：

❏ 软件实现的功能单元及其安全要求定义；
❏ 影响软件的运行模式及运行模式之间的转换；
❏ 硬件设计对软件提出的相关要求；

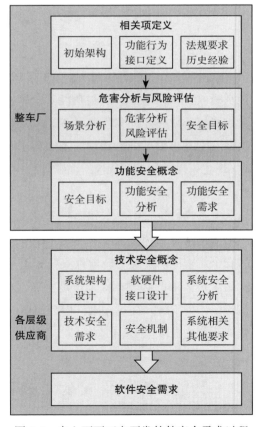

图 8-1 自上而下正向开发软件安全需求过程

❑ 可配置参数的设定，同时综合考虑系统及硬件的配置情况；

❑ 时间上的约束及要求，如执行时间、响应时间；

❑ 外部接口定义及要求，包括用户接口、通信接口；

❑ 数据结构与存储要求，如数据的类型、格式、存储方式及数据的输入输出；

❑ 软件的可靠性、可维护性等相关要求，包括约束条件、限制和质量属性，如资源占用限制、数据保密性要求、可靠性要求等。

在 ASIL 方面，从系统层面分解所得到的软件安全需求可以直接继承相应的初始 ASIL，或重新进行 ASIL 分解。ASIL 分解的目的在于执行 ASIL 剪裁，即为相关的软件元素分配一个可能更低的 ASIL 等级。这主要是因为在软件设计与实现过程中，某些软件元素可能难以满足相应的安全需求和 ASIL。因此，我们需要对软件安全需求进行 ASIL 分解，将一条安全需求分解成两条或多条相互独立的需求，并分配给两个或多个相互独立的软件元素，如软件模块、输入信号等。由于冗余的存在，每个分解后的独立元素 ASIL 可以降低。表 8-1 所示为 ASIL 分解方案示例。在软件层面进行 ASIL 分解时，我们应在系统层面检查，以确保分解后的元素具有充分的独立性。如果元素不是充分独立的，则需继承初始的 ASIL。

表 8-1　ASIL 分解方案示例

初始 ASIL	ASIL 分解
ASIL D	一条 ASIL C（D）的需求和一条 ASIL A（D）的需求；或一条 ASIL B（D）的需求和一条 ASIL B（D）的需求；或一条 ASIL D（D）的需求和一条 QM（D）的需求
ASIL C	一条 ASIL B（C）的需求和一条 ASIL A（C）的需求；或一条 ASIL C（C）的需求和一条 QM（C）的需求
ASIL B	一条 ASIL A（B）的需求和一条 ASIL A（B）的需求；或一条 ASILB（B）的需求和一条 QM（B）的需求
ASIL A	一条 ASIL A 的需求一般不再进一步分解，除非特殊情况，需要分解成一条 ASIL A（A）的需求和一条 QM（A）的需求

在系统层面安全需求分解得到软件安全需求的正向开发过程中，需特别注意在软件安全需求阶段，对系统层面的软硬件接口设计进行进一步细化。

8.1.2　SEooC 开发

在智能汽车软件开发的产品研发阶段，通常还没有量产定点，所以尚未有明确的定制化需求，因此难以自上而下地从整车厂或系统供应商处获得系统层面的安全需求来进行分解。因此，我们通常采用 SEooC 开发方法。在这种方法中，软件产品开发过程中的概念阶段内容和系统层面的产品开发内容主要通过假设分析来输出，基于这些假设来推导出软件安全需求。当软件产品后续被应用到某个具体的整车项目时，我们需要将整车项目的概念阶段内容和系统层面的产品开发内容与之前的假设分析内容进行对比。如果不存在偏差，则该软件产品可以直接在该特定项目中使用；如果存在偏差，则该软件产品需要进行变更处理，以适应特定车型的项目需求。图 8-2 所示为采用 SEooC 方法开发的软件产品在特定项目中的集成。

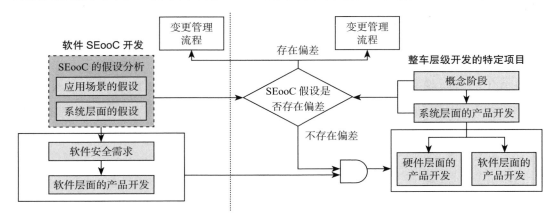

图 8-2　采用 SEooC 方法开发的软件产品在特定项目中的集成

在智能汽车软件开发过程中，通过 SEooC 方法进行假设分析时，首先基于产品的基本特性进行软件应用场景和环境的假设分析。例如，在智能驾驶系统的平台化软件开发中，假设应用的自动驾驶等级从 L0 到 L4 覆盖，并涵盖各种道路结构，如高速公路和城市道路。接着，基于这些应用环境假设出需要实现的安全目标，包括 ASIL 要求。然后，基于这些安全目标的假设来分析和推导系统层面的内容，并进一步分解推导出软件安全需求。在假设、分析和推导的过程中，我们还需要对系统架构和硬件配置等进行相应的假设。所有这些假设内容最终应纳入安全手册。图 8-3 所示为软件的 SEooC 假设分析过程。如果开发目标针对的是整体软件中的某个子软件，我们可以直接从所需开发的软件子系统的上级软件需求进行假设分析，或者从整体软件的安全需求开始进行假设分析，而不需要从系统安全需求开始一步步推导。

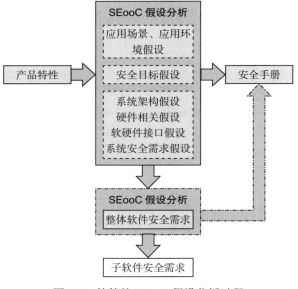

图 8-3　软件的 SEooC 假设分析过程

在软件 SEooC 假设分析实践中，我们通常会发现初步推导出的软件安全需求相对粗略，需要基于初步的软件架构进一步细化，将一条软件安全需求分解为多条更详尽的安全需求。

软件 SEooC 开发方法的核心是将软件元素作为独立实体进行开发，旨在降低开发复杂度、提升开发效率，并促进系统的模块化、提升可重用性。这些软件元素最终会集成到目标系统中，形成完整的系统功能。

不论采用自上而下的正向开发方法还是 SEooC 开发方法，如果以往有类似产品的功能安全开发经验，我们都可以在输出软件安全需求时加以参考，以确保安全需求的全面性。传统功能安全依赖经验，对于已经积累丰富经验的传统软件产品，汲取经验是效率更高的方式。对于创新型软件产品，没有足够的实践经验可遵循，以往的经验可能并不适用，所以在功能安全方面不能过度依赖经验，以免固守陈规。这也体现了智能汽车软件功能安全与其他行业或产品功能安全开发之间的差异。

在收集软件安全需求的历史经验方面，我们可采纳以下策略。

❑ 回顾类似项目。审视在智能汽车领域与之特性相似的过往项目，分析其软件安全需求的参考价值。

❑ 研究行业标准和最佳实践。查阅相关的行业标准、规范及最佳实践，了解智能汽车领域已建立的软件安全需求内容和标准，并从中获取定义软件需求的指导。

❑ 建立安全需求库。构建一个安全需求库，整理和收集以往项目的安全需求和相关文档，作为新项目设计软件安全需求的参考和模板。这种做法可以节省时间和精力，并降低遗漏或错误的风险。

❑ 开展专家经验分享与总结活动。举办经验分享会或教训学习会，邀请行业专家和利益相关方分享他们的经验和教训。项目结束时，总结并回顾需求制定和开发过程，记录关键的经验教训，并将软件安全需求整理归档到安全需求库中，供未来项目参考和应用。

通过参考历史经验，我们能够借鉴成功经验，规避重复错误，从而提升软件安全需求开发的准确性与有效性。但需要注意的是，每个项目和组织都有其独特性和特定要求，历史经验应作为参考，并在具体项目中灵活运用，而非视为一成不变的规则。

此外，在软件架构阶段进行安全分析可能会识别出额外的软件安全需求。除了软件安全需求以外，软件的其他非安全相关功能和性能要求，则应依照质量管理体系的规定来编制，最终形成软件需求说明书。

8.2　软件安全需求的重要性

软件安全需求作为软件需求的关键组成部分，在产品开发和用户体验中扮演着至关重要的角色。在智能汽车领域的软件产品开发实践中，常见的问题很多时候源于需求的不明确，如需求描述模糊，未能清楚地界定具体要求。这导致在产品设计和开发过程中，如果依据这些模糊的需求，开发人员可能会基于个人理解去实施开发，进而引入大量偏差。特别是在安全需求方面，不清晰的需求可能导致最终设计的安全机制无法充分防护潜在的风险，从而增加安全隐患。因此，在智能汽车软件开发中，确保软件安全需求明确和完整具有极高的重要性。这是实现产品安全开发的基本前提。

规范、完整且清晰的软件安全需求在开发过程中起到指导和约束的作用，帮助开发团队和测试团队建立共同的认识和协作基础。软件安全需求不仅是确保软件能满足用户需求的关键，也是为用户提供安全体验的基石，是确保产品安全开发、顺利推进项目并按时交付给用户的重要保证。

8.2.1 软件安全需求对用户的重要性

软件安全需求是将用户的安全相关需求转化为软件层面的具体要求，与用户需求紧密相关，并完整继承用户需求中由软件实现的相关要求。一份明确的软件安全需求对用户至关重要。

1. 安全的前提

通过明确的软件安全需求描述，可以确保软件与系统及其他组件的安全需求保持一致。由于系统的安全性通常依赖多个组件的协同工作，软件安全需求便成为保障整个系统安全的前提。因此，我们需要对用户需求中的安全相关要求进行严谨的逐层追溯，确保用户对安全的期望在软件层面得到准确实现。这是保障产品安全、满足用户需求的第一步。

2. 提高交付效率

需求是一切活动的出发点，需求错误对产品的影响极大。相比于设计和实现阶段的错误，需求问题导致的时间和成本损失更为严重，成为产品生命周期中最昂贵的错误。据统计，软件项目失败的主要原因如下：

❑ 缺乏用户参与，导致产品无法满足用户期望；

❑ 软件需求不完整或不正确，使产品方向出现偏差；

❑ 软件开发流程不规范，影响软件的质量和安全性低；

❑ 资源和人员能力、数量不足，导致项目进度延迟。

以上原因中，前三项与软件需求有所关联，软件需求直接影响项目的成败。

在智能汽车软件开发中，尽管当前倡导在软件开发体系中融入敏捷开发思想，通过不断迭代需求来完善产品，但在每个迭代周期内，如果前期没有制定明确且正确的软件安全需求，就可能导致该周期遗漏相应的软件安全功能开发。如果在下一个迭代周期中进行弥补，势必会在原有计划基础上增加该周期的任务量，从而影响整体的开发时间，并增加人力、资源等各方面的成本。因此，制定明确的软件安全需求对于节省时间和成本、提高交付效率具有重要意义。

3. 满足用户期望

软件需求是用户与软件开发人员之间交流的媒介，软件安全需求则为用户安全诉求与软件安全设计开发人员之间的桥梁。全面的软件安全需求是满足用户安全需求的基本保障。

（1）提供良好体验

软件安全需求包含了用户对软件安全的期望，保证开发出的软件能满足用户的安全要求。它使得开发团队能够理解用户的安全问题和挑战，进而设计和实现符合安全要求的功能和特性。

（2）提供高质量、高安全软件产品保障

通过明确的软件安全需求，我们可以在软件开发过程中提高质量控制和功能安全管理。软件安全需求确保开发团队在开发过程中遵循统一的要求和规范，从而向用户提供高质量、高安全的软件产品，减少缺陷和错误。

（3）提供安全决策依据

用户可以根据软件安全需求文档评估软件的安全性是否符合期望，有助于做出是否采纳软件的决策。

8.2.2 软件安全需求在产品开发中的重要性

软件安全需求在产品开发中扮演着至关重要的角色，既是软件安全设计的基础，也是软件安全测试的依据。若软件安全需求存在缺陷，将导致随后的安全设计和实现出现相应的错误。随着设计与实现的深入，纠正这些错误的成本将显著增加，甚至可能使软件功能安全开发彻底失败。在软件开发过程中，如果错误发生在后期阶段，其相对容易修正；如果错误在早期阶段被潜藏，当后期发现时，其解决难度则大大增加。例如，若软件安全需求存在错误，则会导致基于这些错误需求的安全设计与编码实施出现问题。即使在编码阶段的验证中发现这些问题，我们也难以追溯到问题产生的根本原因，有时由于根源是需求本身错误，问题甚至难以被发现。在不同软件开发阶段错误影响范围和结果示意图如图 8-4 所示。

1. 软件安全设计开发的基础

1）软件安全需求指导安全设计开发过程。它为开发设计团队确定了功能安全目标和方向，指引软件工程师的设计和开发工作。通过定义软件的功能、性能、接口、界面以及其他关键安全特性，软件安全需求不仅有助于开发人员充分理解应开发的软件类型及内容，还能指导他们在设计中应采取哪些防护措施来预防安全风险。

2）软件安全需求界定安全设计和开发的范围。它明确了项目的范围和界限，确定了安全功能和防护措施的要求及防护范围，有助于避免功能扩散和范围膨胀，确保开发团队能集中资源开发关键安全功能，并准时交付高品质、高安全的软件产品。

3）有助于促进团队合作。它为开发团队提供了共同协作的基础，使团队成员能够理解和协调各自的任务，减少了沟通中的误解与冲突。

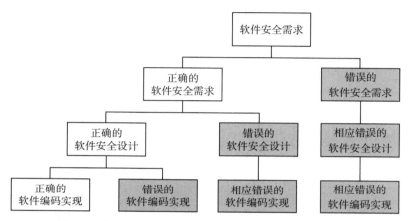

图 8-4　在不同软件开发阶段错误影响范围和结果示意图

2. 软件安全测试的重要依据

软件功能安全需求为软件功能安全测试提供了基础和指导。它界定了测试的范围和目标，并为设计测试用例提供了依据，以确保功能安全实现，并帮助发现功能安全的缺陷和漏洞。基于软件安全需求进行功能安全测试，有助于评估软件在功能安全方面的合规性和性能。

1）软件安全需求决定了测试的范围和目标。软件安全需求通过定义软件在功能安全方面的要求和预期，明确了需要测试的安全功能和性能，使测试团队能够依据这些需求来确定测试的范围和目标，确保对软件的功能安全进行全面而有效的测试。

2）软件安全需求是测试用例设计的依据。软件安全需求给测试团队提供了设计测试用例的基准，将功能安全和性能要求转化为具体的测试对象，以验证软件在功能安全方面的合规性。测试用例应覆盖软件安全需求所包含的各种功能和交互场景，确保软件在不同场景下安全、正确运行。

3）依照软件安全需求进行测试，确保功能安全得到正确实现。软件功能安全需求对软件安全相关功能和性能设定了明确的要求。基于软件安全需求进行测试，我们可以检验软件是否满足这些要求，有助于确保在软件实施过程中正确地考虑和采纳了功能安全措施，同时帮助测试团队发现和修复功能安全缺陷，降低安全风险。

8.3　软件安全需求的编写与管理

软件安全需求的重要性是不言而喻的，清晰、明确地阐述软件安全需求成为软件安全开发的关键所在。编写软件安全需求看似简单，但在实际开发过程中很容易出现问题，如需求内容不完整、存在歧义等。特别是在智能汽车软件领域，不同行业背景的人才聚集，缺乏规范的软件安全需求可能会导致功能安全开发活动陷入混乱。因此，软件安全需求编写是需求工程师或功能安全工程师的必修科目。在具备了软件安全需求后，我们还需对其进行管理，确保对软件安全需求的理解达成共识，并全面实施到设计与开发中。在测试阶段，测试用例需覆盖所有软件安全需求，并进行验证。本节将从软件安全需求的编写要求和管理要求两个方面进行介绍。

8.3.1　软件安全需求的编写要求

软件安全需求的内容主要涉及与安全相关的软件功能及特性，目的是通过软件安全防护要求防止功能失效，进而防止违反安全目标。以智能驾驶为例，智能汽车智驾域的软件安全需求包括以下方面。

❑ 智驾域的感知、规划决策和控制功能。

❑ 能够使智能驾驶系统转入安全状态的功能。

❑ 智能驾驶系统的降级功能。

❑ 对智能驾驶域控制器硬件故障进行检测、提示和缓解的相关功能。

❑ 对智能驾驶系统各层级软件失效进行检测、提示和缓解的相关功能。

❑ 对智能驾驶系统及域控制器在生产、运行、服务和处置阶段进行在线或离线测试的相关功能。

❑ 智能驾驶系统中软件进行在线更新升级的 OTA（Over-The-Air）功能。

❑ 智能驾驶系统中涉及严格时序要求的功能。

❑ 智能驾驶系统中软件的鲁棒性、不同功能之间的独立性、软件的容错能力。

编写软件安全需求时，我们应遵循一系列原则，以确保需求的质量和实用性。这包括明确性、完整性、一致性、可衡量性、可实现性、可验证性、可追溯性和可维护性。

1. 明确性

软件安全需求应当具有明确的表述，避免任何模糊或歧义。它应清楚地界定安全相关的功能、性能、接口、界面、限制和其他特征，确保开发团队及其他利益相关者能够准确理解其中含义和预期结果。软件安全需求文档应采用明确、简洁的语言或半形式化方法编写，避免使用含糊术语,以确保需求的广泛理解和有效沟通。

衡量需求明确性的关键是接收需求的人是否能够和提出需求的人有相同的理解。例如,在大模型时代,将要求或提示输入大模型,假设大模型有足够的能力回答此问题,通过检查其输出结果是否与预期答案一致,可以在一定程度上评估提出的要求或提示的明确性。大多数工程师在编写需求时缺乏这种明确描述的能力。

2. 完整性

软件安全需求应该是完整的,能够涵盖系统中所有安全相关功能和性能要求,无任何遗漏。软件安全需求描述应全面,确保开发团队能实现所有的安全相关要求,并满足用户对安全的所有预期。

3. 一致性

软件安全需求间描述应当保持一致性,避免出现相互矛盾或冲突的情况。确保需求间的一致性是防止开发过程中发生混乱和冲突的关键,这有助于提高开发效率和降低出错的风险。

4. 可衡量性

软件安全需求应是可衡量的,配有清晰的度量标准或指标,以便验证软件开发是否符合预期。这些指标可能包括性能参数、响应时间、容错率、可靠性等。

5. 可实现性

软件安全需求应当是可实现的。制定需求时,我们需考虑到现有的技术能力和开发资源,避免提出无法实现或过于复杂的需求,确保需求能够利用当前的技术和资源实现。

6. 可验证性

软件安全需求还需具备可验证性,允许通过安全测试或审查等手段验证软件是否符合预期,使开发团队能够明确何时及如何实现,并在开发过程中进行验证和确认。

7. 可追溯性

软件安全需求应该具备可追溯性,能够追溯到每个需求的来源及其与其他需求的关系。每个需求应该与其背后的用户需求、系统需求、假设分析、设计文档等相关联,确保需求的完整性和一致性,并方便跟踪需求的变更和演化。

8. 可维护性

软件安全需求应具有良好的可维护性,以便进行修改、更新和维护,应对项目的发展和变化。这些需求应有足够的灵活性,以便根据新的发现、需求变更或外部环境变化进行调整。需求文档应有清晰的结构和组织,易于维护和管理,以便在需求发生变化时能够迅速做出调整。

　　基于上述软件安全需求编写的标准，我们可以对比优秀的软件安全需求描述和较差的描述。如表 8-2 所示的软件安全需求描述对比示例中，两个例子均涉及智能驾驶软件中的障碍物监测相关的功能安全需求。其中，优秀的需求描述更加具体，明确指出了软件应具备的功能、性能及预期结果，表明软件需实时监测并识别道路上的障碍物，并采取适当的安全措施来应对。这种需求为开发团队及其他利益相关方提供了清晰的指导和预期结果，因此更易于理解和执行。相反，较差的需求描述仅提及需要"良好的障碍物检测功能"，但未具体阐述何为良好的检测功能。这种表述模糊不清，未给出充分信息，难以被理解和评估，可能导致开发团队对于应实现的功能理解不一，引发需求解释的多样性和实现结果的不确定性。

表 8-2　软件安全需求描述对比示例

较好的软件安全需求描述示例	较差的软件安全需求描述示例
软件应实时监测和识别道路上的障碍物（包括锥桶、水马、施工围栏）并在 100ms 内做出反应，确保在遇到障碍物时进行变道、避让或减速制动，具体如下。 ● 识别到自车道存在障碍物且邻车道可变道时，则执行变道操作 ● 识别到自车道存在障碍物、邻车道不满足变道条件且自车道可避让的情况，则执行避让操作 ● 识别到自车道存在障碍物且不满足变道和避让条件时，则进行减速刹停	软件应具备良好的障碍物检测功能，检测到障碍物时进行变道、避让或减速制动

　　在编写软件安全需求时，大家最常遇到的问题可能是如何确定需求的颗粒度。软件安全需求的描述既可以是宏观的，类似于系统需求的描述，也可以是非常细致的，甚至细化到具体的软件变量名称。实际上，不同的颗粒度并没有绝对的好坏之分，关键在于需求的适用性，只有适合当前情况的需求才是最佳选择。例如，从系统层面分解技术安全需求到软件安全需求，可能不会涉及软件内部的具体细节，因此输出的软件安全需求可能更偏向于描述软件功能的宏观层面。而对于针对特定软件模块进行功能安全开发的情况，如果软件设计在前期迭代中已有一定基础，那么通过 SEooC 方式输出的软件安全需求，就可能会基于现有设计进一步细化到具体的软件变量定义和要求。关键是确保输出的软件安全需求能够详尽地反映当前可识别的所有软件安全相关要求，为后续设计和开发提供足够的支持。

　　此外，在设计软件安全需求时，我们应明确其对应的 ASIL，并结合敏捷开发理念对需求的优先级进行排序。这样，在软件产品迭代过程中，我们可以根据优先级逐步实现各项需求，从而与智能汽车安全软件开发的融合型体系相匹配。通常，软件安全需求都被赋予较高的优先级，以确保能够优先满足安全相关的要求。

　　在设计软件安全需求时，我们可结合 ASPICE 框架进行全面的需求分析，包括需求实现的时间、成本、技术可行性分析，以及需求可能对运行环境、资源、接口的影响分析等。除了对需求分析描述外，我们也需要对其可验证性进行说明，尤其是不能通过测试手段验证的需求，需要明确验证准则。虽然这些要求可能显得烦琐，并非编写软件安全需求文档的必选项，但这样有助于确保软件需求的可实施性和可验证性，因此在实际项目中推荐采用。

基于以上各种要求，设计软件安全需求模板应至少包括需求编号、需求内容描述、需求优先级和需求来源。其中，需求内容描述至关重要，可以分为概述和详述两部分，也可统一进行详述。概述是指用一两句话概括该软件安全需求的内容，详述是具体描述该软件安全需求的输入要求、处理过程要求和输出要求，以便深入理解。软件安全需求模板除了包含这些基本内容外，如果针对每一条软件安全需求再添加可行性分析、运行影响分析、验证准则等内容，则可以更加完善。在智能汽车领域具体的软件开发过程中，我们可以根据实际情况选择设计模板，例如自动驾驶辅助系统软件的一些安全需求在以往项目经验中已经有实施案例，已确定各方面具备可行性，那么针对此类软件安全需求再重复编写可行性分析就是一种低效、无用的做法，所以最重要的是领会思想灵活运用，而不是追求形式主义。软件安全需求编写模板可参考图 8-5。

需求编号	必选项，每一条需求对应唯一编号	安全完整性等级	必选项，明确需求的 ASIL
需求概述	可选项，对需求进行概括、总结说明	优先级	必选项，可自定义规则，例如高、中、低
需求详细说明	必选项，从输入要求、处理要求、输出要求对需求进行详细的描述，需要确保需求说明内容完整、信息明确、无歧义，确保足够支持后续进一步的设计开发		
可行性分析	可选项，从时间、成本、技术等维度对该条需求的可行性进行分析		
运行影响分析	可选项，考虑对运行环境、资源、接口等方面可能带来的影响		
验证准则	可选项，提出验证方法、验证标准等		
需求来源	必选项，确保与上层需求的完整追溯		

图 8-5 软件安全需求编写模板

基于 ISO26262 标准，在定义和编写智能汽车相关的软件安全需求时，我们需根据需求的 ASIL 来选择描述方法。对于 ASIL A 和 ASIL B 的需求，推荐使用非形式化的纯文字描述方法。对于更高级别的需求，如 ASIL C 和 ASIL D 的需求，建议采用半形式化的方法进行描述，如使用流程图、时序图、方程式、图形、图表、UML 等。但并不是说每一项软件安全需求都必须使用半形式化的方法进行描述。

未来，随着大模型技术被广泛应用，由人工编写的"传统软件"转变为由模型驱动的"智能软件"，但软件安全需求的规范化输出仍然是必不可少的环节。软件安全需求本质上是对用户实际需求的创造性提取，这一过程无法完全自动化，仍需人工进行总结和编写。规范化表达的软件安全需求作为智能软件开发的输入，是确保智能软件安全开发的基础。因此，在智能化技术的辅助下，人的参与和创造性工作在软件安全需求制定过程中仍然发挥着不可替代的作用。

8.3.2 软件安全需求的管理要求

功能安全实现涉及技术和管理，尤其是在软件功能安全方面，需要通过管理手段确保流程的有效实施。软件安全需求阶段涉及几个重要的管理内容，包括需求验证管理、需求受控管理以及需求追溯管理。

1. 软件安全需求验证管理

在软件安全需求设计完成后，需求相关方需共同验证需求的准确性、完整性和可行性，以确保这些需求能够满足功能安全标准的相关要求。需求评审是验证过程中的一种基本方式，其参与人员应包括所有需求相关方，如需求分析人员、架构师、软件开发人员、测试人员、功能安全人员、质量管理人员和配置管理人员等。评审过程实际上涉及走查和检查两种方式。

在需求走查中，一般通过会议形式对软件需求文档内容进行评审，评审团队会逐一检查各项需求，并对需求的正确性、可行性和完整性进行讨论与确认。这种方式强调团队协作和知识共享，利用集体智慧发现潜在问题，并寻找改进的机会。

需求检查与需求走查存在明显区别。需求检查是一种个人或小组独立进行的需求评审方法，在这一过程中，评审人员独立检查需求，并进行详细评估和反馈。这种方法更加强调个人的思考和发现，使评审人员可以按照自己的节奏和方式进行需求审查。

对于 ASIL A 的软件，我们通常采用需求走查方式进行评审。然而，对于智能汽车软件，这些软件通常至少属于 ASIL B 等级，仅依赖走查评审进行软件安全需求验证是不充分的。这些软件还需要通过需求检查进行验证。此外，半形式化的验证方法也是非常推荐的。它通过构建基于软件安全需求的可执行模型来实现验证，利用模型检测技术和工具对需求模型进行验证，以遍历所有可能的状态和路径，检查是否存在违反特定属性的情况。

另外，形式化验证也是一种推荐的方法，尽管在实践中不太常见。它能够将需求转换为形式化规约，即基于数学逻辑的约束规则或形式化的规范语言。通过采用形式化规约，软件安全需求可以被更精确地描述，并进行严格的验证。

2. 软件安全需求受控管理

软件安全需求作为软件安全设计、测试的基础和依据，需要是受控的状态。所谓"受控状态"，就是不能随意变化，或者如果变化，需要经过充分评估，并通知相关方知悉。受控管理的目的是为相关方提供一份达成共识的、正确的软件安全需求，确保软件安全设计、软件安全测试所依据的软件安全需求与当前唯一有效的版本内容是一致的。

在软件安全需求编写阶段，内容可根据实际需要进行增加或删减，无固定约束，但一旦经过正式评审，并完成修改，形成一个相对稳定的版本，就应进入受控状态。在受控状态下，确定的软件安全需求版本将成为后续所有依据需求开展活动的标准。在智能汽车软件领域，需求的不断迭代和设计开发中的需求补充是常见的。在软件安全需求修改和升级后，我们需要重新进行正式评审，并全面通知相关方关于受控版本的变更。

受控管理中较为严谨的一种方法是基线管理。在瀑布式开发模式中，基线管理得到广泛采用，尤其在功能安全方面，基线方式也是推荐的做法。至少在需求和架构阶段进行基线管理，有利于开发团队对顶层要求达成共识，避免设计与测试阶段的输入信息出现版本和内容的混乱或错误。我们可以在需求阶段建立基线，也可对单个软件安全需求建立基线。通常，我们在相关内容评审稳定后即可建立基线，包括确定基线标识、确认基线内容的版本、管理基线内容的存放及权限，以及基线的发布范围和通知等。一旦建立基线，所有相关方后续的活动都应以基线内容为准。如果后续发现基线内容存在问题，需要新增、删除或修改，就必须提出变更申请。此时，相关方需进行全面的变更影响分析，并由变更管理委员会批准，严格遵循变更管理流程来执行修改过程。在智能汽车软件领域，鉴于对开发效率的重视，通常会优化和简化流程，因此在实践中，受控管理常代替基线管理。在不同的项目中，我们应根据实际情况灵活选择管理方法。

3. 软件安全需求追溯管理

为了确保所有软件安全需求得到正确实施，我们需要对软件安全需求进行追溯管理。建立需求跟踪追溯管理机制，以追踪每个需求的状态、进展及其在设计和测试中的落实情况。追溯管理可以分为状态的单向追溯管理和需求、设计、测试之间的双向追溯管理。

软件安全需求的状态管理是根据项目的具体情况，定义软件安全需求可能的状态，如已评审、已设计、已验证和已结束等，并根据实际情况定期进行状态的跟踪与更新，以确保每个软件安全需求最终达到闭环的状态。在早期，软件安全需求状态的追溯管理通常通过 Excel 表格人工跟踪。然而，目前大多数情况下，我们都是使用需求管理工具进行跟踪管理，录入软件安全需求，并在系统中与相关的设计和测试内容建立联系，以便直观地了解需求状态。我们可以根据当前实际情况，采用预先定义的状态类型进行标记和跟踪，也可以选择不设定固定的状态类型，而是直接通过需求管理工具来查看相关设计和测试的进展，从而确认软件安全需求的实施状态。

软件安全需求的双向追溯管理是需求管理的关键，确保了软件安全需求、相关设计和测试之间的一致性，有助于减少需求遗漏、设计错误和测试覆盖不全的问题。双向追溯管理的要求和方法如下。

（1）使用工具和技术支持

联通需求管理工具、设计工具和测试管理工具来实现双向追溯管理。这些工具有助于建立和跟踪追溯关系，实现追溯管理自动化。

（2）标识需求、设计和测试的唯一标识符

需求、设计和测试应具有唯一的标识符，以便进行关联和跟踪。这些标识符可以是编号、标签或其他形式的唯一标记。

（3）确定追溯关系

首先，明确软件安全需求、设计、测试之间的相互追溯关系。这意味着要建立从软件安全需求到软件设计、从软件设计到软件测试，以及从软件测试到软件安全需求的双向追溯关系，如图 8-6 所示。

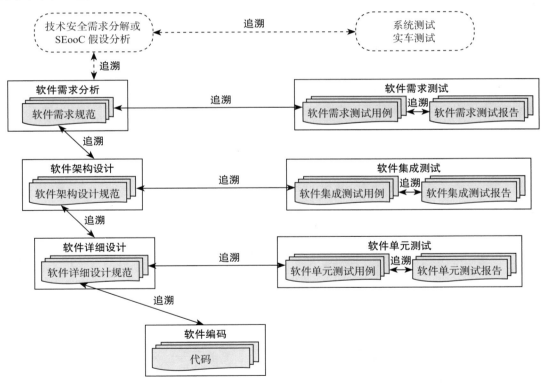

图 8-6　软件安全需求、设计、测试之间双向追溯关系

（4）建立双向追溯

将需求的编号和内容与架构设计的编号和内容相关联，将架构设计的编号和内容与详细设计的编号和内容相关联；同时，将架构设计和详细设计编号及内容与相应层级的测试编号

和内容相关联，将需求测试的编号和内容与需求的编号和内容相关联。为了确保每个需求都有相应的设计实现和测试覆盖，每个设计要能向上追溯到对应的需求或上一层级的设计，向后追溯到相应层级的测试，每个测试应对应于某个需求或设计，不应有任何需求悬空未落实到设计和测试中，也不应有与需求不符的多余设计或测试。

（5）追溯关系审核和验证

定期进行追溯关系审核和验证，以确保软件安全需求、设计和测试之间的追溯关系正确且完整。这包括检查需求是否有相应的设计和测试覆盖，设计和测试是否满足相关需求，以及从技术内容细节角度确保双向追溯的充分性。

（6）更新追溯关系

随着需求、设计和测试的演化和变更，我们应及时更新追溯关系，保持它们之间的一致性和追溯性。当软件安全需求变更时，我们应更新相应的设计和测试的追溯关系，确保所有变化都得到适当的追溯和验证。

智能汽车软件安全设计与实现

如果将需求比作建筑蓝图，那么设计与实现就是构建过程中的一砖一瓦。在智能汽车软件的安全需求确定后，便会启动软件架构的安全设计。首先，基于初步的软件架构设计，将安全需求分解到各个软件组件和单元，并通过软件安全分析进一步识别安全需求和设计的改进措施，对软件架构安全进行优化。接着，对每个组件和单元进行安全详细设计，确保安全需求在设计细节中实现。最后，根据详细设计进行软件编码，并遵守相应的软件编码规范。

在智能汽车软件安全设计与实现的实践过程中，软件单元的详细设计与软件编码常常是同步进行的，并不总是严格按照功能安全标准的要求，即先进行详细设计再编码。本章将结合标准要求和实践经验介绍智能汽车软件安全设计与实现方法。

9.1 软件架构安全设计

软件架构设计是对软件需求的响应，它描述了软件的结构元素及各层级、各模块之间的交互。对于安全相关的软件，软件架构安全设计依据安全需求进行，以确保结构设计与需求的一致性。依据功能安全标准和智能汽车软件功能安全的开发实践，为确保软件的安全性，软件架构设计阶段需要遵循规范的流程并满足特定的安全要求，以保证软件安全需求在架构层面得到有效落实。在软件架构安全设计过程中，开发人员通常会使用各种统一建模语言（Unified Modeling Language，UML），以便使软件架构设计更为全面。

9.1.1 软件架构安全设计的过程及技术要求

鉴于智能汽车软件规模庞大且逻辑复杂，软件架构是实现软件功能的重要载体，因此对其设计过程和技术要求相对严格。首先，需要确保软件架构设计流程符合标准，设计方案应经过深入思考，且设计过程应遵守一定的设计原则和步骤；其次，软件架构设计的实施应符合功能安全标准、智能汽车软件产品的特点及软件功能安全的实践等多方面的要求。

1. 软件架构安全设计的过程要求

（1）软件需求分析

通过对软件需求的分析，深入了解需要实现的功能和性能指标，例如智能驾驶的级别、支持的通信协议、安全相关及非安全相关的功能等。

（2）定义初步架构

在软件需求范围内，定义初步的软件架构，并对软件需求（含软件安全需求）进行分配。软件架构的分层设计可以参考 5.2 节智能汽车软件架构设计。智能汽车的软件架构可以区分为平台化软件和应用软件，这两者都可能包括多个软件层次。每个层次中的软件进一步分为多个模块。例如，在典型的智能驾驶系统软件中，重要的组成部分可能包括感知模块、预测模块、规划决策模块、控制模块等。每个模块又可能细分为若干子模块或单元。

（3）选择技术栈

根据软件需求（含软件安全需求）和初步的软件架构规划，选择合适的编程语言、操作系统、对应的硬件平台及其他技术。

（4）具体架构设计

具体架构设计包含静态设计、动态设计以及资源消耗设计，涉及对每个软件模块或组件的设计和子模块的定义，明确它们的功能、接口和性能要求。例如，感知模块可能包括对象检测、对象识别、对象跟踪等子模块，而规划决策模块可能包括路径规划、速度规划等子模块。同时，我们需对模块间的接口和关联性进行设计，确定相应的数据流和控制流。

（5）安全性和实时性设计

对于智能汽车软件而言，安全性和实时性极为重要。我们必须确保软件能够在各种异常状况下安全运行，并在严格的时间限制内完成任务。根据软件的安全需求，我们可能需采用特定的操作系统（如实时操作系统），设计具有冗余的系统，并实现各种安全机制（如故障检测、故障处理和切换机制等）。

（6）迭代和优化

软件架构设计完成后，我们应进行充分的评审和验证。在架构设计阶段，我们可能会提出新的安全需求，这些需求应纳入软件安全需求，并迭代到软件架构设计中。在随后的软件集成测试中，我们还会对架构的相关设计进行测试和验证。根据评审、安全分析、测试反馈及产品的实际运行状况，不断迭代和优化软件架构设计。

以上过程可归纳为软件架构安全设计流程，如图 9-1 所示。

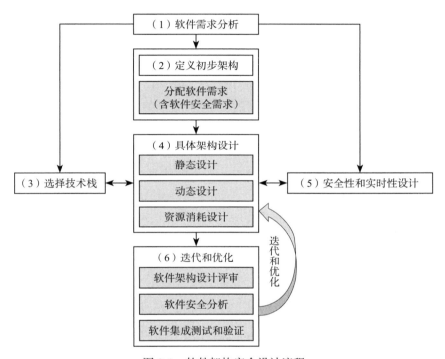

图 9-1 软件架构安全设计流程

在智能汽车软件功能安全开发过程中，上述步骤并非固定不变，需要根据项目的具体需求和限制灵活调整。智能汽车软件的开发通常涉及多学科知识和技能，如软件工程、计算机视觉、机器学习、控制理论、通信技术等，因此通常需要一个跨学科的团队。软件架构设计需要跨学科团队的协作和支持。

2. 软件架构安全设计的技术要求

软件架构安全设计主要包括静态设计、动态设计和资源消耗设计 3 部分，其中，安全性和实时性设计是贯穿始终的关键因素。

（1）静态设计要求

在软件架构设计中，静态设计指的是对软件系统的静态结构和接口进行设计，这主要涵盖模块（或组件）、类、接口等元素的组织与关系。进行静态设计时，首先需对软件进行分层和模块化，识别并定义各软件模块（或组件）至当前可识别的最细颗粒度单元。之后，将软件需求（含软件安全需求）分配至每个最小单元的软件模块（或组件）上，并定义相关的数据类型、特性及全局变量。同时，对软件模块（或组件）之间以及软件与外部的接口进行明确的定义，并识别出与软件架构相关的约束和限制。以下是智能汽车软件架构静态设计的一些技术要求。

❑ 层次化：采用分层方法设计软件系统，依据功能和责任逻辑划分不同层级，每一层承担特定功能实现。

❑ 模块化：软件系统划分为独立且内聚的模块，满足高内聚、低耦合的功能安全标准要求。每个模块承担具体功能实现，模块间应有清晰的接口定义和关系。模块内部可进一步划分为独立组件，以便独立开发、测试、部署和维护。而且组件之间满足高内聚性和低耦合性，以便替换、升级和重用。

❑ 接口定义：明确定义软件的外部接口、各层间接口、模块间接口及组件间接口，包括方法、参数、返回值和异常等，保证接口简洁明确，具备良好的可扩展性和兼容性。

❑ 类设计：在模块（或组件）内进行类设计时，考虑类的职责、属性、方法定义及类间关系，采用单一职责原则、开闭原则、依赖倒置原则等设计原则和模式。合理使用继承和组合，其中继承用于代码复用和通用行为实现，组合用于描述部分 - 整体关系。

❑ 依赖管理：合理管理和控制组件间的依赖关系，避免过多依赖，降低耦合度，增强系统灵活性和可维护性。

❑ 设计原则和模式：采用恰当的设计原则和模式（如结构化设计、面向对象设计原则等）指导静态设计。

❑ 可测试性：在静态设计中考虑软件的可测试性，确保模块和组件能独立进行单元测试和集成测试。

由于智能汽车领域的软件发展很快，所以软件架构的静态设计目标不仅是分配软件的功能（含安全相关功能），实现可测试性，还需要实现软件的可扩展性、可维护性和可重用性，支持软件系统的未来演化。

（2）动态设计要求

在智能汽车软件架构设计中，动态设计关注系统运行时的行为和交互方式，包括软件组件间的通信、数据流、控制流及相互作用，如任务调度和中断行为。动态设计目标是确保系统在各种条件下的功能交互可靠、安全。智能汽车软件架构动态设计的技术要求如下。

1）定义功能控制：

❑ 确定各个事件和行为之间的逻辑关系和功能依赖；

❑ 定义事件触发的条件和响应动作；

❑ 设计事件与行为之间的消息传递机制和通信方式。

2）定义数据处理链：

❑ 确定数据流的路径和方向，包括输入数据、中间数据和输出数据，明确数据流步骤；

❑ 定义数据处理的逻辑顺序，确保正确处理和传递数据；

❑ 考虑数据处理中的异常情况和错误处理机制。

3）考虑并发进程要求：

❑ 设计并发进程之间的通信方式和并发控制策略；

❑ 考虑并发进程之间的数据共享和同步机制，确保数据的一致性和正确性。

4）定义接口和全局变量：

❑ 定义接口规范和数据格式，确保模块之间的数据交换和共享；

❑ 设计全局变量的使用方式和访问权限，防止数据冲突和错误；

❑ 考虑接口和全局变量的安全性和数据保护机制。

5）考虑时间的限制：

❑ 确定时间要求，包括实时性、响应时间和时序；

❑ 设计时间管理和调度机制，确保系统能够按时完成任务并满足时间要求；

❑ 考虑时间同步和校准机制，保持系统时间的一致性。

（3）资源消耗设计要求

在智能汽车软件架构设计中，若资源消耗设计不当，可能导致系统无法承载所有预期功能，降低性能，甚至导致系统不稳定或崩溃，增加安全风险。如内存泄漏或资源竞争可引起系统崩溃或异常终止，影响驾驶安全。过度占用内存或处理器资源的软件进程可能引发缓冲区溢出、软件越界访问及数据损坏，造成安全隐患。因此，在架构设计时，我们需考虑以下资源消耗方面。

❑ 内存及存储消耗：考虑软件的内存空间和所有存储需求，如代码、数据、中间结果的存储，以及文件存储和日志记录等。合理管理内存和存储资源，避免内存泄漏、存储空间不足或资源浪费。

❑ 处理器资源消耗：评估系统对处理器资源的需求，涉及计算能力、算法执行和任务调度等。通过优化代码和算法减轻处理器负担，提高系统效率。

❑ 通信资源消耗：评估软件与外部系统或服务的通信需求，包括数据传输和远程调用等。

通过优化网络通信，降低数据传输量和网络延迟，提升响应速度和效率。

为合理设计资源消耗，我们应采取以下策略。

❑ 分析和评估资源需求：全面分析和评估软件的功能与性能需求，确定存储、处理器、执行时间、通信等资源的消耗上限。

❑ 设置资源限制和预算：基于资源分析结果，为不同资源设定合理的限制和预算。确保软件在资源有限环境下正常运行，合理分配和利用资源。在设计时，考虑极限情况下的资源使用，避免安全风险，同时设置合理的资源使用报警门槛，为实际的资源使用留足富裕量。

❑ 优化设计：规划高效算法和数据结构，减少资源消耗。优化算法时间和空间复杂度，避免不必要的资源浪费。采用模块化设计，确保资源消耗在模块间合理分配和控制。

❑ 资源管理和调度：实施适当的资源管理和调度策略，根据优先级和实时性需求合理分配资源。确保高优先级任务获得充足资源支持，避免资源浪费和过度占用。

❑ 性能监测和优化：设计时增加资源消耗监测和评估机制，在后续测试中进行性能测试，确保资源的有效管理。

（4）其他要求

在软件架构设计中，我们还需考虑软件共存的要求。如果不同的软件模块、组件被赋予不同的 ASIL，我们必须采取有效的措施，确保低等级软件不会对高等级软件产生影响。若软件架构设计包含软件分区，应明确共享资源的使用方式，保障软件分区不受干扰，并且实现分区的软件应依据分配给该分区的最高 ASIL 开发。对于不同 ASIL 的软件分区，我们在架构设计时应考虑采用专用硬件来支持。

软件架构设计不仅需满足相应 ASIL 的软件安全需求，还应满足软件的其他非安全需求。在软件架构层面，软件安全需求将被层次化地分配给各模块（或组件），每个组件应依据所分配的最高 ASIL 要求进行开发。

此外，软件架构设计还应符合特定的评审和验证要求，包括走查、检查、原型验证、动态仿真验证、控制流分析、数据流分析及调度时序分析等。我们需根据软件的具体情况和 ASIL 要求进行合理选择。软件架构设计过程中需确保双向追溯性，把所有的软件需求（含软件安全需求）落实到软件架构设计中，并传递至后续的软件详细设计阶段。

9.1.2 常用的软件架构安全设计方法

智能汽车软件架构设计涉及多种方法与模式，可以从不同维度分为多种类型，例如，面向服务的架构设计、基于分层结构的架构设计、事件驱动型架构设计、数据驱动型架构设计和实时型架构设计等。智能汽车软件架构设计类型见表 9-1。

表 9-1　智能汽车软件架构设计类型

类型	特点	优点	缺点
面向服务的架构设计	采用服务的概念将软件划分为多个独立的模块，每个模块提供特定的功能和接口，通过松耦合的方式进行通信和交互	灵活、可扩展、模块化，支持松耦合的组件之间的通信和协作，易于维护和升级	复杂性高，需要适当的服务管理，对性能有一定影响
基于分层结构的架构设计	将软件划分为多个层次，每个层次具有特定的功能和职责	结构清晰、易于理解和维护，不同层次之间松耦合	层次划分不合理可能导致过度耦合，引入额外的延迟和复杂性
事件驱动型架构设计	基于事件的通信和处理模型，软件组件通过事件的产生、传递和响应进行协作与交互	松耦合、异步处理、可扩展，支持实时的事件驱动和响应	事件处理的顺序和时序需要精心设计与管理，复杂性较高
数据驱动型架构设计	软件的设计以数据为中心，通过数据的流动和处理驱动软件系统的功能行为	强调数据的集成、分析和利用，便于收集、保存、管理、共享和扩展数据，支持智能决策	需要高效的数据处理和分析机制，依赖数据，对数据质量有较高要求
实时型架构设计	面向对实时性要求较高的智能汽车系统，确保任务的及时调度和处理，满足时间限制要求	高实时性、高响应性，适用于实时控制和决策	对硬件和软件资源的需求较高，实时性要求可能增加系统复杂性

我们可根据具体的智能汽车应用场景、业务需求和软件特点，选择合适的软件架构设计类型，同时要综合考虑各种类型的特点、优缺点，及其对性能、可扩展性、安全性和管理复杂性的影响。在智能汽车软件架构设计中，通常会综合运用多种技术类型。

在软件架构安全设计中，经常强调高内聚和低耦合的重要性。为了满足这两项技术要求，具体设计建议参考表 9-2。

表 9-2　高内聚和低耦合的设计建议

高内聚的设计建议	低耦合的设计建议
● 功能相关性：将具有相似功能或关联性的代码和组件放在一起，使它们共同实现一个明确的目标 ● 单一责任原则：确保每个模块、类或函数只负责完成单一的任务，避免功能交叉和功能过载 ● 模块化设计：将系统划分为独立的模块，每个模块负责特定的功能实现，模块内部的组件相互依赖，提高内部的内聚性	● 接口定义：使用明确定义的接口来定义组件之间的通信和交互方式，减少组件之间的直接依赖 ● 松耦合的通信方式：使用消息队列、事件驱动等松耦合的通信方式，减少组件之间的直接调用和依赖 ● 解耦合的设计模式：采用适用的解耦合设计模式来降低组件之间的耦合性，例如发布 - 订阅模式、观察者模式、中介者模式、依赖注入模式、算法封装独立策略对象的策略模式等

在软件架构设计过程中，我们通常会采用多种图形化表示方法来描述需求分析和架构设计中的交互方式。最常用的方法包括数据流分析图、控制流分析图和统一建模语言（UML）。这些图形化方法有助于更加深入地理解智能汽车软件的工作原理和交互模式，对于指导软件架构的设计和改进具有重要作用。

1. 数据流分析图

数据流分析图是描述软件系统中数据流动和处理过程的图形表示方法，它揭示了数据流、数据存储、处理器及外部实体之间的关系与交互。该方法有助于软件架构设计过程中深入理解数据流向和处理过程，从而更有效地进行功能设计、模块划分和接口定义。执行数据流分析的具体步骤如下。

1）确定系统的边界。首先确定要分析的系统范围，即界定系统内部和外部实体的范围。

2）确定数据流。识别系统中的数据流，即数据在系统内部和外部实体之间的流动。数据流可以是输入数据、输出数据或系统内部处理过程中传递的数据。

3）确定数据存储位置。确定系统中的数据存储位置，即数据在系统中被存储和检索的地方。数据存储位置可以是文件、数据库、内存等。

4）确定处理器。识别系统中的处理器，即执行特定任务的模块（或组件）。处理器可以是函数、模块、子系统等。

5）绘制数据流分析图。使用适当的符号和箭头来绘制数据流分析图。在图中，符号表示数据流、数据存储、处理器和外部实体，箭头表示数据的流向和处理过程。

在绘制数据流分析图时，我们需遵循一个基本原则：数据不能自主转换形态，必须通过程序处理后才能到达软件系统的相应部分，进而实现状态的转变。以宏观的智能驾驶软件通用模型为例，数据流分析示意图如图 9-2 所示。感知模块负责接收来自传感器 1 和传感器 2 的原始数据，并进行存储与感知融合处理。规划决策模块接收来自感知模块的数据，并进行处理与分析，生成规划决策相关的数据，如路径信息和车速信息。控制模块根据规划决策模块提供的数据生成控制指令，包括横向控制和纵向控制等。数据流从感知模块开始，经规划决策模块处理和分析后，再传递至控制模块以生成控制指令，体现了数据在各模块间的处理和转换过程。

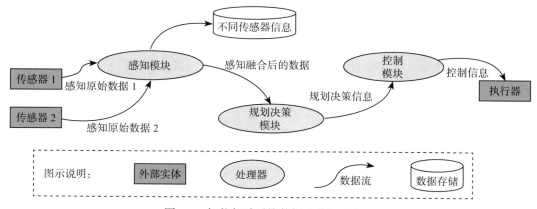

图 9-2 智能驾驶系统数据流分析示意图

数据流分析图直观地展示了软件系统中数据的流动路径和处理过程，揭示了模块间的数据依赖关系。在智能驾驶系统功能安全开发的实际项目中，我们可根据感知模块、规划决策模块和控制模块这些关键模块在软件架构设计阶段的详细设计信息，生成更精细的数据流分析图。这有助于理解它们之间的数据交互和处理流程，从而更有效地设计和优化系统。

2. 控制流分析图

控制流分析图是描述程序中控制流的图形表示方法，它展示了程序的控制流，包括条件语句、循环语句和函数调用等，以及程序中的分支和跳转。下面给出一个控制流分析图的简单例子，用于说明如何进行控制流分析。首先，设定软件内容，如图 9-3 的伪代码示例所示。

```
1.  if (condition1) {
2.      statement1;
3.  } else if (condition2) {
4.      statement2;
5.  } else {
6.      statement3;
7.  }

8.  while (condition3) {
9.      statement4;
10. }

11. for (i = 0; i < n; i++) {
12.     statement5;
13. }

14. callFunction();
```

图 9-3　伪代码示例

以下是控制流分析的步骤。

1）识别控制流的起始点和终止点。

在示例中，起始点为第 1 行，终止点为第 14 行。

2）标记条件语句、循环语句和函数调用。

在示例中，第 1 行是一个条件语句，第 8 行是一个循环语句，第 14 行是一个函数调用。

3）绘制控制流分析图。

使用适当的符号和箭头来绘制控制流分析图。在图中，符号表示程序的各个语句和控制流，箭头表示不同分支和跳转的方向。

根据上述步骤，控制流分析图示例如图 9-4 所示。

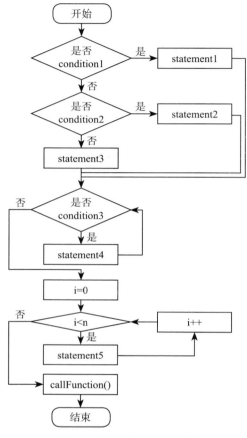

图 9-4 控制流分析图示例

通过控制流分析图，我们可以清楚地理解程序的控制流和执行顺序，把握程序的逻辑结构，识别潜在的分支和循环路径，并进行代码的分析、测试和调试。对于软件开发人员而言，控制流分析图是一项重要工具，有助于更好地理解和管理程序中的控制流程。

3. 统一建模语言

统一建模语言（UML）是一种标准的图形化建模语言，用于软件系统的建模。它提供了一套用于描述、可视化、构建和文档化软件系统的工具，并提供多种图形化描述方式。UML的分类及定义见表 9-3。

表 9-3 UML 的分类及定义

分类	定义
用例图	用于描述系统的功能需求，展示系统与外部用户（称为"参与者"）之间的交互关系
类图	用于描述系统的静态结构，包括类、接口、关联关系、继承关系、属性和方法等

（续）

分类	定义
对象图	展示系统中特定时间点的对象实例以及它们之间的关系
时序图	描述系统中对象之间的交互和消息传递顺序，强调对象之间的时间顺序和时序逻辑
协作图	展示系统中对象之间的协作关系和消息传递，侧重于展示对象之间的通信
状态图	描述对象的状态转换和行为，展示对象在不同状态下的响应和转移条件
活动图	描述系统中业务流程、操作和活动的顺序和控制流
组件图	描述系统的物理和逻辑组件，展示组件之间的依赖关系和接口
部署图	展示系统的物理部署架构，包括硬件设备、软件组件和网络连接等

　　UML 提供了一种统一且标准化的表示方法，使软件系统的设计和沟通变得更清晰有效。它在软件开发过程中的需求分析、架构设计、交流和文档编写等方面得到了广泛应用。在软件架构设计的实际应用中，我们可以根据具体情况选择合适、有效的 UML 方式进行图形化表示。在智能汽车软件架构设计中，时序图被广泛应用。图 9-5 所示为简单的时序图示例，展示了从感知模块到规划决策模块再到控制模块的信息交互过程。感知模块将处理后的数据（如障碍物检测结果和道路标识等）传递给规划决策模块；接着，规划决策模块根据这些信息生成规划结果（例如路径和速度要求等），并传递给控制模块；最后，控制模块接收规划决策模块的指令，生成横向和纵向控制信号并输出执行。执行控制指令后，控制模块将执行结果和状态反馈给规划决策模块，以更新系统状态。

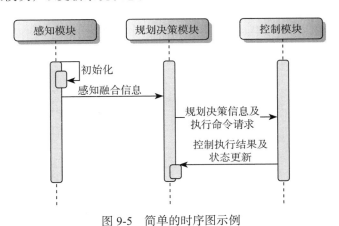

图 9-5　简单的时序图示例

　　时序图展示了各个系统之间的交互顺序和消息传递过程，有助于理解系统内各组件的协作方式及消息的发送和接收顺序。

　　在智能汽车应用软件开发中，我们经常需要设计应用功能状态机。因此，在软件架构设计阶段，状态图也是一种常用的图形化表示方法。例如，在高级驾驶辅助系统（ADAS）中，自适应巡航控制（ACC）功能的状态机转换可以通过状态图进行展示。图 9-6 所示为 ACC 功能的状态图示例。

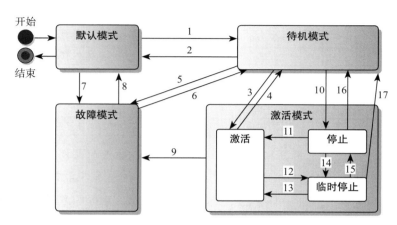

图 9-6 ACC 功能的状态图示例

其中，状态之间的跳转条件见表 9-4。

表 9-4 ACC 功能的状态之间的跳转条件

序号	跳转条件说明
跳转条件 1	打开 ACC 功能主开关，且未检测到 ACC 系统故障
跳转条件 2	关闭 ACC 功能主开关
跳转条件 3	按下"激活"按钮，且车速在规定范围内
跳转条件 4	制动踏板被踩下等需要退出 ACC 的条件
跳转条件 5	检测到故障
跳转条件 6	故障解除
跳转条件 7	打开 ACC 功能主开关，且系统存在故障
跳转条件 8	关闭 ACC 功能主开关
跳转条件 9	检测到故障
跳转条件 10	按下"激活"按钮，检测到车辆静止，制动踏板被踩下，油门踏板未被踩下
跳转条件 11	ACC 功能被激活，制动踏板未被踩下，前方无车辆目标或主目标距离自车空间满足要求
跳转条件 12	跟随主目标减速，直到车辆静止
跳转条件 13	制动踏板未被踩下，主目标开始移动行驶，且临时停止状态时间未超过规定要求
跳转条件 14	ACC 功能被激活，但与自车前方主目标距离过小，不满足起步条件
跳转条件 15	临时停止状态时间超过规定要求
跳转条件 16	停止状态时间超过规定要求，满足 ACC 功能退出的条件
跳转条件 17	满足 ACC 功能退出的条件

9.2　软件安全分析

在软件架构阶段，我们应启动软件安全分析活动，围绕功能和初步架构设计识别潜在危害，确定软件安全相关部分，并提出相应的安全措施，确保软件满足 ASIL 的要求。智能汽车软件的功能定义、架构形态和人机交互边界在不同厂商间存在差异，尚无统一成熟的标准。因此，传统软件功能安全分析只能识别现有功能和设计在异常情况下的防护能力，而无法评定功能的合理性、设计的正确性及性能是否满足各种安全场景要求。智能汽车软件架构阶段的安全分析不仅应包括传统功能安全分析、相关失效分析，还应包含预期功能安全分析。后者结合系统层面的功能定义，从整车层面考虑安全风险，弥补了在功能和性能方面分析的缺陷。

智能汽车软件安全涉及两个方面：传统功能安全和预期功能安全。传统功能安全着眼于挖掘软件中可能的失效情况，针对这些失效情况采取防护措施，增加失效监测，并对发生的失效进行安全处理。预期功能安全则关注危害事件的可能触发条件，探究由功能定义不全面、性能不足或人机接口误操作等引发的问题，并对不能接受的风险进行功能优化和改进。传统功能安全分析是对现有的功能和设计逐项进行分析和检查；预期功能安全分析则从更广阔的视角出发，规划和考虑功能、性能、人机交互等所有可能影响安全的因素。二者有效配合是实现全面安全保障的关键。

9.2.1　软件传统功能安全分析方法

软件传统功能安全分析的核心是关注失效，目标是建立故障监测安全机制和故障处理安全机制。表 9-5 所示为常用的通用安全机制示例。

表 9-5　常用的通用安全机制示例

故障监测安全机制	故障处理安全机制
<ul><li>数据范围检查，例如输入数据范围检查、输出数据范围检查</li><li>合理性检查，例如，在软件程序中插入断言检查</li><li>数据错误或损坏的检测，例如校验码机制、多重存储数据进行对比机制</li><li>从逻辑顺序或时间上监控程序执行，例如外部看门狗机制</li><li>程序执行时间的监测，例如对于非周期性任务，通过设置检查点监测截止时间</li><li>对运算结果进行检查，例如异构冗余机制、表决机制</li><li>共享资源的冲突管理，例如建立共享资源的访问冲突控制机制</li></ul>	<ul><li>为了进入和维持安全状态，关闭功能</li><li>静态恢复机制，例如恢复块、后向恢复、前向恢复以及通过重试来恢复</li><li>降级处理，通过划分功能的优先级进行降级，例如从自动驾驶模式降级到辅助驾驶模式，或者降级到人工驾驶模式</li><li>同构冗余机制，侧重于控制运行相似软件的硬件中瞬态故障或随机故障的影响</li><li>异构冗余机制，侧重于预防或控制软件中的系统性故障的影响</li><li>数据纠错码，纠正数据错误</li><li>在软件或硬件中实施访问许可管理，授权访问或拒绝访问安全相关共享资源</li></ul>

对于软件传统功能安全分析，我们通常采用归纳法和演绎法这两种方法。归纳法是通过观察和分析已知的特定软件功能安全问题和事件实例，总结出一般性原则、规则或模式。这种方法依赖已有经验和实证数据，目的是识别潜在的功能安全风险和危害。演绎法则利用逻辑推理和推断，从一般原则或规则出发得出特定结论，侧重于逻辑和数学的严密性，它基于已知的安全属性、规则和假设，通过逻辑推理和数学证明来推断系统的安全性质和结论。常用的软件传统功能安全分析方法包括失效模式和影响分析（FMEA）、故障树分析（FTA）和危险及可操作性分析（HAZOP），详见表 9-6。

表 9-6　常用的软件传统功能安全分析方法

功能安全分析方法	描述
失效模式和影响分析（FMEA）	一种系统性的分析方法，用于识别、评估和管理潜在的失效模式以及它们可能对系统、过程或产品产生的影响 ● 定义分析范围，组建由不同领域专家组成的 FMEA 团队 ● 识别失效模式，确定失效原因 ● 评估失效影响，例如数据丢失、系统崩溃、功能错误、行车安全风险等 ● 确定风险严重性，通常使用定性或定量方法来评估风险等级 ● 针对高风险的失效模式，提出相应的改进措施和纠正措施 ● 实施改进措施和纠正措施，并在开发和维护过程中定期监控和追踪已实施的措施的有效性
故障树分析（FTA）	一种用于系统故障分析和风险评估的定性与定量分析方法，通过构建故障树来表示系统故障事件与其导致因素之间的逻辑关系，可以分析和评估系统发生故障的概率 ● 定义分析目标，确定顶事件，即最终不希望发生的故障事件 ● 识别导致顶事件发生的基本故障事件，基本事件是故障树的叶节点 ● 使用逻辑门（如与门、或门）来表示基本事件之间的逻辑关系 ● 根据基本事件和逻辑关系，绘制故障树 ● 在定量分析时，通过历史数据、测试结果、专家判断等方法确定每个基本事件发生的概率，使用逻辑门的计算规则进行逻辑计算，输出顶事件发生的概率 ● 根据故障树的计算结果，评估系统发生顶事件的概率 ● 根据故障树分析结果，提出相应的改进措施和纠正措施，并定期监控和追踪已实施的措施的有效性
危险及可操作性分析（HAZOP）	一种系统性的风险评估及分析方法，用于识别、评估和管理过程、系统或设备中的潜在危害和可操作性问题 ● 确定分析范围，组建由不同领域专家组成的 HAZOP 团队 ● 根据分析范围，将过程、系统或设备划分为一系列适当的节点，例如软件安全分析时，可以以功能或软件模块为节点 ● 对于每个节点，识别可能与预期不符的偏离条件 ● 根据引导词，针对每个节点和偏离条件进行讨论和分析，探索偏离条件的潜在原因和可能的危害。引导词包括无、多了、少了、部分、相反、异常、伴随既定功能还有多余内容、提前、延迟、在……之前、在……之后。记录结果，评估风险等级 ● 针对高风险的偏离条件，提出改进措施和纠正措施 ● 实施措施，定期监控和追踪已实施的措施的有效性

与硬件安全分析相比，软件安全分析具有一定的特殊性。首先，硬件安全分析可以量化，基于硬件的随机失效率属性进行分析；软件安全分析则是定性的，难以量化评估其失效

率，因为软件的系统性失效与软件运行环境紧密相关，满足特定条件时系统性失效必然发生。因此，在进行失效模式和影响分析时，通常不评估软件的失效频率。其次，硬件失效模式和原因相对成熟，有参考标准可循，而软件失效模式复杂，主要是系统性的，涉及的因素众多。在软件安全分析中，我们通常会从软件功能逻辑、接口数据、通信协议、内存管理与权限、执行时间及时序、软件部署和资源依赖等方面进行分析，以全面识别和评估潜在的安全风险，详见表 9-7。

表 9-7　软件安全分析关注点参考示例

分类	关注点参考示例
功能逻辑	针对功能逻辑的软件安全分析，可采用危险及可操作性分析方法中的引导词，对具体功能可能出现的异常情况进行遍历分析 ● 功能没有实现；功能只有部分实现；除了满足需求的功能，额外增加了多余功能；功能异常 ● 对于与数量相关的功能，考虑数量多了、少了 ● 对于时间类的功能，考虑提前、延迟 ● 对于有时序关系的功能，考虑之前、之后的情况
接口数据	考虑接口数据的类型、数据的范围、数据的正确性、数据的完整性、数据地址的正确性、数据初始化值的正确设置
通信协议	考虑端到端通信过程中数据损坏、重复、乱序、丢失、伪装、数据源和目的地错误、通信延迟等情况
内存管理与权限	考虑存储空间不足、存储数据失效、存储地址错误、内存分区及权限管理异常，尤其是共享内存情况下的读写访问冲突、数据非法访问与修改
执行时间与时序	考虑时间同步、任务执行顺序的正确性、任务执行截止时间、调度的实时性要求、调度机制、任务时间分配的合理性、优先级设置情况，以及执行过程中死锁、活锁、阻塞等情况
软件部署和资源依赖	考虑软件部署时的硬件芯片、核的资源占用情况，操作系统内核的调度机制、实时性问题，存储空间的占用情况，所依赖的外设异常情况

9.2.2　常用的软件预期功能安全分析方法

对于智能汽车领域，安全事故的发生不一定源于系统或软硬件的失效，还可能源于以下情况。

❑ 智能汽车系统面对特殊的陌生场景，所需处理的内容已经超出了功能定义的范围，系统无法应对处理，例如，智能汽车系统感知到从未学习训练过的新物体，可能会无法定义其性质或者产生错误的判断。

❑ 在一些极端情况下，系统虽然功能完好，但性能不足以应对处理，例如，在极端场景下，邻车道车辆突然快速切入本车道，导致智能汽车来不及进行躲避或制动处理。

❑ 系统中各个子系统的功能和性能全部正常，但两个及以上子系统之间的交互、配合出现问题，导致安全风险发生。

❑ 人员的误操作导致安全风险，例如在自动驾驶请求人工驾驶接管过程中，人员的错误接管操作导致风险发生。

智能汽车安全相关事故的发生通常是一个复杂的动态过程，涉及系统性的控制问题，而不仅仅是故障问题。因此，安全分析的重点不只是分析失效本身，还应分析组件间的不安全交互，需要深挖事故背后的原因，并通过对系统行为的约束来预防事故发生。这就要求智能汽车软件开发时不仅要进行传统功能安全分析，还需进行预期功能安全分析。后者是一种全局性分析，旨在基于场景识别风险，分析触发条件，关注功能不全、性能局限和误操作等因素引发的安全问题。

尽管 FTA 和 HAZOP 也可以作为预期功能安全分析方法，但在预期功能安全分析中，这些方法可能存在局限性，难以从系统工程的全局视角进行分析，或无法有效分析多个子系统间的信息交互和配合问题。因此，我们需要辅助其他分析方法，如系统理论过程分析（System Theoretic Process Analysis，STPA）方法和基于系统理论的致因分析（Causal Analysis based on System Theory, CAST）方法。STPA 方法基于系统理论和控制理论，通过识别并分析系统的控制结构、过程和信号流来评估系统的安全性，属于一种主动分析方法。CAST 则专注于识别并分析已发生的系统故障、事故发生的根本原因，以及这些原因与系统控制结构和信号流的关系，属于一种被动分析方法。这两种方法都基于系统理论事故模型和过程（System Theoretic Accident Model and Process, STAMP），它认为事故是系统控制结构和过程中的缺陷、故障或人为行为所导致的。为了预防事故发生，我们必须深入理解系统的控制结构、过程和相互作用。STPA、CAST 和 STAMP 之间的关系可通过图 9-7 进行理解。

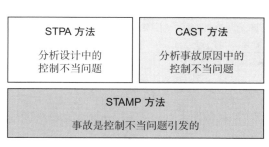

图 9-7　STPA、CAST 和 STAMP 的关系示意图

在智能汽车软件研发过程中，预期功能安全分析一般在系统设计过程中开展，STPA 方法应用较为广泛。

基于 STPA 方法的预期功能安全分析过程如图 9-8 所示。

在使用 STPA 方法进行预期功能安全分析的过程中，构建基于 STAMP 的控制结构是至关重要的。STAMP 是分析的基础，能够帮助分析人员更深入地理解系统结构，并识别出系统中的缺陷和风险。通过 STAMP，分析人员能够追溯事故发生的根本原因和相关场景，进而提出针对性的改进措施。通用的 STAMP 结构示意图如图 9-9 所示。

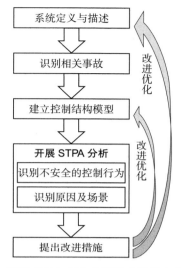

图 9-8　基于 STPA 方法的预期功能安全分析过程

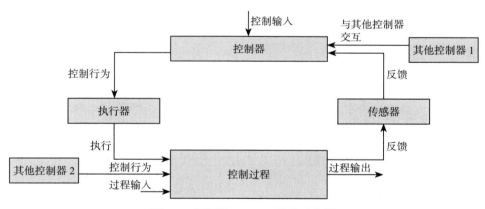

图 9-9　通用的 STAMP 结构示意图

下面具体介绍基于 STPA 方法的预期功能安全分析过程。

1. 系统定义与描述

这一步明确系统的功能、组成部分、交互过程和设计约束，这有助于建立对系统的整体理解。

以智能驾驶系统为例，它的控制结构主要包括传感器、控制器、执行器和车辆系统。传感器负责感知周围环境，其种类繁多，包括摄像头、毫米波雷达、激光雷达和超声波雷达等。控制器集成了感知、规划决策和控制等功能，根据传感器获取的数据信息进行感知融合处理和规划决策，进而控制车辆的行驶。执行器涵盖了驱动系统、制动系统和转向系统等部分。

车辆系统包括车辆底盘、车身和通信系统等。智能驾驶系统具有多种高级辅助驾驶和全自动驾驶功能。以高级驾驶辅助系统（ADAS）中的自适应巡航控制（ACC）功能为例，该功能主要辅助驾驶员在高速公路上维持安全的车距和速度，能实现车辆的启动、停止、加速、减速和车距控制，同时具备自适应巡航和障碍物检测功能。

2. 识别相关事故

这一步基于系统的功能规范描述，初步识别系统层面可能发生的事故风险类型，以便定义可能给系统带来的损失，例如车辆碰撞事故、车辆自燃事故等。

针对 ACC 功能，在运行过程中可能发生的事故为碰撞。

3. 建立控制结构模型

这一步确定系统中的控制结构，包括控制器、传感器、执行器和其他相关组件，识别信号的传递路径和控制逻辑。

针对 ACC 功能，控制结构模型示意图如图 9-10 所示。

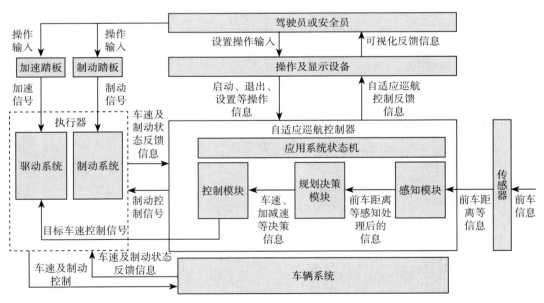

图 9-10　针对 ACC 功能的控制结构模型示意图

4. 开展 STPA 分析

（1）识别不安全的控制行为

在 STPA 分析方法中，识别不安全的控制行为主要从 4 个维度展开。这 4 个维度基本能够涵盖所有类型的不安全控制行为。

❏ 未提供控制行为导致的危害。

❏ 提供控制行为后导致的危害，可能是不需要提供的时候进行了错误提供，或者提供的控制行为错误，例如数值过大或过小。

❏ 控制行为提供的时间过早、过晚或顺序错误导致的危害。

❏ 控制行为持续时间过长或过短导致的危害。

以自适应巡航控制系统中的车速控制行为为例，在控制系统向驱动系统发送目标车速控制信号这一控制过程中，不安全控制行为示例如表 9-8 所示。不安全控制行为描述应包含相关的情景定义，但不需要包含原因和后果，原因可以在后面的致因场景中进行详细分析。

表 9-8 不安全控制行为示例

控制行为	未提供控制行为导致的危害	提供控制行为后导致的危害	控制行为提供的时间过早、过晚或顺序错误导致的危害	控制行为持续时间过长或过短导致的危害
车速控制	UCA-1 控制系统在自适应巡航控制场景下未向驱动系统提供目标车速控制信号	UCA-2 在自适应巡航控制场景下，控制系统向驱动系统提供的目标车速控制信号数据错误，导致车速过高 UCA-3 在驾驶员接管，不需要控制系统向驱动系统提供目标车速控制信号的情况下提供了目标车速控制信号	UCA-4 在自适应巡航控制场景下，控制系统向驱动系统提供的目标车速控制信号过晚，不能及时进行车速调整控制	UCA-5 在自适应巡航控制场景下，控制系统提供的目标车速控制信号持续时间过短

（2）识别原因及场景

在基于 STPA 方法的预期功能安全分析过程中，识别每一个不安全的控制行为后，我们可以将其转化为控制器的行为约束，并据此提出相应的设计要求，以预防不安全控制行为的发生。另外，在识别了不安全的控制行为之后，我们需要进一步分析导致危害的原因和场景。STPA 对导致危害发生的控制问题的分类详见图 9-11。

致因场景分析是基于 STAMP，针对不安全控制行为及其危害进行逐层剖析。

首先，分析不安全控制行为的原因，这可能包括不安全的控制输入、不当的控制算法、不当的过程模型、不当的反馈和信息等，例如，在不当的过程模型中，可能是由于控制器未接收到输入或反馈信息，或接收到的信息有误，又或是虽接收到正确的信息但处理不当或未处理。每一种原因都可以进一步细分并分析。

其次，对控制行为的执行路径和控制过程进行分析，这包括未执行或执行不当的情况。例如，控制器已发出控制指令，但执行器未接收或接收不当；执行器虽接收到控制指令但未执行或执行不当；控制器未发出控制指令，但执行器却做出了响应；控制过程接收到控制行为信号但未执行或执行不当；控制过程未接收到控制行为信号却做出了响应等。

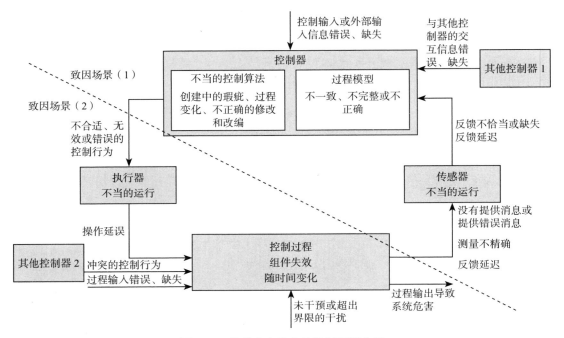

图 9-11　导致危害发生的控制问题分类

以"UCA-4 在自适应巡航控制场景下，控制系统向驱动系统提供的目标车速控制信号过晚，不能及时进行车速调整控制"的一个致因场景为例，控制系统的内部算法和进程处理不当，导致向驱动系统提供的目标车速控制信号过晚。对于这种情况，我们还可以进一步分析原因，比如算力不足、算法漏洞或进程处理延迟等，以便制定相应的改进措施。

在 STPA 分析完成后，我们可以更明确地识别潜在危害，并严格追溯每一条不安全的控制行为与其致因场景、相关危害以及相应的安全约束。STPA 方法的核心是基于 STAMP，逐项分析系统中的所有不安全控制行为及其致因场景，从而识别出功能不全、性能不足或错误操作可能导致的危害和触发条件，并评估风险的可接受程度。通常，我们采用 ALARP 原则，确保通过采取合理可行的措施将风险降至最低。对于不可接受的风险，我们需要制定改进措施来优化系统设计。

5. 提出改进措施

这一步根据分析结果和风险评估情况，提出相应的改进措施和安全控制策略。这可能包括功能改进、引入冗余机制、性能优化等。

以自适应巡航控制系统中识别的不安全控制行为 UCA-4 为例，对于算力不足的情况，我们可能需要更换或增加系统设计中的芯片以提升算力。若问题在于算法，则需重新优化算法，缩短算法处理时间。对于软件进程处理的延迟，则应改进软件进程的调度及处理机制，或提高相关进程任务的优先级。

STPA 方法并非预期功能安全分析的唯一选择。我们也可以根据公司的组织架构、产品形态、人员能力等多方面因素选择其他传统功能安全分析方法。传统功能安全与预期功能安全在适当的情况下可进行融合分析。对于无法融合分析的情况，传统功能安全分析方法和预期功能安全分析方法的输出结果应实现有效的关联。例如，传统功能安全分析方法识别的预期功能安全内容应纳入预期功能安全分析的追溯过程，反之亦然。但不论采用哪种分析方法，关键是要全面识别系统中的危害、触发条件和风险，并据此进行设计防护与改进，确保智能汽车安全。

9.3　软件单元安全设计

软件单元设计是软件开发过程中的关键阶段，旨在将软件系统细分为更小、更易于管理的单元，以实现具体的软件需求，并便于理解、开发和测试。这一阶段是基于软件架构设计中的模块（或组件），将系统进一步划分为多个独立单元，每个单元承担特定的功能或任务。软件单元可以是函数、类或其他定义明确的代码段，目标是实现每个单元的高内聚和低耦合，即单元内部的功能相对独立，与其他单元的依赖最小化。对于智能汽车软件而言，通过划分单元可以降低软件复杂度并增强复用性。

在智能汽车领域，软件单元设计对系统安全具有直接影响，因此软件单元安全设计必不可少。这不仅要求遵循开发流程，还要在技术上满足功能安全的需求。鉴于智能汽车软件的复杂性，软件单元设计工作量巨大，而且难以一次性解决所有问题，因此我们在满足功能安全基本要求的同时，也可以在实施方式上适当调整。首先从设计流程和技术要求着手，明确软件单元安全设计的过程和要求，然后根据智能汽车软件的特点，给出适用的方法和最佳实践。

9.3.1　软件单元安全设计的过程及技术要求

对于智能汽车软件，不同层级的软件采用的开发方法各异。例如，应用软件可以采用图形化编程开发或嵌入式开发，底层的平台化软件一般采用 C 或 C++ 语言进行嵌入式开发，交互界面软件则常使用 Java、Python 等编程语言进行开发。软件单元设计的步骤和流程也会随着开发方法和项目需求的不同而变化，但通常包括以下关键过程和要求。

1. 定义软件单元

软件单元是逻辑上独立的相关功能的最小组合。在软件架构设计的基础上，我们可将软件需求进一步细分，分析软件模块内部的各个子功能组合，以此定义软件单元。分解软件模块到单元时，我们应同时考虑功能需求和非功能需求，如运行时间、资源占用率等需求。

2. 定义软件单元接口

通过分析软件单元之间的数据流，我们可以为每个软件单元定义清晰的接口。分析软件单元间的控制流以验证接口是否满足需求，并完善接口设计，确定单元之间的输入输出参数、函数接口、类接口、调用方式和约定条件，确保软件单元能够相互调用。

3. 设计数据结构

确定每个单元所需的数据和数据结构，设计适当的数据结构来存储和处理模块所需数据，同时保证数据的正确性和一致性。对于安全相关软件，我们还需在数据结构设计中考虑适当的安全防护措施。

1）数据完整性防护：采用适当的数据结构，确保数据的正确存储和表示，避免数据损坏或不一致。这涉及选择稳定的数据格式和存储机制，以保障数据在整个软件生命周期内的完整性和一致性。

2）内存管理：对于动态分配的数据结构，必须进行恰当的内存管理，确保内存的正确分配和释放，防止内存泄漏、野指针和重复释放等问题，从而避免内存错误导致的系统崩溃或安全隐患。

3）数据检查与防护：在设计数据结构时，我们需要考虑边界和异常情况，并采用防御性编程原则。这意味着要假设输入可能是不安全的，并进行适当的验证和过滤，确保数据结构能正确处理不同的输入和操作，具有有效的边界检查和异常处理机制，防止溢出、越界访问和无效输入导致的安全问题。

4）数据访问控制：在多线程或并发环境中，对数据结构的访问必须采用同步和互斥机制，以防竞态条件和数据一致性问题，并使用锁、互斥量或其他同步机制，确保数据结构的安全访问。

4. 设计算法和逻辑

在设计每个单元时，我们要根据模块的功能需求选择适当的算法和数据处理方法，确保模块能正确执行任务，满足软件需求（含安全需求）。对于安全相关的软件单元设计，我们应遵循基本的功能安全设计准则。表9-9所示为软件单元安全设计基本准则分类及说明。这些准则分为3类：第一类是必须遵守的固定要求；第二类是特殊形式的固定要求，即在设计中可能难以完全避免，需要采取措施进行管理和防护；第三类是妥协要求，虽不推荐采用，但若确定采用，应从第一性原理出发，确保已对相关风险进行了防护，以免产生安全影响。在基于模型的开发或编写代码实现软件单元设计时，我们应根据软件的 ASIL 和开发模式，合理选用这些设计准则。

表 9-9　软件单元安全设计基本准则分类及说明

分类	基本准则	说明
第一类	程序和函数应只有一个入口和一个出口	程序和函数如果有多个入口或多个出口，可能产生以下影响，导致功能安全问题，需要加以规避： • 软件的可读性和可维护性下降，这增加了代码错误和逻辑混乱的可能性。 • 错误处理复杂。每个入口都可能引发不同的错误情况，而每个出口都需要相应的错误处理。这增加了错误处理的工作量和错误处理的复杂性。可能会导致遗漏错误或错误处理不当的情况发生。 • 难以调试和测试。需要调试和测试每个可能的路径，这提高了测试的复杂性和覆盖率要求，并可能导致测试遗漏。 • 程序流程变得不可预测。程序的执行路径可能因不同的入口和条件而有所变化，这提高了代码的复杂性和对程序行为的理解难度。
	变量应进行初始化设计	软件变量初始化是为了确保变量在使用之前具有适当的初始值，避免未定义行为和不确定性的出现。软件应满足以下详细要求： • 软件初始化要求：软件在启动前，应进行初始化。 • 变量安全初始化：变量初始化的值让系统处于安全状态。 • 避免使用未初始化的变量：未初始化的变量可能包含未知值，导致程序的行为不可预测。在使用变量之前，确保它已经被适当地初始化，避免依赖未初始化的变量进行计算或操作。
	设计过程中变量名称的定义应易于理解且不能重复	不清晰的变量名称容易引发理解和使用，增加引入错误的可能性；重复的变量名称可能会导致变量被错误地使用进而导致覆盖，从而引入错误的值。我们可以采取以下措施规避： • 采用统一的变量命名规范，以确保变量名的一致性和易读性。 • 变量名称在整个代码库中应是唯一的，避免命名冲突和混淆。
	不使用递归	递归函数可能产生以下影响，导致系统崩溃或产生不可预测的行为，应避免使用： • 调用递归函数会在运行时生成函数调用堆栈，如果递归层次过深或函数递归次数过多，可能会导致栈溢出。 • 如果递归没有适当的终止条件或终止条件不正确或过深，可能导致资源的过度消耗，如内存、CPU资源等。 • 如果终止条件不正确或被遗漏，可能导致递归进入死循环，从而无法正常返回。
	不能进行隐式类型转换	隐式类型转换是指编程语言自动地将一种数据类型转换为另一种数据类型，虽然在某些情况下方便编程，但也可能导致数据精度丢失、数据截断、潜在的错误和不可预测的行为发生。在软件单元安全设计中有如下建议： • 显式类型转换：在进行类型转换时，建议采用显式类型转换，明确指定类型转换的意图。 • 限制数据类型转换的范围：在设计和编码过程中，可以限制类型转换的范围，通过选择合适的数据类型，限制数据范围的方式，避免隐式类型转换。 • 使用编译警告和静态分析工具：启用编译器提供的警告选项，并使用静态分析工具来检测潜在的类型转换问题。

（续）

分类	基本准则	说明
第一类	不能进行无条件跳转	使用无条件跳转，可能导致代码逻辑混乱和难以理解，使程序的流程变得不可预测和不可控。采用结构化的编程方式，程序不再按照预期的顺序逻辑和流程执行。这会增加错误和异常的可能性。我们可采用如下措施规避： ● 采用结构化的编程方式，使用条件语句、循环结构和函数调用等方式来实现程序的流程控制。 ● 进行适当的代码审查、测试和验证，以确保代码的正确性和可靠性。
第二类	无隐藏的数据流和控制流	由于智能汽车软件系统的复杂性，隐藏的数据流和控制流有时候在开发中难以直接避免。这就需要采取适当的措施来管理和减少隐藏的数据流和控制流的影响： ● 采用明确的数据流和控制流，使用良好的变量和参数传递。 ● 采用良好的代码结构和模块化设计。 ● 使用代码审查、单元测试和静态代码分析工具帮助发现和纠正隐藏数据流和控制流的问题。
	尽量避免全局变量的使用	如果软件设计中采用全局变量，注意事项参考如下： ● 避免过多的全局变量，将其仅限于必要的模块、组件和单元中。 ● 对全局变量进行清晰、准确和一致的命名，以增强可读性。防止全局变量的错误使用。 ● 尽可能使用封装的方式访问和修改全局变量，限制直接访问它，并且可通过提供适当的接口和访问函数来控制对全局变量的修改和访问的风险。 ● 尽量避免在代码中直接修改和访问全局变量，防止未经授权地修改和访问全局变量。
第三类	限制动态对象或动态变量的使用	如果软件设计中使用动态对象或动态变量时需要对其进行在线测试，注意事项参考如下： ● 在生成动态对象和动态变量时，确保其不会发生缓冲区溢出、越界访问等问题。 ● 对动态对象或动态变量的操作要进行适当的边界检查，确保不会发生缓冲区溢出、越界访问，应进行充分的输入验证和过滤，验证输入的类型、长度、范围和格式等。 ● 确保正确地分配和释放动态对象或动态变量所需要使用的内存。使用适当的内存分配函数（如 new、malloc 等）进行内存分配，并在不再需要时及时释放内存。
	限制指针的使用	如果软件设计中使用指针，注意事项参考如下： ● 防止未初始化的指针或已经释放的指针的空指针引用错误。 ● 规避指向已经释放的内存区域或无效内存地址的野指针。 ● 避免动态分配内存后忘记记录释放指针导致的内存泄漏。 ● 防止指针的越界访问。

5. 描述软件单元设计

在软件单元设计阶段，我们应利用自然语言和图形化标记等手段描述软件单元的功能表现、内部设计及接口。这种描述的细节程度应足以支持软件单元的实现。通常，我们可以使用伪代码或流程图来描述实现逻辑和流程，以便开发者更好地理解模块的工作方式和内部结构。同时，我们可应用时序图、状态图等工具来设计软件单元之间的交互行为和关系。

6. 建立追溯关系

软件需求与软件单元设计、软件架构设计与软件单元设计之间应建立双向追溯关系。功能安全标准通常要求追溯过程具有工具或追溯表等形式的证据支持，或至少在软件单元设计文档中进行编号追溯，并进行评审验证以确保追溯的正确性。软件双向追溯在设计实现过程中极为关键，是确保需求落地的重要保障，关键在于理解追溯的设计理念并保持内容一致性，而不仅仅是形式。但是，如果没有形式约束，追溯关系往往会被忽略。

7. 验证与评审

在进行软件单元设计的验证和评审时，我们可以通过评审和讨论确认设计的正确性和合理性，以及与其他模块的兼容性。我们应选择适当的评审方法，如设计检查单或参考功能安全标准中软件单元设计安全方法的要求进行检查，以防在评审过程中遗漏问题。

9.3.2 常用的智能汽车软件单元设计方法

考虑到智能汽车软件的复杂性、技术创新性、安全性及实时性等特点，我们在软件单元设计过程中，可能面对各种新型挑战，需要采取适当的防护措施，逐步形成最佳实践，以确保智能汽车软件的安全可靠实施。

1. 智能汽车软件的特点及单元设计考虑的内容

（1）复杂的交互逻辑

智能汽车软件涉及众多系统、模块、组件和单元的复杂交互，可能会在单元设计中产生复杂的条件和控制逻辑，导致难以理解和维护。因此，我们在设计时需要基于软件架构，充分考虑软件单元内部及软件单元间的正确执行顺序、交互调用逻辑，以及数据流和控制流的规划。

（2）大量的数据处理

由于智能汽车软件需处理大量来自传感器、通信网络和车辆系统的数据，我们在设计时需考虑有效的数据处理和管理方法，确保数据的准确性和一致性。

（3）并发和并行处理

智能汽车软件常需同时处理多任务和事件，如智能驾驶系统的感知、规划决策和控制任务。在设计软件单元时，我们应考虑并发和并行操作的处理方法，避免死锁等并发问题发生。

（4）安全和可靠性要求

鉴于智能汽车软件对安全和可靠性的高要求，我们在进行软件单元设计时应考虑采取防护措施来保护系统免受错误和失效的影响，并着眼于软件功能的完备性和性能优化。

（5）实时性要求

智能汽车软件需满足实时性要求，在规定时间内完成任务。因此，我们在进行软件单元设计时应优化代码和算法，确保任务的及时响应和执行。

（6）资源限制

考虑到智能汽车软件运行在资源有限的环境中，我们在设计时需有效利用和管理计算能力、内存空间等资源，避免资源浪费和不足。

2. 智能汽车软件单元设计中头文件的调用方法

智能汽车软件单元设计实践中常会涉及大量头文件的引用。首先，智能汽车软件通常分为多个功能模块，每个模块执行不同的功能，可能需要引用相关头文件以获取所需的函数、结构体和宏定义。其次，智能汽车软件需与各种硬件设备（如传感器、执行器等）及接口交互，每种设备和接口通常配有相应的驱动程序或接口库，这些库需要引用多个头文件以支持硬件和接口的功能。最后，智能汽车软件可能使用多种外部库和框架（如计算机视觉、机器学习、数据处理等）实现特定功能，这些库和框架通常提供头文件和函数接口，方便开发者调用其功能。因此，对头文件的调用进行管理是至关重要的。

在软件单元设计阶段，设计头文件的调用关系并进行文档说明是一种良好的实践方式。头文件包含函数、结构体和宏定义的声明，用于在源代码中进行引用。良好设计的头文件调用关系能提升代码的可读性、可维护性和可重用性。对于每个头文件，我们应提供明确的文档说明其功能、用法和依赖关系。在进行软件单元设计时，我们需要明确每个单元依赖的头文件，并通过调用关系图展示，同时应尽量减少头文件的依赖，仅引入必需的头文件，避免不必要的引用，以减少编译时间、避免编译错误和减少代码的重复编译。在后续的源代码文件中，我们应明确指出所需的头文件，并注意防止因多次包含同一头文件而导致的重定义错误。

3. 智能汽车软件单元设计规范

在智能汽车软件单元设计规范中，除了管理头文件的调用外，详细列出结构体类型定义、宏定义、全局变量定义也是一种良好实践。这种做法能够提升软件单元的可读性、可维护性和可重用性，并有助于确保代码的规范性、一致性和可靠性。由于结构体类型定义、宏定义和全局变量定义常被其他模块或单元引用，明确这些定义能让开发人员清晰地了解如何与该单元交互，同时避免不同模块间的开发人员使用相同名称，以减少命名冲突和错误。

在软件单元设计规范中，我们通常会以函数为单位进行详细设计。对于基于模型的开发，我们主要进行模型的详细设计。单元设计内容包括但不限于函数原型定义、函数功能说明、约束条件、输入输出参数、返回值以及处理过程等。这些内容的具体要求和示例可以参考表 9-10。

表 9-10　软件单元设计规范内容说明及简单示例

规范内容	说明及示例
函数原型定义	包括函数名称、参数列表和返回值类型。例如，从 int calculateSum（int a, int b）可以初步了解函数名称为 calculateSum，是一个累加计算功能的函数，参数为整数 a 和 b，返回值为整数类型
函数功能说明	对函数功能进行清晰、准确的描述，说明函数的用途和实现的具体功能，例如：该函数用来计算两个整数的和
约束条件	函数的输入参数应满足的条件或函数的实现及调用过程中需要满足的约束条件。例如：参数 a 和 b 必须为正整数，该函数必须在 SetValue（）之后进行调用
输入输出参数	对函数的输入参数和输出参数进行定义和说明，包括参数名称、类型、含义说明、范围定义等。例如：a 为入参，int 类型，代表一个加数，范围为 1 到 100
返回值	指明函数的返回值类型和含义。例如，返回值为整数类型，表示相加结果；或者返回值为整数类型，0 代表计算成功，1 代表计算失败
处理过程	使用流程图表示函数的处理过程，展示函数内部的逻辑和控制流程。在流程图中，针对每一个函数有一个起始点和终止点，一般用箭头表示流程的流向，用矩形框中的文字描述具体的处理过程，用菱形框表示判断条件

在智能汽车软件单元设计中，处理过程的设计是一项复杂且工作量较大的活动。对于那些刚进入智能汽车行业的互联网、ICT 等高科技企业的软件工程师来说，对这种细致的要求可能难以接受。如果软件工程师不喜欢使用流程图来设计处理过程，可以采用伪代码的形式。有些工程师可能更倾向于基于软件需求和架构设计直接编写代码，其实实现任何软件代码或模型前一定会有详细的设计思想，只是工程师不善于文字描述与表达。在这种情况下，软件单元设计规范的输出是一个不可或缺的底线要求。对于那些缺乏流程意识的工程师，管理者可以适当灵活处理，逐步引导他们。例如，在单元设计阶段，可以暂不要求正式的流程图输出，但必须有设计环节，允许使用手绘草稿版的设计；在代码编写完成后，可以使用工具将代码反向生成流程图，然后检查草稿版设计与生成的流程图之间的差异，以确认是设计遗漏还是代码实现错误。通过这个过程，工程师可以逐渐认识到软件单元详细设计的重要性及单元设计与代码一致性的要求。

在智能汽车软件单元设计过程中，有时难以一次性完美地完成所有设计细节，这就需要设计、实现和测试的多轮迭代与优化。通过这个过程，不断完善软件研发流程和方法，确保软件开发安全、正确实施的同时，积累最佳实践经验，为智能汽车软件的功能安全开发与实现奠定基础。

9.4　软件安全编码与实现

无论需求还是设计，最终都需通过代码实现。即便是基于模型的软件开发，最终也会转换为相应的代码。因此，代码编写的质量直接决定了智能汽车软件的安全性。正确、合理的编码可以显著减少潜在的安全缺陷和性能问题，从而降低软件系统性失效或性能不足带来的风险。良好的编码习惯确保安全相关的输入、处理和输出过程得到正确有效管理，提高系统的安全防护能力。编写完成的软件代码不能直接在目标平台上运行，需要被编译成可执行的代码。在软件开发过程中，编译起到了至关重要的安全转换作用——将高级编程语言的源代码转换成目标平台上的可执行代码。编译过程中的优化和错误检测功能也能进一步提升软件的可靠性。

对于确保软件安全，编码和编译是两个关键环节。安全相关的软件代码应在遵守相应编码规范的前提下，正确实现软件的安全需求和设计意图。同时，代码编译过程也应满足安全要求，确保将源代码准确无误地转换为可执行代码。只有这样，软件才能在目标平台上正确部署，实现预期的安全要求。

9.4.1　软件编码与实现的相关要求

在智能汽车领域，常用编程语言包括 C/C++、Python、Java 以及 MATLAB/Simulink。每种语言因其独特性而适用于不同场景。语言选择通常依赖软件需求和系统要求。我们需针对不同模块和功能特性挑选最合适的编程语言进行开发。

C/C++ 因其高效性和低层次系统访问能力，是嵌入式系统开发及智能汽车领域的常用语言。C 语言适合开发性能和实时性要求高的系统，如实时操作系统（RTOS）。C++ 在 C 的基础上加入面向对象特性，适合大型软件系统开发，提升了可维护性和代码组织能力。

Python 作为一种高级脚本语言，在智能汽车领域主要用于快速原型开发、数据处理和人机交互。它因简洁的语法和丰富的第三方库支持在机器学习、人工智能和数据分析等方面被应用广泛。

Java 是跨平台的面向对象编程语言，适用于分布式系统和嵌入式应用开发。在智能汽车领域，Java 常用于车载娱乐系统、智能车联网平台和后台服务器的开发，其丰富的类库和跨平台特性有助于功能复用和系统集成。

MATLAB 和 Simulink 提供科学计算和模型设计工具，在汽车领域被广泛使用。MATLAB 提供了丰富的数值计算和数据分析功能，适合于算法和应用软件验证。Simulink 提供了图形化建模和仿真环境，适合开发控制系统、信号处理算法和应用软件系统。

在智能汽车安全相关软件领域，C、C++、MATLAB 和 Simulink 的应用较为广泛。C 和 C++ 适用于代码开发，MATLAB 和 Simulink 适用于基于模型的开发。不论采用哪种开发语言，均需遵循统一的编码规范，以确保软件质量和软件安全。下面是遵循编码规范的好处。

- □ 统一的软件编码规范能够确保团队成员编写的代码风格一致。采用统一的命名约定、缩进风格、注释规则等都有助于他人更轻松地理解代码意图，使不同开发人员编写的代码更易于阅读、理解和维护，减少团队成员之间的认知差异，提高团队协作效率。

- □ 统一的规范使代码更加清晰、结构化和易于理解，这样的代码更易于维护、修改和调试，减少了出现错误的可能性。

- □ 通常，软件编码规范会包含一些最佳实践和防止常见错误的规则，例如，规范化的错误处理、合理的边界检查、资源管理规则等，能够减少代码中的潜在错误和缺陷，可以预防一些常见的问题，提高代码质量。

- □ 采用统一的编码规范有助于提升代码在不同平台和操作系统上的可移植性和兼容性，规范化的命名规则和代码组织结构使代码更容易迁移到不同的环境和平台，减少了平台差异引起的问题。

- □ 编码规范作为一种指导标准，支持代码评审人员进行质量评估，减少评审过程中的争议和讨论。

基于 C、C++、MATLAB 和 Simulink 的软件开发通常遵循的编码规范见表 9-11。

编码规范是软件编码的基本规则。对于智能汽车软件研发企业来说，根据自身产品和软件特性编制公司级软件编码规范是非常重要的。这些规范应明确适用范围，

表 9-11　常用的软件编码规范推荐

软件语言	常用编码规范
C 语言	● MISRA C 编码规范
C++ 语言	● AUTOSAR C++ 编码规范 ● Google C++ 编程规范
MATLAB 和 Simulink 语言	● MATLAB 编程风格指南 ● Simulink 模型编码指南

包括所采用的编程语言、开发平台和技术栈；同时，需要明确目标，如提升代码可读性、减少潜在错误和提高性能。在制定公司级软件编码规范时，我们应从通用的编码规范标准中筛选适合自身需求的规则。例如，对于基于 C 语言的软件编码，可以参考 MISRA C 标准，从中选择适用的规则，如 M3CM-1 MISRA Mandatory、M3CM-2 MISRA Required 和 M3CM-2-C99 MISRA Required 等。编码规范的内容应包括代码风格、命名约定、缩进、空白字符使用、注释规则、错误处理、代码结构等方面。公司还可以在这些基本规则之上增加其他特定的规则

和要求，以确保软件编码的安全性。这些规则应具体、明确，使开发人员在实际开发过程中做出合理的决策。目前在智能汽车驾驶领域，普遍采用 C++ 软件编码，并且按照 Google 编码规则开发的情况居多，这与传统功能安全倡导的 MISRA 规则有所差异，在行业内时常会引发争议。其实，从问题本质出发，如果通过分析、对比等手段，证明所选编码规范能够确保软件开发安全，那么这个编码规范就是可以采用的。总体来说，软件编码规范旨在确保开发流程的安全、高效和一致性，从而提高智能汽车软件整体质量和安全性。

以采用 C、C++、MATLAB 和 Simulink 语言进行软件开发为例，对应的软件编码规范内容总结示例见表 9-12。

表 9-12　C、C++、MATLAB 和 Simulink 的编码规范内容总结示例

编码语言	软件编码规范内容总结
C 语言	基本规则 ● 限制使用标准 C 库函数 ● 避免使用未定义行为 ● 限制使用宏定义和预处理器的复杂度
	类型规则 ● 使用标准整数类型 ● 确保正确的类型转换和类型匹配
	控制流规则 ● 每个 if 语句必须有明确的条件 ● 避免无限循环和递归 ● 每个 switch 语句必须包含 default 分支
	函数规则 ● 函数必须有明确的返回类型 ● 参数传递必须一致 ● 避免递归调用和复杂的函数指针
	指针规则 ● 避免指针算术和空指针解引用 ● 确保指针使用的合法性和有效性
	数组规则 ● 避免数组越界访问 ● 使用适当的循环控制和边界检查 ● 避免数组大小超过限制
	表达式规则 ● 避免复杂的表达式和嵌套 ● 使用括号明确优先级和关联性 ● 避免依赖隐式类型转换
	预处理器规则 ● 限制使用预处理器宏 ● 避免宏嵌套和宏替换的副作用 ● 使用条件编译保证代码的可移植性

（续）

编码语言	编码规范内容总结
C 语言	**注释规则** ● 编写清晰、准确的注释 ● 注释必须与代码保持同步 ● 避免注释中出现错误和误导性信息
	文件规则 ● 每个文件只包含一个模块 ● 文件名符合命名规范 ● 确保文件的一致性和可读性
C++	**命名约定** ● 使用有意义的、可读性强的标识符命名变量、函数和类 ● 使用一致的命名风格，如驼峰命名法、下划线命名法
	类型和类型转换 ● 使用标准整数类型 ● 避免类型转换和精度损失 ● 使用类型定义提高代码可读性和可移植性
	继承和多态性 ● 合理使用继承和多态性的概念 ● 避免多层次的继承和复杂的继承 ● 谨慎使用虚函数和动态类型转换
	异常处理 ● 使用异常处理机制来处理错误和异常情况 ● 避免在构造函数和析构函数中抛出异常 ● 在异常发生时进行资源释放和状态恢复
	容器和迭代器 ● 使用标准库提供的容器和迭代器 ● 避免迭代器失效和指针越界 ● 选择合适的容器和迭代器，以满足性能和内存需求
	内存管理 ● 避免手动内存管理，尽量使用智能指针和资源管理类 ● 在必要时进行显式的内存分配和释放 ● 防止内存泄漏和悬挂指针
	引用和指针 ● 避免空指针解引用和无效引用 ● 在可能的情况下使用引用而不是指针 ● 明确指针的所有权和生命周期
	并发和线程安全 ● 在多线程环境下进行合理的并发控制 ● 使用线程安全的数据结构和同步机制 ● 避免竞态条件和死锁
	输入输出 ● 使用标准库提供的输入输出类和函数 ● 进行输入的验证和过滤，防止安全漏洞

（续）

编码语言	编码规范内容总结
C++	**注释和文档** ● 编写清晰、准确的注释和文档 ● 描述代码的意图、设计决策和接口规范 ● 使用合适的注释风格和标记
MATLAB 和 Simulink	**命名约定** ● 使用有意义的、可读性强的命名变量、函数、模型和模块 ● 使用一致的命名风格，如驼峰命名法、下划线命名法
	模型和模块结构 ● 将模型分解为逻辑模块，提高模型的可重用性和可维护性 ● 使用合适的层次结构和连接方式，保持模型的清晰性和简洁性 ● 定义明确的接口和输入输出信号
	模块化设计 ● 将复杂逻辑分解为小的、独立的模块 ● 使用函数、子系统和库模块来组织代码和功能 ● 限制模块的复杂性和耦合度
	变量和数据类型 ● 使用有意义的变量名和数据类型名 ● 避免不必要的全局变量 ● 显式声明变量的范围和生命周期
	信号处理 ● 明确信号的数据类型和范围 ● 避免信号的过度取样和欠取样 ● 使用合适的信号处理块和算法
	参数和配置 ● 使用参数和配置变量，提高模型的可配置性和灵活性 ● 使用合适的参数设置和默认值
	流程控制 ● 使用结构化的流程控制语句，如 if-else、for 和 while 循环 ● 避免复杂的嵌套和过长的控制流 ● 显式处理异常和错误条件
	模型验证和测试 ● 进行模型验证和测试，确保模型的正确性和功能性 ● 使用模型检查工具和测试工具进行静态和动态分析 ● 编写自动化测试脚本和验证脚本
	版本控制和文档管理 ● 使用版本控制系统管理模型和代码的版本 ● 维护良好的文档结构和管理，确保文档的及时更新和备份
	注释和文档 ● 编写清晰、准确的注释和文档 ● 描述模型的用途、设计决策和输入输出 ● 提供必要的文档和说明文件

为了确保智能汽车软件的安全性，遵循编码规范进行软件编码与实现是基础要求。更为

重要的是，软件编码内容必须与软件需求及单元设计意图保持一致，特别是要确保安全机制实现的细节符合要求。这意味着既不能编写超出需求和设计范围的多余代码，也不能遗漏任何需求和设计内容，必须保证所有需求和设计细节都准确地落实到软件代码中，并在后续的软件测试中进行验证。

9.4.2 软件代码的安全编译要求

编译是指将 C、C++、Java 等高级语言写成的源代码转换为机器语言的过程，主要目的是把源代码转化为计算机能够直接执行的二进制机器代码，以便软件能在特定硬件平台上运行。编译通常分为多个步骤来完成。

1. 词法分析

将源代码作为输入，分解为基本的词法单元，如关键字、标识符、操作符和常量等。词法分析器根据语言的词法规则对源代码进行扫描，并生成词法单元流。

2. 语法分析

将词法单元流作为输入，根据语法规则检查代码的结构和语法正确性。语法分析器将词法单元流转换为抽象语法树，表示代码的结构和组织。

3. 语义分析

在语法分析的基础上，进一步检查代码的语义正确性。语义分析器对抽象语法树进行静态检查，验证变量的声明、使用、类型一致性、作用域等语义规则，并进行类型推断和类型转换。

4. 中间代码生成

将抽象语法树转换为中间表示形式，以便进行后续的优化和目标代码生成。中间表示形式通常是一种抽象的、与具体硬件平台无关的代码表示。

5. 优化

在中间代码的基础上进行各种优化技术的应用，以提升代码的性能、效率和资源利用率。优化器分析代码的结构和执行特征，对其执行重组、重写和替换等操作，以减少不必要的计算、提高并行性和利用局部性等。

6. 目标代码生成

将优化后的中间代码转换为目标平台上的机器代码或字节码。目标代码生成器根据目标平台的指令集架构和约束，将中间代码翻译为目标平台可执行的代码形式。

7. 链接

如果源代码由多个文件组成或使用了外部库函数，那么在最后一步需要进行链接操作。链接器将不同的目标代码模块合并在一起，解析符号引用和地址重定位，并生成最终的可执行文件或库文件。

以上内容描述了一般情况下软件代码编译的主要步骤，不同编译器和编程语言可能存在细微差异。编译过程中的每个步骤都需要特定的算法和技术，以将源代码转换为可执行的机器代码。

编译过程中会对软件代码进行解析和转换，如果发生故障，生成的可执行软件可能潜藏错误，在软件运行时遇到特定场景时就会引发相应的系统性失效，最终可能导致安全事故的发生。因此，编译工具链安全是安全相关软件开发必须满足的要求。编译工具可能引入的危害贯穿整个编译过程，具体如下。

- 编译器自身存在缺陷或错误，在代码转换过程中引入错误，使生成的机器代码与原始代码逻辑不一致。
- 编译器在预处理阶段会展开宏定义，如果宏展开出现错误，也会导致生成的代码与预期的不一致。
- 编译器的优化过程旨在提高代码的执行效率，但有时候可能会引发优化问题，错误地删除或重新排序某些代码，导致程序逻辑错误或输出不正确的结果。
- 编译工具可能依赖特定的硬件平台和操作系统环境，如果代码在不同的平台上编译，可能导致平台相关的错误，包括处理器指令集不兼容或系统调用差异等。
- 编译器通常提供多个优化级别选项，选择错误的优化级别选项可能导致错误的代码优化和行为不一致。
- 编译工具对内存分配和释放的处理可能会出现错误，无法检测到内存泄漏或悬挂指针，导致软件内存管理错误。
- 在处理多线程和并发编程时，编译器可能对线程间的同步和并发控制产生影响，如果编译器不能正确处理并发访问和同步，可能导致竞态条件等问题出现。

在编译过程中，编译工具会生成警告和错误信息，以提示潜在的问题和错误。软件开发人员应当重视这些提示，并妥善处理编译过程中出现的警告和错误，以消除软件代码中的潜在问题。由于软件编译工具与软件的安全性紧密相关，因此，在智能汽车领域进行安全相关软件开发时，我们需要选择安全、可靠的编译工具链。表 9-13 所示为智能汽车软件开发中常用的编译器及其特点说明。功能安全相关的软件开发所采用的编译器需要通过相应的功能安全认证，以符合 ISO26262 传统功能安全标准中的工具置信度要求。需要注意的是，同一款编译器的不同版本可能并不一定全部满足功能安全要求。对于特定项目中要使用的编译器，建议与编译器供应商联系，以了解其功能安全认证的具体情况，并获取该编译器的安全手册，深入了解其安全应用的相关约束，并确保在使用过程中遵守这些安全限制条件，以满足项目的功能安全要求。

表 9-13　智能汽车软件开发中常用的编译器及其特点说明

常用编译器	特点说明
GNU Compiler Collection（GCC）	一种被广泛使用的开源编译器，支持多种编程语言，例如 C、C++、Java 等。在智能汽车领域，GCC 经常用于编译嵌入式系统的应用程序和驱动程序
LLVM Clang	一种被广泛使用的开源编译器，支持多种编程语言，例如 C、C++、Objective-C 等。LLVM Clang 具有优秀的静态分析和优化能力，常用于编译智能汽车软件的嵌入式应用程序
Green Hills	一款专门针对嵌入式系统开发的商业编译器，具有高度优化的代码生成能力和丰富的调试支持，被广泛应用于汽车电子系统的开发
Wind River Diab	一款专注于嵌入式系统的商业编译器，被广泛应用于汽车和航空航天等领域的关键系统开发
Tasking	Altium 公司开发的一款商用编译器，适用于嵌入式系统和汽车电子领域。它提供了针对不同处理器架构的优化功能和丰富的开发工具集

第 10 章

智能汽车软件安全验证

在智能汽车软件开发中，验证是保障软件安全性、功能完整性、合规性和可维护性的关键，验证手段包括评审、分析和测试，本章主要指测试活动。通过验证，我们可以检查软件在不同环境和使用条件下的功能表现和性能情况，发现潜在的软件缺陷和错误，评价软件系统是否符合需求、设计规范和法规标准，并确认软件在真实驾驶场景中的运行状态。此外，验证还有助于建立稳定的软件基线，确保软件的可维护性和可扩展性，降低维护成本，并快速响应用户反馈和需求变化。

智能汽车软件安全验证主要包括软件单元验证、软件集成与验证以及软件需求验证三大部分。对于 ASIL 要求较高的软件，我们还需要在整车层面进行软件需求验证与确认。软件单元验证可确保软件单元设计的正确性、软件代码实现与单元设计的一致性；软件集成与验证可确保软件架构设计与实现的正确性；软件需求验证则是确保各种应用环境下功能需求和非功能需求的正确表现。安全相关的验证活动重点采用符合功能安全标准要求的技术方法，全面测试软件需求、设计和安全机制细节，包括进行全面的故障插入测试，确保安全防护措施得到正确实现。此外，对于智能汽车来说，单纯的传统功能安全验证不足以保障车辆上路后的整体安全性，还需进行预期功能安全验证，即基于预期功能安全分析，在整车层面对已知场景进行测试，并通过仿真测试和实车道路大里程测试，尽可能多地测试和评估未知场景。通过建立测试库、不断积累测试数据和经验，是保障智能汽车软件安全性的必要途径。

10.1 软件单元验证

软件单元验证是在软件代码编写完成后进行的活动，涵盖 3 方面内容：人工代码评审、软件静态分析和软件单元测试。人工代码评审通过人工方式检查和审查源代码，以发现潜在的问题和错误。这一过程依赖评审人员的经验和专业知识，重点评估代码的功能逻辑是否符合预期需求，同时关注功能正确性、性能优化、可读性和可维护性等方面。评审人员会检查代码的结构、逻辑、命名规范、注释和错误处理等，确保代码符合软件需求意图、单元设计和最佳实践。软件静态分析则是利用自动化工具对源代码进行分析，以发现潜在问题和缺陷。这种分析是在不执行代码的情况下检查代码的结构、语法、类型等内容，主要关注代码的规范性、一致性和潜在缺陷，能够检测编码错误、内存泄漏、空指针引用、死代码、不安全的操作等问题，并输出代码质量指标和警告。软件单元测试是一种动态测试方法，用于对软件的最小功能单元进行测试。通过设计测试用例和断言来验证单元的预期行为，主要关注代码的正确性和功能性。测试用例专门针对单个功能单元设计，以确保其功能符合预期的软件单元设计。软件单元测试可以统计测试覆盖率，保障测试的全面性，有助于捕捉代码中的逻辑错误和异常情况。

这三种方法的核心区别在于：人工代码评审侧重于检查代码与目标意图的一致性、代码的可维护性和编写风格等特定化的要求；软件静态分析侧重于通用的规范性检查；软件单元测试侧重于检查代码与设计的一致性和功能正确性。例如，如果软件的目标是实现 a+b=c，但需求和设计错误地定义为 a+b=d，软件编码也遵循这一错误定义进行开发，那么只要 d 在逻辑上是合理的，软件单元测试可能无法发现这个错误。这种错误只能通过人工代码评审来发现。此外，软件静态分析用于验证代码编写过程的规范性，例如检查 a 和 b 变量声明、类型和赋值的正确性等，人工代码评审则更侧重于检查代码编写风格是否符合特定的公司或项目组要求。因此，这三种方法在智能汽车安全相关软件单元验证阶段是不可或缺的，它们相互补充，共同提升软件的质量、可靠性和安全性。

10.1.1 软件代码的评审验证

软件代码编写完成后，进行代码评审是一个关键环节。代码评审的参与人员需具备丰富的软件编程技术和相关领域的知识，以便全面审查代码并提出有价值的意见和建议。在进行软件代码评审前，首先要定义一套评审准则和标准，涵盖代码结构、命名规范、注释要求、错误处理等方面，以保证评审的一致性和有效性。然后将代码按模块或文件适当划分，并分配给评审人员进行独立评审（每位评审人员应仔细检查代码，标记潜在的问题并提出改进建议），也可以组织评审会议，让评审人员集体讨论并解决问题。会议应设有明确的议程和主持人，保证评审工作的效率和成果。评审人员应记录评审过程中发现的问题、建议和讨论结果，并整理成问题清单反馈给软件开发人员，以便进行后续的设计改进。这些记录还可以作为后续跟踪和改进的依据。

软件代码的人工评审方法多样，包括会议评审、代码走查、代码检查、形式化验证和半形式化验证等。采用哪种方法应根据团队的需求和传统功能安全标准要求来确定。

1. 会议评审

在会议评审中，评审人员共同审查代码，讨论潜在问题，并达成共识。这个过程需要主持人来控制讨论的方向和节奏，并由记录人员对提出的问题进行记录，以便后续的跟踪管理。会议评审促进了团队合作和知识共享，适合小规模评审。然而，对于安全相关软件，仅通过短暂的会议来评审软件代码通常不足以覆盖所有潜在的风险和安全问题，因此需要与其他评审方法结合使用，以确保评审的充分性。

2. 代码走查

评审人员形成一个团队，在代码编写者的引导下审查和讨论代码。编写者负责解释代码的设计思路和运行过程，评审人员则提出问题并给出改进意见。这种方法促进了团队合作和知识共享，参与者在此过程中扮演计算机的角色，模拟程序运行，从头到尾仔细审查软件代码，以发现潜在问题并提高代码质量。这对于促进团队成员之间的沟通交流和技术分享非常有帮助。然而，对于 ASIL 较高（如 ASIL C 和 ASIL D）的软件，不建议采用代码走查方法进行评审。因为这类软件通常更加复杂，对评审的完整性和可靠性有更高的要求。代码走查由于受到代码编写者主导讲解的影响，可能引入编写者的认知和理解差异问题，导致系统性失效。此外，代码走查对评审人员的逻辑思维能力要求较高。在代码走查过程中，评审人员难以深入和全面地发现问题。因此，尽管代码走查有助于团队成员之间的交流，但对于高 ASIL 的软件，需要采用更为细致和系统的评审方法。

3. 代码检查

代码检查是一种独立的评审方法，评审人员自己阅读代码或者通过软件编写人员详细讲解，独立逐行审查，以发现潜在问题并提出修改建议。在这个过程中，评审人员需要充分理解软件的设计意图，独立审查完成后可以针对一些问题进行集中再讨论。这种方法侧重于细致地检查代码的结构、语法和规范性，确认需求、设计与实现的一致性。代码检查旨在发现代码中的错误、不一致性和潜在问题。代码检查方法汇聚了多人独立的思考和细致的审核，能够有效减少编写代码过程中引入的系统性失效问题。对于 ASIL B、ASIL C 和 ASIL D 的软件，代码检查是强烈推荐的评审方式。

4. 形式化验证和半形式化验证

形式化验证是通过运用形式化方法和工具对代码进行数学推导和验证，确保代码满足特定的规范。半形式化验证居于形式化验证和非形式化验证之间，融合了形式化验证的严谨性与非形式化验证的灵活性，以验证软件代码的正确性和一致性。在软件代码的半形式化验证过程中，不完全采用形式化的描述和验证方式，侧重于结合部分形式化的规约、验证方法以及人工分析和判断。这两种方法都适用于对关键的系统或安全要求较高的代码进行深度验证，并且不仅限于代码评审验证，也涉及软件代码的静态分析和单元测试。对于智能汽车安全相关的软件来说，更推荐使用半形式化验证方法。

10.1.2 软件代码的静态分析

软件代码的静态分析是在不执行代码的情况下，对源代码进行静态扫描和分析的技术。它通过分析代码的结构、语法和语义等方面来检查代码的质量和安全性，发现潜在的问题和缺陷。软件代码的静态分析涵盖内容详见表 10-1。

表 10-1 软件代码的静态分析涵盖内容

分析检查内容	说明
语法检查	对代码进行基本的语法和词法分析，验证代码是否符合编程语言的语法规则。这包括检查括号匹配、分号使用、关键字和标识符的正确性等
代码风格检查	检查代码的编码规范和风格，如缩进、命名规则、注释等。它有助于确保代码的一致性和可读性，并遵循团队或行业的最佳实践
数据流分析	分析代码中的变量、参数和函数的使用情况，检查数据流的正确性、安全性和一致性。这可以发现潜在的变量使用错误、数据依赖问题等
控制流分析	分析代码中的条件语句、循环语句、跳转语句等，验证控制流的正确性和逻辑。这有助于检测条件错误、无效的循环结构、代码死区等
代码复杂性分析	评估代码的复杂性和可维护性，例如代码行数、代码块嵌套、函数调用层数、圈复杂度等。这可以帮助团队识别复杂的代码段，并进行重构和优化
安全分析与检测	通过静态分析工具和规则，检查代码中可能存在的安全问题，例如缓冲区溢出、安全配置错误等，有助于提前发现潜在的安全风险
代码依赖分析	分析代码之间的依赖关系，检查库和组件的使用情况和版本兼容性，帮助团队理解代码的依赖关系，管理外部依赖和减少潜在的兼容性问题

在软件代码的静态分析中，语法检查、代码风格检查、安全分析与检测与软件编码规范密切相关。通过静态分析，我们可以验证软件编码过程与编码规范的符合性。数据流分析和控制流分析不仅验证了软件编码的实现，还验证了软件架构设计的正确性及软件实现与设计的一致性。此外，代码复杂度分析和代码依赖分析涵盖的内容较多，包括但不限于以下内容。

❑ 检查代码行数，即检查代码中逻辑行数量。较大的行数可能意味着代码的逻辑比较复杂，难以理解和维护。

□ 检查函数长度，也就是检查函数内部的代码行数。较长的函数可能导致代码的可读性降低，并增加出错的风险。

□ 检查在代码中嵌套的层级数量。过多的嵌套层级可能导致代码的复杂程度高，可读性下降，使代码难以理解和调试。

□ 抽象语法树分析。这是一种基于代码结构和语法树的分析方法，帮助理解代码的层次结构和逻辑，评估代码的复杂性和可读性。

□ 检查圈复杂度。圈复杂度用于衡量代码复杂性，度量程序中的控制流路径数量。圈复杂度越高，代码的结构和逻辑就越复杂，理解和维护代码的难度增加。

□ 确认模块间的依赖关系。模块间的依赖关系反映了代码中模块之间的关联程度。高度耦合的依赖关系会增加代码的复杂性和难以维护性。

□ 确认类的耦合度，即确认类之间的依赖关系和关联程度。高耦合度表示类之间相互依赖较多，这可能增加代码的复杂性和可维护性的挑战。

□ 确认代码重复率。代码重复率表示代码中重复出现的片段的比例。高代码重复率可能导致代码维护困难，并增加出错的可能性。

以软件复杂度指标中最常提及的圈复杂度为例进行介绍，代码圈复杂度是通过代码中决策路径的数量来衡量的，即代码中的分支语句（例如 if、switch）和循环语句（例如 for、while）的数量。每个决策路径代表了一种可能的执行路径。计算圈复杂度前，我们需要构建软件控制流图。在控制流图基础上，代码圈复杂度可以通过 3 种方式计算。

（1）圈复杂度 $= E - N + 2P$

其中，E 是控制流图中所有边的数量，即连线的数量；N 是控制流图中所有节点的数量；P 是指对于存在多个独立代码块的情况，程序连通组件的数量，因为控制流图都是连通的，所以 P 为 1。

（2）圈复杂度 = 判定节点数 +1

对于多分支的 case 结构或 if-else 结构，判定节点数应为全部实际的判定节点数，也就是每个 if-else 语句，以及每个 case 语句，都算作一个判定节点。

（3）圈复杂度 = 控制流图的区域数

针对复杂的软件控制流图，采用这种方式计算圈复杂度更加简单、直观。

一般来说，以函数为单位计算，代码圈复杂度小于或等于 10 被认为是可接受的，超过 10 则可能需要重构以降低复杂度。在智能汽车领域，由于软件相对复杂，代码圈复杂度可能不可避免地增加，难以控制在 10 以内，因此，可以适当放宽要求至 20，但通常不应超过这一数值。过度复杂的软件可能会影响安全性。开发团队可以通过计算代码圈复杂度来定量评估代码的复杂性，并采取措施提升代码质量，如重构复杂函数、简化条件逻辑或提取可复用代码段。许多静态代码分析工具能自动计算代码圈复杂度，并对圈复杂度高的代码块发出警告和建议。开发人员可以借助这些工具来识别和解决代码中的复杂问题，以提高代码的可读性和可维护性。

　　静态分析可以通过人工或自动化工具来执行，后者可以更快速、高效地完成任务。在智能汽车软件领域，我们主要采用静态分析工具进行自动分析和检测。这些工具利用静态分析算法和规则引擎对大量代码进行快速、准确的扫描和分析，具有高效性和一致性的优势，有助于开发团队发现和纠正不符合规范的代码，提高代码质量和可靠性。常用的静态分析工具及其说明见表 10-2。对于安全相关软件而言，静态分析工具需要满足相应的置信度要求，并应经过功能安全认证。在选择静态分析工具时，我们应注意工具的版本信息，确保其满足功能安全要求，并考虑到不同版本的工具可能支持的代码语言也有所不同。

表 10-2　常用的静态分析工具及其说明

工具名称	说明
Parasoft C/C++test	商用静态分析和单元测试工具，用于 C 和 C++ 代码的静态分析和单元测试。它不仅提供了丰富的静态分析规则和检查项，还支持单元测试自动生成和执行，以及代码覆盖率分析等
Helix QAC	商用静态分析工具，专注于 C、C++ 代码质量和安全性的静态分析，通常用于严格要求代码质量和安全性的领域，如汽车行业嵌入式系统的功能安全开发
Polyspace	商用静态分析工具，支持多种编程语言的静态代码分析和验证，包括 C、C++ 和 MATLAB，在跨平台和多语言项目中具有广泛的适用性
SonarQube	开源静态代码分析平台，适用于各种编程语言的代码质量评估，提供了丰富的规则和检查项。SonarQube 通常用于团队内部的代码审查、持续集成和持续交付
Coverity	商用静态分析工具，提供了强大的静态代码分析能力，用于发现 C、C++、Java、Python、Ruby、PHP、Shell 等多种语言代码中的缺陷和安全问题，通常用于对复杂代码的静态分析和安全性评估
Klocwork	商用静态分析工具，提供了静态代码分析和质量管理功能，用于检查 C、C++、Java 代码中的潜在错误和安全问题，通常用于大型项目和团队的代码质量保证

　　静态分析工具的主要目标是帮助开发团队识别和报告代码中的潜在缺陷和安全问题，并不直接提供自动修复功能。这些工具在检测到问题后，通常会提供建议和指导，帮助软件开发人员理解问题的原因，并给出修复建议。同时，它们会生成详细报告，标明问题的具体位置和相关信息，从而便于开发者找到并手动解决这些问题。

　　虽然对于一些简单问题，静态分析工具可能提供自动修复的建议，但手动修复通常是解决复杂问题和代码结构问题的更安全、更可靠的方法。因此，软件开发人员在使用这些工具时，应仔细分析报告内容，深入理解问题的根本原因，并根据实际情况采取合适的修复措施。

10.1.3 软件单元测试方法与要求

软件单元测试是针对软件单元进行的动态测试活动，以验证软件代码实现是否符合单元设计规定的功能、性能和接口等方面的要求，并确保内部逻辑无缺陷。作为白盒测试的一种，单元测试的对象是软件设计中的最小可测试单元。该测试因专注于单元级别，故与其他组件及外部依赖项隔离，依靠模拟输入信息或替代对象来执行。在软件开发过程中，单元测试应在软件集成前完成，以便尽早发现并纠正问题。单元测试通常高度自动化，以便提高效率。一般，通过维护一套脚本和单元测试用例库，我们可实现每次单元测试只对增量内容重新编写用例，并确保测试覆盖率，全面验证软件的代码路径和逻辑分支，从而减少后续测试阶段的问题。

智能汽车安全相关软件的单元测试不仅应包括基于需求的测试，还应包括接口测试。对于 ASIL D 的软件，故障插入测试和资源使用评估也是必要的测试方法。资源使用评估通常在目标环境中执行，至少需要在目标处理器上执行，以充分支持资源使用测试。若软件基于模型开发，我们需进行模型与代码间的背靠背测试。智能汽车领域汇聚了多行业人才，对软件单元测试的认识程度不一。由于智能汽车软件代码量大，单元测试耗时长，加之软件开发周期短，我们在实际执行中常忽略单元测试环节，使用调试代替测试或将单元测试简化为类似单元级功能需求的黑盒测试。通过沟通和访谈发现，忽视软件单元测试的根本原因在于对其重要性的认识不足和对执行方法的不了解。

1. 软件单元测试的重要性

在了解软件单元测试重要性之前，软件相关人员需要明确一个认知——软件测试不能等同于软件调试，它们之间有着本质区别。

❑ 软件调试的目标是定位和修复已知的软件问题、错误和异常行为，主要关注问题解决和代码改进。开发人员在代码开发完成后运行软件，以确保其基本功能实现的过程，这也属于调试范畴。软件测试的目标是验证功能和性能，以确保软件满足预期要求和规范，主要关注发现的潜在问题和错误。

❑ 软件调试通常是人工手动完成。开发者使用调试工具和技术（如断点调试、日志记录、变量跟踪等）来诊断和修复问题。这个过程依赖开发者的经验和技术能力，主要目的是定位问题，过程相对随意。软件测试既可以是手动的也可以是自动化的。手动测试涉及人工操作和检查软件的功能和行为，自动化测试则使用测试脚本和工具来自动运行和验证预定义的测试用例，需有严谨定义的执行步骤、预期结果判定标准和结束条件。

❑ 调试通常是针对已发现或报告的具体问题进行的，重点在于解决这些问题，范围较窄，主要关注已知问题的修复。测试是根据预定义的计划和用例进行的，目的是全面覆盖软件的功能、性能和接口，范围更广泛，旨在发现新问题和验证软件的各个方面。

❏ 软件调试主要由开发人员负责，他们通过分析代码和调试来定位和解决问题。软件测试通常由独立的测试团队负责，使用测试策略和技术来验证和评估软件的各个方面。软件单元测试可以由测试人员执行，也可以由开发人员交叉执行。

❏ 软件调试一般在问题或缺陷出现时开始执行，无须提前规划和设计，结束后也不会提供文档和证据。即使开发人员完成软件功能的调试，且软件能够正常运行，也无法提供足够的数据证明软件满足要求。软件测试需要评价软件功能和性能，并提供测试记录、测试报告等证据来说明软件是否符合预期。

软件单元测试作为软件生命周期中的首个测试环节，对软件的质量和安全性具有重大影响，并从实质上提高了软件交付效率。单元测试看似消耗时间，可能给项目整体进度带来压力，但它能有效缩短后续软件集成测试中的调试时间和减少工作量。在集成测试阶段，如果发现问题，由于可能涉及多个单元，调试会更复杂和耗时。单元测试通过确保每个单元的独立性和正确性，可以在早期识别并修复单元级别的问题，将问题范围限定在单个单元内，从而更容易进行定位和修复。我们可以借助工具自动进行回归测试，在测试过程中发现问题并修改代码后，可以快速进行复测，如果代码中产生新的缺陷，能够迅速发现并定位解决。

全面执行单元测试不仅确保了单元的功能和逻辑正确，也能从一定程度上减少软件集成测试中由于单元间相互影响引入的问题，并且可以减少需求测试及系统测试中的缺陷，整体提高测试效率。这样，测试人员和开发人员就能节省在后续测试中定位复杂单元内逻辑问题的时间，节省修复缺陷和回归测试的时间，从而投入更多精力进行更深入的测试探索。单元测试还能提高软件集成测试的效率和稳定性，更加集中于发现组件间的集成和交互问题。大部分在需求测试中可能出现的缺陷，可能通过全面的单元测试被发现，从而降低了软件安全与质量的不确定性、测试进度的不确定性，使后续测试时间评估更加准确，整个项目进度更可控。软件单元测试对代码质量也提出了要求。不完善的代码设计会导致单元测试无法完成或测试覆盖率目标无法达成，从而驱动开发人员在单元测试阶段对代码进行优化或重构，实现更好的设计。

关键在于，软件单元测试对代码细节测试的细致程度是软件集成测试、需求测试及后续系统级测试无法比拟的，可以覆盖那些在更高级别测试中可能遗漏的路径。特别对于安全相关软件，任何未经测试的遗漏路径都可能隐藏风险，最终导致安全事故。因此，在软件生命周期中进行全面的单元测试，是确保软件质量和安全的必要条件。

2. 软件单元测试的方法

完整的测试活动由 3 个关键要素构成：制订验证计划、设计测试用例、执行测试并输出记录和报告。其中，测试用例的设计是最核心的环节，直接决定了测试的全面性和深入程度。软件单元测试的结果能否全面覆盖代码路径，依赖于测试用例的设计。对于安全相关软件单元测试而言，我们需要在测试用例的设计上投入更多精力，进行深入思考和精细设计。

（1）软件单元验证计划的制订

在软件单元验证的各项活动之前，我们应进行周密的计划。计划内容包括明确验证的范围、目标、策略、方法和资源等信息，为单元验证活动设定明确的目标和方向，从而便于验证活动的跟踪和监控。当实际活动与计划不一致时，我们应及时采取措施调整和改进。软件单元验证计划将为相关人员提供明确的验证活动的指导。

1）明确验证的范围。例如，软件单元测试针对单元设计规范中所有函数的详细设计进行测试。

2）定义验证目标。例如，软件代码评审需要所有评审问题全部关闭；静态分析发现的问题需要全部整改完成，未整改的条款要给出充分、合理的解释；单元测试分支覆盖率需要达到 100% 等。

3）制定验证的策略和方法。例如，确定软件代码评审所采用的是走查还是检查方法，确定软件静态分析依据的编码规范标准，以及确定单元测试方法和技术，如手动测试、自动化测试、黑盒测试、白盒测试等。

4）定义验证中各项活动的启动准则、结束准则。其中，启动准则定义所需的输入条件和活动实施开展的时机，结束准则与目标密切相关，通常只有目标达成，验证活动才可结束。

5）规划资源和时间，列出具体的测试任务和活动，如测试用例设计、测试执行、缺陷管理等，并为每项任务指派责任人和相关角色；同时，根据任务需求确定所需资源，包括验证软件环境、相关硬件设备、测试工具、测试数据及配置策略等，并制订测试时间计划，明确测试开始与结束日期、测试阶段和里程碑。

6）规划测试用例与测试数据。验证计划说明测试用例设计的方法和准则，定义测试过程中筛选测试用例的策略，并确定测试数据的来源和生成方法。在进行安全相关软件的测试用例设计时，所采用的测试用例设计方法应满足相应功能安全标准中安全完整性等级要求。

7）定义缺陷处理和回归测试策略。描述缺陷管理流程，包括缺陷报告、跟踪和解决的过程；明确缺陷的优先级和严重性评估标准，并制定回归测试策略，明确缺陷修复后是重新执行所有测试用例还是根据某种方法原则选择部分测试用例执行。

以上所述验证计划内容不仅适用于软件单元测试，也适用于软件集成与验证及软件需求验证。制订计划对于有效组织和管理验证活动是十分必要的。它不仅提供了明确的目标、方向和策略，还涉及分配和管理测试资源、识别和管理风险、促进沟通和共享、控制和监控测试活动。良好的验证计划有助于提高测试效率和质量，减少错误和问题，确保测试活动能够达到预期的目标和结果。

（2）软件单元测试用例设计方法与要求

软件单元测试用例的设计基于软件单元的功能逻辑和输入参数范围，旨在通过设计各种输入对软件单元进行全面验证，并明确预期的输出结果。在测试执行过程中，我们需对比软件单元实际输出结果与预期输出结果的一致性。

在设计软件单元测试用例时，我们应先根据计划中定义的测试范围选定被测对象，并识别其输入与输出信息。输入信息主要包括全局变量和输入参数，输出信息主要包括返回值和输出参数。此外，全局变量也可以作为输出，传递给其他单元。图 10-1 所示为软件单元输入输出示意图。其中，输入与输出的概念是相对的，不是绝对的。被测单元的输入信息可能是另一个软件单元的输出信息，被测单元的输出信息也可能成为其他单元的输入信息。返回值则被输出并返回给调用该被测单元的上层软件单元。

图 10-1　软件单元输入输出示意图

根据验证计划中定义的测试用例设计方法，我们可进行软件单元测试用例的设计。例如对于需求分析、等价类分析、边界值分析和基于经验的错误推测等，我们通常会采用组合的方法来设计用例。下面以自动刹车软件为背景，介绍单元测试用例的设计方法及示例。假设场景中的车速范围为 0 至 60km/h，被测软件单元负责在车速超过规定阈值 60km/h 时执行刹车控制操作，其中输入参数为当前车速信息，输出参数为减速控制信息。所举示例仅用于阐述测试用例的设计方法，并无实际工程意义。

1）需求分析方法是基于对软件需求的深入理解和分析来设计测试用例的。测试用例设计基于对软件需求和软件设计规范的详细阅读与理解，以确保单元测试用例全面覆盖软件所需的功能和行为。通过细致的需求分析，我们可以制定出针对软件每个功能和场景的测试用例，从而验证软件是否符合需求和设计，并确保代码的行为符合预期。

采用需求分析方法设计自动刹车系统软件单元测试用例的示例如下。

❑ 测试用例 1：当车速高于设定阈值 60km/h 时，触发自动刹车功能，所以设置输入车速

70km/h，期望结果为输出车辆减速控制信息并停止行驶。

❑ 测试用例 2：当车速低于设定阈值 60km/h 时，不触发自动刹车功能，所以设置输入车速 50km/h，期望结果为不输出车辆减速控制信息，车辆继续行驶。

2）等价类分析方法是通过将输入空间分为等效的输入类别，从每个类别中挑选数据来设计测试用例。等价类是指具有相似功能和行为的输入组合或条件。采用等价类分析方法可以减少测试用例的总数。通过选取典型的等价类来设计测试用例，可以有效验证软件在不同类别下的表现，及时发现潜在的错误或缺陷。这种方法能够节约时间和资源，同时确保测试的覆盖率。

在进行等价类分析时，我们可以将其分为有效等价类和无效等价类。有效等价类用于触发正常处理流程，无效等价类则用于触发异常处理流程。划分等价类的关键在于根据一定规律将所有可能的输入信息分类，确定所有可能的等价类类型。这些类型可能会层层嵌套，需要逐层分解和划分，直到无法进一步划分为止。例如，对"人"这一属性进行划分，可以分为男性和女性两大类，而无论男性还是女性，都可进一步划分为少年、青年、中年、老年等更具体的类。等价类划分方法示例如表 10-3 所示。

表 10-3 等价类分析方法示例

输入值类型	等价类分析方法
连续的数值范围	范围内选取一个有效等价类，范围前后边界外分别选取一个无效等价类
离散值	如果是有限离散值，且每个离散值代表一个独特类别，每个离散值本身可作为一个等价类 如果一些离散值可能产生同一种输出，那么这些离散值可作为一个等价类 如果一些离散值对应同一种处理路径，那么这些离散值可作为一个等价类
特定规则	在满足规则的情况中选取一个有效等价类，在不满足规则的情况中选取一个无效等价类

采用等价类分析方法设计自动刹车系统软件单元测试用例的示例如下。

❑ 等价类 1：速度为小于 0。

测试用例 1：输入速度为 –1km/h 或 –10km/h，期望结果为提示异常并进行错误处理。

❑ 等价类 2：速度大于设定阈值。

测试用例 2：输入速度大于阈值 60km/h，期望结果为输出车辆减速控制信息，车辆停止。

❑ 等价类 3：速度在 0 和设定阈值之间。

测试用例 3：输入速度大于或等于 0、小于或等于阈值 60km/h，期望结果为车辆继续行驶。

3）边界值分析方法是依据输入和输出的边界条件进行测试的一种方法。这里的边界条件包括最小值、最大值及接近边界的值。边界值分析有助于识别输入和输出边界处可能存在的问题。通过对边界条件的测试，我们能够检验软件在极限情况下的表现，发现边界情况下的错误或异常。通常，我们只需要分析输入的边界值来设计测试用例即可，但在输入值合理的情况下，如果输出值可能超出规定范围，也需考虑输出边界的验证。这种方法有助于揭示潜在的偏差、溢出等问题，确保软件在边界条件下能够正常工作。

关于边界值的选择，我们可以选取边界值及其附近的两个有效值和两个无效值。更精细的定义涉及上点、离点、内点和外点。上点指位于边界的测试数据，即边界值。离点指与边界点最近但不在边界的数据，若边界是开区间，则离点表示最接近边界点的有效数据；若边界是闭区间，则离点表示最接近边界点的无效数据。内点指位于两个边界之间的有效数据，不在边界上也不超出边界。外点指超出边界范围的无效数据。实际进行边界值分析时，我们通常会选取两个边界的上点及相应的离点，以及与每个上点最近的内点和外点作为测试数据。这样能在一定程度上确保测试的充分性。图 10-2 所示为边界值定义示意图。在设计测试用例时，一般选取 1 到 8 的边界数据进行测试。

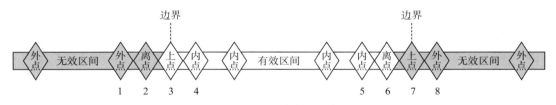

图 10-2　边界值定义示意图

采用边界值分析方法设计自动刹车系统软件单元测试用例的示例如下。

❏ 边界值 A：速度为最小值 0。

测试用例 1：输入速度为 0，期望结果为不输出车辆减速控制信息，车辆停止行驶。

❏ 边界值 B：速度为最大值 60km/h。

测试用例 2：输入速度为 60km/h，期望结果为不输出车辆减速控制信息，车辆继续行驶。

❏ 边界值 C：速度接近设定阈值的边界。

测试用例 3：输入速度为阈值的下限值 +1km/h，期望结果为不输出车辆减速控制信息，车辆继续行驶。

测试用例 4：输入速度为阈值的下限值 –1km/h，期望结果为提示异常并进行错误处理。

测试用例 5：输入速度为阈值的下限值 –2km/h，期望结果为提示异常并进行错误处理。

测试用例 6：输入速度为阈值的上限值 –1km/h，即 59km/h，期望结果为不输出车辆减速控制信息，车辆继续行驶。

测试用例 7：输入速度为阈值的上限值 +1km/h，即 61km/h，期望结果为输出车辆减速控制信息，车辆停止行驶。

测试用例 8：输入速度为阈值的上限值 +2km/h，即 62km/h，期望结果为输出车辆减速控制信息，车辆停止行驶。

4）基于经验的错误推测。这种方法是依据测试人员的经验和现有数据来预测可能出现的错误，进而设计相应的测试用例进行验证。它能够让测试人员依据经验和已知的错误模式来识别潜在问题。通过分析常见错误类型、历史缺陷以及基于测试人员的经验，可以制定出能捕获这些错误的测试用例。这能提升测试的有效性和效率，尤其是对于特定类型的错误和常见问题。

采用基于经验的错误推测方法设计自动刹车系统软件单元测试用例的示例如下。

测试用例 1：输入速度为负数，例如 –1km/h 或 –10km/h，期望结果为提示异常并进行错误处理。

测试用例 2：输入特殊字符或非数字类型的速度值，期望结果为提示异常并进行错误处理。

除了上述 4 种方法，在设计测试用例时，针对某些特殊情况也需进行特别处理。例如，如果被测单元的可能输入值为有限的离散值，而且在应用等价类分析和边界值分析时又无法找到明确的规律进行划分，设计测试用例可以采用遍历所有可能的输入值的方法，以实现对输入参数的完全覆盖，确保测试的充分性。通常，对于难以划分等价类且参数值个数也不会太多的输入，设计测试用例可以采用遍历法。对于那些可以划分等价类且参数值个数有限的离散型输入，设计测试用例可以根据实际需要灵活选用等价类分法或遍历法。

单元测试用例的设计目标在于实现全面覆盖，包括需求覆盖、数据覆盖和结构覆盖。通过需求分析、等价类分析、边界值分析及遍历输入方法，我们可以实现对需求和数据层面的测试全面覆盖。结构覆盖可通过语句覆盖率、分支覆盖率以及修改条件 / 判定覆盖率来度量。对于智能汽车软件单元测试，不同的 ASIL 要求不同的测试覆盖标准。ASIL A 的软件可以仅采用语句覆盖率；ASIL B 的软件需要实现语句覆盖率和分支覆盖率；ASIL C 的软件至少要实现分支覆盖率；而 ASIL D 的软件除了要实现分支覆盖率外，还要实现修改条件 / 判定覆盖率。

（3）软件单元测试执行与结果

在软件单元测试执行中，打桩是一种常见技术，用于模拟或替代某些功能的行为，从而实现有效的单元测试。打桩主要用于解决被测代码依赖其他模块或外部资源的问题，使单元代码能够独立进行测试。具体而言，打桩通过虚拟、模拟或伪造的代码或函数来替代被测代码所依赖的外部组件或资源进行测试。这些虚拟的代码被称为"桩"。它们通常不实现完整功能，而是提供特定的返回值或预设行为，以模拟被测代码所依赖的组件行为。例如，如果被测代码中的函数 A 依赖函数 B 的结果，而函数 B 尚未实现或不稳定，则可通过打桩模拟函数

B 的行为，保证函数 A 在测试中不受函数 B 影响，实现独立测试。打桩允许开发者在测试中控制函数的返回值，模拟不同条件和情况下的代码行为。打桩既可以手动实现，也可以通过专门的测试框架或工具自动生成。这些工具提供的打桩功能可以使编写和管理打桩代码更加便捷。

软件单元测试还需根据软件的特点合理选择测试环境，包括模型在环（Model In the Loop, MIL）测试、软件在环（Software In the Loop, SIL）测试、处理器在环（Processor In the Loop, PIL）测试和硬件在环（Hardware In the Loop, HIL）测试等方法。若智能汽车的软件单元测试未在目标环境下进行，我们应分析源代码与目标代码之间、测试环境与目标环境之间的差异，并在后续测试阶段基于目标环境设计额外的测试以进行验证。

❑ 模型在环（MIL）测试：这种方法是将被测试的软件模型嵌入测试环境进行测试。这里的模型可以是数学模型、仿真模型、功能模型，用于描述被测试软件的行为和功能。对于基于模型开发的软件，我们可采用 MIL 测试方法，但在执行软件单元测试后，还需在模型和目标代码之间进行背靠背的比较测试，以确保模型与自动生成的代码的行为一致。

❑ 软件在环（SIL）测试：在这种方法中，被测试的软件嵌入测试环境，此时的软件已编译和构建成可执行文件。SIL 测试可以利用模拟器、虚拟化环境或其他仿真工具来模拟外部环境和设备，适用于基于模型开发的软件和与处理器底层交互无关的手写代码的软件单元测试。

❑ 处理器在环（PIL）测试：这种方法是将被测试的软件嵌入实际硬件处理器进行测试。这里的处理器是指目标系统上的实际处理器。对于那些与处理器底层交互密切相关的复杂驱动等软件，我们可采用 PIL 方法进行单元测试。

❑ 硬件在环（HIL）测试：这种方法是将实际的硬件设备或组件嵌入测试环境，与被测试的软件进行集成和测试。在 HIL 测试过程中，被测试软件与实际的硬件设备进行交互，模拟和测试各种输入输出情况，涉及连接传感器、执行器、控制器或其他外围设备。对于测试环境，我们通常采用仿真、模拟或实际硬件设备来模拟真实的外部环境和设备。这种方法适用于需要验证软件与目标硬件的集成性，以及检验软件在实际硬件上的功能、性能和可靠性的场景。

在智能汽车领域，由于软件代码的复杂性，我们通常需要通过自动化测试工具来实施软件单元测试，以确保测试覆盖率。测试用例一般基于工具进行人工设计，也可基于某些工具的特殊功能自动生成，然后进行人工调整。无论采用哪种方法，我们都可以使用工具来度量结构覆盖率。单元测试执行完成后，我们需根据结构覆盖率度量指标评估测试用例的完整性。如未达到目标，则需增加或修改测试用例，并继续执行单元测试，直至达到测试和验证计划中的目标。但需注意的是，结构覆盖率只是单元测试的目标之一，除此之外，还要关注需求覆盖率。单元测试结束后，应输出测试记录和结果，形成软件单元测试报告。同时，确保软件单元测试阶段的双向追溯，包括软件单元设计与单元测试用例之间的追溯，以及单元测试用例与单元测试报告之间的追溯。

为确保测试的全面性和目标的正确实现，我们需要组织相关人员对软件单元的测试用例、测试记录及总结报告进行全面而细致的评审，以确认测试细节的充分性和测试目标的达成。

在当下智能汽车软件量产项目的工程实践中，软件单元测试结构覆盖率和双向追溯性实际情况往往不尽如人意，此时评审就变得更加重要。

10.2　软件集成与验证

软件集成与验证阶段的活动主要分为两个方面：软件集成和软件集成测试。软件集成是指将不同的软件单元、组件、模块或子系统结合起来，形成一个完整的软件系统的过程。在软件开发中，多个团队和开发人员通常会同时工作在不同的模块或子系统上。软件集成的目标是将这些不同团队和人员开发的软件代码合并成一个统一的软件主体，确保各软件组件之间能够协作和正常交互，从而使整个软件系统能够按照预期工作。软件集成测试是在软件集成完成后进行的测试活动，目的在于验证不同软件组件之间的接口和交互是否正确，包括检查组件间的数据传输问题、接口匹配问题、依赖关系等。通过软件集成测试，我们可以识别并解决在独立测试各个组件和单元时可能遗漏的问题。

在智能汽车软件开发中，由于软件规模大且复杂，软件组件之间的交互可能产生许多问题，因此软件集成和软件集成测试在整个研发过程中尤为重要。在实际项目中，这些活动通常需要较长的时间。为确保不同团队和开发人员之间能够有效协作和并行开发，并实现清晰的版本控制，我们必须制定明确的软件分支策略。在此基础上，明确软件集成的策略、规则和方法，利用 DevOps 平台及相关工具实现软件的持续集成和持续交付。最后，对集成后的软件进行全面的验证，以确保软件系统的整体质量和性能。

10.2.1　软件分支策略

软件分支策略是管理和组织代码分支的方法或规划，它规定了在不同开发阶段，针对不同的功能需求以及在不同团队间创建、维护和合并代码分支的规则和指导原则。

1. 软件分支类型

分支策略的基础是软件分支定义，是构成软件分支策略的基本要素。常用的软件分支类型及说明见表10-4。

表 10-4　常用的软件分支类型及说明

软件分支类型	说明
主干分支	主干分支也称"主分支"或"开发分支",是软件开发中的核心分支,用于集成和管理所有的主要开发工作。所有开发人员向主干分支上提交代码并进行持续集成。主干分支是整个代码库的中心,包含了稳定的最新代码版本,通常被认为可以部署到生产环境的代码基线,稳定性验证后,可以被标记为"版本",并用于软件的正式发布 主干分支适于被长期维护和支持,即在新功能开发和修复缺陷的同时,对主干分支进行更新和维护
功能分支	功能分支是基于主干分支或共享的开发分支创建的,用于并行开发不同的功能或任务。每个功能分支代表一个独立的功能或任务,由相应的开发人员或团队进行开发和测试。开发人员在功能分支上将功能和任务开发完成后,一般会将其合并回主干分支
发布分支	发布分支是在软件发布前基于主干分支或共享的开发分支创建的。它在发布前可用于缺陷修复和测试,以便保持功能稳定,不断优化性能。一旦发布分支上的缺陷修复完成,软件功能和性能达到稳定状态,并经过充分的验证,我们可以将其合并回主干分支和其他需要的分支
环境分支	环境分支用于管理不同部署环境的代码版本和配置,将代码在不同环境中进行隔离和管理。每个环境分支代表一个特定的部署环境,例如开发环境、测试环境和生产环境。每个环境分支可以包含特定于该环境的配置文件和参数,用于部署和测试特定环境的代码版本。多个开发人员或团队可以在不同的环境分支上进行并行开发和测试,完成后可将代码逐步推送到更高级别的环境分支
个人开发分支	在软件开发过程中,每个开发人员为了独立开发和测试自己的代码而创建的私有代码分支。这些分支通常是基于主干分支或共享的开发分支创建的。每个开发人员可以在自己的分支上进行独立的工作,而不会干扰其他人的代码开发。在开发人员完成自己的工作后,他们可以将自己的开发分支合并回主干分支或共享的开发分支,以便更改内容进入整体代码库

2. 分支策略考虑因素

在制定软件分支策略时,我们需要考虑以下因素。

❑ 项目规模和复杂度。小型项目可以采用简单的分支策略,而大型项目可能需要更复杂的分支策略。

❑ 团队规模和结构。对于分布式团队、多个开发团队或多个项目之间的合作,我们需要制定相应的分支策略。

❑ 版本控制系统。了解所使用的版本控制系统(例如 Git)的功能和特性,以支持所选择的分支策略。

❑ 部署和发布流程。考虑软件的部署和发布过程,以便在分支策略中合理安排环境和版本的管理。

3. 常用分支策略分类

常用的软件分支策略有三分支策略和双分支策略。

1)三分支策略主要包括主干分支、功能分支和发布分支。

三分支策略的设计使开发人员可以并行开发不同的功能,并将其逐步集成到稳定的发布分支和主干分支中。这种策略在大型项目或团队中更常见，可以提供更好的功能隔离和版本控制。

2）双分支策略只包括主干分支和发布分支。

相对于三分支策略，双分支策略更为简单，适用于小型项目或团队，能够快速迭代和交付。主干分支用于实现开发，而发布分支用于控制发布过程的稳定性。

根据具体的公司组织情况、项目情况及团队情况，在三分支策略和双分支策略的基础上，我们可以增加环境分支，以管理不同环境的代码版本和配置信息；也可以在主干分支或共享的开发分支上拉取个人开发分支，使不同开发人员在各自的分支上独立进行开发和测试。这样既避免了直接的代码冲突，又减少了互相干扰。在个人开发分支上进行实验和测试不会影响其他人的工作，也不会破坏整体代码库的稳定性，一旦测试完成，就可以将其成果合并到主干分支上，实现与其他人的工作无缝集成。个人开发分支记录了每个开发人员的独立工作历史。这有助于版本控制和问题追踪，同时在这些分支上所做的更改可以灵活回退或撤销，而不会给整个项目造成长期的影响。使用个人开发分支是团队协作和版本控制中的一种常见实践。

4. 分支策略选择与示例

在智能汽车软件开发中，版本迭代频繁、项目规模大且功能复杂，通常需要在独立的环境中开发和测试不同的功能，以实现功能隔离和并行开发。例如，智能驾驶中的感知功能和规划功能需要分别进行开发和测试。在这种情况下，采用三分支策略通常更为合适，因为它能更好地支持并行开发和版本控制，同时保持各个功能间的独立性和整体项目的组织性。然而，对于规模较小的项目，双分支策略可能更加简洁、高效。

智能汽车软件涉及多种环境和参数配置，如模拟器环境、实验室环境、实际道路测试环境以及不同硬件平台的配置情况。环境分支可以有效管理这些环境下的代码版本和配置信息。每个环境分支专门用于部署和测试代码在特定环境中的适应性和性能。在大规模的智能汽车软件开发团队中，基于三分支策略创建个人开发分支是一种推荐的做法。它有助于每个开发者或小团队独立进行功能开发和测试，减少冲突，提高开发效率。个人开发分支允许开发人员在不影响主干分支稳定性的情况下进行代码实验和测试，并确保他们的工作最终能够被整合到主干分支中。综上所述，智能汽车软件的分支策略应根据项目规模、团队结构和开发环境的具体需求来确定，以确保软件开发的高效性和可靠性。图 10-3 所示为智能汽车软件开发三分支策略示例，考虑到智能汽车软件每个功能可能由多个团队或多个人员共同开发，所以在功能分支上增加了个人开发分支，具体如下。

❑ 从主干分支 A 点拉取代码，创建功能分支，起点为 F 点。

❑ 每个开发人员从 F 点拉取代码，创建个人开发分支。为了图示清晰，图中只显示了一条个人开发分支作为示例。

❑ 开发人员在自己的个人分支上完成开发及自测后到达 K 点，向功能分支提交合并请求，满足规定条件后合入 H 点。

这个过程中可能有其他开发人员的代码合入功能分支（例如 G 点）。假设在 H 点整体功能开发完成后，代码会被拉取到发布分支 L 点，进行发布前的验证。在发布分支上，根据项目具体情况，我们还可以考虑增设专门的缺陷修复分支来处理问题，但目前在图中未体现。

假设在发布分支上 M 点时，软件功能已稳定，验证目标已达成，满足了软件产品发布条件，那么在 M 点提交合并请求。在满足合入条件后，软件功能的代码可以合并到主干分支或功能分支上，具体合并准入条件及合并到哪个分支，进行子功能发布还是最终整体功能发布，取决于项目的具体情况。

在整个开发过程中，主干分支上可能还会有其他功能的代码合入，如示意图中的 B 点、C 点、D 点。分支策略应根据每个公司、组织和产品的特点灵活设计，而不是固定不变的。

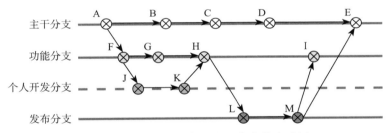

图 10-3　智能汽车软件开发三分支策略示例

关于环境分支，我们可以设立一个独立的分支策略，以管理软件环境和配置参数。它的实现流程与图 10-3 相似，只需要将主干分支更改为主环境分支，功能分支更改为各个子环境分支。

5. 分支命名规则

在制定分支策略的过程中，我们必须明确各个分支的命名规则，以保证团队成员对分支的用途和目的有清晰的理解，避免混淆和误解，进而提高团队协作效率。制定分支命名规则时，我们应保证其在整个团队或项目中的一致性，并且命名应简洁明了，易于理解。我们可使用明确的术语和关键词，以便其他人员能快速掌握分支的用途和内容。分支命名应遵循约定俗成的规范。我们可采用特定的前缀、后缀或命名模式来区分不同类型的分支。例如，主干分支可命名为 master、main 或 trunk；功能分支可命名为 feature 或 dev 加上功能名称，如

feature_perception 或 dev_perception；环境分支可命名为 env 加上具体内容，如 env_test 或 env/config；发布分支可命名为 release 加上版本号，如 release_1.0 或 released/2.0；个人开发分支可命名为 dev 加上人名，如 dev_zhangsan 或 dev/zhangsan。分支命名虽可灵活设定，但最重要的是团队之间要有共识，确保命名规范统一。

6. 分支保护

在分支策略的基础上，我们需设定受保护分支，对这些分支加上访问限制，以防随意修改和合并代码。其目的在于保障代码和历史记录的完整性、安全性及稳定性。只有获得特定权限的团队成员或用户才能对这些受保护分支进行更改和合并操作。通常，主干分支、共享的开发分支和发布分支会被设置为受保护分支。对于这些分支，我们应禁止执行强制推送操作，以免错误或不可逆更改的发生。同时，限制对受保护分支执行合并操作，仅特定人员或团队能通过规定流程将更改合并至受保护分支。受保护分支的更改必须经过代码审查。通常，这一审查过程发生在合并前，以保证代码的正确性和一致性。设置和修改受保护分支的权力仅授予具有特定权限的团队成员，如 DevOps 工程师、CI/CD 工程师、系统集成工程师等，以此实现对授权权限的统一管理，确保只有授权人员能够对分支进行更改和设置操作。

7. 分支合并冲突

在分支合并过程中，我们经常会遇到各种冲突，如内容冲突、文件重命名冲突、合并历史冲突等。这些冲突的具体类型及解决办法详见表 10-5。

表 10-5　分支合并常见冲突类型及解决办法

冲突类型	冲突定义	解决办法
内容冲突	两个分支对同一文件的同一部分进行了不同的更改时，就会产生内容冲突。例如，一个分支修改了函数的实现，而另一个分支修改了函数的参数	解决这种冲突需要手动编辑文件，选择保留哪个更改或将它们合并为一个一致的更改
文件重命名冲突	当一个分支重命名了文件，而另一个分支对该文件进行了修改，就会产生文件重命名冲突	解决这种冲突需要手动调整文件的重命名，确保代码的完整性和一致性
合并历史冲突	如果两个分支的合并历史发生冲突，例如一个分支已经合并了另一个分支的某个提交，而另一个分支尝试再次合并，则会产生合并历史冲突	解决这种冲突需要对合并历史进行调整和重定向，确保合并操作的顺序和逻辑正确

为了避免或尽快解决分支合并过程中的冲突，我们应及时获取最新的代码更新，确保本地代码处于最新状态，在此基础上进行合并。在执行分支合并时，如果遇到冲突，版本控制系统会标出冲突文件及其位置。此时，我们需要打开这些有冲突的文件，并用适当的编辑器手动解决冲突。解决冲突时，我们应根据冲突类型，决定是保留某些更改、合并更改，还是根据需求修改代码。冲突解决后，我们应对代码进行测试和验证，以确保所做的更改没有引

入新问题。在这个过程中，与团队成员保持良好的沟通和协调尤为重要，尤其在解决冲突时，应共同努力，理解彼此的更改和意图，从而确保代码质量和一致性。

10.2.2　软件持续集成

在传统软件开发周期中，软件集成通常在所有开发工作全部完成并通过单元测试后的特定时刻执行。这种集成活动依赖人工操作和手动测试。而且，软件生命周期中需要预留较长时间进行软件集成，合并所有软件分支，并解决所有合并冲突及集成问题，以确保软件能正常运行。由于不同模块、组件或单元由不同团队或个人开发，即使各自的软件单元通过了单元测试，也不能保证软件间的交互完全无误。例如，开发者可能使用不同的接口协议实现了需求中的通信功能，但在集成时发现软件间无法通信。许多类似问题可能在早期设计、开发和单元测试阶段未被发现，直到最终集成时才暴露，导致软件无法运行。在这种情况下，寻找原因、定位问题、制定解决方案都需耗费大量时间和精力。特别是在软件规模较大时，问题定位更加困难。

对于复杂的智能汽车软件，采用传统的集成方式会极大地降低集成效率，且可能导致项目时间不可控。智能汽车软件开发追求高效性，因此持续集成（Continuous Integration，CI）成为智能汽车领域推荐的软件集成实践。在确保安全性和质量的前提下，持续集成能显著提高集成效率。

1. 持续集成的目的与要求

软件持续集成的目的是持续集成并验证团队成员的代码更改。它要求每次有开发人员向目标分支提交代码时，自动触发全面编译构建、整合软件流程。若在持续集成工具平台上构建自动化测试系统，系统可以在每次代码提交后进行全面的软件集成构建、编译检查和自动化测试。自动化测试的深度取决于自动化测试系统的构建能力，理想情况是实现软件集成测试和需求测试的全自动化。但针对智能汽车软件开发的实际情况，许多特定测试难以完全通过自动化测试脚本实现，因此无法完全自动化测试。在持续集成阶段，首先进行基本的功能冒烟测试，确保软件整体运行无碍，然后在正式提测阶段进行全面的验证。持续集成中如发现问题，应即时修复。这有助于及早解决集成问题，降低最终合并时的不确定性。

2. 持续集成的优势

持续集成具有诸多优势。

❑ 首先，频繁地集成代码降低了长时间分离开发的集成冲突风险，让开发人员及早解决冲突，确保代码集成和交付。并且通过频繁地集成和自动化测试，尽早发现和解决软件集成问题、整体软件的基本功能问题，可以避免这些问题在后续阶段扩大影响。

❑ 其次，开发人员能够迅速获得他们代码更改的反馈，了解是否存在问题，以及如何解决这些问题，有助于迭代开发和持续改进。

❑ 再次，通过自动化构建、集成和测试流程，降低了对手动操作的依赖，提高了开发效率和团队协作一致性，并降低了人为错误的可能性。

3. 持续集成的实现途径

要实现智能汽车软件的持续集成，首先需设计和规划一套持续集成流程，包括代码提交、自动化构建、测试、部署等环节。根据公司的研发流程和团队状况，定义各环节的具体步骤和规则，并使团队成员达成共识。

持续集成的前提是使用合适的版本控制系统（如 Git），并妥善设置代码仓库和分支结构，确保团队熟悉这些系统的操作流程。核心是首先建立自动化构建和部署系统，利用持续集成工具（如 Jenkins、Travis CI、CircleCI 等）配置构建脚本和自动化部署，确保项目的代码能够自动构建并部署到指定环境；然后编写自动化测试脚本和测试用例，覆盖基本功能和场景，运用适当的测试框架和工具执行自动化测试。另外，我们还需配置持续集成服务器，以确保其能运行所需的构建、测试和部署任务，并设置服务器和代理，以便访问版本控制系统及相关依赖。

4. 持续集成的安全要求

对于智能汽车安全相关软件，不论采取何种软件集成方式，我们都必须遵守相应的功能安全要求。在软件架构设计阶段，负责集成的人员应启动软件集成策略的制定。该策略需要规划采用的软件集成方法、梳理软件集成相关的功能依存关系和软硬件集成的依存关系、识别软件集成所需的前提条件和约束。同时，结合产品软件架构和组织复杂度来设计软件集成步骤，这些步骤对集成起着重要作用，主要体现在以下两方面。

❑ 一是保障集成顺序的正确性，防止被依赖的软件没有集成进来导致系统整体无法运行的问题。

❑ 二是集成步骤和软件架构设计密切相关，确保逐步集成过程中在特定的步骤上执行相关的软件集成测试，验证软件实现与软件架构设计、软硬件接口设计的符合性。

若采用基于模型的开发方式，软件集成可以在模型层面进行，通过集成的模型自动生成代码。

在软件集成过程中，我们应按照集成策略分步骤实现软件模块的集成，并依据软件集成测试计划开展相应的验证活动。这些活动必须遵循功能安全标准的规范流程。对于智能汽车软件而言，在确保安全性的前提下，我们还需兼顾规范性和高效性。

5. 持续集成的融合要求及示例

智能汽车软件集成实践表明，采用持续集成方法并遵循功能安全要求是可行的。这种方法将标准要求与持续集成理念结合起来。图 10-4 所示为持续集成与传统软件集成融合示意图。其中，三角形集成节点的设置基于软件集成策略。这一策略源于对软件架构设计的分析，目的是确定需要深入测试和验证的两个及以上集成项的组合节点，确保全面覆盖软件架构设计中的相关接口内容。软件集成步骤如下。

❑ 在集成节点前，每个被集成项完成规定内容开发就可以提交合并到目标分支，与其他软件内容进行持续集成，并进行尽可能全面的自动化测试。通过这些持续集成与自动化测试活动，可以将发现的合并冲突、集成问题、软件功能运行问题提前解决，以便在正式集成节点时减少阻碍，节省时间，提高效率。

❑ 在集成节点上，正式提交给测试团队一个包含了相关软件内容的集成提测包，测试团队启动相应全面的软件集成与验证活动。

图 10-4 仅为示意图，实际上智能汽车软件的集成节点设置不必局限于以模块完成提交为单位，持续集成也不必局限于以一个软件单元的开发自测提交为单位。集成策略的设计应从充分验证软件架构设计的角度出发，所有软件集成活动都遵循既定的集成策略。

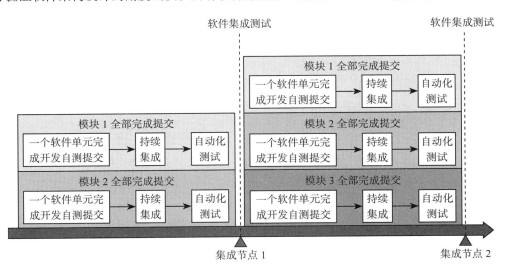

图 10-4　持续集成与传统软件集成融合示意图

考虑到智能汽车领域软件的多样化特点和不同项目的差异化需求，持续集成后的自动化测试难以全面覆盖所有软件集成测试的内容。但是，自动化测试至少可以作为冒烟测试来使用，执行关键路径和核心功能的测试用例，以检查软件系统是否能够启动、基本功能是否正常运行及是否存在明显缺陷或错误。

随着对智能汽车软件技术的深入研究和自动化测试水平的提升，设计有效的自动化测试脚本，并逐步提高自动化测试覆盖率，将成为替代传统人工的软件集成测试和需求测试的重要手段。

10.2.3　软件集成测试方法与要求

软件集成测试的目的是验证已通过单元测试的软件组件集成后的协同工作能力，确保它们之间交互正常。这包括测试数据流、消息传递和组件间的协作行为。通常，在软件集成完毕和正式测试前，我们需要执行冒烟测试以确认基本功能正常运行，避免在正式测试阶段发现问题而造成时间和资源的浪费。冒烟测试是一种快速且高效的验证方法，旨在确认软件的主要功能是否稳定，从而决定是否需要进行更详细的测试。它的测试用例应覆盖软件的核心功能和关键路径，主要关注基础功能测试，而非详尽的正式测试或边界测试。如果冒烟测试发现严重问题，开发团队应优先解决，以确保软件的基本稳定性。这有助于减少正式测试阶段的阻塞问题，节省时间和资源。冒烟测试为快速的功能验证方式，不能替代详细的功能测试、集成测试及其他类型测试。

在智能汽车软件开发中，若已实现持续集成和自动化测试，我们可将冒烟测试的内容设计为自动化测试脚本，纳入自动化测试环境，使冒烟测试伴随自动化测试同步进行。

软件集成测试环节核心的 3 部分内容同样是制订测试计划、设计测试用例、执行测试并记录总结。这些环节的基本方法与 10.1.3 节的软件单元测试过程相似，但测试对象、测试侧重点和覆盖率要求等存在差异。

1. 软件集成测试对象及考虑要素

软件集成测试的目标是对已集成的软件模块或系统进行测试。这一过程始于软件单元的逐层集成，并伴随集成测试，最终形成一个完整的软件系统进行全面的集成测试。在此过程中，测试必须全面覆盖软件架构设计的所有内容和所有接口调用路径。图 10-5 所示为软件集成测试对象示意图，先是相互关联的软件单元集成为模块，然后相关模块进一步集成为整个系统。根据测试对象的不同，软件集成测试可以分为多种类型，包括模块内部、模块间、子系统内部及子系统间的集成测试。总的来说，软件集成测试应全面测试项目中所有相关软件模块的组合集成和交互。对于基于模型开发的软件，软件集成测试的对象是与软件模块或系统相关的模型。

对于软件集成测试方法的选择，我们需要考虑与软件架构设计、软硬件接口设计的符合性，以及是否支持验证软件的功能、特性、资源状况及功能安全设计。根据功能安全标准的要求，软件集成测试方法应涵盖基于需求的测试、接口测试、资源使用评估测试等，适用于所有 ASIL 的软件。对于高 ASIL 的软件，如 ASIL C 和 ASIL D，我们还需进行故障注入测试、控制流和数据流验证。对于基于模型开发的软件，我们还应执行模型与代码的背靠背比较测试。对于低 ASIL 的软件，如 ASIL A 和 ASIL B，这些测试方法也是推荐的，建议在条件允许的情况下尽量进行全面测试。与软件单元测试用例设计类似，软件集成测试用例的设计同样有 4 种方法，包括需求分析、等价类分析、边界值分析和基于经验的错误推测，具体方法的选择根据功能安全标准和软件的 ASIL 来确定。

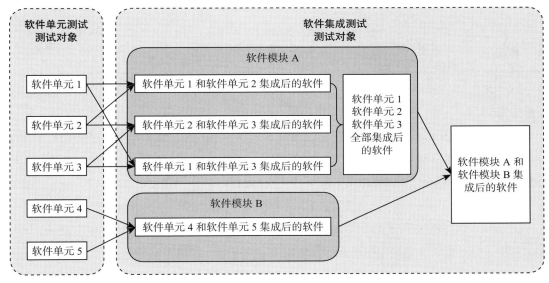

图 10-5　软件集成测试对象示意图

2. 软件集成测试的侧重点及测试方法

软件集成测试的目标是验证不同软件单元合并后的协作运行情况，以确保它们能够实现预定功能并达到预期性能。该测试主要关注软件单元之间、模块之间及子系统之间的接口和交互关系，以及集成后软件的功能和性能。软件集成测试的内容包括但不限于以下几方面。

❑ 验证各个软件子功能集成之后，是否能够实现预期的软件功能。

❑ 验证软件组件集成之后，从各个软件接口流动的数据是否符合预期要求。

❑ 验证各个软件组件功能相互之间是否存在影响，例如，一个软件组件的功能与另一个软件组件的功能存在冲突。

❑ 验证随着单个软件组件的误差累积叠加，整体软件误差情况是否可以接受。

❑ 验证软件全局数据结构、数据流、控制流是否正确。

根据测试对软件内部逻辑深入程度的不同，软件测试可以分为白盒测试、灰盒测试和黑盒测试。这三种测试方法对比详见表 10-6。

表 10-6　白盒测试、灰盒测试和黑盒测试对比说明

分类	特点说明	涉及的测试类型
白盒测试	关注软件内部的执行逻辑和结构，测试用例基于代码逻辑和覆盖率，尝试覆盖不同的代码路径和边界条件 测试人员需要了解被测软件的内部结构和代码，可以查看源代码、内部逻辑和数据结构	● 软件单元测试 ● 软件集成测试
灰盒测试	使用黑盒测试和白盒测试的结合技术，既关注功能和接口，又使用有限的内部信息辅助测试用例的编写 测试人员需要了解被测软件部分内部结构和代码，但并不需要完全了解所有代码逻辑细节	● 软件集成测试
黑盒测试	只关注软件的功能和接口，不关注被测软件的内部结构和代码，测试用例基于软件需求规范等文档来编写，独立于软件的实现细节 测试人员不需要了解被测软件的内部逻辑，只关注输入和输出的正确性	● 软件单元测试 ● 软件集成测试 ● 软件需求测试

软件集成测试通常包含白盒测试、灰盒测试和黑盒测试 3 种方法，与灰盒测试的属性关联最为密切。

与软件单元测试不同，软件集成测试通常不采用打桩方法。软件单元测试中的打桩用于模拟组件间的依赖关系，以便独立测试单个模块。然而，由于软件集成测试目的是确保组件集成后能够正确协同工作，因此我们需要验证实际组件交互中可能出现的异常、错误处理和并发访问等情况，还需要验证组件间接口的兼容性，以确保数据传输和接口调用的正确性。

假设一个软件系统中有 3 个软件模块，分别是模块 1、模块 2 和模块 3，根据设计，当模块 1 输出 a 时，模块 2 会调用模块 3；而模块 1 输出 b 时，模块 2 不调用模块 3。如果使用打桩方法直接模拟 a 和 b 作为模块 2 的输入，则虽然能验证模块 2 能否正确调用模块 3，但可能会忽略软件整体中的不可达路径风险。因为模块 1 在不同输入下是否能分别输出 a 和 b 的结果是没有验证的，即便单元测试保证了模块 1 的正确输出，真实的 a 和 b 能否按预期驱动模块 2 进行调用则是不确定的。图 10-6 所示为软件集成测试打桩与真实测试对比示例，特别是在智能汽车软件实际复杂应用场景中，软件之间接口信息多样化，软件模块之间的调用关系复杂，如果不是在真实模块交互环境下进行集成验证，则测试覆盖率是不可靠的。

虽然在软件集成测试中，不推荐使用打桩方法，但在特定情况下，如某软件组件未完成或不稳定时，可采用临时替代组件以代替真实组件，从而继续测试。然而，这应视为暂时解决方案，非长久之计。软件集成测试应以真实组件交互为基础，以最大限度接近实际软件系统的行为。

3. 软件集成测试的覆盖率要求

在功能安全标准中，软件集成测试的覆盖率要求涵盖函数覆盖率和调用覆盖率两个指标。对于 ASIL C 和 ASIL D 的软件，强烈推荐这两项覆盖率达到 100%。在实际项目中，若未满足

这些指标要求，则需给出合理解释，深入理解未达标的原因，并确保不会影响系统的安全性。

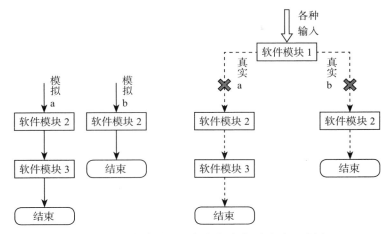

图 10-6 软件集成测试打桩与真实测试对比示例

（1）函数覆盖率

函数覆盖率是衡量测试用例是否涵盖被测软件中所有函数的指标，指在所有定义的函数中，测试过程调用的函数所占的比例。此指标衡量了软件中函数的调用情况，可以判断测试是否涵盖了代码中所有的函数调用路径。

函数覆盖率 =（被调用的函数数量 / 总函数数量）× 100%

例如，如果被测软件中有 10 个函数，而测试用例执行中调用了其中的 8 个函数，则函数覆盖率为（8 / 10）× 100% = 80%。

（2）调用覆盖率

调用覆盖率是一种衡量测试用例是否覆盖了被测软件中所有函数之间调用关系的指标。它表示在所有函数调用关系中，测试过程实际调用的函数关系数量占总函数调用关系数量的比例。调用覆盖率衡量了测试是否覆盖了代码中所有可能的函数调用组合。

调用覆盖率 =（被实际调用的函数关系数量 / 总函数调用关系数量）× 100%

例如，如果被测软件中有 10 个函数，共有 15 个函数调用关系，而测试用例执行中实际调用了其中的 12 个函数关系，则调用覆盖率为（12 / 15）× 100% = 80%。

函数覆盖率和调用覆盖率均为衡量测试用例覆盖情况的指标，但并非评估软件集成测试用例质量的唯一标准。在软件集成测试中，除了这两个指标外，我们还需考虑功能覆盖率、接口覆盖率、错误处理覆盖率等，并建立软件架构设计元素与测试集成用例、测试用例与测试结果之间的双向追溯关系，确保测试用例全面覆盖软件系统并通过测试。

在智能汽车项目中，我们要考虑软件集成测试环境与真实运行环境的差异，必要时应基于目标环境设计额外测试进行验证。软件集成测试可采用模型在环测试、软件在环测试、处理器在环测试或硬件在环测试方法。智能汽车软件开发中的软件集成测试是一项庞大工程，不仅需要对每个供应商的软件进行集成测试，还需要对不同供应商软件之间的集成进行充分测试验证，确保交互满足预期，并且需及时、准确地向相关方传达本软件对其他接口软件的安全相关要求或变更情况，以保障软件集成及其测试的顺利进行。

10.3　软件需求验证

10.3.1　软件需求验证方法与要求

软件需求验证的目的在于验证软件功能和性能是否满足规定的软件需求和用户期望。该验证应从用户角度出发，关注软件系统是否符合用户需求、功能是否符合规范和预期，确保所有规定需求得到满足，同时验证软件功能、性能、安全等方面的合规性。软件需求验证通常采用黑盒测试方法，即基于需求规范进行测试，不涉及内部实现细节。

在功能安全标准中，软件需求验证应在目标环境中进行，以验证安全相关需求的实现情况，并确保测试覆盖率。对于 ASIL D 的软件，我们需进行故障插入测试；对于其他 ASIL 的软件，我们应尽可能执行故障插入测试，保证软件在异常情况下的安全性。此外，执行测试的人员应与开发人员保持一定的独立性，避免理解偏差或认知局限导致系统性失效，即如果是同一个人执行设计实现与测试工作，那么在设计实现时由于理解偏差进行错误开发，在软件中可能埋下安全隐患，而在测试中依然按照错误的思路和理解来设计测试用例、执行测试，这样可能根本无法发现问题，所以以功能安全相关的软件需求验证时，测试应由软件实现之外的其他人员执行。软件需求测试过程方法与 10.1.3 节介绍的软件单元测试相似，但测试用例的制定方法和测试执行环境有所不同。

1. 测试用例设计方法要求

测试用例的设计方法除了前面讲到的需求分析、等价类分析、边界值分析和基于经验的错误推测方法外，还包括功能相关性分析方法和操作用例分析方法。

（1）功能相关性分析方法

功能相关性分析专注于需求之间的相互依赖和影响。进行分析时，测试团队需细致研究软件需求文档，以识别不同需求间的联系。这些联系可能是必要的功能交互，也可能是一些功能的前置条件和后置条件。

通过功能相关性分析方法，设计测试用例，验证功能之间的依赖关系，有助于发现可能存在的功能依赖问题，确保各个功能正确地协调工作。

（2）操作用例分析方法

操作用例分析是一种从用户的角度出发，基于用户操作来生成测试用例的方法。在这种方法中，测试团队会将软件的常见操作、软件不同操作模式下的安全相关行为和用户的预期行为（例如，软件的启动、降级、断电、休眠、通电、唤醒、校准等操作行为）转化为测试用例。

通过操作用例分析方法，我们可以从用户实际的操作行为出发，设计出不同的测试用例，以验证功能的正确性和用户预期的符合性。这些测试用例涵盖了用户在实际驾驶中可能执行的操作，帮助测试团队更全面地测试软件系统的各种功能和使用场景。

2. 测试执行环境要求

对于安全相关的软件，软件需求测试至少应在硬件在环测试环境及 ECU 测试环境下进行。对于高 ASIL 的软件（如 ASIL C 和 ASIL D），我们还需在整车环境下进行测试验证。

（1）硬件在环测试环境

硬件在环测试是一种将实际硬件与虚拟仿真环境相结合的测试方法。在这种环境中，智能汽车的硬件组件（例如传感器、执行器等）与软件虚拟仿真环境相连接，实现在真实硬件条件下的软件测试，以模拟实际驾驶场景。通过硬件在环测试，我们可以验证软件与实际硬件之间的交互是否正常，以及软件对传感器和执行器输入的响应是否准确。

（2）ECU 测试环境

ECU 环境是在实验室中建立的一种仿真网络环境。它模拟了车辆内的 ECU 之间的通信和交互。在此环境中，各种真实的 ECU 设备通过虚拟连接，模拟车辆内部复杂的网络通信情况。这种环境可以用来测试智能汽车软件在不同 ECU 之间的通信和数据传递是否正常，以确保车辆内部各系统的协调运行。

（3）整车环境

整车环境是最接近实际道路驾驶的测试环境。在这种环境中，智能汽车软件在实际的汽车或汽车原型上进行测试，包括模拟真实驾驶条件，如不同的道路情况、天气条件、交通状况等。这种环境下的测试能够全面验证智能汽车软件的性能和稳定性，确保其在实际驾驶条件下的可靠性和安全性。

对于安全相关的智能汽车软件，我们通常会综合使用多种测试环境，以全面测试和验证软件需求，保障软件在真实驾驶场景中的性能，促进软件系统的改进和优化。

软件需求测试需要与软件需求规范建立双向追溯关系，尤其是安全相关需求，既要验证所有软件安全需求都已经正确实现，符合预期要求，又要验证软件中没有增加额外的非预期需求，以免额外的非预期功能对安全性产生影响。在智能汽车软件安全相关产品开发中，并不是功能实现得越多越好，而是按照规定的要求实现规定的功能。此外，需要注意，只有通过软件集成测试以及软件需求测试的集成软件包，才可进行正式发布，并应确保所发布的软件版本与集成测试、需求测试后的软件版本一致。

智能汽车软件研发是一个严谨的过程，需要每一个研发人员对软件开发过程充分理解，深刻领会软件研发流程中环环相扣的要求，不仅要知其然，更要知其所以然。软件质量与安全正是通过这些过程能力才得以保障。智能汽车产品开发与互联网产品开发有着本质区别，涉及与生命财产安全，所以在智能汽车软件开发过程中，我们必须怀有敬畏之心、秉承严谨态度、遵循流程要求，只有从第一性原理出发，在深刻理解的基础上才可进行突破与创新。

10.3.2 预期功能安全验证与测试库建设

基于传统功能安全标准的软件研发流程只能降低所定义功能的系统性失效风险。然而，在这种方法论思维框架下，难以评估所定义功能的合理性和全面性，也不能确保性能足以支持各种场景下的安全驾驶。对于智能汽车，因应用场景的复杂性和技术的创新性，目前的行业经验无法完全定义所需功能和性能，故系统所定义的功能、性能与实际所需之间必有差距。在此背景下，即便所定义的功能全部正确、安全地实现，但是在超出定义范围的极端场景下，系统可能无法应对，从而引发安全事故。因此，我们需限定智能汽车的运行范围，基于规定的功能、性能定义运行设计域，限制智能汽车运行在已知场景内，超出时被人工接管或进入安全状态。预期功能安全的作用贯穿在规定的功能、性能和实际所需的功能、性能之间，不断从"规定"向"实际所需"扩展。基于规定的功能、性能，预期功能安全可以融合在传统功能安全过程中，进行综合安全分析与设计改进，并针对已知场景进行验证确认；针对实际所需的功能、性能，预期功能安全可向未知领域扩展，探索未知场景的安全保障，不断扩大已知领域，转化为规定功能、性能，让运行设计域范围不断扩大，提升智能汽车在各种场景下的安全运行能力。图10-7所示为预期功能安全的作用示意图，其中，规定的功能、性能范围内的安全活动包括传统功能安全和预期功能安全内容。

预期功能安全的核心在于安全分析与测试验证。在9.2.2节中，我们已经介绍了基本的预期功能安全分析方法。本节将着重讲解预期功能安全的测试方法及要求。预期功能安全测试通常是基于场景，从整车层面验证系统的功能和性能，而不仅限于零部件测试。根据测试环境，预期功能安全测试可分为软件在环测试、硬件在环测试和实车测试。实车测试又可细分为封闭场地测试和开放道路测试。如图10-8所示，预期功能安全分析与测试验证关联图表明，预期功能安全分析既包括行为分析也包括场景分析，而预期功能安全测试则专注于场景中在触发条件下验证功能行为。已知场景构建基于不安全控制行为、危害场景和触发条件等，而未知场景构建充满不确定性，需要持续探索。对未知场景的测试与评估是解决智能汽车安全性长尾问题的关键。

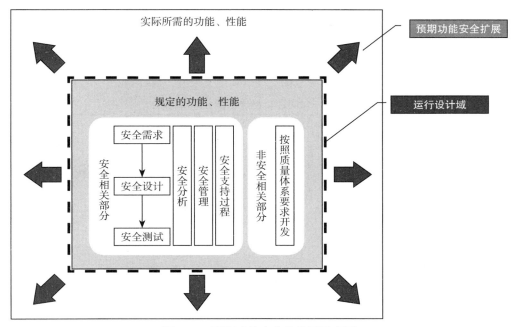

图 10-7　预期功能安全的作用示意图

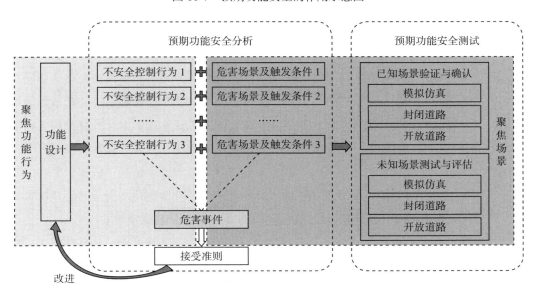

图 10-8　预期功能安全分析与测试验证关联

1. 已知场景验证与确认

智能汽车预期功能安全测试中的已知场景验证与确认，主要基于 3 方面设计测试用例：

一是基于具体功能设计开展的预期功能安全分析所输出的内容，包括危害场景、触发条件、功能行为表现等；二是依据智能汽车测试评价标准进行场景验证与确认，不同地区和组织可能会采用不同标准或指南进行评估，在具体项目中，应根据需求选择合适的条款作为参考，常见的智能汽车测试评价标准详见表 10-7；三是基于售后问题构建场景或进行场景数据回灌验证，即从广大用户反馈的问题中挖掘安全相关场景和触发条件，设计相关用例进行验证与确认。

表 10-7　常见的智能汽车测试评价标准

标准	说明
欧洲新车评估计划（European New Car Assessment Programme，Euro NCAP）	欧洲的汽车安全性评估机构对新车型进行全面的碰撞测试和安全评估，包括智能汽车的安全功能
中国新车评价规程（China New Car Assessment Program，C-NCAP）	类似于欧洲的 Euro NCAP，C-NCAP 是中国的新车评价规程，对车辆的安全性能进行测试和评估
IVISTA 中国智能汽车指数，其中 IVISTA 代表智能汽车集成系统试验区，全称为 Intelligent Vehicle Integrated System Test Area	IVISTA 中国智能汽车指数是中国汽研基于智能汽车集成系统试验区，结合中国自然驾驶数据和中国交通数据研究成果，打造的智能网联汽车第三方测试评价体系，用于评估智能网联汽车的安全性能和技术水平
中国保险汽车安全指数（China Insurance Automotive Safety Index，C-IASI）	C-IASI 是由中保研汽车技术研究院有限公司主导的汽车碰撞测试评价体系，旨在通过严格的测试标准来评估汽车的安全性能

在智能汽车系统中，与预期功能安全关系最为紧密的是智能驾驶系统。以智能驾驶系统为例，已知场景测试主要包括 3 部分：已知场景构建、条件触发与测试、数据收集与评价。

（1）已知场景构建

预期功能安全测试的已知场景由基础场景和触发条件两部分组成。基础场景指的是智能汽车在正常驾驶状态下可能遇到的基本情形。这些情形是场景库中各层架构要素的合理组合。例如，在正常的光照和气候条件下，车辆可能在城市道路、乡村道路或高速公路等不同类型的常规道路上执行起步、行驶、停车、转弯、并线、超车等操作。触发条件是在基础场景的基础上，通过引入特定事件来模拟特殊风险或异常情况，以评估智能汽车在复杂和紧急情况下的应对能力和安全性。例如，恶劣天气、突然出现的障碍物、行人或其他非机动车突然进入车辆行驶区域、路面积水遮挡车道线、其他车辆违规驾驶等紧急情况。根据预期功能安全分析，我们可以得出危害场景及触发条件列表，并基于此设计预期功能安全的已知场景测试用例，同时选择合适的基础场景进行模拟仿真场景构建或实车试验场地建立。

以导航辅助驾驶（Navigate On Autopilot，NOA）功能为例，其可能包含自动跟车、自动变道、车道保持、自动超车、高速公路出入口识别、上下匝道、车速适应等子功能。其中，测试自动跟车功能时，我们可能需要构建其他车辆切入和切出的基础场景，在测试用例中设计不同纵向跟车距离下的其他车辆切入和切出，并设置不同的切入、切出速度。测试用例可以通过需求分析、等价类分析、边界值分析、基于经验的错误推测等方法得出。在基础场景之上，根据触发条件列表添加触发条件，例如涉及感知的摄像头污渍遮挡、雨雪天气、不良光照条件、前方物体反光强度大；涉及规划决策的道路交通设施异常、突然有行人闯入、其他车辆抢占通行区域；涉及控制的道路附着力异常等。每种触发条件可能包含多种变量和取值范围，需要根据验证目标进行合理设计。同样地，每个子功能的预期功能安全测试都需要遵循确定基础场景、叠加触发条件、设置具体参数范围和组合的过程，以形成完整的测试场景。

（2）条件触发与测试

在执行测试的过程中，我们需根据测试用例注入触发条件。若在软件在环或硬件在环的仿真模拟环境中进行测试，我们可通过仿真工具注入并模拟触发条件；若在实车测试环境，我们需在特定试验场地设置相应触发条件，以验证被测对象在扰动因素影响下的行为表现。通常，测试首先在仿真模拟环境中进行，通过后再执行实车测试。在预期功能安全测试过程中，系统可能遇到无法有效应对的危险场景，因此测试中应设有后备防护措施，一旦发现异常，及时进行人工接管和处理。

（3）数据收集与评价

预期功能安全测试过程中需要实时收集多种数据信息，以计算评价指标，评估被测对象的预期功能安全能力，作为设计改进的依据。对于长期收集的数据，我们可选取有价值的信息，通过技术手段转化后纳入场景库或数据库，为后续的预期功能安全研究提供参考。测试过程中收集的数据信息如下。

1）传感器数据。来自摄像头、激光雷达、毫米波雷达等车辆传感器，这些传感器用于感知周围环境，检测障碍物、行人、其他车辆等，并为智能驾驶系统提供实时环境感知信息。

2）控制数据。车辆控制系统的输出数据，包括车辆的加速、制动、转向等控制信息。这些数据用于评估系统对车辆的控制和操作能力。

3）定位数据。车辆的 GPS 数据和定位信息，用于跟踪车辆的位置和轨迹，并帮助系统进行定位和导航。

4）地图数据。车辆行驶路线数据，包括道路、交叉口、车道等信息。这些数据有助于规划车辆行驶路径。

5）驾驶员操作数据。驾驶员操作数据，包括驾驶员主动干预自动驾驶系统的数据，用于评估智能驾驶系统与驾驶员之间的交互和协作。

6）车辆状态数据。车辆的状态信息，如车速、转向角、加速度等。这些数据用于监测车辆的运动状态和性能。

7）环境数据。环境数据包括天气条件、路面状态、交通状况等。这些数据对于评估系统在不同环境下的适应性和性能至关重要。

8）事件记录数据。系统运行过程中的异常事件、警告、故障等信息，用于后续故障排查和分析。

通过收集和分析这些数据，我们可以全面了解智能汽车系统的功能和性能表现，并综合评估其安全性，及时发现和解决潜在问题。智能驾驶安全性的评价通常与人类驾驶员的驾驶情况进行对比，包括事故发生率、事故严重度等多个维度的综合评估。

2. 未知场景测试与评估

预期功能安全研究的重点就是不断将未知变成已知，将不安全转化为安全。未知场景的测试与评估是预期功能安全的重要组成部分。在智能汽车的预期功能安全测试中，我们需要想尽办法不断向未知场景扩展，以不断扩大已知且可控的范围，减少未知的风险。

在预期功能安全领域，未知场景分为未知安全场景和未知不安全场景。构建未知场景的关键在于涵盖未知不安全场景。未知场景的构建与测试主要包括两种方式：一种是在模拟仿真环境下构建未知场景，这需要综合应用随机生成技术、统计分布技术和等效加速测试技术等，以有效覆盖未知不安全场景；另一种是通过实车在道路上长期测试，收集和积累未知场景数据及测试经验，通过时间积累挖掘尽可能多的未知不安全场景进行测试。

下面具体介绍第一种方式。

随机生成技术是通过随机方法生成测试数据和场景，模拟各种不同的情况。在预期功能安全测试中，利用这种技术可以创建未知场景，如随机生成不同类型的障碍物、变化的交通状况、模拟恶劣天气等，提高测试用例的多样性，广泛覆盖驾驶情况。然而，具体应用中，若不区分主次，随机生成和组合各种场景要素，可能带来大量测试工作，且多数场景无效，不涉及安全影响，既浪费测试资源又难以提高安全性。因此，在利用随机生成技术构建未知场景时，我们应基于验证目标进行分析，识别关键参数进行随机生成和组合，以构建有效的未知不安全场景进行安全评估测试。

统计分布技术是通过分析真实场景数据的统计特征来生成测试场景，模拟现实世界中不同事件和情况的发生概率。这种技术生成的未知场景更加符合实际情况。例如，通过收集真实道路交通数据，分析车速和车辆间距的分布，再利用这些统计信息生成仿真测试场景，模拟不同车速和车辆间距的变化，测试智能驾驶系统的自适应性和安全性。

等效加速测试技术旨在加快测试进程，提高测试效率，同时准确评估系统性能。等效加速测试通常依赖虚拟测试环境，在较短时间内模拟车辆在现实世界中长期运行的效果。从测试工具角度看，使用虚拟仿真平台、增强现实测试平台等工具可以缩短测试时间，快速模拟车辆在不同道路和环境条件下的行驶情况，从而提高测试进度和效率。从测试过程角度看，通过构建自然驾驶环境模型和对抗驾驶环境模型，基于危险行为生成未知不安全场景，可以有效加速挖掘未知不安全场景和极端危险事件。

总之，无论采用何种技术方法，未知场景的测试与评估都是一项任重道远的任务。随着智能汽车技术的不断进步，我们需要持续探索新技术和新方案来测试未知场景，不断缩小未知区域，将不断扩展的已知区域风险控制在可接受范围内，这是智能汽车安全研究的目标。

3. 测试库

为了有效测试和验证智能汽车的各项功能与安全性，智能汽车相关研发企业建立相应的测试库十分必要。通过在一定程度上共享数据和经验，形成行业积累，能极大地促进智能汽车安全性的提升。测试库应包括各种测试用例和场景，覆盖多样化的驾驶情况和边缘案例，以便在不同项目中重复利用，避免重复工作，并实现测试的标准化和规范化。智能驾驶系统测试库包含的内容如下。

- ❑ 常规功能及场景的测试用例，例如，测试车辆在日常道路行驶、交通信号灯变化、转弯、并线、超车、紧急制动等基本驾驶情况，用于验证系统在正常道路行驶中的表现。
- ❑ 复杂交通场景测试用例，例如，模拟车辆在高密度交通、复杂交叉口、多车道变道、环形交叉口等复杂交通环境中驾驶，确保系统在拥挤和复杂交通环境中的稳定性和安全性。
- ❑ 极端天气测试用例，例如，在恶劣天气条件下，如雨天、雪天、雾天等，测试系统的反应和控制能力，确保在极端天气条件下驾驶的安全性。
- ❑ 非结构化道路测试用例，例如，模拟在乡村道路、未铺设道路等非结构化道路环境中的驾驶情况，以验证系统在这些条件下的适应性。
- ❑ 智能驾驶模式转换测试用例，例如，测试系统从智能驾驶模式到人工驾驶模式的切换，以及从人工驾驶模式到智能驾驶模式的过渡，确保切换的平稳性和安全性。
- ❑ 远程监控与通信测试用例，例如，测试远程监控系统的有效性，确保可以远程获取车辆状态和控制车辆。
- ❑ 紧急情况测试用例，例如，测试系统在紧急情况下的应急反应，如突然的障碍物、行人突然闯入、其他车辆的失控等情况。
- ❑ 边缘案例和长尾问题测试用例，例如，一些不常见或边缘情况的测试用例，如特殊交通标志、特殊道路规则、特殊场景组合等，用于测试系统在长尾问题下的表现。
- ❑ 测试数据管理和版本控制，即建立完善的测试数据库和数据管理流程，保证测试用例及测试数据的管理和版本控制，以便对测试用例进行持续更新和维护。

建立测试库时，我们应注重多样性和全面覆盖。随着智能汽车测试技术的进步和测试人员认知能力的提高，测试库也应不断进行改进和升级，持续更新，以确保能够对相应系统进行全面、有效的测试和验证。

Chapter 11　第 11 章

智能汽车软件安全相关的支持过程

在智能汽车行业，追求高科技的同时，我们还必须遵循汽车行业规范。这包括必要的规范化和标准化的管理过程及技术支持过程。尤其是对于安全相关的智能汽车软件，软件开发过程和技术方法需满足功能安全要求。同时，软件开发过程中的支持过程也必须符合安全要求，以确保软件安全。这是 ISO26262 传统功能安全标准的要求，但对于预期功能安全也有一定的价值和作用。不规范的操作可能导致系统性失效，从而对软件安全构成隐患。支持过程包括问题管理、配置管理、变更管理、分布式开发管理等，还涵盖软件工具的安全性评估、软件组件复用的安全鉴定、特定软件的配置和标定要求、软件安全档案与安全手册等。这些环节虽不直接涉及软件编码，却是软件开发过程中不可或缺的支持过程，间接影响软件的可靠性和安全性。

随着人工智能技术的发展，大模型给智能汽车带来广泛影响，不仅支持智能汽车软件开发，还助力提升智能驾驶能力，实现智能汽车的自适应学习，提供个性化驾驶体验和服务。然而，大模型在提升智能汽车软件安全性的同时，也引入了更复杂的风险挑战。因此，本章将先介绍支持过程的要求总结为 3 类，一类是安全相关的管理过程要求，一类是工具链相关的安全性要求，还有一类是软件在应用过程中的安全要求；然后介绍大模型的安全性探索，对未来智能汽车安全发展趋势进行预测。

11.1　软件开发中安全相关的管理过程

软件开发过程除了包括基本的项目管理，还包括一系列安全管理过程以及与安全相关的管理流程。安全管理过程涵盖安全认可、安全审核和安全评估;与安全相关的管理流程包括安全问题管理、软件配置管理、变更管理等支持性管理活动。通常,安全管理过程由独立性较强的组织或人员负责。安全认可主要是检查安全活动的关键交付物与功能安全标准的符合性;安全审核是考察功能安全活动的执行流程与标准定义的一致性;安全评估是从技术和流程两个方面综合评估产品的安全性。其中,安全认可一般基于ISO26262传统功能安全标准开展,安全审核和安全评估会涉及传统功能安全和预期功能安全。因为安全管理主要围绕功能安全标准进行,且独立于软件开发之外,所以本节不会对其进行过多介绍。与此相对,安全相关管理过程是软件开发中不可或缺的部分。从第一性原理角度看,这些管理过程与软件质量及安全性密切相关,因此本节将重点介绍这些关键的安全相关管理过程。

11.1.1 问题管理的方法与要求

智能汽车软件开发过程中不可避免地会出现与软件安全相关的问题。这包括在技术评审、开发设计、安全分析、测试过程,以及客户验收时发现的问题。这些问题意味着软件存在安全缺陷,急需改进。若这些问题未得到有效解决,软件系统可能会隐藏安全风险。因此,在项目实施过程中,我们应制定安全问题的处理流程,对发现的问题进行详尽的记录、分析和闭环管理,同时建立机制以有效发现问题。对于严重的安全问题,我们应明确问题上升机制,确保相关问题得到妥善解决,且相关方能够知情。

对于智能汽车软件相关企业及组织来说,建立公司级的统一安全问题管理流程是必要的,以免在不同项目中重复制定流程而导致混乱。为了管理的高效性,借助工具实施问题管理是推荐的做法。我们可以购买商业化的问题管理工具,或根据自身的流程要求自行开发。表11-1所示为常用的问题管理工具示例,实际中所应用的问题管理工具包括但不限于这些。在选择问题管理工具时,我们应考虑功能特性、界面友好性、报告和统计能力、与其他项目管理工具的集成能力以及成本等方面,建议先对多个候选工具进行比较和评估,以选出最适合团队需求的工具。

表 11-1 常用的问题管理工具示例

工具	简介
Jira	Jira是一种功能强大的问题跟踪和项目管理工具,由Atlassian公司开发。它广泛用于软件开发项目管理和问题管理,使团队能够有效地跟踪和解决问题
Redmine	Redmine是一种开源的项目管理和问题跟踪工具,提供了问题管理、项目计划、资源跟踪、文档管理等功能
Bugzilla	Bugzilla是一种开源的缺陷跟踪工具,被广泛用于软件开发和测试,帮助团队跟踪缺陷、问题和改进需求
禅道(ZenTao)	禅道是一种开源的项目管理软件,主要用于敏捷项目管理、软件开发和测试管理,提供了问题管理、需求管理、任务管理、缺陷跟踪、测试管理、文档管理等功能,支持团队进行项目规划、协作和跟踪

问题管理通常涉及问题相关内容的定义及问题管理流程的制定。问题相关内容的定义包括问题分类、问题等级、问题状态定义及跟踪等。在使用问题管理工具时，这些基本内容需要根据各组织的特点进行定制化配置。

1. 问题相关内容的定义

（1）问题分类

在问题管理过程中，首先要进行问题分类，即按照组织的内部情况和特定标准将项目过程中出现的问题进行分类。问题通常可以分为缺陷、功能改进问题、性能优化问题、评审问题、质量审计问题、项目问题等多种类型。其中，缺陷多源于测试过程；功能改进和性能优化问题可能源于开发或测试过程；评审问题源于项目生命周期中的交付物评审环节；质量审计问题源于审计过程；项目问题涉及进度、资源、成本、质量等项目管理方面。准确定义问题的分类有助于更深入地理解问题的本质，为问题的解决提供指导。

（2）问题等级

在问题分类定义之后，每类问题都需要明确严重等级和优先级。这两者是衡量问题的严重程度和处理顺序的关键指标。严重等级反映了问题对软件功能或性能的影响程度。通常，严重等级分为致命、严重、一般、轻微等。安全相关的问题通常被定义为最严重的级别。问题的严重等级与其处理的紧迫性直接关联，通常级别越高，问题的影响越严重，需要更快解决。此外，问题的严重等级还与测试的结束准则、产品的发布等有紧密联系，例如，如果测试发现软件中存在安全相关的致命缺陷，在缺陷解决之前，测试就不能达成目标，产品不允许发布；如果软件中存在需要性能优化的轻微问题，那么根据测试策略的规定，可能测试就可以结束，产品可以正常发布，轻微的性能问题转移到下一个版本中进行迭代优化。

在问题管理中，除了严重等级，我们还需定义问题的优先级，表示问题在当前开发周期或版本中的处理顺序。优先级可以根据需求和项目进度调整，通常分为紧急、高、中、低几个级别。紧急优先级问题需要优先处理，而低优先级问题可逐步解决。在问题管理流程中，我们应具体定义每种优先级的处理要求，例如，紧急问题需在 24 小时内解决，高优先级问题在 48 小时内解决，中优先级问题在当前阶段结束前解决，低优先级问题可在项目结束前解决。一个问题是否可以延续到下一版本解决，需综合考虑其严重等级和优先级。

（3）问题状态定义及跟踪

在问题管理过程中，问题从被发现到最终解决和验证，会经历不同的状态。因此，我们需要定义问题的状态并进行跟踪管理，根据实际情况更新状态，直到问题得到闭环。常见的问题状态如下。

- ❑ 新建：问题刚被发现，尚未开始处理。
- ❑ 分配：问题已被指派给相应的负责人，准备开始处理。
- ❑ 处理中：问题正在被处理中，可能在调查和解决阶段。
- ❑ 待验证：问题已经得到解决，等待测试验证。
- ❑ 已解决：问题已被解决并验证通过。
- ❑ 关闭：确认问题得到解决，并且不再需要进一步处理。

状态跟踪有助于团队成员掌握问题的当前状态，是监控问题解决进程的有效手段。在软件开发项目问题管理中，我们必须明确定义问题分类、严重等级、优先级和状态等相关内容，以支持系统化的问题管理流程，从而更有效地组织团队工作，提高软件质量，并满足用户及产品需求。

2. 问题管理流程的制定

问题管理流程是组织处理和解决问题的一系列步骤和规范，明确了每个环节的活动要求和责任人，为在实践中发现的问题提供处理依据。这一流程通常包括问题的发现与记录、问题分配、问题分析与整改、问题验证和确认等环节，在每个环节需根据组织的实际情况确定责任人，如图11-1所示。其中，问题发现人可能包括测试人员、开发人员、质量人员、项目经理等所有项目相关人员。在涉及功能安全的产品或项目中，所有发现的问题最终应由功能安全人员进行确认。首先要确认问题是否与安全相关，对于非安全相关问题，不需要进一步确认；对于安全相关问题，则需确认是否采取了足够的安全防护措施，这些措施的有效性是否得到了充分验证，或者在安全措施不足的情况下，是否有充分的理由表明残余风险处于可接受的水平。对于非安全相关的产品或项目，问题管理流程中可以省略功能安全人员确认环节。

（1）问题录入

在问题管理流程中，问题录入需采用统一的格式，以保证信息的完整性和准确性。录入内容应包括问题来源、发现说明、涉及的软硬件版本、相关环境版本、复现概率等。图11-2所示为问题录入要求示例。问题来源可能包括用户反馈、测试发现、自动化测试报告或代码审查等。在问题发现说明环节，应详细描述问题发现过程和步骤，为后续的问题分析提供参考，并附上必要的截图、数据链接等相关证据。

在问题录入时，问题发现人需为问题选定正确的类型，并设定相应的严重等级和优先级，同时标记当前的状态，例如设为"新建"状态。问题录入完成后，问题发现人应将问题指派给相应功能的分配负责人，由功能分配负责人对问题进行聚类和再次分配。之所以设立这样一个角色，主要是因为在智能汽车软件研发过程中问题数量太多，将问题聚类解决有助于提高效率，即同类问题相互链接，只要一个问题解决，其他问题自动随之闭环，而不用逐个单独处理。或者对同一类相似问题开展专项解决活动，按照一定的比例抽样解决，所抽取的样本全部回归测试通过后，对所有问题进行批量化闭环处理。但这种方式在功能安全相关问题处理上并不推荐，可作为轻微问题处理手段。另外，设置分配负责人还有一个原因，在智能汽车软件开发过程中，通常需要多个团队和成员共同协作，问题发现人难以准确定位问题责任人，因此流程中应先将问题指派给分配负责人，由其负责初步确认并进一步分配给具体责任人。

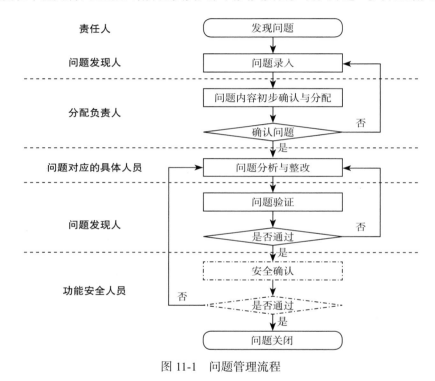

图 11-1　问题管理流程

【软件包版本号】: 被发现问题的软件版本号
【基础镜像版本号】: 如果涉及，则需填写基础镜像版本
【硬件版本号】: 所使用的硬件平台型号及版本说明
【问题来源】: 问题发现来源的概括说明，例如客户反馈、测试发现等
【问题发现说明】: 详细描述发现问题的过程和步骤，例如测试步骤等
【数据及日志】: 发生问题时刻回传的数据链接和日志等辅助分析内容
【测试环境】: 如果是测试发现的问题，需要描述测试环境和版本
【复现概率】: 如果是测试发现的问题，需要填写复现百分比
【预期结果】: 根据具体情况填写
【实际结果】: 根据具体情况填写

图 11-2　问题录入要求示例

（2）问题内容初步确认与分配、问题分析与整改

在问题内容初步确认和分配环节，若确认内容不构成问题，则需向问题发现人反馈，并更新问题状态；若确认是问题，则应将其分配给负责相关任务的团队成员，以进行问题分析和整改。在此过程中，我们必须深入剖析问题，查明根本原因并制定解决措施，同时对分析结果和解决方案进行详细记录和阐述。

（3）问题验证

具体责任人在完成问题分析和整改后，应向问题发现人提供反馈以进行验证，并更新问题状态。问题发现人随后进行回归测试或检查，以确认问题是否已解决，如果是智驾相关问题，一般需要进行数据回灌验证。如问题依然存在，可将问题直接反馈给对应责任人进行再次分析和整改；如问题得到解决，可推进到下一环节：若为功能安全相关产品或项目，则进入功能安全人员确认环节；若为非功能安全相关产品或项目，则直接进入关闭环节。在此过程中，我们必须及时更新问题状态信息，确保其能反映实际情况，以便有效跟踪问题解决进展，并确保问题得到及时处理。

3. 问题排查机制及上升机制

在问题管理流程中，除了前述步骤外，还需制定问题排查机制和上升机制。问题排查机制是根据组织的具体情况制定合理的措施，以确保发现所有安全相关的问题，防止遗漏。此外，将排查发现的共性安全问题和关键安全问题作为典型案例进行宣贯，以防类似问题再次发生。问题上升机制是明确问题上升汇报的途径，对于存在争议的安全问题，应确保其能够上升至更高组织层级决策，以保障安全问题得到妥善处理；对于紧急问题，应进行特别处理，确保能够及时应对。

在利用工具进行问题管理时，该工具可根据配置自动流转问题、通知和提醒相关人员。通过问题记录，团队成员能够完整地了解问题处理的全过程和结果，从而保障信息互通，促进团队成员间的有效沟通和交流。最终，通过生成问题处理报告和统计数据，我们可以监控问题处理的效率和团队的绩效。

11.1.2　软件配置管理和变更管理的方法与要求

软件配置管理是一套规范化且高效的管理过程方法，旨在确保软件开发各阶段的相关产物（如源代码、文档、二进制文件、资源文件等）能够被有效控制和跟踪，以提高组织过程资产的安全性和完整性。软件变更管理属于配置管理活动之一，涉及对软件的修改和优化。软件配置管理需要跟踪变更过程及变更交付物，并记录变更的原因和相关信息，从而帮助管理变更的影响范围和控制变更风险。

1. 软件配置管理

软件配置管理通过制订和遵循配置管理计划来开展配置管理和控制活动，主要通过配置审计和配置项状态报告来完成。软件配置管理活动涵盖配置项识别、配置项标识、配置库管理、版本控制和发布等多个方面。相关常见术语定义可以参考表 11-2。

表 11-2　常见的软件配置管理相关术语定义

配置管理术语	描述
配置项	软件开发中的基本构建块，可以是源代码、可执行文件、文档、数据库、配置文件等。在配置管理中，每个配置项都被视为一个独立的实体，需要进行管理、控制和追踪
配置项标识	为了唯一标识和识别每个配置项而分配的符号或名称。这个标识通常是一个独一无二的编号，用于区分配置项，确保在配置库中准确定位和追踪配置项的变更和版本
配置库	集中存储配置项及其版本的数据库或仓库，用于存储配置管理相关信息，可以是本地文件系统、版本控制系统或其他专门的配置管理工具
配置审计	对配置项及其属性进行全面检查和评估的过程，目的是验证配置项是否符合定义的规范、标准和需求，并确保配置库中的信息与实际软件产品的状态一致，通常包含功能审计和物理审计
配置状态报告	软件配置管理过程中的记录，用于描述软件配置项的当前状态和相关信息，通常包含配置项名称、描述、标识、版本、状态、变更历史、审计信息、问题情况等信息

配置管理离不开人、工具、规范三要素。

☐ "人"是指在配置管理过程中负责执行相关活动的配置管理员。在传统汽车等行业中，通常有专门的配置管理工程师来负责文档/代码等组织过程资产的配置管理、配置库的维护，代码编译、集成等工作。在智能汽车软件领域，由于 DevOps 开发运维一体化模式的推广，配置管理与 DevOps 的研发效能相关活动密切相关，例如持续集成和持续交付的过程涉及代码的版本控制、编译、集成等，因此配置管理工作可以由 DevOps 人员负责，或由质量人员与 DevOps 人员深度配合，前者负责业务层面的配置管理，后者负责提供后台工具和技术支持。

☐ "工具"是指用于存放组织过程资产的系统和版本控制系统，如 Git、Subversion（SVN）、Confluence 等。在智能汽车软件领域，代码配置管理工具通常为 Git，可以与各种 DevOps 平台工具深度整合。文档配置管理可以使用 Confluence 或 SVN 工具。很多高科技公司直接采用飞书云文档来作为文档配置库。在选择配置管理工具时，我们应考虑各种研发工具之间的兼容性，以便软件研发体系的整体数字化建设。

☐ "规范"是指配置管理的相关规则。首先，软件研发企业应建立公司级的配置管理控制流程及规范。在每个项目开始时，负责配置管理的人员应基于这些流程及规范制订本项目的配置管理计划，并在项目中按照这些计划内容开展各项配置管理活动。

项目中的配置管理活动包括以下内容。

（1）配置库管理与策略设置

执行软件的配置管理首先要选用合适的配置管理工具。这些工具应符合团队的技术栈和流程需求，用于管理配置项的规范存储、版本控制和分支合并等。依据项目的需求，我们可在选定的配置管理工具中创建相应的配置库。配置库是配置项及其版本的存储空间，团队成员可在此进行版本控制和协作开发。我们可根据团队成员的角色和责任设定不同的访问权限，确保只有授权人员能更改和读取配置库。同时，制定配置库的文档管理策略和代码分支管理策略，支持并行开发和版本管理，例如，在文档方面制定开发库、受控库、发布库的三库管理策略，在代码方面制定主干分支、功能分支和发布分支的三分支策略。另外，定义配置项提交到相应文档配置库或软件代码分支的规则，包括提交的要求、信息格式、注释内容、评审情况等，以规范管理并更好地追踪变更历史。配置库建立后，应定期备份，防止数据丢失或损坏，确保项目数据的安全。

（2）配置项识别与标识

在配置管理计划制订过程中，负责配置管理的人员应识别配置项。首先，列出所有软件项目成果，如源代码文件、可执行文件、文档、软件配置文件、资源文件等。通常，项目管理过程中的记录性文件（如会议纪要、周报等）不被视为配置项，它们可作为普通资料。接着，确定配置项的边界，明确每个配置项的范围，将配置项划分为合适的大小，以便简化管理和控制。配置项的内容和规模拆解需要与项目团队合作，以确保覆盖所有关键软件项目成果并进行合理划分。识别配置项后，建立统一的命名规范，确保每个配置项都有一个独特且易于识别的名称。命名规范可以包括项目缩写、类型定义、具体名称等元素。每个配置项分配唯一标识符，可方便在项目过程中准确追踪。标识符通常由配置管理工具自动生成或手动分配，格式应符合命名规范，以便识别和使用。在项目中，配置项标识符应与配置库中的实际文件或数据相关联，确保一致性。最后，将确定的配置项列表文档化，并与项目团队共享和沟通，确保对配置项的范围和识别达成共识。

（3）配置项的版本控制

在配置管理中实现配置项的版本控制，首先需定义配置项版本的命名规范，确定版本号的升级规则。在每次版本升级时，详细记录版本修改内容，以便团队成员明确识别各版本间的差异和更新内容。对于配置项的版本定义和升级，遵循版本控制规则，同时选择具有版本控制功能的配置管理工具。配置项修改后，版本应按顺序升级，并在配置管理工具中生成相应的版本记录，即自动控制版本升级并记录每次提交的变更历史。团队成员可查阅配置项的变更记录，了解各版本的修改情况。对于重要的里程碑或发布版本，配置管理人员应为配置项打标签，以标识特定版本，便于追溯和管理发布过程。若开发中遇到问题，团队成员可依赖配置工具回退到某旧版本，这对于错误处理或解决紧急问题是至关重要的。

（4）配置审计与配置状态报告

配置审计是对配置项进行全面检查和评估的过程，旨在根据配置管理计划，验证配置项是否符合既定的规范、标准和需求，同时确保配置库中的信息与实际软件产品状态一致。配置审计通常定期执行。配置管理人员在执行配置审计时，需逐项检查配置项，确认其是否符合规定的标准和要求，并记录审计结果及所发现的问题。配置审计主要包括物理审计和功能审计。物理审计重点验证配置项的物理属性和内容是否符合规定的标准和要求，通过检查配置库中的配置项，验证其是否包含规定的代码、文档等，确保其命名情况、版本记录信息符合要求；功能审计重点评估配置项的功能和性能，验证配置项是否满足项目需求和功能性要求，有助于发现配置项中的功能缺陷、性能问题和集成错误。在工程实践中，功能审计有时候会合并到质量审计中去执行。

配置审计完成后，我们需针对审计中发现的问题和不符合要求的配置项，制定并执行解决方案，确保问题得到妥善处理和修复。之后，编制配置审计报告，总结审计结果和所发现的问题，并描述解决方案，将审计结果和方案建议汇报给相关团队成员和管理层。

配置状态报告与配置审计报告不同，前者是记录软件配置项当前状态和相关信息，用于帮助团队了解项目进展和配置项状态。我们可在配置管理计划中定义配置状态报告周期（如每周、每月或每个开发迭代周期），根据项目复杂度和进度选择适宜的报告频率。配置状态报告记录收集配置库中配置项的信息，包括标识、状态、版本等，并对这些信息进行统计分析，如不同状态的配置项数量、变更历史等，以了解项目进展和配置管理效率；同时记录与配置项相关的问题及解决方案。

（5）发布管理

在软件开发周期中，应制订详细的软件发布计划。该计划应包括每个版本的预计发布日期、包含的功能、修复的问题、测试阶段以及其他必要的发布准备工作。在正式发布前，应对软件进行全面的功能测试、性能测试，以确保版本的稳定性和可靠性，并进行配置审计，验证各配置项的正确性、完整性和合规性；同时，准备发布文档、更新版本信息、打包发布版本等。针对每个发布版本，做详细的文档记录（包含版本号、发布日期、功能、修复的问题和测试结果），以便跟踪发布历史和版本变更。另外，组织相关人员（例如项目管理、测试管理、质量管理、功能安全管理等各方负责人）进行发布审批，确保发布内容满足发布要求。在正式发布当日，将版本部署至目标环境、更新文档和用户指南、通知相关团队成员和用户所发布的内容及注意事项，确保所有相关方了解新发布的版本及其影响。

即便经过充分的测试和准备，发布过程中，我们仍可能遇到问题。因此，定义回退计划，以便在必要时迅速回滚到先前的稳定版本，降低发布风险。发布后，持续监控新版本的稳定性和性能，并对可能出现的问题及时进行响应、修复。

2. 软件变更管理

软件变更管理是在软件开发和维护过程中对项目内容的变化或修改进行有效管理和控制，包括新增功能、修改现有功能、修复问题、优化性能和更改配置项等，旨在确保变更有序、可追溯、可控制，最大限度降低风险、保证软件质量。在智能汽车软件领域，很多软件问题通过版本迭代升级解决，真正执行变更流程的情况比较少，但是并不能因此忽略了变更流程的控制，尤其是涉及需求、架构方面的变更，执行规范的变更流程是必不可少的。

正式的变更管理流程通常适用于已受控或已设定基线的配置项。若配置项已成为正式交付成果，那么后续需要修改时，系统需执行变更流程。该流程包括变更申请、评估影响、变更批准、实施和验证等环节。对于出现问题的变更，则应设计回退方案；对于成功执行的变更，则应及时通知相关方，并完成变更流程的闭环管理。变更流程中还需进行过程审计，以验证变更是否符合既定流程要求和标准规范要求。审计结果有助于评估变更管理效率和质量。所有变更细节（包括实施日期、实施人员、测试结果等）均应详细记录，以便追溯变更历史和问题解决过程。

（1）变更申请与记录

在项目需要进行变更时，相关人员应发起变更请求，并记录所提交变更请求的相关信息，包括变更的提出者、提出日期、变更对象、变更分类、变更描述及变更原因等。

（2）变更影响分析与评估

对于每个变更请求，相关人员必须进行详细的变更影响分析和评估，以确定变更的影响范围、优先级和风险。首先，全面分析变更影响的范围，并通知涉及的相关方共同参与变更的分析与评估，列出受影响的配置项。然后，项目团队中不同角色的人员应从工作量、时间进度、成本、质量、技术可行性、功能安全等方面评估变更的影响，并据此制订初步的变更实施计划。该计划应包括定义变更实施所处的安全生命周期阶段、确定变更验证的方式等。

（3）变更批准

变更批准由变更控制委员会（Change Control Board，CCB）负责。该委员会一般由项目管理人员、技术人员、质量人员、功能安全人员、财务人员及公司高层管理人员组成。他们将从进度、技术、质量、安全和成本等方面进行讨论，并提出接受或拒绝的决策意见及理由，以确保变更经过充分的审核。CCB根据变更影响分析与评估结果来决定是否批准变更请求。

（4）变更实施

根据项目中各角色的定义，确定变更实施的责任人。变更批准后，责任人将负责实施变更请求，修改相应的配置项内容，并规划变更的完成日期。在实施过程中，相关人员应遵循预定的流程和标准。同时，项目管理人员和质量人员应分别负责监控变更实施过程和实施质量，并确定最终变更完成的实际日期。对于安全相关的变更，功能安全人员也应监控实施过程。

（5）变更验证

在变更实施之后，相关人员应基于变更影响范围进行变更验证，如重新进行功能测试和回归测试、对变更内容进行技术评审等，确保变更不会引入新的问题或影响现有功能。对于安全相关的变更，功能安全人员需验证和确认相关结果。

（6）变更回退或关闭

针对每个变更，相关人员应制订回退计划，以应对可能出现的问题。变更实施及验证顺利完成后，相关人员应关闭变更状态，并及时通知相关团队成员和用户关于变更的内容和影响，确保所有相关方都能得到通知并做好相应的准备。

11.1.3 软件功能安全分布式开发管理

在智能汽车软件领域，鉴于软件的复杂性及其生态圈的分布性，软件开发任务通常需要多级供应商共同完成。对于功能安全相关的软件，在合作过程中，双方不仅需签订技术协议，还需签订功能安全分布式开发接口协议（Development Interface Agreement，DIA），以明确双方在功能安全开发方面的职责及功能安全相关交付物的详细要求。开发接口协议通常按层级签订，具体的功能安全要求也会相应传递。例如，整车厂将与集成供应商签署功能安全分布式开发接口协议，明确整车厂需要提供的功能安全信息、集成供应商需执行的功能安全活动，以及双方需要相互支持的工作。然后，集成供应商会进一步细化其负责的功能安全工作，并通过开发接口协议，将软件相关的活动指派给相应的软件供应商，明确双方的职责边界。若软件供应商下有其他供应商，则以此类推，将功能安全的要求、任务和职责层层明确下达。按照目前的商业模式，很多项目整车厂也会直接和软件供应商进行功能安全分布式开发接口协议的签署，直接对软件供应商进行管控。

软件功能安全分布式开发接口的对接由双方的功能安全负责人来负责。通常情况下，客户方会基于技术协议内容，定义双方在功能安全上的分工，并制定功能安全分布式 DIA 的初稿。收到客户方的功能安全分布式 DIA 后，供应商应组织项目组成员进行评审和讨论，充分理解协议中的职责、任务、期望及问题，并基于评审结果向客户方反馈接受与否的意见。对于不能接受的条款和要求，双方功能安全负责人进行沟通协商，直至双方对接口协议的内容无异议，达成一致意见，然后启动功能安全分布式 DIA 的签署流程。图 11-3 所示为功能安全分布式 DIA 签署过程。

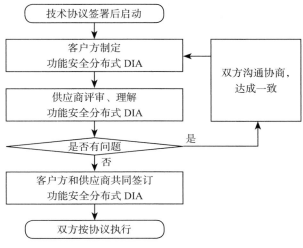

图 11-3　功能安全分布式开发接口协议签署过程

在功能安全分布式 DIA 中，首先定义双方的项目组织架构和角色职责，明确功能安全对接人员。接着，说明双方的沟通要求和形式，比如哪些内容需要通过正式邮件沟通，哪些需通过会议沟通，以及沟通时使用中文还是英语。此外，制订项目沟通计划，包括沟通的时间和频次。协议应从技术和管理两个角度定义对供应商的开发监控方式。供应商需要提供项目的进展情况，包括活动、任务和里程碑的完成情况；客户方则负责监控这些进展，并定义发现功能安全问题时的管理方式和处理流程。例如，供应商每周进行一次进展汇报，客户方对进展有异议应在两个工作日内提出反馈。如供应商的实际进展未按计划执行，其应在一个工作日内提出整改措施和完成时间。协议还应确定安全相关问题的通报方式和上报机制。结合ASPICE 标准的要求，通过定义联合活动和联合过程，来实现对软件功能安全供应商的管理。联合活动包括评审、功能安全认可、功能安全审核和功能安全评估等，协议应描述这些活动的内容、负责人、参与人、输入信息和输出成果。联合过程则明确客户与供应商的交互流程。例如，软件安全分析完成后，客户参与评审的过程，客户对供应商执行安全审核的过程等。软件功能安全开发的安全认可、功能安全审核和功能安全评估由客户执行，也可由供应商内部满足独立性要求的团队执行，还可以委托第三方咨询认证机构执行，具体采用哪种方式，需要在接口协议中明确说明。

功能安全分布式 DIA 的核心是活动定义，通常以列表形式展现，明确客户和供应商各自需要实施的活动和交换的信息，以及要完成的交付物和对应的职责矩阵。这些活动和交付物一般依据功能安全标准，并结合项目实际情况制定。协议还应约定量产后的功能安全活动和职责，比如安全问题的响应要求和安全事故的分析职责。

DIA 是软件功能安全分布式开发的关键，通过明确双方在功能安全方面的责任和义务，规范合作开发流程，保障软件开发的质量和安全性，有效预防和解决功能安全相关的争议和纠纷。总体而言，它为双方工作提供了明确的指引，促进了双方在技术领域的合作与交流。

11.2　软件工具链的安全性

智能汽车的软件开发离不开软件工具链的支持，其中包括各种开发工具、测试工具、管理工具和文档工具等。这些工具在软件开发过程中起着关键作用，不仅可以提升开发效率、改进代码质量、增强软件安全性，还能帮助团队更好地协作和优化交付流程。然而，软件工具在支持高效开发的同时，也可能对软件本身产生不良影响。例如，由于配置错误或实现问题，一些关键软件测试工具可能会产生误报或者漏报。这可能导致开发人员在修复缺陷时浪费时间和资源，或忽略真正存在的缺陷，从而降低软件的安全性。因此，在安全相关软件的开发过程中，对软件工具进行安全评估和鉴定是必不可少的，即需要从传统功能安全角度出发，评估工具是否会对所开发的软件产生安全影响，以及在工具发生功能异常或错误输出时，是否能够采取有效的措施进行预防、监测或减小错误造成的影响。

此外，在保障智能汽车安全性的过程中，预期功能安全的研究与探索也是不可或缺的。对于预期功能安全测试，仿真工具中的虚拟场景与现实世界中的真实场景之间的一致性，是影响智能汽车安全性的重要因素之一。关于虚拟场景的真实性和一致性评估，并不能完全由软件工具的传统功能安全鉴定环节来覆盖，因此，本节将首先从传统功能安全标准的角度出发，对所有软件工具进行安全评估和鉴定，随后从预期功能安全的角度出发，探索虚拟场景与真实场景的一致性，并提出评估方法和思路。

11.2.1　软件工具的安全评估与鉴定

软件工具的置信度反映了对软件工具信任程度和可靠性的评估。在软件功能安全开发项目中，软件工具置信度会影响到对工具产出结果的信任及依赖程度，进而影响到软件的安全性。因此，对软件工具进行安全评估和鉴定是必要的。我们可通过分析方法确定软件工具的置信度等级，并根据这个等级确认其实际的安全性。统一执行公司级软件工具的安全评估和鉴定，可以避免在不同项目中重复相同的评估工作。在每个项目中使用软件工具前，我们需确认相关约束条件、使用方法、应用环境等是否符合评估和鉴定时的条件。如果存在差异，我们需对该项目中的相应软件工具进行单独的安全评估和鉴定。

1. 软件工具的安全评估

智能汽车软件开发项目中使用了多种软件工具，如需求分析工具、软件开发工具、测试工具、安全分析工具、绘图工具、文档工具、配置管理工具等。在评估软件工具安全时，功能安全人员负责列出并分析软件研发过程中使用的所有工具，包括商业化工具、开源工具和自主开发的工具。针对每种工具，明确其版本、配置信息、执行环境、预期用途、已知缺陷、使用方法、所需的输入输出、环境约束和功能约束等。功能安全人员通过分析每种工具的预期用途，评估其对软件开发的影响及错误探测能力。依据ISO26262传统功能安全标准，功能安全人员基于工具影响（TI）和工具错误探测（TD）两个维度确定工具的置信度等级（TCL）。表11-3所示为工具置信度水平确定表。其中，TI1代表该工具发生错误异常时不会影响软件的安全性；TI2代表该工具发生错误异常时对软件安全性能够产生影响；TD1代表有充分的措施能够预防或探测工具的异常情况和错误输出，具有较高探测度；TD2代表有措施预防或探测工具的异常情况和错误输出，具有中等探测度；TD3代表除了TD1和TD2之外的其他情况。工具置信度等级包括TCL1、TCL2和TCL3。

表 11-3　工具置信度水平确定表

工具影响	工具错误探测		
	TD1	TD2	TD3
TI1	TCL1	TCL1	TCL1
TI2	TCL1	TCL2	TCL3

举个例子，针对软件编译工具，如果发生异常，可能导致编译后的可执行代码出错，直接影响安全性，故影响度定为TI2。并且对于软件编译工具发生异常导致错误输出的这种情况，一般没有有效的措施可以进行防护，探测度为TD3，由此得出软件编译工具的置信度等级为TCL3。另外，对于单元测试工具，异常情况可能导致无法准确发现软件潜在问题，间接影响软件安全，因此影响度为TI2。但通过后续测试，可能探测到由单元测试问题引发的隐患，所以探测度为TD2，由此得出单元测试工具的置信度等级为TCL2。

2. 软件工具的安全鉴定

通过工具安全评估并确定置信度水平后，对于TCL1级的工具，我们不需要进行安全鉴定；而对于TCL2和TCL3级的工具，我们需要根据工具所应用的软件开发项目中，软件最高ASIL来确定应采用的鉴定方法。依据ISO26262传统功能安全标准，我们可参照表11-4所示的软件工具的鉴定方法进行选择，优先考虑"强烈推荐"的方法，在多个"强烈推荐"的方法中选其一即可。其中，"使用中累积置信度"方法须有充分的数据支撑，这些数据是在软件工具有相同用途且在相似的环境、功能和约束条件下，对所有功能异常和错误输出历史情况进行系统化采集得到的。"工具开发流程评估"方法要求软件工具的开发流程达到国际或国内的适宜标准，如采用 ASPICE、CMMI 等评估流程，或遵循某些团体标准。"软件工具确认"方法需验证工具符合预期用途，确保工具不出错或错误可被检测措施全面覆盖，及验证工具对异常情况的响应能力，并对确认过程中出现的异常、错误及其措施进行分析。"按照安全标准开发"方法则要求软件开发达到一定的功能安全标准要求，虽无专门适用于软件工具开发的安全标准，但可依照国际或国内认可的软件功能安全开发标准（如 IEC61508、EN50128、ISO26262、RTCA DO-178 或相应的国家标准）进行鉴定。

表 11-4　软件工具的鉴定方法

| 方法 | TCL3 | | | | TCL2 | | | |
| | ASIL | | | | ASIL | | | |
	A	B	C	D	A	B	C	D
使用中累积置信度	强烈推荐	强烈推荐	推荐	推荐	强烈推荐	强烈推荐	强烈推荐	推荐
工具开发流程评估	强烈推荐	强烈推荐	推荐	推荐	强烈推荐	强烈推荐	强烈推荐	推荐
软件工具确认	推荐	推荐	强烈推荐	强烈推荐	推荐	推荐	推荐	强烈推荐
按照安全标准开发	推荐	推荐	强烈推荐	强烈推荐	推荐	推荐	推荐	推荐

以编译器和单元测试工具为例，如果要开发一个符合 ASIL D 标准的软件系统，工具使用方就必须对所使用的编译器进行安全鉴定。在经过安全评估后，若编译器的置信度被评定为 TCL3，那么这个编译器必须是按照安全标准开发的，或者已经进行了全面确认。在实际项目中，由于使用方通常无法按照安全标准对工具进行重新开发，且全面执行工具确认同样充满挑战，因此编译器需要通过相应的工具置信度安全评估和认证。工具使用方通常会直接用该工具的功能安全认证资质作为安全鉴定的证据，但仍需关注并确认工具的使用环境和约束条件与当前项目需求的匹配性。对于单元测试工具，如果其经过安全评估并识别为 TCL2 等级，则工具使用方需采用软件工具确认方法进行安全鉴定。如果该单元测试工具是经过相应安全评估与认证的商业化产品，则意味着它已经过全面的测试、验证与确认，因此可以直接利用其功能安全认证资质进行安全鉴定。此时，工具使用方同样需要考虑安全使用环境和约束条件。如果单元测试工具未经过安全评估与认证，那么工具使用方需要对其进行确认，通过开发测试套件实施全面测试和确认，以探查可能的功能异常和错误输出。工具使用方可以采用一些故障插入测试，如输入不完整数据、进行不完整工具升级、使用禁用的配置组合或执行一些可预见的误操作，并分析其防护措施的完备性。只有当单元测试工具全面通过确认、证明无安全隐患时，才能满足安全鉴定的要求，否则不能在功能安全软件开发中使用。

软件工具安全评估与鉴定的总体流程如图 11-4 所示。

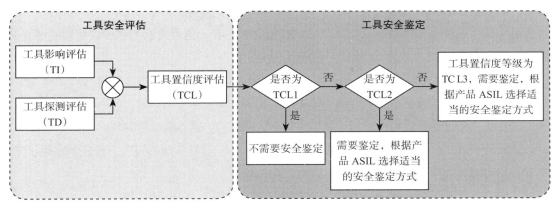

图 11-4　软件工具安全评估与鉴定的总体流程

在智能汽车软件开发领域，随着产业生态圈的不断扩展，软件开发语言变得多样化，相应的软件工具种类也日渐增多。开源工具的广泛使用，常常导致人们忽视了软件工具的置信度问题。许多开发者并未意识到，软件工具可能对软件产品造成严重的安全影响。因此，在智能汽车软件的未来发展中，我们必须加强对工具置信度的重视，确保在每个与功能安全相关的软件开发过程中，对软件工具进行全面的安全评估与鉴定。

11.2.2　预期功能安全仿真工具评估

在智能汽车预期功能安全研究过程中，我们经常会用到仿真工具。这些工具可以将真实场景转换为虚拟元素和场景，从而允许被测系统在仿真环境中进行全面的测试与验证。场景仿真测试是智能汽车预期功能安全研究的关键环节，提供了一个安全、高效、经济且可控的测试环境。这种环境使得系统能在多种场景下进行全面的安全测试，覆盖更多复杂的情况。尤其是在真实的道路环境测试中难以遇到的特殊场景事件，通过仿真工具能够模拟出来。仿真测试不仅能够提供安全的测试环境，避免真实环境测试中可能的风险和安全隐患，而且还能重复执行相同的测试用例，验证系统的一致性和稳定性。同时，仿真测试具有良好的可控性，支持精确控制测试条件和参数，深入分析系统行为。与真实环境测试涉及昂贵的成本和资源投入相比，仿真测试相对较为经济、高效，并且可以利用真实环境测试采集的数据在仿真测试中进行数据回灌，以在仿真环境下进行真实环境测试的验证。

在仿真测试中，仿真工具通过物理模拟、传感器模拟、环境模拟和模型渲染技术，基于真实场景要素和内容，能够创造各种虚拟场景。这包括将真实场景中的元素，如道路、车辆、行人和建筑物等，转化为虚拟世界中的图像和动态形式。仿真测试常常需要模拟车辆内部视角或外部观察者视角，并且处理虚拟对象之间的交互，如车辆避让等，以使仿真更加真实和复杂。此外，仿真测试还需要模拟各种环境条件，包括不同的天气、光照、季节等。然而，这些由工具生成的虚拟场景与真实场景之间可能存在差异，这是仿真测试中需要特别注意的问题，主要表现如下。

- ❑ 软件仿真工具通常使用物理模型来模拟车辆、行人和其他交通参与者的运动和交互。这些物理模型可能不完全准确，无法考虑到所有细节和复杂场景。
- ❑ 在仿真测试中，模拟传感器可能无法完全还原真实传感器的性能和精度。
- ❑ 软件仿真工具虽然能够尝试模拟不同的环境条件，包括不同的天气、光照和路面状况，但可能与真实环境的复杂状况和变化存在偏差。
- ❑ 智能汽车相关算法通常在特定数据集和场景下进行训练和验证，软件仿真工具模拟的交通情况和场景细节可能与实际道路上的情况存在差异。
- ❑ 软件仿真工具使用的地图数据、车辆行为数据、路况数据等可能不够完整或准确，这会影响模拟的真实性和可靠性。
- ❑ 软件仿真工具的运行速度可能比真实场景中的实时性要快或慢，这可能导致仿真结果与实际结果之间存在时间上的不一致。

在实际驾驶情况下，车辆会面对大量实时场景，包括路况、天气、其他车辆以及行人等，而这些场景在仿真工具中的模拟涉及众多复杂的细节。如果仿真工具模拟的场景与真实场景存在偏差，那么从仿真工具中得到的结论可能不够准确和全面。在这种情况下，软件仿真工具验证的安全特性和算法表现可能与实际道路上的有所差异。此外，如果仿真工具使用的数据集不完整或不准确，也会影响模拟的真实性和可靠性。在智能汽车预期功能安全研究过程中，我们通常需要通过大量的仿真测试来验证和确认已知场景及其触发条件，并对未知场景进行探索与评估。如果仿真工具模拟效果与真实场景的一致性存在问题，那么最终可能会影响到预期功能安全的评价结果，进而影响智能汽车软件的安全。因此，在智能汽车软件开发过程中，我们除了需要根据传统功能安全标准要求对软件工具的置信度进行安全评估与鉴定外，还应重点关注仿真工具模拟场景与真实场景之间的一致性。目前，业内尚缺乏适用的安全标准来规范化和系统化地对模拟场景与真实场景的一致性进行评估。基于实践经验和探索研究，对比测试可以作为一种有效的评估方法。

对比测试通常是基于标准化场景进行的，例如可以依据中国新车评价规程 C-NCAP 中相关场景及测试要求进行。基于基础场景的对比测试，我们可以评估仿真工具模拟场景与真实场景之间的一致性，进而验证仿真工具的有效性和可靠性。

在对比测试中，我们可以基于特定标准的基础场景及相应的测试用例，分别进行实车测试和仿真测试。这不仅限于 C-NCAP 中的标准场景，还可以基于其他标准场景进行测试。在实际评估过程中，我们应根据软件开发的具体需求选择适当的标准场景进行对比验证。总体而言，所选取的标准场景和测试用例越全面、越具有代表性，仿真工具的评估结果就越全面、越准确。

采用对比测试进行预期功能安全仿真工具评估主要分为两步。

❑ 第一步是在基础场景中同时进行实车测试和仿真测试。这个阶段主要针对感知效果进行对比，评估仿真工具对感知系统模拟的一致性。在这个环节中，我们需要特别关注仿真图像输出格式的正确性、模型渲染的真实性、仿真场景中所有物体的相关参数与真实情况的符合程度，以及模拟场景中所有交通参与者的数量、路径和行为是否与真实情况一致。

❑ 第二步是在基础场景上叠加预期功能安全分析中识别的各种触发条件，以确保在第一步的仿真效果基础上，对仿真测试中触发条件的仿真效果与实车测试的一致性进行评估。触发条件可能包括降雨、降雪、雾霾、昏暗光线、强烈照明、前方设置的强光反射物体、消失的车道线、行人突然闯入、前方车辆突然切入等。

通过这样的测试，我们可以更准确地评估仿真工具的效果和可靠性，确保其模拟结果能够有效地反映真实情况。

对比测试流程如图 11-5 所示。

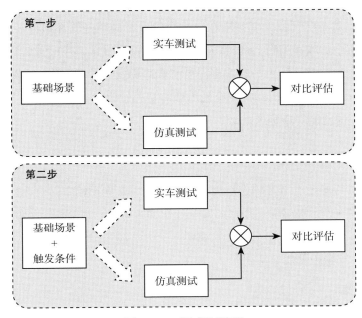

图 11-5 对比测试流程

除了通过对比测试来评估仿真工具的安全性外，仿真场景的开发过程也需要采取措施来提高可靠性和安全性。这可以通过使用高质量的模型和数据来实现，使仿真尽可能接近真实场景。同时，使用真实场景的数据驱动仿真是一个有效的方法。此外，确保仿真中物体的运动和交互遵循准确的物理规律也非常重要。比如，车辆的加速、制动、转弯等动作应该遵循车辆动力学规律。由于仿真工具是一个复杂的系统，很难一次性达到完美的真实性，因此我们需要不断进行迭代和改进。通过实践经验和反馈，我们可以逐步提高仿真效果与真实场景的一致性，例如，可以使用自动驾驶车辆在实际道路上收集的数据来验证和校准仿真系统，从而提高仿真效果的准确性。

在智能汽车预期功能安全研究中，除了利用仿真工具进行仿真测试之外，我们还需进行大量的实际道路测试和验证，以确保系统在真实场景中的安全性和性能。通过结合仿真测试和实车测试，我们可以从多角度确保预期功能安全，以规避仿真工具可能给安全评估带来的影响。这种综合的测试方法有助于构建更加全面、可靠的安全验证体系。

11.3 软件应用过程的安全性

在智能汽车软件开发和应用阶段，我们必须执行一系列的支持活动，以保障软件应用的安全。首先，在软件安全开发过程中，建立完整的安全档案，以提供充足的证据证明所有安全相关活动已经正确实施；同时，提供软件安全手册，详细说明软件的功能、性能、使用环境要求、安全机制及安全约束条件等安全相关内容。只有遵守安全手册中的要求，才能确保软件应用的安全。对于已开发完成且需在新项目中重复应用的软件组件，我们应进行鉴定，以确保其在新应用中的安全运行。此外，智能汽车软件在具体应用时通常需针对特定车型及应用环境进行配置和标定。配置与标定错误可能会影响软件的功能和性能表现，进而影响智能汽车的安全性。因此，软件应用的安全性需依靠相关过程、活动的支持与保障，这些过程、活动需要满足相应的功能安全要求。

11.3.1 软件安全档案与安全手册

软件安全档案与安全手册是软件功能安全开发全生命周期的总结性工作成果。软件安全档案侧重于检查评估，旨在确保软件功能安全开发的所有活动细节均满足相关安全标准要求，达成安全目标。安全手册则侧重于阐述和说明，目的是清晰描述软件的安全能力与边界，确保客户能够正确、安全地使用软件。

1. 软件安全档案

软件安全档案展示并证明软件系统在各种条件下满足相应的安全标准要求。它通过逻辑说明和客观证据，展示软件系统在设计、开发、测试和支持过程中如何符合特定的安全标准要求。软件安全档案是功能安全评估的重要依据之一，也可作为功能安全开发过程中自我排查的一种方法。

通常，我们在项目初期，根据软件功能安全开发生命周期的各个阶段，列出功能安全标准中的具体要求，并由功能安全经理收集证据，以证明这些安全要求得到满足。对于已建立完善的功能安全流程体系的企业，它们通常会有统一全面的安全档案模板。我们可以根据具体项目范围和实际情况对该模板进行裁剪，保留与项目相关的功能安全标准要求。每项标准要求都需有相应的客观证据和详细的符合性说明（包括文档、代码等内容），需明确记录名称、版本和存放位置，以确保证据真实可靠。软件安全档案的建立、跟踪和结束过程如图 11-6 所示，需要进行系统化管理。

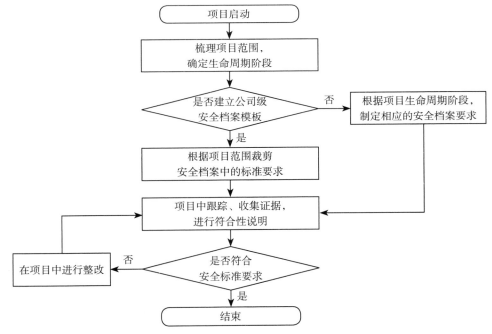

图 11-6　软件安全档案的建立、跟踪及结束过程

对于智能汽车软件领域，最适用的软件研发体系应是一种融合型的研发体系，即在 ASPICE、传统功能安全、预期功能安全基础上融合敏捷开发和 DevOps 流程。而敏捷开发是基于重代码、轻文档的思想，那么像软件安全档案这种并不对软件研发过程有直接作用的支持管理类文档是否必要呢？这个问题没有唯一的答案，关键是不要把安全档案只当作一个文档来看待，而是要把它作为一种安全开发的思想。对于安全档案中的跟踪与编写，证据收集

与安全符合性评估相当于一个事后检查过程，如果在开发过程中每一个人都具备足够的安全意识，在执行相应的活动及输出工作产品交付物时都严格遵循相应功能安全标准要求，并且在执行过程中自己也做相应的检查，那么安全档案作为一个单独的管理活动意义并不大，最多只能防护一些理解偏差及疏忽相关的系统性失效问题。而如果一个团队的安全文化没有那么强烈，在软件开发过程中每个人执行的安全活动、工作产品交付物与安全标准可能会存在差距的情况下，安全经理基于安全档案进行全生命周期的安全管理、证据跟踪是很有必要的，能够发现和纠正很多安全相关问题。另外，对于软件功能安全分布式开发的情况，客户一般会要求供应商在提供的软件功能安全交付物中包含安全档案。这样，客户可以更加直观地去评估供应商所提供的软件安全性的总体情况。

2. 软件安全手册

软件安全档案是用于证明软件功能安全开发生命周期各个阶段的各项活动及各种工作产品交付物均满足功能安全标准要求和安全目标的客观证据集合，为项目组内部提供了一种证明软件安全性的方法。软件安全手册则是在向客户提供软件安全相关产品时使用的信息传递媒介，旨在确保客户能够安全地应用软件。软件安全档案的目标是证明软件本身的安全性，而软件安全手册的目标是指导使用者安全地应用软件以满足既定的安全目标。

软件安全手册中应包含软件适用的应用场景、遵循的标准规范、详细功能特性、性能指标、安全机制、具体配置方法、对外提供的软件接口及使用方法，以及在软件安全应用中需注意的事项等内容。如果软件的安全机制可供外部其他模块使用，软件安全手册还应提供具体使用方法。对于以 SEooC 方式开发的安全相关软件，其安全手册中还需说明所有假设的内容，作为软件应用的前提条件。

对于软件功能安全开发过程中每个阶段的每项活动，我们都应关注是否产生了需要提供给集成方或使用方的安全相关信息，并确保这些信息被纳入安全手册，以避免信息遗漏。这些信息可能来源于 SEooC 的假设分析、软件需求定义的范围、研发设计中的限制条件、基于软件设计的配置要求、软件接口调用要求、软件安全分析的输出，以及软件测试中发现的问题及限制性要求等。软件安全手册应与软件版本保持一致，并进行持续更新与维护。当软件中的安全相关内容或对外提供的安全信息发生变化时，软件安全手册也应相应更新，并明确指出对应的软件版本，以防应用过程中的混淆。

软件安全手册为软件后续集成到整体系统中提供了明确的安全指南和最佳实践指导，对接口设备提出了相应的安全需求，帮助使用方的开发团队在整个开发生命周期中安全、正确地集成和使用该软件。软件安全手册详细说明了提供的安全机制及使用中应注意的安全问题，若客户接受这些建议，便能在后续集成开发或使用中减小潜在的安全风险。由于修复安全问题往往需要大量的时间和资源，软件安全手册中的预防性安全措施能帮助集成方或使用方避免错误应用导致的安全问题，从而降低成本和损失。此外，软件安全手册还可以作为一个间接的证据，向客户、合作伙伴和监管机构证明软件系统的安全性，这有助于增强客户对软件的信任，提升客户满意度和产品声誉。

对于智能汽车而言，安全性一直是备受关注的话题。为终端客户提供车辆的安全手册也是必不可少的步骤，并且要保证客户充分理解安全手册中的条款，尤其是系统局限性、安全操作的约束条件等，应如实向客户展现目前系统的实际智能驾驶能力以及可能存在的安全问题，一定要避免在安全方面存在信息差，防止客户对智能驾驶理解偏差而引发的安全事故。

11.3.2 软件组件复用的安全鉴定

在智能汽车软件中，面向服务的架构 (SOA) 得到广泛应用，逐渐形成了软件与硬件解耦以及软件模块之间解耦的双重解耦模式。这种模块化和松耦合的特征提升了软件复用性。因此，确保软件组件复用的安全性成为智能汽车软件开发中不可回避的问题。所谓"软件组件复用"，指的是在不同应用开发中重复使用已开发的软件组件，以节约时间、资源和成本，同时提升软件开发效率和质量。这些软件组件可以是独立的、可编程的单元，例如函数、类、模块、库，甚至更大的构建块，如服务、框架等。复用的软件组件既可以是源代码、预编译代码、模型、已编译的软件，也可以是第三方供应商的软件库、现成的商业化软件产品等。组件复用的核心理念是在不同上下文中利用现有软件，而非从零开始编写新软件。针对软件组件复用的情形，我们需要制定相应的安全鉴定策略，通过收集相关证据来证明所复用的软件组件能够满足新应用的安全需求。

首先，应对软件组件进行分类。一个智能汽车软件开发项目包含的所有软件组件可以分为 5 种。

- ❑ 新开发的软件组件。
- ❑ 部分复用的软件组件。
- ❑ 完全复用的软件组件。
- ❑ 开源软件组件。
- ❑ 商业化软件组件。

在智能汽车软件功能安全开发过程中，针对新开发和部分复用的软件组件，我们应遵循功能安全标准进行规范化开发；而对完全复用、开源及商业化软件组件，我们需执行安全鉴定活动，以评估其在新系统中的安全性。

不同类型的软件组件的安全鉴定策略亦有差异。图 11-7 所示为软件组件复用的安全鉴定策略。对于完全复用的软件组件，我们需从以下两个维度进行评估：一是该软件组件开发是否按功能安全标准流程开发，二是软件组件与新应用系统的需求匹配度，包括安全需求、接口要求、软件环境及约束条件是否完全适用。如果这两个维度评估都没有问题，该软件组件可以直接使用。如果该软件组件并未按照规范的功能安全流程开发，我们需要重新按照标准要求，补充相关的开发流程和文档。如果完全复用的软件组件与新应用系统的需求有所差异，针对差异所修改的软件内容应按照功能安全标准要求开发。

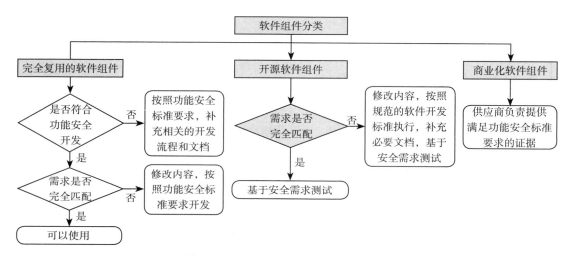

图 11-7 软件组件复用的安全鉴定策略

对于开源软件组件，我们也要评估其是否和新系统需求完全匹配。

- 如果完全匹配，不需要进行修改。但需要对开源软件基于安全需求进行全面测试，证明开源软件能够满足相应的安全需求。

- 如果开源软件组件与新应用系统在需求、接口、环境或约束条件方面存在差异，则需进行修改，且修改过程应遵循规范的软件开发流程，如 ASPICE 或 ISO26262 的功能安全软件开发流程，并补充必要的文档，同时对开源软件组件进行基于安全需求的整体测试。

对于商业化软件组件，由于在开发过程中一般无法修改，因此我们在购买时需要评估需求的匹配情况。在评估功能安全软件系统时，使用方应要求供应商提供相关的安全证明，如功能安全产品评估认证的证书或评估报告等。

软件组件复用的安全鉴定是根据鉴定策略，收集证据以证明复用的软件组件符合新应用系统的安全要求。这包括软件组件的需求、接口、约束、用途的符合性证据，以及软件开发过程符合相关标准、测试验证覆盖率达标的证据等，以此来验证软件组件适用于新应用系统，并能满足功能安全要求。

在执行软件组件复用的安全鉴定时，我们需要按照鉴定策略收集证据，并将鉴定过程文档化（例如，制定软件组件复用的安全鉴定规范和安全鉴定报告），以客观展示鉴定的严谨性。

（1）安全鉴定规范

安全鉴定规范应为每个所鉴定的软件组件分配唯一标识，确定其执行错误时可能违背的所有安全要求的最高 ASIL，并明确描述软件组件的原始需求、接口、资源、约束等，与新应用系统的需求、接口、资源、约束进行对比分析。安全鉴定规范还应涵盖软件组件的配置、异常运行情况下的反应、已知异常及其处理方法、集成和应用的相关说明。

为了证明软件组件的符合性，安全鉴定规范应明确需要收集的具体证据、验证要求及指标。例如，安全鉴定策略被基于安全需求测试的软件组件复用，安全鉴定规范中应定义需求覆盖率指标，并且既要覆盖正常运行条件，也要覆盖异常情况下的表现，确保软件组件在各种场景下均能安全应用，实现相应的安全目标。制定安全鉴定规范时，我们应根据软件组件的具体情况及其在新系统中的应用来确定所需的鉴定内容。

（2）安全鉴定报告

根据安全鉴定规范，我们应执行相应的安全鉴定活动，并将收集的证据、验证记录及结果作为鉴定结果，纳入安全鉴定报告。安全鉴定报告可用于证明所复用的软件组件在新系统的预期使用环境下，能够安全且有效地应用。

软件组件复用的安全鉴定及其文档化是传统功能安全标准 ISO26262 要求的。在智能汽车软件功能安全开发中，我们应尽可能遵循此要求执行。即便在敏捷思想驱动的软件研发体系中，软件组件复用的安全鉴定理念仍然不可或缺，只是文档化层面可适度简化或省略。在智能汽车软件领域，开源代码的应用极为广泛。随着智能汽车产业软件生态圈的形成，软件开源已成为一种趋势。因此，在进行软件功能安全开发时，系统中可能会使用一些开源软件组件，这就需要保持安全意识，并运用软件组件复用的安全鉴定思想和方法，以确认这些开源软件组件在系统中的预期使用适用性和安全性，从而有效保障智能汽车软件整体的安全性。

11.3.3　软件配置与标定的管理

智能汽车软件开发完成后，为确保其在不同车型的驾驶环境和使用情况下能正常运行、安全驾驶及展现最佳性能，我们需要进行相应的软件配置与标定。通过这一过程，我们可以实现以下目标。

❑ 使软件能够适应硬件变化。考虑到不同车型和零部件可能引起的软硬件协同问题，以及车辆维修、更换零部件、升级系统等可能导致的硬件配置变化问题，通过软件配置和标定，可以实现软硬件的适配。

- 确保不同系统之间协同配合和满足高精度要求。不同型号和供应商的传感器、控制单元及软件系统之间可能存在差异。通过配置和标定进行校准，可以确保它们协调工作，精准匹配应用需求。
- 实现系统优化，提升性能。对于智能驾驶系统而言，通过软件配置和标定对算法和逻辑参数进行调整和优化，可以提供最佳的行驶性能和安全保障。
- 满足个性化需求。不同驾驶员对驾驶方式有不同的偏好，对车辆性能有不同的需求。通过软件配置和标定，可以调整智能汽车的性能和行为。

1. 软件配置的要求与管理

软件配置是指对软件的各项参数、选项、功能及行为进行设置和调整，确保其在特定环境下正常运作、满足需求，并达到预期效果。这一过程通常通过配置文件完成。它是包含软件各种配置信息和参数的文本或二进制文件。配置文件影响软件的功能设置、界面样式、系统行为、连接设置、用户权限等。在不同类型的软件中，配置文件的角色和内容各不相同。常见的配置文件文本格式及其优缺点见表 11-5。

表 11-5　常用的配置文件文本格式及其优缺点

格式	适用情况	优点	缺点
YAML	常用于描述复杂的配置信息、算法参数等	易读、易编写，支持注释，数据结构清晰，不需要引号包围字符串，支持可嵌套的层次结构	某些语法细节可能存在歧义，相对于其他格式可能稍显冗长
JSON	常用于 Web 服务、API 和传感器数据传输	易于人类理解和机器解析	对于复杂的嵌套结构可能显得烦琐，需要使用引号来标识字符串
XML	适用于描述复杂结构的配置和数据	具有良好的扩展性，支持复杂的数据结构和元数据描述	语法较为烦琐，文件体积较大，应用不够友好，需要更多的标记符号
INI	常用于简单的配置文件	简单易用，适用于满足小规模的配置需求	不支持嵌套结构，适用范围有限，不够灵活
HCL	主要用于配置基础设施，如云服务、虚拟机编排等	专注于基础设施编排，支持复杂的配置需求，具有良好的扩展性	在普通软件应用中可能过于庞大

在智能汽车软件应用中，许多配置数据与安全功能紧密相关。我们需确保数据的合理性和准确性，以保障可配置软件在其生命周期内被安全、正确地使用。因此，我们就需要对配置数据进行规范化要求。在具体应用时，我们可以将配置数据要求进行文档化说明，形成正式的配置数据规范输出。另外，我们应明确配置文件格式、配置数据的目的、配置数据的用法、配置数据范围等信息，并确保配置数据的有效性；同时，关注配置数据不同要素间的依赖关系，配置数据对应的 ASIL 应与相应可配置软件的最高 ASIL 一致。

在配置数据确定后，我们应验证其范围的合理性、数据的准确性等，以证明配置数据符合软件架构设计和单元设计的相关要求。在安全相关应用中，我们通常会在使用配置数据前进行一定的校验，以检查数据的正确性。错误的配置数据可能会影响软件安全相关功能和性能，进而导致危害发生。

可配置软件的安全开发生命周期阶段与配置数据的开发过程既相互独立，又相互关联，如图 11-8 所示。在软件安全开发生命周期内，根据具体的软件需求和设计，制定配置数据的相关要求，并形成配置数据规范。这些规范为特定应用提供参考，成为数据配置的依据和指导文件。在完成配置数据的开发后，我们需要通过评审的方式对配置数据与软件设计要求的符合性、配置的合理性及数据内容的正确性进行检查和验证，确认无误后，进行软件与配置数据的集成准备。在加载配置数据到软件后，我们需进行正确性检查，主要是为了防止数据在配置加载和传输过程中被损坏，检查通过后方可使用该配置数据。在软件集成了相应的配置数据后，我们还需要对集成后的软件整体进行进一步的测试验证。

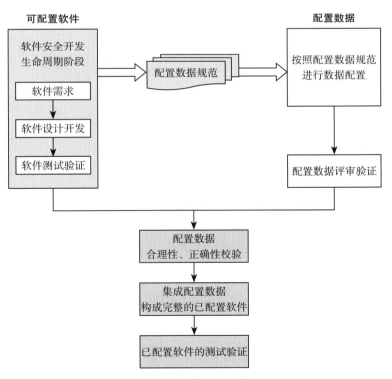

图 11-8　软件配置过程

采用配置方式实现软件的一些特定要求，可以使软件应用更加灵活，因为它允许配置信息与源代码分离，以便于根据应用需求轻松更改软件，而无须修改源代码。这也使得同一软件能够在不同环境下运行，只需调整配置数据即可。

2. 软件标定的要求与管理

软件标定是将传感器及系统输出与现实世界匹配的过程，通过比较实际数据与预期结果，调整传感器或系统的参数以匹配实际情况。在智能汽车开发中，通常先进行软件配置，再进行软件标定。这是因为配置设定了软件系统的基本参数和行为，而标定则需要依据这些配置调整系统参数。不过，开发过程中可能会迭代往返，如标定过程中可能需要调整配置参数，或配置过程中需考虑特定环境下的标定。

为确保标定过程规范及标定数据安全可靠，一般需要制定软件标定规范，明确标定目的、做法、数据范围和单位，明确不同标定数据之间、配置数据与标定数据之间的依赖以及标定可能对运行状态的依赖，确保标定数据有效。与配置数据类似，标定数据的 ASIL 应与软件可能违反的安全要求的最高 ASIL 相同。

标定数据的正确性和有效性需通过评审标定规范、验证标定数据来保障，确认符合软件安全需求、软件架构设计规范及单元设计要求，并与其他标定数据兼容、不产生意外影响。软件标定过程如图 11-9 所示，集成了标定数据后的软件或系统需要进一步全面测试、验证和确认。

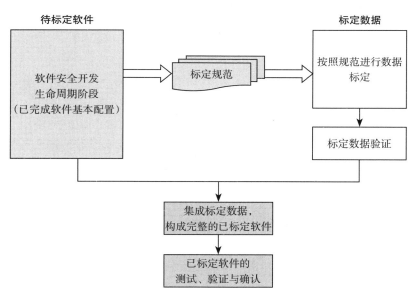

图 11-9　软件标定过程

下面以智能汽车传感器标定为例，介绍下软件标定流程规范。

1）选定要标定的对象：确定传感器类型，例如激光雷达、毫米波雷达、摄像头等。

2）选择用于标定的标定板：确定其特征和几何结构，使用带有特定几何图案的标定板，图案需要在传感器视野内产生明确的特征点。

3）确定标定参数：列出需要标定的参数，包括内部参数和外部参数，例如内部参数的分辨率、畸变，外部参数的位置、姿态等。

4）确定收集的标定数据：标定数据包括车辆的位置、角度、标定板的位置等。

5）确定标定的步骤：首先激活传感器并收集标定数据，然后采集不同角度、距离和环境条件下的数据，在数据中标记标定板的特征点。

6）处理标定数据：提取标定板的特征点，将提取的特征点与标定板上的真实特征点进行匹配。

7）执行参数标定：使用标定板的已知几何信息，优化传感器的内部参数，如分辨率、畸变系数等。基于特征点的对应关系，估计传感器相对于车辆坐标系的外部参数，如平移和旋转。

8）标定结果验证：使用标定后的数据进行验证，检查标定结果是否准确地将传感器数据映射到实际世界坐标，并检查对应关系是否准确。

9）标定数据存储与应用：将标定后的参数和校准数据存储在车辆的计算设备中，以供感知系统使用。

以上示例介绍了传感器标定的主要步骤。实际项目中的标定过程可能更为复杂，根据传感器类型、车辆型号以及特定项目需求而有所差异，需要根据实际情况灵活调整。在智能汽车应用中，通过在公司层级或项目中制定标定规范并梳理标定步骤，可以确保标定过程的一致性和准确性，从而提高标定质量。

标定在智能汽车领域扮演着重要角色，对于确保车辆系统的准确性、安全性和可靠性具有重要意义。通过标定，能有效纠正误差和畸变、提高精度和安全性，成为智能汽车正确运行的关键一环。准确的标定有助于智能汽车更好地理解和适应复杂多变的驾驶环境，从而实现更安全、智能、高效的驾驶体验。

11.4　智能汽车安全展望

技术的发展是一个不断探索和突破的过程。展望未来，智能汽车将经历从辅助驾驶到完全自动驾驶的过渡，实现更高级别的智能驾驶。车辆系统将与其他车辆、基础设施和交通管理系统紧密连接，实现实时交通信息共享、协同驾驶和智能交通流管理。车内环境将更加舒适和娱乐化，例如增强现实和虚拟现实技术的应用将为乘客提供更多娱乐体验和办公选择。

同时，我们必须正确认识人工智能对智能汽车安全的影响，并对其安全性进行有针对性的研究，为智能汽车技术突破与应用找到可行路径。

11.4.1　人工智能的安全性探索

在智能汽车领域，人工智能被视为特殊的软件，与传统软件存在本质区别，见表11-6。

表 11-6　人工智能与传统软件的对比

对比项	人工智能	传统软件
性质和目标	模仿人类智能、模式识别、学习等复杂行为，目标是基于数据进行模式学习、自动化决策以及执行复杂任务	通常是基于明确的规则和逻辑进行构建，由程序员编写代码，以实现特定功能或任务
数据依赖性	从数据中学习和泛化，需要大量训练数据，通过训练来调整参数，从数据中学习模式	基于固定的规则和逻辑，不会主动从数据中学习，不依赖数据
可解释性	部分人工智能的决策过程较难解释，具有一定的不可解释性	由于传统软件是由程序员明确编写的，逻辑和规则通常是可解释的
验证部署	通常需要在训练阶段使用大量计算资源进行训练，然后进行测试验证，才可在特定任务上进行部署	不需要训练，测试验证后即可以部署在特定环境中

通过对比可知，人工智能与传统软件有着不同的概念属性，开发方式与流程也有所差别，但其作为特殊的软件，在安全性方面也会存在系统性失效问题。我们需要通过规范的开发流程降低这种风险，同时在技术上需要防范模型不完善、数据不足等问题对安全性的潜在影响。因此，针对人工智能在智能汽车领域应用的安全性探索与研究，下面将从常用的人工智能相关概念、人工智能的安全开发流程以及人工智能技术安全性3个方面展开介绍。

1. 常用的人工智能相关概念

在智能汽车领域，我们常提及人工智能、机器学习、深度学习、强化学习、决策树、大模型等概念。区分这些概念是正确开展探索、研究的前提，所以我们需要正确理解人工智能及大模型的相关知识，明确它们的含义。

（1）人工智能

人工智能（Artificial Intelligence，AI）是计算机科学的一个分支，旨在赋予机器人类智能的能力。它模拟了人类的思维、学习、问题解决、语言理解和感知等能力。人工智能的目标是让计算机系统执行需要人类智能的任务，以实现或超越人类的表现水平。

在智能汽车应用中，人工智能表现在多个方面。

❑ 感知和认知：人工智能系统能够感知和理解环境中的数据，包括图像、声音和文本。例如：通过计算机视觉技术识别图像，智能汽车通过传感器和算法感知获取周围道路、车辆、行人等环境信息。

❑ 学习和自适应：人工智能系统可以从数据中学习并适应新环境，例如智能汽车从大量数据中学习驾驶技能，以适应不同的道路条件和驾驶环境。

❑ 推理和决策：人工智能系统可以基于已有信息进行推理和决策，做出合理判断，这通常涉及逻辑推理、规则和概率模型。例如，基于感知数据，智能汽车通过推理和决策算法来做出驾驶决策，如加速、减速、变道等。它综合考虑车辆行为、交通规则并预测交通参与者的行为，做出推理决策。

❑ 自然语言处理：人工智能系统能够理解和生成人类语言，从而执行语义分析、语言生成、文本翻译等任务。例如，智能汽车可以通过语音助手与乘客交互，乘客可以使用语音指令来控制导航、媒体播放等功能。

❑ 问题解决：人工智能系统通过搜索、规划和优化算法解决复杂问题。例如，智能汽车在复杂交通环境中解决路径规划和避障问题，以确保安全行驶。

❑ 自主行动：人工智能系统能够在不同环境中自主决策和执行任务。例如，未来的智能汽车从起步到终点，无须人类干预，可以在高速公路、城市道路等多种环境中行驶。

（2）机器学习

机器学习（Machine Learning，ML）是人工智能的一个重要子领域，侧重于利用数据和统计方法让计算机自动地学习和改进。机器学习的核心在于让计算机从数据中学习模式，并利用这些模式进行预测或决策，无须进行明确的程序编写。

机器学习有多种分类方式，例如根据训练样本的情况分类，主要分为监督学习、无监督学习、半监督学习、强化学习等。

❑ 监督学习。算法通过一组标注好的训练样本学习，每个样本包括输入和相应的正确输出。算法旨在学习输入到输出的映射关系，以便在给定新的输入时能够预测出正确的输出。这类算法主要用于分类和回归问题。

❑ 无监督学习。算法处理的是未标注的训练样本集，目的是发现数据中的模式、结构或关系，进而进行分组或聚类。这类算法旨在在事先不知道输出的情况下，探索数据的内在结构，适用于数据聚类处理及数据降维处理。

❑ 半监督学习。算法结合了监督学习和无监督学习的特点，使用既有标注又有未标注的训练数据来学习。这类算法试图利用未标记数据中的信息来提高模型的性能。这对于在标记数据较少的情况下进行训练非常有用。

❑ 强化学习。算法不需要预先给定数据，而是基于环境反馈获得学习信息并进行优化决策。这类算法的本质是利用环境给予反馈的奖励或惩罚来产生获得最大利益的习惯性行为，即通过尝试不同的活动来学习相关的负值和正值，以实现最佳的奖励结果。

（3）深度学习

深度学习（Deep Learning）是机器学习的一个分支，它通过使用人工神经网络进行学习和推断。深度学习模仿人脑的神经元网络结构，利用多层神经元进行信息的抽取和处理。在大数据和强大算力支持下，深度学习通过构建和训练复杂的深层神经网络，实现模式识别和特征学习。深度学习的核心在于通过多层次的神经元自动学习数据中的特征表示，以解决各种复杂任务。深层神经网络，即多层次的神经网络，包含多个层级，每个层级由众多神经元构成。神经元在各层之间计算加权和，并将结果传递到下一层。通过调整层与层之间的权重，网络能够学习从原始数据到高级抽象特征的映射。

深度学习的关键组成部分包括前馈神经网络、激活函数、反向传播算法和优化算法。

❑ 前馈神经网络：深度学习的基础架构，实现从输入到输出的单向传播。网络中的神经元按层组织，每个神经元将前一层的输出作为输入。

❑ 激活函数：在神经元中引入非线性变换，使网络能捕捉更复杂的模式。

❑ 反向传播算法：一种训练神经网络的方法，通过计算损失函数相对于权重的梯度来更新网络参数，减小预测值与实际值之间的差异。

❑ 优化算法：调整网络参数，以最小化损失函数。

深度学习的成功得益于大数据和强大的计算资源，使得神经网络能自动学习数据中的特征表示。在图像识别、语音识别、自然语言处理等领域，深度学习已获得显著进展，使计算机达到或超过人类水平。

（4）强化学习

强化学习（Reinforcement Learning，RL）是机器学习的一个分支，特别关注如何通过与环境的交互做出最优决策。与传统机器学习不同，强化学习着重于在与环境的交互过程中，通过试错来学习。在强化学习中，代理（Agent）通过选择不同行动来影响环境，进而获取奖励或惩罚。它的目标是学习一个最优策略，以最大化累计奖励。这一学习过程与监督学习（在有标注数据中学习）和无监督学习（在无标签数据中学习）有本质区别。强化学习可以结合深度学习，形成深度强化学习（Deep Reinforcement Learning，DRL）。在这种方法中，深度学习被用来表示决策策略和值函数，以及执行函数逼近等任务。虽然深度学习是强化学习的一个重要借助方法，但强化学习同样可以采用其他方法，例如基于表格的方法和传统的函数逼近方法，不必完全依赖于深度学习技术。

（5）决策树

决策树是一种用于分类和回归任务的机器学习模型，它通过树状结构模拟决策过程，表示不同的决策和可能结果。每个内部节点表示一个特征或属性，每个分支代表该特征的一个可能属性值，而每个叶节点则对应分类问题的类别标签或回归问题的数值。决策树的建立基于训练数据集，每个数据样本包含特征和相应的标签。决策树通过分析特征值，并利用一系列决策规则将样本分类或预测数值。

决策树模型能模拟人类决策思维方式，使计算机系统在一定程度上表现出类似人类的智能。作为人工智能领域机器学习的一种监督学习方法，决策树通过学习训练数据中的特征与标签关系，既可用于解决分类问题，也适用于解决回归问题。分类问题是将样本分到不同的类别，而回归问题主要是预测数值。在构建决策树时，我们需选择适当的特征和决策节点，并确定最佳的数据分割条件，以构建最优决策模型。

决策树在解决多种问题时表现优异，而且易于理解、可解释和可视化，常被应用于数据分析和机器学习任务。然而，决策树也存在一些局限，例如过于匹配训练数据而容易过拟合、对数据小变化的敏感可能导致模型不稳定等。因此，我们有时会采用其他方法与决策树集成，以提升其性能。

（6）大模型

大模型一般指拥有数十亿至上千亿参数的深度学习模型。这些模型在大规模数据集上训练而成，在自然语言处理、计算机视觉、语音识别等多个任务上表现出出色的性能，具备强大的特征提取和泛化能力。大模型主要由深度神经网络组成，如卷积神经网络（CNN）、循环神经网络（RNN）和变换器（Transformer）等。它之所以被称为"大模型"，是因为拥有庞大的参数量，能够学习更多特征和复杂模式。

与传统的人工智能小型模型相比，大模型具有以下特点和优势。

❑ 更强的表达能力：大模型可以学习更丰富和抽象的特征表示，因为它们有更多的参数来捕捉数据中的细微差异和模式。

❑ 更好的泛化能力：大模型参数数量庞大，通常在训练数据上表现得更好，也能在未见过的数据上表现得相对良好，表现出更强的泛化能力。

❑ 多任务学习：大模型通过联合训练在多个任务上表现出色，从而实现共享知识。

❑ 预训练和微调：大模型通常首先在大规模数据上进行预训练，然后通过微调适应特定任务，从而节省了针对每个任务的训练时间。

然而，大模型在计算资源、存储需求、能源消耗和数据隐私方面也面临挑战。训练和推理这些模型需要大量计算资源，如高性能图形处理单元（GPU）和训练集群；需要大量存储空间存储参数，这可能导致部署和维护问题。而且，高计算需求的能源消耗可能引发环境和可持续性问题，大数据训练也可能涉及隐私问题，如用户数据泄露和滥用。

总体而言，大模型是人工智能领域的一个分支，主要采用深度学习技术，通过构建庞大的神经网络实现卓越性能。人工智能涵盖了逻辑推理、专家系统、机器学习等众多方面，大模型仅是其中一种技术手段和实现形态。

综上所述，人工智能、机器学习、深度学习、强化学习、决策树、大模型等概念之间的关系如图 11-10 所示。其中，模糊逻辑是人工智能中处理不确定性和模糊性问题的一种方法，用于处理传统二值逻辑难以精确界定的情况，如模糊概念、不明确的判断和模糊边界等。它通过引入"模糊集合"和"隶属函数"等概念，让计算机更有效地处理模糊和不精确信息。进化计算则主要通过模拟自然进化过程（如遗传算法、进化策略、遗传编程等）来解决复杂的优化问题。这些方法先生成和进化一组候选解决方案，不断优化和改进这些方案，以找到更佳方案。

模糊逻辑、进化计算和机器学习虽然都是人工智能的重要分支，但各有侧重。模糊逻辑侧重于处理不确定性和模糊性问题，提供了一种表示和推理模糊信息的方法；进化计算侧重于优化问题的求解，进化计算中每个个体代表一个候选解决方案，通过遗传操作（例如交叉、变异等）来生成新的解决方案，然后根据适应度函数评估其质量；机器学习侧重于从数据中学习模式和规律，执行预测、分类、聚类等任务。在实际应用中，模糊逻辑和机器学习有时可以结合使用，尤其在处理不完整或不精确数据的场景中，模糊逻辑可以描述系统的模糊规则，机器学习则从数据中学习这些规则的权重和关系。

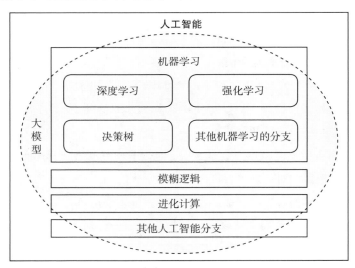

图 11-10　常用的人工智能相关概念包含关系示意图

2. 人工智能的安全开发流程

探索人工智能的安全开发流程时，首先需从理解人工智能技术的本质特性出发，比较其与传统软件技术在处理过程中的差异，以便有针对性地制定适应其特性的开发流程，并精确地定义其安全开发生命周期及相关过程活动。

（1）人工智能技术处理过程

人工智能作为一种特殊的软件形态，不仅包含了传统软件的处理流程，还可能覆盖模型和数据两个方面。人工智能的处理过程通常分为前处理、模型输出和后处理 3 个主要阶段，此外还可能包括数据收集和评估等附加环节。前处理和后处理阶段可能采用传统软件的逻辑处理技术，而模型输出阶段则是与传统软件开发截然不同的全新过程。

1）前处理阶段。前处理阶段是指在输入数据被送入模型之前对其进行准备和清理的过程。这个阶段的目标是使原始数据更适合模型处理。前处理阶段主要包括以下步骤。

❑ 数据清洗：去除噪声、异常值和缺失数据，以保证数据的质量。

❑ 特征选择和提取：从原始数据中选择最相关的特征，或者将原始特征转换成更适合模型学习的形式。

❑ 数据标准化或归一化：将数据缩放到相似的范围，以便模型更好地学习。

❑ 数据转换：将数据转换成模型可以处理的格式，例如将文本转换成数值向量。

2）模型输出阶段。在模型输出阶段，将经过前处理的数据输入所选模型，以从数据中学习模式和关系。在这个阶段，我们可以根据任务的复杂性和数据的特性选择不同类型的模型，如线性回归、决策树、神经网络等。模型阶段的主要活动如下。

❑ 模型选择：根据问题的性质和数据的特点，选择适合的机器学习模型，例如，解决回归问题，可以选择线性回归；解决分类问题，可以选择支持向量机或神经网络等。

❑ 模型架构设计：定义模型的结构，包括网络层、节点数和连接方式。在深度学习中，这可能涉及构建多层神经网络、选择卷积层和循环层等。

❑ 模型初始化：对模型的权重、偏差和其他参数进行初始化。初始化可以是随机的，也可以基于先前的经验。

❑ 模型训练：使用训练数据对模型进行训练，以调整模型参数和权重，使其能够对数据中的模式进行学习，做出准确的识别、预测或决策。训练过程通常包含 3 个步骤，即将输入数据传递给模型，计算预测值的正向传播；通过比较预测值与实际值，计算模型在当前参数下的损失或误差；根据计算损失，更新模型参数。

❑ 超参数调优：超参数是模型训练过程中不直接学习的参数，如学习率、批大小和正则化强度。通过调整超参数，可以优化模型的性能和收敛速度。

❑ 模型评估：对模型性能进行定量或定性评估，以确定其在新数据上的表现。通常，我们使用验证数据或交叉验证方法，评估模型在新数据上的性能。常见的评估指标包括准确率、精确率、召回率等。

❑ 过拟合和欠拟合处理：监控模型在训练数据和验证数据上的性能，防止过拟合和欠拟合。过拟合是指模型在训练数据上表现良好但在新数据上表现不佳，欠拟合是指模型无法捕捉数据中的模式。

❑ 模型调整和优化：基于评估结果和验证数据的表现，调整模型架构、超参数和训练策略，以进一步提升模型的性能和泛化能力。

❑ 模型部署：将经过训练和优化的模型部署到生产环境中，使其能够处理新的输入数据并生成预测结果。

❑ 模型解释和可视化：对模型进行解释，以便了解它是如何做出决策或预测的。可视化技术可以帮助理解模型在数据上的行为。

❑ 迭代和持续改进：模型阶段是一个迭代的过程，需要不断监控模型在实际应用中的表现，并根据反馈进行改进。

3）后处理阶段。后处理阶段是在模型的输出数据上进行处理，以获得最终的结果。这个阶段的任务可能因应用需求不同而不同，包括但不限于以下活动。

❑ 类别标签解码：将模型输出的数值转换成易于理解的类别标签。

❑ 结果后处理：对模型的输出进行后续处理，以便根据任务需求进行适当的调整。

❑ 结果可视化：将结果可视化，以便用户或开发者能够更好地理解和解释结果。

4）其他辅助环节。除了前处理、模型学习和后处理阶段，人工智能处理过程还可能涉及数据收集和管理。数据收集是获取原始数据的过程，包括训练数据、验证数据和测试数据，这些数据将用于训练和评估模型。训练数据是从原始数据中选择的，以确保覆盖问题领域的不同方面。数据应该具有足够的多样性，以帮助提升模型学习泛化能力。从原始数据或训练数据中分割一部分数据用于模型的验证，这些验证数据用于调整模型超参数和进行早期性能评估。另外，从原始数据中分割一部分数据用作最终的测试数据，以评估模型在真实场景中的性能。测试数据应该独立于训练数据和验证数据，以确保评估的客观性。

总之，人工智能处理过程是一个综合性的过程，涵盖了数据收集、模型构建与评估、前处理和后处理等多个环节，旨在从数据中提取有价值的信息。目前，智能汽车也在朝着端到端方向发展，即方案中不再有前处理和后处理环节，而是从最初信息输入到最终结果输出都力争用人工智能模型实现。未来可能还会有其他更多创新的方案。

（2）人工智能安全开发生命周期及流程

基于人工智能的技术特性和处理过程，人工智能安全开发生命周期至少应包含数据准备、模型及处理过程设计开发、模型训练、测试、验证、安全部署等阶段。模型及处理过程设计开发又可分为需求分析和设计开发两个阶段，其中设计开发阶段根据具体应用可以进一步分为架构设计和组件设计。相应的测试、验证也可细分为组件级和系统级测试、验证。图 11-11 所示为人工智能安全开发生命周期定义示例。人工智能安全开发也可采用 V 模型，其中数据准备与管理、安全分析与优化改进贯穿整个生命周期。在智能汽车领域，人工智能的安全需求来源于整车层面和系统层面，并可通过系统安全需求分解获得。V模型左侧代表设计开发与训练过程，右侧代表测试、验证、确认与安全部署过程。基于具体的应用场景、任务和系统需求，设计开发可细分为架构设计和组件设计。对于某些单一功能的小型项目，其可能不区分组件，只有整体设计。在这种情况下，对应的测试、验证也不区分组件级和系统级测试、验证。在设计环节中，根据人工智能处理过程，可以将设计分为前处理、模型设计与训练、后处理。

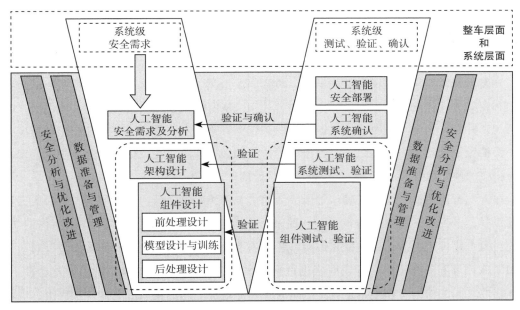

图 11-11 人工智能安全开发生命周期定义示例

人工智能安全开发是一个不断迭代的过程。无论在设计开发、测试、验证与确认阶段，还是在安全部署及运行之后，开发者都应持续进行优化。这不仅包括模型及设计方面的优化，还涉及对数据的优化。在生命周期的每个阶段，开发者应遵守相关的活动要求，产出明确的工作成果。流程的规范性有助于最大限度地减少人工智能开发过程中的系统性失效，从而在一定程度上保障系统的安全。

在人工智能安全需求及分析阶段，从整车层面和系统层面，通过传统功能安全分析、预期功能安全分析和工程实践中的安全经验积累等方式收集和输出安全需求，并将这些需求逐层分解，分配给人工智能系统。这包括传统功能安全需求和预期功能安全需求，分析并理解人工智能系统所需的输入数据、预期输出结果以及系统需要解决的问题。

在人工智能设计阶段，开发者可根据系统的规模执行不同的设计工作。对于大规模系统，执行架构设计和组件设计工作；对于小规模系统，执行整体设计工作。活动内容相似，首先根据人工智能系统的需求和安全需求定义系统的结构、层次和关系。在大规模系统中，开发者可能需要将系统分为不同的组件或模块，每个组件或模块负责特定的功能，如数据预处理、特征提取、模型训练、结果解释等。确定组件或模块间的交互和通信方式，确保数据能在不同组件或模块间流动。组件或模块之间的接口清晰、明确。对于任何系统，开发者需定义数据的流动路径，从输入到输出的完整处理流程，以明确数据在系统中的传递和转换过程。设计中，开发者还需根据任务特点选择合适的模型，集成多个模型时，考虑模型间的关系和交互。对于大规模系统，开发者还需考虑使用并行计算和分布式处理来提升性能，以及系统在处理大量数据和高负载情况下的性能表现，设计支持可扩展和高弹性的架构。同时，开发者需考虑系统的部署方式，如部署至云端、边缘设备或其他环境，以便维护和更新。在设计阶段，开发者也需要设计数据存储的结构，包括原始数据、训练数据、验证数据、测试数据的范围和存储方式，确保数据有效、安全和可访问。从安全性角度看，开发者需考虑潜在的错误情况，并定义错误处理及容错机制，确保系统在异常状况下的稳定性，并制定数据安全策略，保护数据隐私和安全，防止未经授权的访问和数据泄露。在具体设计细节中，开发者应进行相应的预处理设计、模型设计与训练及后处理设计。

在人工智能测试、验证与确认阶段，活动是基于相应的设计内容开展的。针对人工智能组件设计，开发者应开展组件的测试、验证，以验证是否按照设计实现了各个组件的功能，即针对每个组件进行测试，确保它们能够按照预期处理数据并产生正确的输出。针对人工智能的架构设计和安全需求，开发者应进行集成测试、验证和确认，将不同组件整合在一起，测试它们之间的协同工作是否正常。这是为了确保组件之间的接口和数据传递无误，以及系统的整体功能按预期运行。此外，开发者还需对整个系统进行端到端测试，模拟实际应用场景，使用真实或合成数据进行测试，以确保系统在真实环境中的行为符合预期。对于人工智能系统，影响安全的往往是性能问题，所以开发者需要在测试、验证阶段评估系统的性能，包括响应时间、吞吐量和资源利用率。开发者应测试系统在不同场景和负载下的表现，确保它能够在预期时间内完成任务。同时，为了确保系统的鲁棒性和安全性，开发者应测试系统面对异常情况、噪声和变化时的表现，模拟各种可能的情况，验证系统是否能正确应对这些情况。此外，在数据方面，开发者还需要验证输入数据的质量和准确性，以免低质量数据导致安全问题产生。通过分析模型产生的错误并探索其原因，开发者可以根据误差分析来改进模型和系统的表现。经过各种测试、验证与确认后，开发者应对系统的功能、性能和鲁棒性进行综合评估，确认系统是否达到了预定的标准要求。

在人工智能安全部署阶段，部署前进行环境准备、配置部署环境。这包括硬件、软件和网络设置，以确保环境符合模型和系统的要求；将经过训练和验证的模型转换为可部署的格式，并进行模型优化以提升推理速度和资源效率；还必须在部署环境中实现对输入数据的预处理和代码转换，以确保数据符合模型的输入要求；同时，需要审查网络连接、访问控制和数据隐私等信息安全问题，确保部署环境和系统的信息安全。在实际环境中完成部署后，进行模型的性能评估和系统的全面验证，以确认模型和系统在实际场景中的表现是否符合预期。

在人工智能安全部署后的运行阶段，应设置性能监控系统来跟踪模型的响应时间、资源使用率等性能指标，并检测性能下降或异常情况。配置日志系统记录系统运行中的日志和错误信息，这有助于问题排查和及时修复。持续收集用户反馈和意见，了解系统的实际使用情况和用户需求，并基于性能监控、用户反馈以及收集到的新数据，持续优化模型和系统，以持续满足变化的需求。人工智能系统还应建立定期的备份策略，以确保在出现意外时能够及时恢复数据。对部署的模型和代码进行版本管理，以便追踪和回溯。

在数据准备与管理活动中，首先需要明确项目的问题、任务和目标。然后根据这些问题、任务和目标的性质，确定所需收集的数据类型，并定义所需的数据特征和标签，明确数据收集的具体需求、范围和方向。根据数据需求，从不同的来源获取原始数据。在数据管理过程中，对收集的数据进行标注，为每个样本分配合适的类别标签或属性。标签对于监督学习任务至关重要，因为它们指导模型进行学习。将收集到的数据分割为训练数据、验证数据和测试数据，常见的比例是70%数据用于训练、15%数据用于验证和15%数据用于测试，但根据数据量和任务的不同，比例可能会有所调整。确保训练数据中每个类别都有足够的样本，避免模型对某个类别预测产生偏差。对于数据不平衡的问题，可以通过欠抽样、过抽样或生成合成样本的方法解决。建立适当的数据存储结构，确保数据的安全性和可访问性。数据可以存储在数据库、文件系统或云设备中。确保收集到的数据符合隐私保护法规，并采取适当的安全措施来保护数据不被未经授权的访问和使用。此外，对于数据本身，定义其安全生命周期和活动要求，包括数据需求开发、验证确认和维护。对数据进行安全分析，确保数据需求开发和相关活动围绕人工智能系统的安全需求展开，保证数据需求与人工智能需求的一致性。

在人工智能安全分析与优化改进活动中，通过传统功能安全分析和预期功能安全分析来识别安全相关问题，评估系统性失效或功能不全、性能不足而导致的风险是否可接受。对于不可接受的风险，采取适当的缓解措施来优化人工智能系统，或制定限制约束条件以确保系统安全运行。在人工智能安全分析中，侧重分析和识别不同应用场景以及模型层面的安全相关问题。传统的功能安全分析应贯穿其中，重点分析预处理、后处理等环节中关于数据、逻辑、时间的潜在失效，以及部署的硬件环境相关的失效。人工智能安全分析适宜采用危险和操作性分析（Hazard and Operability Analysis，HAZOP）和系统理论过程分析（System-Theoretic Process Analysis，STPA）方法。根据实际情况，开发者也可以选择其他分析方法进行结合使用。

在人工智能安全开发生命周期中，各项活动应进行文档化管理，输出需求规范、设计规范、测试用例、验证报告等工作产物。这样做可以确保活动有据可依，保证流程的规范性和完整性，这是保障人工智能开发安全的基础。

3. 人工智能技术安全性

对于智能汽车中一个完整的人工智能相关系统，它的安全问题主要涉及 3 个方面：硬件环境的随机失效、系统性失效，以及功能和性能不足所引发的安全隐患。随机失效和系统性失效属于传统功能安全范畴，应对技术相对成熟。针对人工智能安全挑战，关键是要解决功能和性能不足导致的问题，这需要从数据和模型两方面进行人工智能技术安全性的探索。

首先，应分析数据和模型导致人工智能系统出现功能和性能不足的原因，根据这些原因制定相应的技术防护措施。表 11-7 所示为人工智能核心安全问题原因分类。其中，数据分为设计阶段的训练数据、验证阶段的测试数据，以及部署运行阶段的真实数据。

表 11-7　人工智能核心安全问题的原因分类

分类		可能的原因
数据	设计阶段的训练数据	数据质量问题、数据覆盖范围不足、数据采样偏差、数据平衡问题、数据时效性存在问题、数据特征选择影响、数据标注问题、数据噪声与异常值、数据采集误差等
	验证阶段的测试数据	
	部署运行阶段的真实数据	运行环境变化、数据分布漂移、出现新情况和新数据、数据稀缺、干扰或故障导致输入数据异常等
模型		模型类型不合适、模型参数设置问题、模型训练及测试过程不完善、模型鲁棒性问题、多模型之间的交互问题等

训练数据和测试数据安全问题的原因分类具体解释如下。

❑ 数据质量问题是指包含噪声、错误或不一致性的低质量数据，这可能导致错误的模型训练和不准确的预测。

❑ 输入数据需覆盖各种情况和场景，以确保模型在多场景下都能准确预测。数据覆盖不足可能导致模型在未见过的场景下表现不佳。

❑ 数据采样若存在偏差，可能导致在某些场景下数据过多，而其他场景下数据不足，进而影响模型的性能。

❑ 样本数量的平衡性对模型性能也有重要影响，基础类别数据稀缺可能导致模型无法充分学习这些类别特征。

❑ 输入数据的时效性对于实时决策系统尤为重要，过时数据可能导致模型对当前情况的预测不准确。

❑ 特征选择对模型性能有显著影响，恰当的特征选择及特征表示方式对模型准确性和鲁棒性至关重要。

❑ 数据标注应该准确地反映数据样本的真实类别或属性，其准确性是模型训练的基础，错误的标签可能导致训练误差。

❑ 噪声和异常值可能给模型的性能产生负面影响，使模型误将异常视为规律，导致预测错误。

❑ 数据采集方法也会影响数据分布和质量，不同的采集方式可能引入偏见和限制。

这就需要在数据收集过程中关注这些方面，规避可能产生安全问题的不利因素，确保训练数据和测试数据能够支持模型安全训练和测试。

部署运行阶段的人工智能系统安全问题的原因分类具体解释如下。

❑ 面对真实场景和数据，在不同的运行环境下，输入数据的特性可能因光照、天气、温度、道路和交通状况等因素而变化，需要模型适应这些变化。

❑ 数据分布的漂移，即不同时间或地点的数据分布变化，要求模型具有鲁棒性。

❑ 在实际运行中，可能会出现新的情况、情境或场景，这些情况可能不在模型训练范围内，例如交规中新增一种新型交通标志，在这种情况下，模型需要妥善处理。

❑ 在运行中，某些情况可能发生得少或者某些场景突然出现，导致这些情况和场景的数据稀缺，需要模型能从有限数据中做出预测。

❑ 在运行中，系统或传感器故障可能导致输入数据异常，需要模型能识别并解决这些故障问题。

因此，在部署运行阶段，针对数据引发的安全问题，开发者需要在模型的选择、设计、训练和测试过程中考虑这些不安全因素，制定防护措施。

对于模型本身而言，它的安全问题的原因分类具体解释如下。

❑ 选择不当模型类型，可能会导致性能低下或无法实现预期的目标。

❑ 模型参数设置不当，可能会导致过拟合或欠拟合，从而影响模型泛化能力。

❑ 训练数据不足、数据分布不均衡或测试数据与实际应用场景不匹配，均会影响模型性能，使模型在实际场景中的表现不符合预期。

❑ 模型对噪声、对抗性攻击或输入变化的鲁棒性不足时，可能会被误导或产生不可预测的行为。

❑ 系统中多个模型的集成可能增加复杂性和不稳定性，这些都可能导致在实际应用中出现问题。

因此，在模型设计和开发过程中，开发者应关注这些要素，进行充分的训练和测试，并在部署前对模型的各方面性能进行评估，以降低风险至可接受水平。部署后，开发者应持续监测人工智能系统的性能，不断收集新数据，以持续优化。

综上所述，为保障人工智能应用安全，开发者在设计开发阶段需要创建逼真的场景、准备足够的数据，覆盖不同情况，以验证和评估模型性能。这有助于确保模型在不同环境和配置下正确运行，并应对可能导致错误的情况，如假阴性、假阳性和明显错误的回归。同时，为每种场景或场景组合确定数据量，确保数据多样性；在无法定义目标数据量的场景中，应解释其合理性，保证评估的全面性和有效性。我们也可以通过结构覆盖度量，即对神经元、符号和值之间的覆盖情况进行测量，评估模型在不同情况下的覆盖程度，增强输入数据的全面性，以便更全面地训练和测试模型，识别潜在的不安全行为。为了增强测试数据的有效性，参考功能安全测试中的等价类和边界值方法，将输入空间分为不同等价类，每个类代表一组具有相似特征的输入。针对每个等价类至少以代表性的输入数据、平均值或中间点、接近等价类边界、两个相邻的边界值作为代表性的测试数据，以测试相应的模型行为，保证对不同数据情况的基本覆盖。同时，通过明确推理目标和制定标注规范，确保数据样本得到正确标注，并通过对标注质量的评估及接受标准的明确要求，保障数据质量和可靠性。

在模型方面，开发者需制定评估模型性能的度量标准和接受准则，并明确何种水平的性能指标被认为是合格的。确定模型选择的标准和流程，以选取最适合任务的模型，并定义超参数搜索的方法及范围，保证在合理范围内搜索超参数。开展针对人工智能模型的安全分析，识别潜在的安全问题和风险，确保模型能在各种情况下安全运行。对模型输出进行合理性检查，尽量保证其合理性和可解释性，避免不合理或不可靠的决策输出。在输入数据中引入噪声或进行量化处理，以提高模型对不完美输入的鲁棒性。通过强化训练技术（如针对噪声和量化神经网络的训练），提高模型在各种条件下的稳定性和准确性。尽量增强模型的可解释性，提供决策过程的解释，使其被人类理解。但是对于一些预先全局可解释性较难的人工智能模型（例如深度神经网络），由于我们无法在其训练阶段就考虑并集成解释性技术，也无法将决策机制设计为人类可理解的规则，所以无法保证整个模型在各个层次上都是可解释的。那么，开发者可以采用后续局部可解释性方法。与直接在模型训练过程中集成可解释性技术不同，后续局部可解释性方法是在模型已经存在的情况下，通过特定的技术来分析和解释单个预测或决策，目标是帮助了解模型为什么在特定情况下做出了特定的预测。这对于诊断模型的错误、验证模型的偏见、增强用户的信任以及满足监管要求都很重要。

由于在部署运行阶段，人工智能系统可能遇到许多不确定的新情况，模型应能检测到与已知触发条件相匹配的情况，并在面对不确定的情况时能够进行适当的判断。模型还应能识别输入数据分布的变化，以检测漂移的发生，保障鲁棒性和准确性。

在人工智能技术安全性研究中，冗余设计也可作为一种安全保障措施。通过采用冗余设计，让两个人工智能模型进行共同决策，一般需要采用两个不同的模型实现多样化设计，或将人工智能系统与非人工智能系统结合起来进行共同决策，目的是通过最优的组合方案来提高性能，并通过多样化的冗余设计来检测人工智能组件的异常，从而确保安全性。

在智能汽车领域，人工智能技术已被广泛应用。在智能驾驶应用中，开发者从专注于感知系统逐渐扩展到决策规划和控制系统，并正向端到端的大模型应用迈进。在智能座舱系统和车路云协同等方面，人工智能也逐渐发挥重要作用，为智能汽车带来技术革新和出色的驾乘体验。人工智能将推动智能汽车的发展和自动驾驶的全面实施，但是在解决现有技术局限性的同时可能引入新的风险。因此，对人工智能的探索和研究应是一个持续的过程，目前仍处于初期阶段，挑战重重，道阻且长，但未来可期。

11.4.2　智能汽车安全发展预测

相较于传统汽车，智能汽车是一次技术颠覆性的变革，本质上是一个融合型技术赛道。它不仅继承了传统汽车的机械、结构、软硬件开发的技术特性，还整合了ICT、互联网、人工智能等多领域的软件相关技术，并在此基础上进行创新。对于智能汽车的安全性而言，随着自动驾驶等级的提升，事故责任主体逐渐从驾驶员转向智能汽车系统本身。此外，随着人工智能技术的广泛应用和车路云协同的发展，数据隐私保护和信息安全对智能汽车的重要性日益增强。智能汽车不再仅仅像传统汽车那样关注被动安全和主动安全，而是需要在此基础上，全面提升传统功能安全、预期功能安全、网络安全、数据安全等多维度的要求。关于未来智能汽车安全发展预测，我们可以从以下3个方向考虑。

- ❑ 安全体系融合发展。
- ❑ 安全与成本兼顾。
- ❑ 安全测评机构及标准逐步完善。

1. 安全体系融合发展

在智能汽车领域，传统功能安全、预期功能安全、网络安全、数据安全目前通常作为独立的任务存在，这些任务通常是相互独立的。然而，智能汽车的安全风险多存在于在复杂场景中，往往由多重异常问题共同引发，如功能失效、性能不足，甚至伴有网络安全和数据安全问题。例如，在车路云协同场景中，如果云端提供的感知环境信息被黑客截取或篡改，未能及时或未能正确地下发至车端，如果车端系统一切正常的情况下，可能会发现异常并进行处理，但如果这时车端检测机制发生失效，就可能使用错误的信息而引发智能汽车错误的操作执行，并且由于系统性能限制，可能后续即使车端发现问题也来不及正确控制，这些组合情况可能最终导致危害的发生。因此，智能汽车的事故发生往往不是针对单一风险因素，而是多种风险因素的组合触发。在未来的智能汽车领域，安全体系的融合应成为一种趋势。

　　智能汽车安全体系的融合发展首先体现在传统功能安全与预期功能安全的整合上。预期功能安全之所以出现，是因为早期传统功能安全的定义过于局限，仅将焦点放在电子电气系统的失效上，没有考虑到在智能汽车时代，即使没有失效，也可能发生导致事故的危害。目前，传统功能安全和预期功能安全各自建立了独立的体系，在实施过程中分别进行安全分析、设计防护和验证确认。这种做法往往忽略了传统功能安全和预期功能安全问题可能同时发生的场景，缺乏对两者失效与风险触发条件之间的关联分析和交互影响分析。这种情况类似于"盲人摸象"，仅从各自的角度进行单一分析和判断，缺失整体的关联分析和全景视角，无法对智能汽车整体功能的安全性进行综合评估。因此，智能汽车安全发展的方向应是将传统功能安全和预期功能安全逐步合并为"广义功能安全"，实现两个体系的深度融合。在各自的生命周期阶段，合并类似的活动，例如，在进行智能汽车功能安全分析时，同时考虑失效的安全影响和功能不足、性能不足、错误操作等带来的安全影响。在测试阶段，对失效进行故障插入测试，并基于风险触发条件开展相关的验证活动，通过大量的仿真测试和实车测试不断探索安全边界。只有将传统功能安全和预期功能安全结合起来，才能全面评估智能汽车的安全性。

　　"广义功能安全"应当与网络安全、数据安全等信息安全领域适当融合，共同构成智能汽车"大安全"体系。图 11-12 所示为智能汽车"大安全"体系示意图。这一体系不仅包括广义功能安全和信息安全，还可能涵盖主动安全、被动安全等其他安全相关内容。在"广义功能安全"中，传统功能安全与预期功能安全将深度融合；在信息安全领域，网络安全与数据安全也将深度融合。根据实际情况，"广义功能安全"与信息安全之间会进行适当的融合。所谓的"深度融合"，是指将生命周期阶段和相关活动完全合并，而"适当融合"则是在融合生命周期阶段的同时，对部分相关活动进行融合，保留其他不相关的特定活动独立执行。

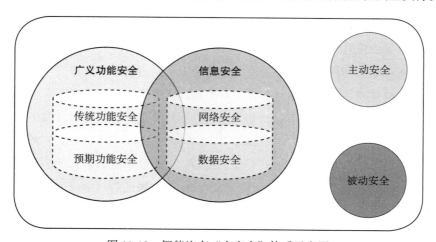

图 11-12　智能汽车"大安全"体系示意图

安全体系融合发展的目标不是简化问题，而是实现整体效果大于各部分效果之和，即让一加一大于二。当每种安全体系独立运行时，我们可能会忽视一些边界内容或难以考虑到相互之间的影响。通过以合理方式融合安全体系，在智能汽车软件开发过程中综合考虑传统功能安全、预期功能安全、网络安全、数据安全等多个方面，在安全分析过程中全面考虑各种安全因素及其相互作用，可以实现对智能汽车安全性的更全面分析，从而真正保障智能汽车的整体安全。融合主要通过以下几方面来实现。

（1）需求与设计阶段进行安全综合考虑

在智能汽车的需求和设计阶段，我们应从传统功能安全、预期功能安全、网络安全和数据安全的角度进行综合考虑。需求定义中要明确相关的安全要求，设计开发中则需要开发相应的安全监测和处理功能，以应对各种风险，确保汽车在复杂场景和异常情况下的安全运行。同时，设计中考虑网络安全和数据安全，预防未授权访问和数据泄露引发的行车风险。

（2）全面的安全分析与风险评估

在整个开发过程中，全面的安全分析与风险评估至关重要。我们要识别潜在的失效情况、风险触发条件、安全漏洞、网络攻击和数据泄露风险，并采取适当的措施降低风险，同时评估风险可接受水平。

（3）防护策略的独立与融合

由于安全体系进行了融合，我们在需求定义、设计和分析时需要综合考虑并融合执行，但在防护策略上应保持灵活性。根据广义功能安全与信息安全风险的具体情况，既可以分层防护也可以整体防护，既可以分别防护也可以融合防护。采用分层防护是一种有效的方法，可在系统的不同层面实施不同的安全措施，从而在硬件和软件的不同层级上分别执行安全保障措施，如使用安全芯片保护关键数据，使用加密技术保护通信。对于不同类型的安全风险，我们也应分别制定相应的措施，实行针对性防护。在某些情况下，防护策略也可以融合，例如通过安全校验技术保护通信数据既可以视为功能安全的防护措施，也可以视为信息安全的防护措施。

（4）综合监控和响应

在车辆运行过程中，系统必须实时综合监控行驶状态、功能运行情况、性能表现、网络连接和数据传输等各个方面。一旦发现异常情况，无论功能安全相关问题还是信息安全相关问题，系统都应能够迅速响应，采取措施，如中断车辆的远程访问、退出功能、安全停车等。

（5）更新和维护策略

智能汽车的软硬件需定期更新和维护，以修复安全漏洞。更新和维护过程中，我们也需综合考虑整体安全性，既要防止恶意软件注入等信息安全风险，又要防护可能引起的失效、性能不足等功能安全风险。

智能汽车的安全遵循木桶原理，即系统的安全性由最弱的环节决定，任何短板都可能影响行车安全，导致事故。因此，安全体系的融合发展必须与均衡发展并行，功能安全与信息安全需要同步推进、统筹规划，这样才能真正保障智能汽车的整体安全。

2. 安全与成本兼顾

对于汽车行业，车企作为面向个体用户的商家，对成本控制极为严格。近年来，降低成本和提高效率已成为汽车行业发展的核心主题。智能汽车产业也不例外，从整车厂到供应商各层级，均在追求最低成本和最优性价比。对于智能汽车而言，安全性至关重要且不容忽视。在智能汽车开发过程中，全面实施传统功能安全和预期功能安全活动真的一定会增加成本吗？答案并非绝对。功能安全开发可以兼顾成本，有时还能降低总成本。例如，在L3级别的自动驾驶系统设计开发中，行业普遍采用冗余设计，这可能导致硬件成本上升。但如果深入进行传统功能安全和预期功能安全研究，我们会发现某些应用场景不需要完全冗余设计，复用其他控制器作为后备系统也可防范风险，例如复用座舱控制器，只在系统失效时短暂执行降级或紧急运行策略，通过故障报警要求驾驶员接管，以保障车辆安全。若在产品开发初期就充分考虑传统功能安全和预期功能安全要求，则在产品迭代过程中，只需为新增内容添加安全要求，而产品中未改动的部分所具有的功能安全能力可以继续使用。虽然功能安全开发可能需要更多的人力、时间和成本投入，但从产品整个生命周期的总成本来看，安全投入并不一定会增加成本，因为它能在一定程度上避免安全事故所带来的巨大损失，并提升行业竞争力及企业品牌价值。

智能汽车的软件功能安全实施不应仅仅遵循既定原则机械执行，而是应基于技术的本质，平衡安全性、可用性和成本三者。过度追求安全可能会降低系统的可用性，比如系统在检测到任何小故障时便关闭智能驾驶功能，要求驾驶员接管，虽然这种做法可以实现安全目标，但会大幅度降低系统的可用性，进而导致糟糕的用户体验。此外，如果盲目追求安全，采用过多的多样化决策比较和冗余设计，不仅会导致系统可用性低，还会大幅增加硬件成本，最终可能开发出一个安全但不受欢迎的失败产品。因此，对于智能汽车的软件功能安全，我们必须基于第一性原理，深入理解安全问题的本质，并从根本上解决问题。在制定防护措施和设计功能安全架构时，我们需要进行多方案比较，以找到既安全可靠又具有高可用性且成本可接受的最佳解决方案。

3. 安全测评机构及标准逐步完善

在传统汽车领域，像欧盟新车安全评鉴协会（Euro NCAP）、澳大利亚新车安全评鉴协会（ANCAP）、美国高速公路安全管理局（NHTSA）、美国高速公路安全保险协会（IIHS）、日本新车安全评鉴协会（JNCAP）、中国中汽中心汽车测评管理中心（C-NCAP）和中保研汽车技术研究院（C-IASI）等全球主流汽车碰撞测试机构及相关标准已相当完善。然而，在智能汽车领域功能安全方面，目前业内尚缺乏权威的测评机构和成熟的评价标准与体系。因此，业界普遍关注的问题是：从定性和定量的角度来看，智能汽车达到何种水平才能被认定为安全？对此，目前尚无明确答案。随着智能汽车技术的进步及自动驾驶等级的提升，对智能汽车安全评价迫在眉睫，这必将促进安全测评机构及相关标准的建立和完善。

对于智能汽车安全测评，难点在于安全评价标准的确立和安全测评用例的设计，这需要跨领域的合作。智能汽车跨多个领域，包括汽车制造、软件开发和人工智能等。因此，建立安全测评标准需要汽车制造商、技术公司、学术界和政府机构等多方合作。

首先，对智能汽车进行全面的安全分析，识别其可能存在的安全风险。这包括硬件物理层面到软件层面的各种风险。基于风险分析，制定保障智能汽车安全的具体目标，涉及车辆的传统功能安全、预期功能安全、网络安全和数据安全等各方面。据此安全目标，制定包括硬件、软件、数据、人工智能和通信协议等方面的技术要求和规范，确保系统在各层面上的安全性。

接着，确定智能汽车安全测评的实验室测试方法、详细测试用例和相应的通过准则，以评估系统的安全性。实验室测试完成后，我们还需在真实环境中对智能汽车的安全性进行实地测试（包括封闭场地测试和真实道路测试），在不同路况场景下进行智能驾驶，以检验车辆在真实场景中的应对能力和安全性。测评过程中，制定详细的评估方法和指标，对智能汽车的安全性进行定量和定性评估，帮助制造商和消费者了解车辆的真实安全水平。

在建立测评标准和体系时，我们应特别重视数据隐私保护，确保车辆收集的数据不被滥用，且符合隐私保护法规和标准。鉴于智能汽车市场的国际性，我们在建立标准和体系时需与国际组织、标准化机构等合作，以达到国际统一的安全标准。由于智能汽车领域的技术和风险不断变化，安全测评标准和体系也需定期更新和演进，以适应新的挑战。

尽管建立智能汽车安全测评机构和标准具有挑战性，但这是确保智能汽车在快速发展中确保安全的关键。这不仅有助于保护用户的人身安全，促进行业健康发展，也为技术创新指明方向。智能汽车融入了众多新兴技术，如自动驾驶、物联网和人工智能等，这些技术的安全性挑战独特而且不断演变，故需要建立相应标准来应对。各国和地区均设有特定的法规和合规性要求，汽车需符合这些要求才能上市。设立独立的安全测评机构和标准不仅能对智能汽车进行安全评价，还能帮助制造商满足各地法规和合规性要求。智能汽车制造商和开发者负有确保产品安全的责任，而独立测评机构和标准能提供客观的安全评估，迫使它们更加重视安全。智能汽车市场的成功一定是建立在用户信任的基础上，严格的安全测评机构和标准能增强用户对智能汽车的信任，从而推动市场需求增长。因此，安全测评机构和标准将成为智能汽车发展的必然产物，客观需求将推动其诞生、发展和完善。

另外，随着智能汽车自动化等级的提升，车辆保险制度也应进行相应的匹配改进，如对智能汽车的安全风险制定单独的保险赔偿和投保策略，由安全测评机构、保险机构联合推动高级智能驾驶的落地实施。

智能汽车的安全虽然充满挑战和复杂性，但这也激励安全从业者克服困难，坚定地追求安全目标，并在保障安全方面持续进步，推动行业的安全进化。智能汽车必须有严格的安全保障措施，确保每位用户的人身安全得到实质保护，这是智能汽车产业和每个从业者必须肩负的责任。

展望未来，智能汽车必将在确保安全的大前提下，为人们带来更加美好的出行体验，未来可期。